河内春人 著

日本古代君主号の研究

―倭国王・天子・天皇―

八木書店

『日本古代君主号の研究―倭国王・天子・天皇―』目次

目　次

序章　日本古代史における君主号研究

課題の設定

本研究は、倭王権がいかにして古代天皇制に展開したかという過程を、君主の称号を手掛かりにして明らかにすることを目指すものである。まずその課題がいかなる学問上の要請に基くものか説明する。

天皇制は日本史の立場において通時代的に最も重要な論点である。それは古代から現代に至るまで「日本」が君主を頂点として構成された政治体制を有する社会であり、その政治的頂点である「天皇」は「日本」という歴史的な社会を最も先鋭的に表徴するものとして位置づけられるからである。天皇という君主を制度的に成り立たしめた天皇制を明らかにすることが、日本の政治・社会を歴史的に適切に理解する上で大きな比重を占めることに異論はなかろう。ゆえに天皇及び天皇制の研究は日本史学において常に欠かすべからざる課題として屹立している。

もとより時代によって天皇・天皇制の特質が変容するのは当然のことである。古代史においては天皇制の成立を基準点として、その形成及び安定化の過程へのアプローチが求められる。その方法論として、君主権力の構造分析や皇位継承の実態の析出など様々な視点から研究が進められ、特に近年では王権論という分析視角から日本古代史は研究を深化させてきた。こうした研究は権力の客観的な実体を明らかにしようとする指向性を持つ。

ただし、そうした君主という権力の実体分析は権力そのものに分析対象を絞るため、一面で政治的・社会的関係を自明のものとして意識し、その機能や具体的様相という問題意識が薄れがちである。すなわち、王権や天皇制が社会的にいかに認識されていたのかという間主観性的な議論が立ち遅れている状況が認められる。君主あるいは君主を頂点とする国家が社会を束ねるものとして機能したとするならば、その体制内において君主がいかに自らの地位を位置づけたのか、あるいはそれを構成する人々がどのように認識したのかという課題についてこれを追究する必要性を認める。

君主がいかなる存在として認識されたのかという課題はきわめて多義的であるが、その分析手段の一つとして君主がいかに名のり、あるいは呼ばれたのかというテーマを設定することができる。君主の名のり・呼ばれ方は、君主が当該の社会においていかなる位置づけを有しているかというまなざしを端的に示すものだからである。日本古代史というフィールドに立脚する本研究では、日本古代において君主称号がいつ、いかにして形成されたのかということを主題として設定し、これを考察する。その課題意識の土台には列島古代における王権の政治的・社会的位置づけの問題が存するが、君主号はその単なる表象的な問題に止まらない。称号が公的に確立するということは支配構造の変化と密接に連動していると考える。君主の称号の変遷を追うことは、支配のあり方がどのように変化していったのかという問題を明らかにする上でも有効な分析視角である。

本章ではかかる君主の称号について、まず研究史を概観してこれまでの研究が寄せてきた関心の所在とその問題点を抉出する。その上で日本古代の君主号をめぐって検討されるべき問題点を析出してこれを提示する。また、君主号における間主観性という観点からすると、その認識上の基盤にある世界観の問題にもふれることは不可避であり、世界観と君主号の関係における問題の所在を確認する。そして最後に、提示した日本古代における君主号の課題に基いて本書の全体の構成と各章の狙いについて説明する。

さて、考察の基本的前提として、まず基軸となる分析視角である「称号」及びそれに関連する用語の定義を行なっておく。称号については『日本国語大辞典』によれば、「①そのものを呼ぶ名。称呼。となえ。名称。②身分、資格などを表わす名称。肩書。③苗字（みょうじ）。氏名（うじな）。」とするが、これでは理解の幅が広くなるので、本研究ではこれをふまえた上で「称号」について、個人・地位・立場について一定の根拠のもとに称される名称と定義する。また、明確な根拠を見出しがたいが慣用的に用いられていると見なし得る同様の名称は「名号」としてこれを区別する。そして、「君主号」とは狭義には君主の地位に対する称号として位置づける。ただし、明確な根拠を有する以前の名号段階の君主に対する名称も含むこととする。これに対して、人格的な個人に対して付与される称号を「尊号」とする。尊号については、生前に付与されたものについては「生号」、死後に付与されたものは「諡号」として区別する。また称号・名号・尊号においてこれを顕彰する目的で呼ぶときは「美称」と称する。

本研究では君主号の成立について単にその時期のみに焦点を当てるものではない。称号がいかなる要素で構成されているのか、それはどのように形成されたのかという論点を含めて多角的に検討することを目指す。それは日本古代における君主制支配のあり方を、君主号の考察という視角によって特にイデオロギー的にいかにしてそれが正当化されたのかということを明らかにすることに他ならない。

Ⅰ　研究史の概観

君主称号の研究はいかなる課題意識の下に進められるべきか。こうした問題の所在をさぐる前提として、日本史研究において君主の称号がいかなる観点から研究の対象となったのか、まずは知る必要がある。そこで本節ではこの問題について、時代ごとに分けて概観する。なお本節は研究史の叙述であり、敬称は略すこととする。

1　古代・中世

前近代、特に中世以前において君主号に関する言及があるとすれば、それは論説ではなく主として語釈としての注釈の形式をとることが多い。そこでまず想起されるのが『日本書紀』（以下、『書紀』と略す）の注釈である。『書紀』の講書は養老～延喜度の都合六回行なわれたといわれ[1]、その片鱗は『日本書紀私記』に窺うことができる[2]。しかし、現存の『日本書紀私記』諸本の中に君主号について注釈が施された箇所を確認することはできない。古代における『書紀』及びその解釈では君主の称号は注釈の対象にはならなかったのである。こうした『書紀』注釈の傾向は中世に入ってからも状況は変わらず、鎌倉後期に成立した『釈日本紀』にも君主号に対する言及はない[3]。それでは『書紀』注釈が称号全般に対して全く無関心であったかといえばそうではない。例えば国家の名称である「日本」国号についてはくり返し議論が積み重ねられている。それにも拘らず君主の名称に対する注釈はない。換言すれば、『書紀』の注釈者たちは君主号について特に注釈を付す必要性を認めていない。

このことは当該期の歴史認識の上からも確認できる。一例として北畠親房を挙げておく。

①『神皇正統記』

又神代より至て尊を尊と云、其次を命と云。人の代となりては天皇とも号したてまつる。

右の親房の認識では神代は尊・命の号があり、神武以降の人の代になると天皇号が出現する、ということになる。人の歴史の始まりとともに「天皇」という君主号が現れることに対して、親房は疑問を一切持っていない。親房にとって天皇が「天皇」と称されることは至極当然のことであった。なお、①では上位のミコトを「尊」、それ以外を「命」とする。親房の叙述の根拠は次の史料である。

②『日本書紀』神代上

于時天地之中生一物。状如葦牙。便化為神。号国常立尊。至貴曰尊、自餘曰命。並訓美挙等也。下皆効此。

（時に天地の中に一物を生ず。状は葦牙の如し。便ち神と化為る。国常立尊と号す。至貴を尊と曰い、自餘を命と曰う。並びにミコトと訓む也。下、皆な此に効え。）

親房の叙述の根拠はここに求めることができる。親房の天皇観は血統的正統性と君主の徳という二つの論理に支えられていたが、その前提は『書紀』に基いて形成されたところが大きい(4)。しかし、②には①のような、人の世において天皇と称するという記述は見られず、その箇所は親房よる付加と考えられる。こうした記述は親房のみに固有のものではなく、おそらく『釈日本紀』を著した卜部兼方にとっても共通するものであり、遡って『書紀』講書の博士においてもやはり同様に捉えることができるのではないだろうか。

ただし、これが一般的な認識であったと見なすべきではなかろう。当時『書紀』が広汎な階層に読まれていたとは考えがたいからである。そもそも当時の天皇の呼称において「天皇」はあまり用いられていない。中世には院号使用が一般的となり、また対面的には主上・禁裏と呼ばれるようになる(5)。天皇号はむしろ歴史的かつ特殊な称号と見なされていたであろう。そうした環境下において「天皇」を自明のものとして理解するのは『書紀』に接することができる朝廷の知識人層に限定されると考えるべきである。

このように古代・中世において天皇は人皇としての歴史の始まりから「天皇」であり、それゆえその称号がなぜ「天皇」であるかという問題意識は生じなかった。それが一つのテーマとして現れるようになるのは近世まで待たねばならない。

2 近世

近世は、前近代において学術水準が一定の段階に至った時代といえる。君主号研究も例外ではなく、その先蹤として新井白石を挙げておく。白石は『五事略』を著し、その中の「殊号事略」の章において外国史料や外交上における天皇や将軍の称号に対する見解を述べている。(6)

③『五事略』殊号事略

異朝の書に本朝天皇の御事を天子としるせし事は隋の代を以て始とすべし（中略）異朝の書に本朝天皇の御事を天皇としるせし事は唐の代を以て始とすべし

右のように天子号の使用を遣隋使からと指摘し、また天皇号は唐代になって中国に伝わっていることを述べている。白石の君主号に対する考察はあくまでも外国史料に見える君主号という枠組みではあるが、それまで『日本書紀』に収斂されがちであった君主号の有り様について外国史料を検討の対象に加えたことは白石の合理性の表れと評することが可能であろう。

一方『日本書紀』研究も近世になると、神話に重きを置いた『日本書紀纂疏』などのような中世的な注釈(7)から離脱して新たな段階に入った。宝暦元年（一七五一）に成稿、宝暦十二年（一七六二）に刊行された谷川士清の『日本書紀通証』がその嚆矢として挙げられる。(8)士清は天皇号に対しても注釈を加えており、本格的な君主号研究の第一歩が刻まれた。

④『日本書紀通証』神武紀

玉木翁曰、神代未有天皇之号。至此始称之。所謂恢弘天業光宅天下之大号也。栗山氏曰、天皇之号古有議所定也。竊以為正同春秋王必称天万世不易之大法。而遠出秦漢已下帝皇並称誇大無義尊号之上也。夫皇而称天也、其所居者天位也、所治者天職也、所賞乃天命而所罰乃天討也。尊固無二焉而道莫弗公也。今按唐書高宗紀曰、帝称天皇后称天后。或以為天皇之称拠之也。然推古紀聘隋帝書既曰東天皇。則疑高宗反倣于我也。古者或以倭語通之。故唐勅書曰、日本国王主明楽美御徳。見張九齢文集。又此紀以下具挙年月支干。故俗間有天神・地神・人皇之称。此擬所謂天皇氏・地皇氏・人皇氏。固不足取焉。

（玉木翁曰く、「神代未だ天皇の号有らず。此に至りて始めて之を称す。所謂天業を恢弘し天下を光宅せるの大号也」と。栗山氏曰く、「天皇の号、古に議有りて定むる所也」と。竊かに以為らく、正に『春秋』の王必ず天を称する万世不易の大法に同じ。而して遠く秦漢已下の帝皇並びに称せる誇大無義の尊号の上に出づる也。夫れ皇にして天と称する也、其れ居す所は天位也、治むる所は天職也、賞する所は乃ち天命にして、罰する所は乃ち天討也。尊、固より無二なりて、道、公に弗ざる莫き也。今、『唐書』高宗紀を按ずるに曰く、「帝、天皇と称し、后、天后と称す。」或は以為らく、天皇の称は之に拠る也と。然れども推古紀、隋帝に聘する書、既に東天皇と曰う。則ち疑うらくは高宗反りて我に倣う也。古は或は倭語を以て之に通ず。故に唐の勅書に曰く、「日本国王主明楽美御徳」と。『張九齢文集』に見ゆ。又此の紀以下、具に年月支干を挙ぐ。故に俗間に天神・地神・人皇の称有り。此れ、所謂天皇氏・地皇氏・人皇氏に擬す。固より取るに足らず。）

神武紀の冒頭に置かれたこの注釈では神代に天皇号はまだなかったとする。それは『神皇正統記』にも見えたように中世以来の認識を引き継ぐものであろう。その一方で初代天皇である神武の箇所に天皇号の注釈を付している。『通証』において注目すべきは、高宗が天皇と称したことに言及して、天皇号の使用について日本の方が早く唐がこれに倣ったとする点である。他にも道教の天皇氏にもふれて、俗説としてこれを否定している。『書紀』を根拠にして唐からの影響を否定している点に史料批判の限界を見て取ることも可能であるが、中国史料に目配りして出典の前後関係を論じる学問的姿勢は新井白石とも共通する。天皇号について中世的理解を残しながらも新たな方法論を生み出した『通証』は、中世から近世への転換点に位置する劃期的な書であったと評し得る。

『書紀』の出典を追究したものとしてはもう一書、河村秀根・益根の『書紀集解』が知られる。『書紀集解』は序に天明五年（一七八五）の年記を持ち、近世における『日本書紀』研究の一つの到達点といえる。『集解』においても『通証』と同様、神武紀の冒頭に天皇号に関する注釈がある。

⑤『書紀集解』巻第三

○補史記曰、三皇謂天皇・地皇・人皇。○按晋書安平献王伝曰、天皇之尊。此文指魏帝為天皇。蓋称周王為天王之類也。唐書高宗紀曰、上元元年皇帝称天皇、皇后称天后。上元元年当天武天皇三年。此紀以十年始之。後于上元元年七年。推古天皇十六年紀曰、天皇聘唐帝。其辞曰、東天皇敬白西皇帝。推古天皇十六年当隋大業四年。距上元元年六十七年、既有天皇之号。是不拠于唐之証也。

（○『補史記』に曰く、「三皇、謂は天皇・地皇・人皇」と。○『晋書』安平献王伝を按ずるに曰く、「天皇之尊」と。此の文、魏帝を指して天皇と為す。蓋し周王を称して天王と為すの類也。『唐書』高宗紀に曰く、「上元元年、皇帝、天皇と称し、皇后、天后と称す」。上元元年は天武天皇三年に当る。此の紀、十年を以て之を始む。上元元年に後れること七年。推古天皇十六年紀に曰く、「天皇、唐帝に聘す。其の辞に曰く、東天皇、敬みて西皇帝に白す」。推古天皇十六年は隋大業四年に当る。上元元年を距ること六十七年、既に天皇の号有り。是れ、唐に拠らざるの証也。）

『集解』では「天皇」の表記に拘り、『通証』では「天皇」の和語のスメラミコトの表記として引用していた『張九齢文集』（曲江集）を除き、『晋書』を追加している。これは字句の出典を重視した『集解』の方針に則るものであろう。天皇号に関しては高宗の天皇について論じており、『通証』と同様の結論を見る。ただし「天皇」について、『通証』が倭国から唐への影響を想定したのに対して、『集解』では唐からの影響はないとして穏便な注に止めている。

なお、『書紀集解』は執筆過程において稿本が存在しており、その一つとして『日本書紀集解』がある。[9]さしあたって当該部に関して『書紀集解』と比較すると、『日本書紀集解』ではより多くの注釈が付されており、『集解』として完成させる際に削除されている箇所が多数あることが指摘されている。[10]それによると史料としては『補史記』『文選』『令義解』等が削除されており、また中世以来の注釈は『通証』を含めほぼ全てが削除されている。そうした中で注目すべきが、『日本書紀集解』に記されていた河村秀根の考察も削られていることである。

⑥『日本書紀集解』

秀根按、本朝天子自天地初立至安永之今、天皇血脈連綿不絶。故以為天皇氏之後、取為称号乎。又皇都謂天、皇居謂高天原謂天磐座、称天孫称天祖、悉以天称之。故比天帝称天皇乎。唐書高宗紀云、帝称天皇、后称天后。蓋拠之。愚謂此一時制而非通称、則此時恐未知之。推古紀聘隋帝、書東天皇。即知先於唐也。

（秀根按ずるに、本朝の天子、天地初立より安永の今に至るまで、天皇の血脈は連綿として絶えず。故に以為らく天皇氏の後、取りて称号と為すか。又皇都を天と謂い、皇居を高天原と謂い天磐座と謂い、天孫と称し天祖と称して、悉く天を以て之を称す。故に天帝に比して天皇と称するか。『唐書』高宗紀に云く、「帝は天皇と称し、后は天后と称す」と。蓋し之に拠るか。愚、此を謂うに一時の制にして通称にあらず、則ち此の時恐らくは未だこれを知らず。推古紀、隋帝に聘し、東天皇と書す。即ち唐に先んじるを知る也。）

これを見ると唐の天皇号については『集解』と同じ結論であるが、「天」に関する考察があったことが判明する。それは「天皇」の語義に関わる問題であるが、訓詁的な出典論からはずれるため削られたのであろう。

右のように近世における君主号研究は『書紀』の注釈と連動するところが大きく、『書紀』の出典や解釈についても『通証』『集解』はいずれも『書紀』の記述を前提にして考察を進めており、ここからは『書紀』そのものに対する批判的な視角を見て取ることはできない。それは近世におけるテキスト研究の限界であろう。

これに対して『日本書紀』を漢意として批判し、『古事記』を重視したのが本居宣長である。宣長は、『古事記伝』において天皇号に言及している(11)。

⑦『古事記伝』神代十四之巻

天皇命、かくの如く命字を添ても書奉れること、出雲国造神賀詞にも、二処あり、続紀の【一の巻三の巻など】詔詞の中などにも見えたり、三字を須売良美許登と訓べし、儀制令義解に、須明楽美御徳、【此仮字は、異国人に示さむために書れたる物と見えて、好字のかぎりをあつめたるほどに、御字など、清濁さへ叶はず、此字に拠て、許を濁るはひがごとなり、なほ此仮字の事は、馭戎慨言に云り、】書紀竟宴歌に、数女良美己度【又須女羅乃支美とも、数梅羅機瀰ともよめるあり、】などあり、須売とも、須売良とも、須売良芸とも中奉れり、須売良朕と、御自も詔へり、【続紀十の巻の詔に、高天原由天降坐之天皇御世始而とあるは、瀰々芸命をも、天皇と申せるなり、さて天皇字を当奉りしも、いと上代よりの事と見えたり、若は仁徳天皇などの御世に、和邇などの如き博士の、申定奉しにやあらむ、さるは漢国孔丘が春秋に、かの王を天王と書るなどに本づきて、皇に天字をば冠へ奉りけるなるべし、彼国にても、遥の後に、唐高宗が時に、天皇と云号を、新に立たることありしかども、末とほらざりしを、たゞ吾須売良尊の此御号ぞ、真の理にかなひて、天地のかぎり、竪にも横にも往通り足はして、動くことなく、変ることなき大御号にはありける、】

宣長は河村秀根等とは全く逆の立場から和語を重視しており、和語としてのスメラミコトをまず論じる。その表記の実例を挙げ、表音に用いられている字の相違から読みを確定していく。スメラミコトの他にもスメ・スメラ・スメラギがあり、自称としても用いられるとする。ただしそれに止まることなく、天皇号の漢字表記についてもふれている。それは、宣長までの『書紀』注釈のような神武からアプリオリに定まっていたものと見なす立場はとらない。むしろ和邇が漢字を伝えたという伝承に則り、表記としての称号の制定を論理的に捉えようとしている。そして『春秋』の天王号に着目し、「天王」をベースとして天皇号が作り出されたとするのである。士清・秀根と同様に唐高宗の天皇号については「未とほらざりし」としてその影響を否定している。

谷川士清、河村秀根・益根、本居宣長は中世的な思考から脱却して「天皇」という称号が歴史的な所産であることを自覚した。それは新井白石に代表されるような中国史料をも含めて整合的に理解しようとする学問的態度の延長線上に到達したものであり、それゆえ中国の君主号との類似が問題視され、唐高宗の天皇大帝号や周の天王号にも議論が及んだのである。そこに限界があることはもちろんであるが、むしろその合理性を追究しようとする姿勢の萌芽を評価すべきであろう。

なお、こうした学問上における天皇号への言及とはうらはらに、近世において「天皇」が復活するのは天保十二年（一八四二）のことであり、光格天皇への諡号として贈られたことによる。[12]それは支配者階層のみならず、市井の知識人も注視するところとなった。

⑧『雑識』柳営御追善の連歌

天皇の号か此度世に出て　　仙院

はつと驚く江戸も京都も　　貴賤

天皇号の再使用によって、右のような連歌が詠まれたことはよく知られている。逆にいえば当時の一般知識としては、「はつと驚く」ほどに天皇号は馴染みがなかったということであった。これ以降天皇号は続く仁孝・孝明の各天皇へも贈られ、そして、近代を迎えることになるのである。

3　近　代

明治に入ると明治政府は明治八年（一八七五）に修史局を設置し、ランケに始まる近代的ヨーロッパ歴史学が日本においても導入されるようになる。[13] ここにおいて史料批判という研究手法が積極的に取り入れられた。それにともなって史実と伝承・説話の弁別が課題となり、漢学者の出身である重野安繹・久米邦武を中心に進められた。明治期の君主号の研究としては、個別の天皇の尊号に関してどのように称されたかという視点に立つ栗田寛の「答問五則」のような研究が現れる。[14] 近代天皇制の構築過程において、その〝正史〟の確定作業として発現してきたものと位置づけられよう。ただし、明治期において積極的に君主号について直接取り組んだ研究は管見の限り見当たらず、天皇制一般を問う視角はまだ現れていない。明治二十五年（一八九二）の久米邦武筆禍事件、[15] 明治四十四年（一九一一）の南北朝正閏問題[16]に顕著に表れるように、天皇制の質的あり方に関する問題への言及は国学者の系譜を有するグループや右翼から政治的に攻撃される的となり、厳しい研究環境におかれていたといわざるを得ない。

そうしたなかで君主号に関する研究の嚆矢ともいえるのが、大正九年（一九二〇）に公表された津田左右吉「天皇考」である。[17] 近代の君主号研究はここから始まるといっても過言ではない。津田はこの論文で『書紀』の用字を批判的に捉え、丁卯年（六〇七）の年記を持つ法隆寺金堂薬師像銘に「池辺大宮治天下天皇」とあることから天皇号について推古朝の成立を論じた。近代天皇制において強調されるようになった「神代史」に対して批判的であった津田にとって『書紀』そのものが再検討の対象であり、[18] そのため『書紀』に拠らず金石文における記述から天皇号を論ずるという方法論が津田によって編み出されたのである。このスタイルは以後の研究に大きな影響を及ぼした。さらに津田は「天皇」の語義を道教に由来するものと考察している。以後の研究に続くことになる、天皇号に関する大まかな論点はすでに「天皇考」において提示されているといえる。

しかし、近代において津田に続く君主号研究はほとんど出なかった。それは、昭和十五年（一九四〇）に津田の記紀批判が不敬にあたるとして攻撃を受け、その著書四冊が発禁処分とされたような社会状況によるところが大きい。皇国史観の高まりの中で天皇を歴史学の考察の対象にすること自体がタブー化していくため、その一環としての君主号研究は停滞的にならざるを得なかったのである。[19]

4　現　代

戦後、敗戦を契機として天皇制は大きな転機を迎える。それは日本史研究においても同様であり、近代天皇制の軛から解放された日本史研究はようやく天皇というテーマと正面から向き合うことが可能となった。君主号の研究もこの時期を劃期として本格化する。君主号が天皇制を構成する要素の一角として認知され、検討の対象となったのである。そうした動向は敗戦の翌年には早くもかたちを表している。肥後和男が『天皇制の成立』を刊行しており、[20]そのなかで天皇号の成立に言及し、これを推古朝としている。また、それは唐高宗の天皇号に先行するが、中国の天王号をベースに作られた称号であり、聖徳太子によって奉られたものと見なしている。肥後のこうした見解は近世の君主号研究をふまえたものといえる。

五〇年代に入るとその数は一気に増加し、その論点も多様化する。宮田俊彦は君主号を「治天下」「御宇」と「天皇」の二つで構成されること、「治天下」の概念と天皇号は推古朝に別々に成立し、舒明・皇極朝で結合、律令制下に「御宇天皇」へと変化したと論じた。[21]熊谷幸次郎は、古代天皇制研究における記・紀中心の視角に対して異なる史料として『上宮記』を検討し、王族に大王号が用いられるようになることで新たな称号が要請されたと述べた。[22]

天皇号の出現を王族称号との関係で論じたといえよう。一方、竹内理三は、津田も論拠の一つとした薬師光背銘に再注目し、「大王天皇」という表記を手がかりに考察を加え、政治的存在としての「大王」と宗教的存在としての「天皇」に区別した。光背銘の成立した推古朝を君主が政治から宗教へと移行する過程として捉え、その神格化を大化期に位置づけている。[23]林幹弥は推古遺文や記・紀と金石文のズレを検討し、大化期にスメラミコト＝天皇が成立したとする。[24]また同論文において君主は即位時に尊号を奉呈されたと指摘し、生前にどのように呼ばれていたかという課題を提起した。このように記・紀以外の史料や金石文に基いて天皇号の成立時期を推し量る考察が多いのがこの時期の特徴といえる。また、記・紀をベースにしたオーソドックスな手法の研究としては坂本太郎を挙げることができる。[25]坂本は『書紀』において言及されている「天皇記」[26]という書名を重視し、天皇号成立を推古朝としている。

このように五〇年代の研究は単に天皇号がいつ成立したのか、「天皇」の意味はどのようなものかということのみならず、君主の地位がいかなる性質であるか、それが何を契機とするかということまで踏みこんだ議論がなされるようになっている。君主号研究が論点を多様化させながら七世紀前半を重視する傾向は、一九六〇年代半ばまで続いている。また、成立年代をさらに引き上げる研究も現れる。三品彰英は『書紀』が引用する百済三書から天皇号の成立を欽明朝と論じた。[27]

一九六〇年代の動向として欠かせないのは大化改新否定論の出現であろう。日本史研究会で所謂大化改新否定論が唱えられたのが一九六五年であるが、[28]それまで近代において天皇権力の確立（それは天皇親政というニュアンスで多々論じられた）として再評価された[29]大化改新を評価する傾向は君主号研究においても顕著に表れていたといえよう。また、改新否定論と直接のつながりはないが、栗原朋信は『隋書』倭国伝を検討の俎上に載せ、アメタラシヒコからスメラミコトへ変遷するという仮説を立てた。この論文でも大化を劃期として位置づけている[30]。このように戦後の古代史研究においては、津田以来批判の俎上に載せられ続けていた『書紀』に対する懐疑が強く、それ以外の史料から推古朝乃至大化改新期を劃期として析出するという特徴がある。

六〇年代後半は天皇号の成立年代において研究史上の大きなターニングポイントであった。そのトピックは六七年に渡辺茂「古代君主の称号に関する二、三の試論」が発表されたことである[31]。この論文は、唐高宗の天皇号との関連から津田以来の推古朝説を批判して持統朝に劃期を求めたものである。そして、君主号の変遷について治天下大王→御宇帝皇→御宇天皇という推移を経ると述べる。渡辺はこの論文で持統朝説を主張しており、ここに律令国家成立に天皇号を明確に関連付ける方向性が打ち出されたといってよい。六九年には東野治之が、天皇号は天武朝頃から使われ始め、持統朝において確立したとして渡辺説を支持している[32]。かくして天皇号を律令制とリンクさせる持統朝説の基本的な論点が提示されたのである。

またこの時期は、岩波日本古典文学大系の書目として『日本書紀』上・下が出版された[33]ことも特筆に価しよう。これによって『日本書紀』の研究が格段に進むことになり、特に七世紀史が深化する。それは律令国家形成史という研究の流れをもたらし、君主号もまたその一環として捉えられるようになるのである。

なお、成立年代以外にもこの時期は君主号に関する重要な論点が二つ示されている。一つは一九六八年に下出積與が、天皇号について津田が論じたような道教に由来するものではなく、天孫降臨伝承に適合する語を借用したものと解釈したことである[34]。それまで概ね津田説に準拠しており批判の俎上に上らなかった天皇の語義について、再検討を促したものとして評価されよう。もう一つは坂元義種がやはり一九六八年に五～七世紀における東アジアについて一連の論考を著したことである[35]。坂元は大王号について百済からの影響を指摘し、かつその語義を〈王の中の王〉と論じた[36]。それまでも天皇号以前の称号を大王号とすることは広く共通認識となっていたが[37]、その成立の根拠を東アジアに求めたことによって広く受け入れられ、以後長い間通説的位置を占めることになる。

さて六〇年代後半に持統朝説という新たな研究の流れが現れたが、七〇年代はそれに対する反論で幕を開ける。一九七〇年に宮田俊彦が、『隋書』を排し『日本書紀』を採るべきことを述べている[38]。また、同年に大橋一章が、竹内理三説を承けて大王号と天皇号が重複する時代として推古朝説を論じている[39]。

ところで翌一九七一年は日本古代史研究にとって節目となる年であった。それは石母田正『日本の古代国家』の出版である[40]。日本古代における国家成立とその構造を論じた書として当時の学界に大きな衝撃を与えたことは様々な人が言及している[41]。同書は君主号の成立についても若干ふれており、石母田は天皇号の推古朝成立を受け入れながらも「制度的に統一し確立した」浄御原令以後を大きな劃期として捉えている。制度的に不安定な状態から確立した段階への移行と説明することで、先述の推古朝説対持統朝説を止揚する意図を含んでいたといえる。石母田の天皇号に関するもう一つの重要な指摘として、君主号の転換における対外関係という場の重視を挙げることができる。それは自己と他者の関係の中で称号が意味を持つのであり、権力が強大になれば新たな称号が生じるというような漠然とした認識を乗り越えるものであった。

七〇年代はもう一つ活発な議論が交わされることになる論点が現れる。それは「天王」号問題である。すでに宣長やあるいは四六年の段階で肥後が「天王」号に言及していることは先述したが、当時はそれが論点として引き継がれることはなかった。一九七二年に角林文雄は、推古朝に天皇号が成立したことを承認しつつそれ以前の称号として「天王」号があったことを論じた[42]。その主要な論拠は、史料的に『書紀』に「天王」が散見すること、六世紀に百済は大王（太王）号を名のっており百済に高圧的な態度をとる当時の倭国が同じ称号を用いるとは考えがたいこと、などであり、推古朝に「天王」→「天皇」という変化が起きたと述べた。同様のことは七八年にも宮崎市定が中国史の立場から述べており、五胡十六国における「天王」号に着目して倭への影響を論じている[43]。

全く別の観点からの君主号に対する視角もこの時期に登場する。西郷信綱はそれまでの漢語表記としての「天皇」に議論が集中していた傾向から脱して、音声としてのスメラミコトに注目して、オオキミからスメラミコトというシェーマを論じた[44]。また、それまで「スメラ」とは「統べる」を意味すると見なされていた点を音韻転化から批判して[45]、「澄む」が正しいとする。それはスメラミコトが聖別された称号であることを示すと主張した。

右のように七〇年代前半には現在に至るまで論じられる基本的な論点は出揃ったといえる。七〇年代後半に入ると、こうした論点を基礎にその成立年代の議論が林立する活況を呈する。一九七六年に栗原朋信は『書紀』の記述に則って天皇号は百済から献上されたという欽明朝説を述べ[46]、自説を遡らせている。同年に山尾幸久は、天皇号を朝鮮と国内に対する複合的な称号と見なして天智朝説を唱えた[47]。いずれも論点において新説があるというわけではなく、それまでの様々な議論が再検討の段階に入ったということであろう。一方、一九七七年に佐藤宗諄が律令制との関連を重視して大宝律令説を提示した[48]。前年に岩波日本思想大系の『律令』が出版されており[49]、古代史における律令制研究の高まりの反映として律令と天皇号を結びつけたものといえる。この時点で天皇号の成立年代に関する学説は、1　欽明朝説、2　推古朝説、3　大化改新説、4　天智朝説、5　持統朝（浄御原令）説、6　大宝律令説、という六区分に整理できる[50]。

なお、同時期に関晃が君主号の思想的背景に関する重要な見解をいくつか述べている。一つは中国的な君主号は倭国において固有の観念に置き換えられており、中国的政治イデオロギーの継受にあたって天命思想は排除されたとする指摘である。「天皇」の語義と関わって、津田以来の道教説に対する批判として理解できる[51]。もう一つは天王号に対する批判の中で、六世紀の段階で漢語的君主号の必要性について疑問を呈している。[52]天皇号に即していえば、それは文字表記として史料に立ち表れるものであり、漢字使用の問題がこれと大きく関わることは明白である。天皇号の成立を列島における文字の継受の問題と絡めた指摘はおそらくこれが最初であろう。

さて八〇年代は、当該期は新たに天武朝説が確立し主流となっていく時期と評することができる。八〇年に東野治之は推古朝説・「天王」号説を批判し、浄御原令で「大后」から「皇后」にかわっていることと唐高宗の天皇号の影響という観点から天武朝説を論じた。[53]前述のようにそれまでは浄御原令との関連から持統朝説が有力であり、前段階として天武朝をそれに含める天武持統朝説というやや長いスパンで成立時期が論じられていたが、これ以降、天武朝に限定的なかたちで捉える傾向が強まっていく。

特に八四年に森公章が「天皇号の成立をめぐって」を著し、それまでの研究史を整理して論点を明確化した上で持統朝説を打ち出したことは、天武持統朝を重視する流れに棹差すものであった。[54]この論文は、以後の天皇号研究における基準点として大きな影響を与えることになる。なお森は、八四年の時点では持統朝を重視していたが、八六年の論文では天武朝と位置づけ直している。[55]

この他、八〇年代に天武朝説を支持した論者として代表的な研究者を挙げると、日唐律令制の比較的検討を試みた川北靖之[56]や、木簡研究の成果を取り入れた鎌田元一[57]がいる。こうした研究の積み重ねの中で天武朝説は確固たる学説として受け入れられていくこととなる。

天武朝説が主流となったのは、単に論文の量産によるだけのものではない。出土文字資料、特に七〇年代から急速にその発掘件数を増していった木簡の影響が見て取れる。特に一九八五年に飛鳥京遺跡において発見された木簡が注目された。

⑨飛鳥京跡第一〇四次調査

□大津皇　63×17　091

この木簡は天武十年（六八一）前後と推定されている。[58]「大津皇」は大津皇子を指すと考えられ、王族に「皇」字を用いているとすると、この時点で天皇号がすでに成立していると類推し得る。これによって、一次資料から天皇号成立に迫る可能性が拓けたのであり、木簡の推定年代から天武朝説が有力視されるようになったといえる。その後も君主号に関する木簡の発見は続いており、一九九八年に飛鳥池遺跡において南北溝SD〇五から木簡が見つかったことは記憶に新しい。[59]

⑩飛鳥池遺跡第八四次調査

「天皇聚□《（露カ）》弘寅□　(118)×(19)×3　081

このように八〇年代は一次資料としての木簡と律令制研究の進展によって、その直近の時期としての天武朝がクローズアップされるようになった。これ以後の通史の叙述においてもそれが反映されるようになり、吉田孝や吉村武彦は担当巻において天武朝説を支持している。[60]かくして天武朝説は天皇号成立において劃期としての位置を確立することになる。ただし逆にいえばそのためか、八〇年代後半は天皇号に関する研究は低調になり、目立った研究を見出すことはできない。

なお天皇号以外の君主号研究では、一九八五年に長瀬一平が日本古代における「皇帝」号に関する論考を発表している。[61]そもそも日本古代における君主号は天皇号以外にも皇帝や天子等いくつかあることが史料上から確認できるが、関晃は中国風の言い換えにすぎないと断じており、[62]用例の少なさから天皇号以外の称号に対する注目度は低かった。長瀬の立場はそうした印象論的な見解を排し皇帝号の史的意義を追究したものとして評価されるべきであろう。筆者も「天子」号について同様の視角からの検討の必要性を認識し、二〇〇一年に君主号としての「天子」について論文を発表した(63)。

九〇年代に入ると再び天皇号の議論が活発化する。それは推古朝説の再評価である。比較的早期の論者として高森明勅が倭王から天皇へという推移を述べているが、従来の学説の再説の域を出ず新味に乏しい(64)。しかし、特に注目すべきは小林敏男の所論であろう。小林は口称と表記の区別を論じ、国内支配と外交を分けて理解しようとした(65)。リテラシー研究の深化による音声言語と文字表記の弁別を反映させた研究として評価し得る。九〇年代半ば以降になると推古朝説を主張する研究はさらに増加し、梅村喬(66)・堀敏一(67)・大津透(68)・北康宏(69)らによって推古朝説が強調されるようになる。また、吉田孝も天武朝説から推古朝説へ見解を切り替えている(70)。

九〇年代以降の推古朝説の特徴として、以前の研究に比べて金石文に依拠する比重が低いことを指摘できる。金石文の評価は論者によって全く異なり、そのため議論が水掛け論に陥る傾向がなかったとはいえない。そうした資料に拠らずに、主として文献に記される対外関係から天皇号の出現を捉えようとするものである。それゆえ研究の新たな潮流といえるが、一方で『書紀』を比較的肯定的に活用する側面が強い、という点も付け加えておかなければならない。史料としての『書紀』をめぐる研究態度は、大化改新否定論以来厳密かつ否定的に扱うスタイルが一時期高まった。しかしその後、七〇年代における稲荷山古墳出土鉄剣銘や百済武寧王陵墓誌の発見によって『書紀』の記述に対する信憑性が再評価されるようになった。たとえば大化改新に即していえば、『書紀』の記述をそのまま史実とする単純肯定論とその対極にある否定論を止揚した新肯定論が主流を成すようになる(71)。天皇号に話を戻せば、推古朝説が改めて唱えられるようになったことはこうした研究背景に大きく起因するものであろう。

一方で、こうした新たな推古朝説に対して通説的位置を獲得した天武朝説からの反論はあまり見受けられない。

天武持統朝説の立場から述べた所論として増尾伸一郎(72)・吉田一彦(73)等を挙げることができるが、基本的にはそれまでの天武朝説の見解を整理・再説するというスタンスである。現状では新推古朝説が天武朝説を批判するが、それに対して特に反応していないという状況であり、そのため議論にすれ違いが生じているようにも見える。この状況は二一世紀に入っても続いており、天武朝説と新推古朝説は平行したまま議論が交わっていない。

なお、八〇年代終わりは天皇制研究にとって現代史的に見ても重要な節目であった。すなわち昭和天皇の死である。八九年の天皇の代替わりは古代史においても天皇制を再検証する契機となり、九〇年代の王権論へと展開することになる(74)。王権論を主導する荒木敏夫は王権を次のように定義した。すなわち、㈠王の権力、㈡王を王たらしめている構造・制度、㈢時代を支配する者・集団の権力、とする。この視角に基いて天皇だけではなく、それを補完する皇后・皇太子・太上天皇・摂関等を含めて王権概念を再構築して研究を進展させた。荒木の定義のもとに王権の構成要素としてのそれらに対する研究が深化したといえる。ただしその一方で、天皇そのものの研究は置き去りにされている観がある(75)。いわば天皇が王権論の真空地帯になってしまったのである。

新しい動きは他にもある。二〇〇七年に水林彪が法史学的立場から天皇を論じている(76)。その論旨については書評・紹介に譲るが(77)、同書の中で水林は天皇号成立を欽明朝に比定している。ロングスパンで天皇を意義づけており貴重な労作であるが、ここまで論じてきた研究史との乖離が大きいことも事実である。

本節では、近年に至るまでの君主号に関する主たる研究の流れを通観した。その焦点はほぼ「天皇号の成立時期」という問題に集中しており、その他の論点は個別に派生したものであるという観が否めない。しかし、君主号の研究の論点はそれに止まるものではなく、多岐にわたるものであると考える。その論点と課題を次節において検討する。

Ⅱ　論点と課題

前節では君主号研究の変遷を時系列的に俯瞰し、いかなる論点が提起されているのか見渡した。それをふまえて本節では君主号研究の論点を整理する。そして、研究史においてその到達点が那辺にあり、なおかつ残された問題点としていかなる点があるのか、ということについて述べることとする。

前節で概観したようにこれまでの君主号研究のほとんどは天皇号研究であった。研究史において君主号とは天皇号と同義であり、天皇号の成立が天皇制の成立として評価されてきたのである。天皇制というシステムは日本史を通時的に貫く課題であることははじめに述べたが、そうした日本独自の君主制における称号について、それは無意識のうちに「天皇」に限定されてきたことは否めない。

しかし、天皇制における君主号の有り様について「天皇」のみから論ずることは妥当ではない。古代、律令国家において君主号は多様であった。

⑪養老儀制令1天子条

天子。祭祀所称。

天皇。詔書所称。

皇帝。華夷所称。

陛下。上表所称。太上天皇。譲位帝所称。乗輿。服御所称。車駕。行幸所称。

（天子。祭祀に称する所。／天皇。詔書に称する所。／皇帝。華夷に称する所。／陛下。上表に称する所。太上天皇。譲位の帝に称する所。乗輿。服御に称する所。車駕。行幸に称する所。)

右記のように律令法において日本の君主号は、天皇の他に天子・皇帝・陛下など複数の称号が規定されている。「天皇」がその中で使用頻度が高く、称号の中でも重要であったことを認めるに吝かではないが、古代には多様な称号が並存しているというそのこと自体の意義を問う必要もある。しかしながら前節を見て明らかなように、「皇帝」や「天子」といった称号に関する研究はわずかであり言及されることは少なく、あるいはその評価は中国風の言い換えにすぎないなど積極的とはいいがたいものであった。

しかし、「天皇」が称号として実際に機能していたのは古代・近代という限定された時期であり、中近世においては天皇号をアプリオリに一般的かつ最重要な君主号と位置づけるべきではない。前節で述べたように、中世において使用頻度の高い称号は院号であり、天皇号は用いられることは少なくなる。天皇号が復活するのは光格天皇への諡号としてであり、それは光格天皇の事績讃仰を目的としていた(78)。それを承けて近代において「天皇」が君主号として確立することになるが、その唯一性は絶対的ではなかった(コラム参照)。

結局のところ、天皇制において天皇号は必ずしも恒常的に主たる称号であったわけではない。「天皇」は古代と近代以降において多用されるという歴史的変遷を持つ君主号なのである。そうであるとすれば、天皇号の成立をもって現代に至るまでの日本の天皇制の成立を一律に論ずることには一定の留保が必要であると考える。逆にこのことをふまえると、これまでの君主号研究においてその主たる検討対象が天皇号に収斂されたというのは近代以降の「天皇制」研究の所産であり、それゆえに研究者の意識が天皇号に向かうことになったといえるであろう。本研究の扱う時代に即していえば、古代における複数の君主号についてそれぞれの史的背景や意義を確認し、その上で君主号相互の関係を問うべきである。そうした手続きを経てこそ古代の君主号としての天皇号がいかなる比重を占めていたのか正しく把握することが可能となろう。君主号の多様性の再確認とその関係の究明、これが本研究における課題の第一点である。

また、君主号研究が天皇号に収斂された結果、君主制としての古代天皇制の成立自体が天皇号の成立と不可分のこととして捉えられるようになる。そのことは、特に天皇号の成立期に関する議論に強く表れている。

これまで研究史において天皇号の成立時期として論じられた学説を整理すると、1 欽明朝説、2 推古朝説、3 大化改新説、4 天智朝説、5 天武朝説、6 持統朝（浄御原令）説、7 文武朝（大宝律令）説、ということになる。これらの諸説はいずれも古代国家の成立をいかに位置づけるかという課題においてそれぞれ指標となる時期であり、天皇号の成立をもって古代天皇制が成立し、それは古代国家の成立とも連動するという通念に基く側面が看取される。そのこと自体は方向性としては首肯できるものの、すでに第一の課題で述べたように君主号の多様性を念頭におくべきであることからすれば、天皇号のみの成立時期を扱うことによって日本古代における君主制の劃期を推し量ろうとするのは性急の誹りを免れないであろう。

そもそも天皇号について前掲⑨・⑩のように天武朝に成立していたことは明らかなものの、時期的初現としてはすでに成立しない持統朝説や文武朝説についても、浄御原令や大宝令において「法的」に確立したと捉えようとする視角の限りにおいて、その意義は現在でも通用する。君主の立場が人格的カリスマを基軸としたものから法的な制度に裏打ちされた地位へと転化する端緒として七世紀末から八世紀初頭の君主号を位置づけることが可能であり、天皇号の出現とは時期的に差異が生じることになるものの、決してその意義が軽くなるわけではない。それは律令法への規定という古代国家に基く古代天皇制形成の一階梯として、十分に評価されるべきであろう。

なお、一次資料としての金石文・木簡などの出土遺物は同時代の状況をダイレクトに伝える貴重な史料体であり、その表記上の信用性は二次的編纂資料である文献史料を上回る。天皇号成立の時期に関する論証方法の一つとして、そこに「天皇」という字があることを区切りとしてその成立を論ずる方法をとってきた。ただし、この方法は限界を有するものであることも認識しておかなければならない。そこに天皇号が記されおり、かつ金石文・木簡の年代が明らかになったとしても、それはあくまで当該期にそれが用いられていたことを意味するものであって、その成立時期を示すとは限らないからである。すなわち極論すれば、天武期の「天皇」木簡は推古朝説や天智朝説と何ら抵触しないという解釈を導き出すことも可能である。この論証方法は使用開始時期の確実な下限を設定する点において有効であるが、成立に関してはそこから遡る可能性があることを念頭に置く必要がある。その判定の基準についてさらに考察されなければならないといえる。

君主号が君主の称号という政治的性質を備えるものであることからすれば、その成立は君主の地位やその性格の変化と連動すると捉えるべきである。すなわち、多様な君主号がそれぞれいかなる政治的契機に基いていつ頃成立したのかということを総合的に照らし合わせなければ、日本古代における君主号の成立の考察は一面的なものとならざるを得ない。断片的な天皇号の史料を史料批判して並べるだけでは君主号成立の劃期は捉えられない。古代国家形成史における君主の地位の変化・確立という観点から政治的契機となり得る政治史を念頭に置きつつ考察を加えること、これが第二の課題である。

次に注意すべき点として、君主号の表現形態を挙げることができる。たとえばこれまでの君主号研究＝天皇号研究における「天皇」は文字という形態をとっている。律令法に規定されている他の称号もいずれも文字である。すなわち、文字表記としての君主号という視角がその前提として導入されているのである。換言すれば、文字表記としての君主号が浮上する背景には支配システムとしての文書主義の成立という課題を避けて通れない。前掲⑪儀制令天子条においても「天皇」は詔書に、「陛下」は上表に用いるとされていることもこれと密接に関わるものである。

⑫『令義解』儀制令1天子条

凡自天子至車駕、皆是書記所用。至風俗所称、別不依文字。

（凡そ天子より車駕に至るまで、皆な是れ書記に用いる所なり。風俗に称する所に至りては、別に文字に依らず。）

右のように九世紀の公的注釈では、律令に規定された君主号が表記上の問題であることがより明確に意識されていた。このように公的な文書への署名が必要とされることによって君主はその称号・名のりを確定することとなる。すなわち文書主義の確立こそが文字表記としての君主号の制定を促すものであり、これを古代における君主号の一つの劃期として捉えることが可能であろう。そして、かかる文書主義は律令国家の成立と連動するものであることは言を俟たない。

数ある君主号のうち「天皇」が特に重視されたというのは、特に文書主義と連動する君主号が「天皇」であったことに他ならない。前掲⑪の儀制令天子条に「詔書に称する所」と規定される天皇号は、君主の意思発現における公的な称号として位置づけられたことがそれを明確に示している。そこで詔書について考えると、その形式は公式令詔書式条に定められている。

⑬養老公式令1詔書式条

詔書式

明神御宇日本天皇詔旨云云。咸聞。

明神御宇天皇詔旨云云。咸聞。

明神御大八州天皇詔旨云云。咸聞。
天皇詔旨云云。咸聞。
詔旨云云。咸聞。
年月御画日。
中務卿位臣姓名宣
中務大輔位臣姓名奉
中務少輔位臣姓名行
太政大臣位臣姓
左大臣位臣姓
右大臣位臣姓
大納言位臣姓名等言。
詔書如右。請奉　詔。付外施行。謹言。
年月日
可。御画。
右御画日者、留中務省為案。別写一通印署、送太政官。大納言覆奏。画可訖、留為案。更写一通、誥。訖施行。中務卿若不在、即於大輔姓名下注宣。少輔姓名下注奉行。大輔又不在、於少輔姓名下、併注宣奉行。若少輔不在、餘官見在者、並准此。

（詔書式／明神御宇日本天皇詔旨云云。咸聞。／明神御宇天皇詔旨云云。咸聞。／明神御大八州天皇詔旨云云。咸聞。

／天皇詔旨云云。咸聞。／詔旨云云。咸聞。／年月御画日。

（中略）

右、御画日は中務省に留めて案と為す。別に一通を写して印署し、太政官に送る。大納言覆奏す。画可訖らば、留めて案と為す。更に一通を写して誥す。訖らば施行す。中務卿若し在らざれば、即ち大輔の姓名の下に宣と注す。少輔の姓名の下に奉行と注す。大輔又在らざれば、少輔の姓名の下に宣奉行と併せ注す。若し少輔在らざれば、餘官の見在は並びに此に准ず。）

このように詔書の冒頭に明記される君主号として「天皇」が用いられており、天子条と詔書式条は相互に連動している条文である。天皇号が君主号のなかでも特に大きな位置を占めたのは、かかる使用の場が大きく影響した可能性を見なければならない。

ところで君主号の表現形態については、もう一つ、西郷信綱氏が論じたような口頭音声の位相を考えなければならない[79]。音声は文字とは異なり史料的に残りにくいという特徴を有するため、日本文学や日本語学で注目されるほどには日本史学において論点として取り上げられがたいという一面があった[80]。しかし、宣命など文書が読み上げられるということを念頭に置く時、この問題は避けて通れないものである。

君主号の口頭音声に関する史料としては『令集解』をまず挙げておく。

⑭『令集解』儀制令1天子条

謂告于神祇、称名天子。凡自天子至車駕、皆是書記所用。至風俗所称、別不依文字。仮如、皇御孫命及須明楽美御徳之類也。釈云、天子是告神之称。俗語云、皇御孫命。古記云、天子祭祀所称。謂祭書将記字、謂之天子也。辞称須売弥麻乃美己等耳也。跡云、天子以下七号俗語同辞。但為注書之時設此名耳。朱云、天子以下諸名注書也。

（謂は神祇に告ぐるに、称して天子と名のる。凡そ天子より車駕に至るまで、皆な是れ書記に用いる所なり。風俗に称する所に至りては、別に文字に依らず。たとい、皇御孫命及び須明楽美御徳の類也。釈に云く、天子は是れ神に告ぐるの称なり。俗語に云く、皇御孫命。古記に云く、「天子、祭祀に称する所なり」と。謂け祭書に記さんとせる字にして、之を天子と謂う也。辞にスメミマノミコトと称する耳也。跡に云く、天子以下の七号は俗語に同じ辞なり。但し書に注すの時の為に此の名を設くる耳也。朱に云く、天子以下の諸名は書に注す也。）

『令義解』では「風俗」すなわち社会的には、文字ではなく「皇御孫命（スメミマノミコト）」や「須明楽美御徳（スメラミコト）」という音声を用いることが挙げられている。音声上の君主号も唯一ではなく、そこに多様性を看取できるのである。令釈・古記では天子の訓みをスメミマノミコトに充ててスメフミコトとの区別を図っているようであるが、一方跡記では「天子」から「車駕」まで訓みは全て同じとする。跡記の注釈を当該期においてどの程度普遍的なものとして理解できるかという課題は残るが(81)、文字としての称号と形として残りにくい音声の用法上のブレを示しているという理解は可能である。表記のような厳密な使用規定が存在しない融通性に音声としての君主号の特徴を求めることも可能であろう。

このように君主号の表現形態としては文字表記と口頭音声の二つの形式を指摘することができる。それはいずれも多様性を有しており、そこで留意すべき点が両者の対応関係である。前述のように文字と音声の関係について令釈・古記と跡記の間に解釈の相違が生じていることは、文字としての君主号と音声としてのそれが別個に成立して結びついたことを窺わせる。すなわち文字と音声の双方の君主号がいかにして成立したのか、ひとまず弁別する必要がある。従来の君主号研究は主として文字表記を中心に進められており、音声を副次的に考える傾向があるが、そのような認識は改める必要がある。文字表記と口頭音声という二つの表現形態とそれらが発現される場を具体的に想定するべきこと、これが第三の課題である。

ここまで挙げた課題のうち、第一・第三の課題はいずれも律令制君主号を念頭に置いた設定であるが、かかる律令制君主号の史的前提としてそれ以前の君主号も考えなければならない。天皇号に先行する君主号として一般的に用いられているのは、所謂大王号である。前述のように坂元義種氏が朝鮮における「太王」との関連性が指摘している。近年では朝鮮古代の「大王」号を中国の国際秩序とは別の朝鮮独自の称号として捉えようとする見解もある(82)。一方で、君主が単に「王」と称される事例があることや逆に王族が「大王」と記されることがあるということから「大王」を固有の称号として捉えるべきでないという見解もあり(83)、議論の一致を見ていない。ただし史料に即した後者の指摘をふまえると、七世紀以前において君主と王族の間で称号が共有されていたということになり、そのことは君主の唯一的な称号がいまだ確立していないことを意味する。そのように捉えるならば、大王号を君主のみを指す称号として強調することは控えるべきであろう。

さらにいうなれば、表記において君主と王族の称号が重複するということは、君主の唯一性が確保されていないということでもあり、君主の地位自体が確立したものではないという結論に至らざるを得ない。そこで、そうした状況下においていかに君主と王族を区別するかという問題が浮上する。君主が「王」であり他の王族も「王」と名のった場合はその峻別が困難だからである。それを明確に区分するタームとして「治天下」を評価し得るであろう。君主であることの明示は、「王」と「大王」の差ではなく、「治天下」が付されているかという点において判別されるのである(84)。律令制以前の君主の名のりとして「治天下王」を捉える見解の有効性はかかる視角から把握すべきである。

このように君主号が未成熟な段階で「治天下王」という名のりがあったと見なした場合、君主号のワンフレーズの単語ではなく、複数のフレーズから構成されるという点に留意しなければならない。井上光貞氏は大化前代の君主の称号の要素として宮号、「治天下」の文字、大王乃至天皇号をあげており[85]、これを念頭に置く必要があるだろう。そして、それが律令制下においても引き継がれる点についても注目する必要がある。前掲の⑬詔書式条では単に「天皇」のみならず「明神」「御宇」などの構成要素を君主号に含んでいる。このうち「治天下」は「御宇」と同じ訓みであったと考えられる[86]。すなわち律令制成立を分岐点とする君主号の変化は、「治天下王」から「御宇天皇」へ、という史的展開を想定できるのである。従来の研究では表記としての君主号を二文字の漢語的君主号であることを前提として考えるものが多かったが、必ずしもそのように限定的に捉えるべきではないのである。

すなわち第四の課題として、律令制君主号の前段階においていかなる名のりがなされており、それが律令制下の君主号にどのようにつながるのかという問題を考える必要がある。それは単に大王号から天皇号へという称号の置き換えではなく、そもそも君主の地位が確立する過程でその名のりが唯一的な称号へいかに質的変化を遂げるかという視角を保持することが要請されるのである。

また、そのような視角から君主号の形成過程に付随して考えるべきことに、君主の名のりという問題を欠かすことはできない。そして、その歴史的変遷においては実名と称号の関係について考える必要がある。君主号が未成立、あるいは未成熟の段階において君主は実名を名のる。その最も端的なケースが倭の五王である。『宋書』を始めとする中国正史には讃・珍・済・興・武という五人の倭国王の名が列挙されているが、これは実名であると見なすのが一般的であり、本研究においても同様の立場に立つ。そうであるとすれば、彼らが対外的に名のるという行為を果たす時に実名を名のったことの意味という観点を見落としてはならない。これに対して、八世紀の天皇は実名を名のることはない。

⑮『文苑英華』巻四七一[87]

勅日本国王主明楽美御徳。彼礼儀之国、神霊所扶、滄溟往来、未嘗為患。（後略）

（日本国王主明楽美御徳に勅す。彼の礼儀の国は、神霊の扶ける所にして、滄溟往来するも、未だ嘗て患いを為さず。）

唐開元二十四年（七三六）に、玄宗が遣唐使中臣名代に付託して聖武天皇に送った国書であるが、ここではその宛所が「日本国王主明楽美御徳」となっている。唐側は君主号＝日本国王、君主名＝主明楽美御徳として意識しているが、もとより主明楽美御徳（スメラミコト）は君主号の和名であり、実名ではない。この日唐間の齟齬は、日本が唐に提出した国書の差出の表記に基いて唐が返書を作成したことから生じたものである[88]。これをさらに積極的に評価するならば、日本の天皇を臣下と見なして実名で呼ぼうとする唐と、実名で呼ばれることによる君臣関係の実体化を避けてスメラミコトでごまかそうとする日本の、外交に対する向き合い方の違いを汲み取ることもできるだろう。ここで注目したいのは、八世紀の天皇は実名で呼ばれることを忌む避諱の意識が定着していることである。すなわち、外交における君主の名のりについて五世紀と八世紀を比較した時、実名に対する意識の明確な違いが読み取れる。

次に国内について見てみる。稲荷山鉄剣銘では君主について「獲加多支鹵大王」と記しており、その呼称に実名が含まれている。これに対して八世紀は避諱制度が確立し、天皇が実名で呼ばれることはない[89]。国内においても、外交上の名のりと同様の傾向が表れていることを容易に指摘できる。

要するに、名のり・呼び名の場を考える際に称号とともに実名のあり方についても考える必要がある。それは単に実名が用いられるか否かというだけではなく、それが称号とどのように結びついて使用されるかということにも注意しなければならない。それはひいては称号のみならず君主の地位の性質を考える上でも有効であろう。第五の課題として、君主の名のり・呼び名における称号と実名のあり方の追究を挙げることができる。

以上のように本節では、日本古代における君主号の現在的課題として五点を挙げた。それを要約すると、君主号の多様性、成立時期の把握の方法論、称号としての表現形式のあり方、前代における君主の名のりとの連続性と変化、実名と称号の相関関係ということになる。本研究ではこれらの課題をふまえて日本古代における君主号の問題に取り組む。天皇号に限定されない君主号の有り様を析出するものであり、さらには君主号から古代天皇制の展開過程を分析することを目指す。

Ⅲ　君主号とイデオロギー

前節まで君主号研究に内在する課題について述べてきたが、君主号の考察は、それのみに止まらない面を有する。そもそも君主は、特に前近代においては社会・国家の頂点としての統治主体であり、君主は一つの体系を有する政治的秩序世界の代表的・集約的存在としての性質を有する。それゆえにその名のりは、君主が存立する基盤であるそれぞれの社会・国家のあり方を大きく反映するものである。

そのため、君主の称号から社会・国家をいかに敷衍して読み取ることかということが、個別的なテーマである君主号研究を歴史学のグランドテーマに接続するための方法論でもある。たとえば「倭国王」という称号は倭国という政治的世界の統治者であることを示す称号であり、君主号の中にその世界の名称である「倭国」を明示している。「治天下王」という名のりも「天下」を治める行為を行ない得ることを自称している。それは律令制下においても引き続いており、「天皇」のみを単独の称号と捉えると、その称号は一見すると支配対象について言及していないようにも見えるが、前節で指摘したようにこれを「御宇日本天皇」として理解すればその支配の及ぶところは明らかとなる。日本古代における君主号は一貫してその統治範囲について名のり続けているという特色を指摘できるのである。

しかし、このことは他国と比較した場合に必ずしも自明ではない点に気をつけねばならない。そこで中国における「皇帝」号について比べてみる。

⑯『史記』秦始皇本紀

秦王初并天下、令丞相・御史曰、（中略）寡人以眇眇之身、興兵誅暴乱、頼宗廟之霊。六王咸伏其辜、天下大定。今名号不更、無以称成功伝後世。其議帝号。丞相綰・御史大夫劫・廷尉斯等皆曰、昔者五帝地方千里、其外侯服・夷服・諸侯、或朝或否。天子不能制。今陛下興義兵、誅残賊、平定天下。海内為郡県、法令由一統。自上古以来未嘗有、五帝所不及。臣等謹与博士議曰、古有天皇、有地皇、有泰皇。泰皇最貴。臣等昧死上尊号、王為泰皇、命為制、令為詔、天子自称曰朕。王曰、去泰、著皇、采上古帝位号、号曰皇帝。他如議。制曰、可。

（秦王初めて天下を并せ、丞相・御史に令して曰く、「（中略）寡人、眇眇の身を以て、兵を興し暴乱を誅し、宗廟の霊に頼む。六王咸く其の辜に伏し、天下大いに定まる。今、名号更めざれば、以て成功と称し後世に伝えること無からん。其れ帝号を議せよ」と。丞相綰・御史大夫劫・廷尉斯等、皆曰く、「昔は五帝、地は方千里にして、其の外の侯服・夷服・諸侯は、或いは朝し或いは否なり。天子、制すること能わず。今陛下、義兵を興し、残賊を誅し、天下を平定す。海内を郡県と為し、法令は由りて一統す。上古より以来未だ嘗て有らず、五帝の及ばざる所なり。臣等謹みて博士と議すに曰く、「古に天皇有り、地皇有り、泰皇有り。泰皇最も貴なり」と。臣等昧死して尊号を上り、王を泰皇と為し、命を制と為し、令を詔と為し、天子の自称を朕と曰わん」と。王曰く、「「泰」を去りて「皇」を著け、上古の帝位の号を采りて、号して皇帝と曰わん。他は議の如し」と。制して曰く、「可」と。）

右には秦における皇帝号の成立の経緯が記されている。当初、戦国を統一した君主に相応しい称号として、上古の三皇のうち「最貴」とされた「泰皇」号が提案されたが、秦王はそれに対して「泰」を除いて「帝」号を付加し、「皇帝」としたとする。西嶋定生氏によれば「皇」はただ三皇を指すのみならず、形容詞に転化させ、絶対神たる上帝と同一化して「煌煌たる上帝」として君臨したとする。(90)「皇」が三皇ないし煌煌という神格性を示し、上帝も絶対神を意味することからすれば、皇帝号は絶対的な神格性を示す称号であることが明らかとなる。しかし、⑯では五帝が侯服・夷服・諸侯に君臨したことが言及される一方で、新たに制定された皇帝号にはその支配する対象についてはっきり示さない。中国の皇帝号は理念的には全世界に君臨するものであり、統治の対象を称号に組み込むことを捨象したといえる。これに比して日本古代における君主号は、君主の君臨する対象に対してきわめて自覚的に名のるという特質を有することが指摘できよう。換言すれば倭国／日本の君主は支配の限界を明示し続けざるを得なかったのである。

そこで君主号研究を他のテーマとリンクさせるための課題となるのが、君主が支配する対象としての「世界」のあり方とその名称である。なお、ここにおいて問題とする「世界」とは必ずしも実体的な空間に限定されるものではなく、支配へと結びつく社会的関係の総体として認識されたものである。すなわちその有り様とは、第一に〝君主が統治する世界はかくあるべし〟という認識の問題として把握すべきであり、支配する側から見た世界観の問題として考える必要がある。世界とは実体的には一つしかないが、それを認識的に意味づける世界観は一つであるとは限らず、むしろ様々な社会・国家的関係がそれぞれ個別の世界観を成り立たせて重層的に認識される。それと君主号との結び付きを問うことが課題として設定できるのである。

また、そうした世界観は社会・国家を単位とするレベルでのみ捉えるべきではない。任意の主体が認識する世界観とは、その主体を取り巻く諸関係によって多様である。また、認識の主体自体も身分・階層等によって様々であり、その違いによって世界観も異にする。王権・国家が政治的なカテゴリーとして機能する際に発生する世界観もあれば、現実に生活をする個人において意味を持つであろう共同体レベルでの世界観もある。世界を認識する単位は個人から国家まで様々なレベルで発現し得る。かかる世界観はいずれも認識の主体が自己とその周囲の他者を分節化しながら、自己の属する範疇を一つのまとまりとして再構成することによって具象化するものである。

さて従来の研究において日本古代の世界観が語られる時、その有り様は二つのベクトルで理解することができる。一つは、A 世界を空間的に把握する世界観であり、便宜的に例示するとすれば、それは神話的世界観、仏教的世界観、華夷世界観などが挙げられる。その空間構成はさらに二つに分類でき、一つはａ 垂直構造のベクトルであり、もう一つはｂ 水平構造のベクトルである。前者はたとえば天上・地上・地下というような構造をとる。ここで認識される世界は現実にあるものではないが、総体的な世界のなかに現実の世界をも一部分として位置づけて、現実の世界を正当化する認識である。たとえば古事記的世界観における高天原と葦原中津国、黄泉の関係がこれに該当する。(91) 一方、後者は空間的な実体を反映させやすいことから前者より現実的な認識として受け止められやすい。とはいえ、そうした水平構造も実体をフラットに投影した認識と単純に見なすべきではない。中華的世界観には華夷の文化的区別を通じてそこに主観的な優劣の差をつけ、(92) 中世仏教における三国世界観では意図的に朝鮮を脱落させるという構造をとっている。(93) さらにいうなれば、こうした水平的な世界観も常に現実的であるとは限らない。沖縄のニライカナイや仏教における補陀洛信仰のように水平的なあの世・この世という構造もあり得る。世界観の構成には認識主体の主観が強く働くのである。

さらに留意しなければならないのは、世界観を空間的な認識に限るべきではないということである。空間的な世界観理解に対して注目したいのが、B 時間的経過を基準とした世界観である。A 空間的な世界観が、主体が他者との関係を認識し自己を正当化する装置であったのに対して、B 時間的な世界観は、主体の時間的な変化を認識してその時点での主体の有り様を肯定する機能を果たすものといえる。かかる時間的な世界観の最も端的な発現の様式が歴史観である。歴史観は単なる事実の列挙ではなく、歴史が現在にいかにつながるのかということを示すものでもある。そして国家が歴史観を構築する場合、そこにはその国家が権力を行使することを正当化するという思考を含んでいる。

時間的世界観は、君主との関係においては君主が時間を支配・管理するという観念につながる。具体的には暦の作成やその頒布、あるいは漏刻など時間を計る設備の設営という行為によって視覚化されるものであるが、それは単に時間に関する知識・技術の独占ということのみならず、君主がそれらに象徴される時間そのものを支配するという認識を根柢に置くものであるといえよう。

このように世界観とは、認識の主体が自己をとりまく空間的乃至時間的世界の中に自らを落とし込んだ上で主観的に正当化する装置であるといえる。そのこと自体は先述のように様々な階層の認識主体において生じ得るものである。これを君主号との関わりにおいて述べるならば、君主がいかなる世界に君臨するかということを君主号において示す点に如実に表れる。中国の皇帝がいかなる世界に君臨するのか明確に示していないことを指摘したが、それは中国の皇帝が理念的には空間的に限定されない全世界を統べるものであることが所与の前提となっているためと推測することも可能であろう(94)。換言すれば、倭国／日本の君主は観念的には中国皇帝と同様に全世界を統べるように位置づけようとしながらも、現実的には対中国関係や仏法における後進国認識と相俟って支配の及ぶ範囲の限界を認めざるを得なかったがゆえに君主号に世界観を付加させてその限定性を自覚しながら名のったと考えることができる。

このように日本古代における君主号は世界観と連動するという特質を有していた。こうした君主号と世界観の関係は、君主がいかなる世界に君臨するものであるかということを示すものであり、それはイデオロギーの問題につながる。一般的にイデオロギーとは観念形態・意識形態として理解されており、そもそもマルクスがイデオロギーを社会の集合的観念として位置づけたことがイデオロギー研究の本格的な端緒である。マルクスは下部構造が上部構造を規定するという理論に基き、「人間の意識がその存在を規定するのではなくて、逆に人間の社会的存在がその意識を規定する」と論じた[95]。こうした立場によると、イデオロギーとは共通の経済的・文化的基盤の上に成立する社会の価値体系として理解される。それゆえイデオロギーは、基盤の異なる社会においては共有され得ない、あるいは少なくとも共有されにくいということになる。通常イデオロギーは偏った認識として見なされがちであるが、それは一つの価値体系が異なる社会において全般的に受容されることが困難であることの反映として理解される。

ところで、異なる社会に対する理解の困難性はいうまでもないが、同一社会内部においてもその価値体系は隅々まで全く同じように共有されているわけではない点にも注意しなければならない。国家レベルにおいて社会の構成員が一定程度同質の価値体系を共有し得るようになるのは、彼らが「国民」として編成される国民国家の成立をもって劃期とすべきである[96]。特に前近代において価値体系が均質に社会全体にゆきわたることはあり得ない。その点からすれば国家・民族レベルよりも下位の位相である地域差や身分的位相としての階層差における齟齬も考慮する必要がある[97]。

こうした問題点をふまえた上で改めてイデオロギーについて定義しておく。テリー・イーグルトン氏はイデオロギーに対して「主体と権力構造との間に生きられた関係をこしらえ、日常生活そのものをひそかに意味づけてしまうもの」と位置づけている[98]。ここでは任意の主体が権力との関係において日常を正当化する価値観としてイデオロギーを捉えている。社会集団内において、それを統括する権力が正当な存在であるという意識が承認され、かつそれが成員間に共有された認識ということになろう。なお、注意すべきはこの定義における権力とは必ずしも政治権力に限られないことである。たとえば宗教など政治以外の場においてもそこに権力が生じるならば、宗教的イデオロギーとしてそこに属する構成員間において共有されることになる。

イデオロギーを右のように日常を成り立たせる価値体系として理解する時、それは先に見た世界観の問題と重なるものであるといえる。世界観は単なる空間認識ではなく、時間・空間的体系をカテゴライズした枠組みである。そのような世界観を、集団において共有し正当化する論理こそがイデオロギーであるといえる。そして、それは内的ベクトルと外的ベクトルの二つの方向性に機能する。その最も端的なケースが、石母田正氏が指摘した卑弥呼の二つの顔である[99]。卑弥呼が鬼道を司る未開の内的側面と外交を独占する開明的側面を有するという指摘は夙に知られるところであるが、その二面性はイデオロギー論においてもあてはまる。未開の顔は国内の宗教・呪術的世界観を反映するものであり、それが魏から見て「鬼道」と記された。一方、魏を中心とする華夷秩序に参加し、冊封を受けることで邪馬台国を中心とする倭国が中国の華夷的世界観を共有したといえる。卑弥呼は二つの全く異なる世界観をその身に体現しているのであり、それによって支配の正当性を二重にイデオロギー的に確保したといえる。これを称号の問題から捉える場合、おそらく前者の立場ではキミもしくはオサといった呼称を有していたと推測される。後者では「親魏倭王」の称号を魏から与えられている。卑弥呼は支配を正当化するイデオロギーにおいて二つの異なる世界観を根拠としていたのであり、その際に王たる卑弥呼は二つの呼名・称号を具えていた。ここに君主の称号がイデオロギーと連動する課題であることを見て取ることができる。

このように倭国の呪術的世界観と東アジアにおける華夷秩序という全く別々の世界観が卑弥呼という人格を通し

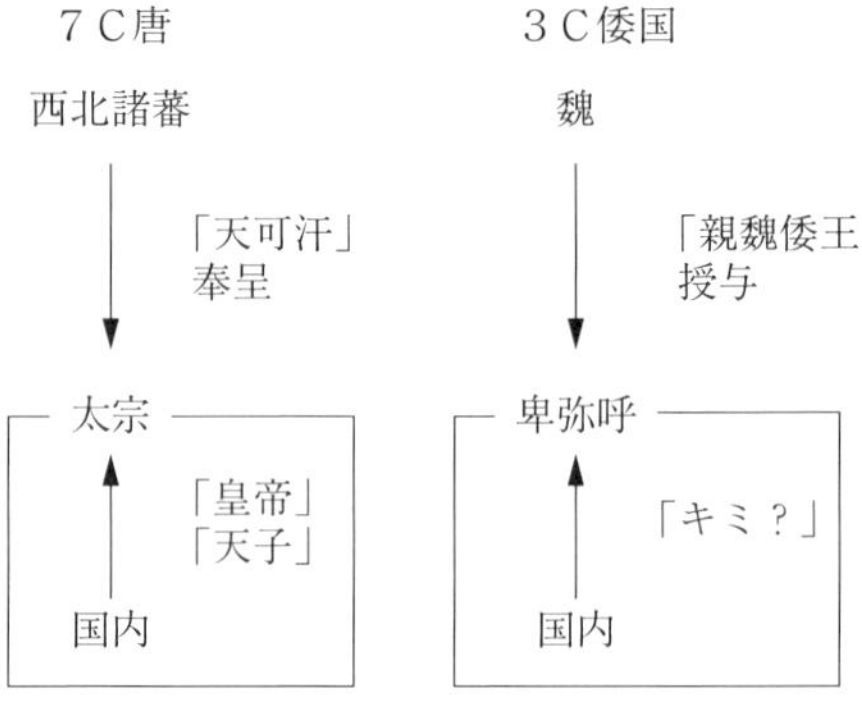

図１　国内外における称号の伝授

て初めて共存し得たが、これは卑弥呼に限ったことではない。もう一つのケースとして唐の太宗を挙げておく。

⑰『旧唐書』太宗本紀下　貞観四年条

夏四月丁酉、御順天門。軍吏執頡利、以献捷。自是西北諸蕃咸請上尊号、為天可汗。於是降璽書・冊命、其君長則兼称之。

（夏四月丁酉、順天門に御す。軍吏、頡利を執らえ、以て捷に献ず。是より西北の諸蕃、咸く尊号を上らんことを請い、天可汗と為す。是において璽書・冊命を降し、其の君長は則ち兼ねて之を称す。）

唐国内において皇帝・天子と称した[100]太宗は、貞観四年（六三〇）に当時唐の最大の外交的課題であった突厥問題に大きな成果を得て北アジアの諸国から「天可汗」の称号を得ている。この天可汗号は次代以降の唐の皇帝に引き継がれることはなく、それが太宗の個人的資質に強く負うものであったことが窺える。卑弥呼が外部から下賜されたのに対して太宗は外部から奉呈されており、外部との関係に違いはあるものの外部から称号を得るという点では一致している。政治的支配権力が正当化されるカテゴリーとして世界がある一方で、それを越えた広域的な国際関係の場において異なる政治的集団を自己との対比において認識し、その関係性を意味づける行為が発生している。その行為は自己が他者を自らの価値基準で呼ぶのみならず、逆に外部の自己に対する認識を受容するということもあり得るのであり、その具象化として卑弥呼や太宗の称号の授受を捉えることができる。外部世界との関係性を自己の存立の正当性に結び付けて意味づける手段としてイデオロギーが立ち現れているのである。

このように国内の社会・国家的関係から醸成された内的ベクトルと、外部との関係から獲得される外的ベクトルという二つの方向性が支配イデオロギーを成り立たせている。イデオロギーの機能と方向性は、内的・外的いずれのベクトルも社会を統合する意味において自己の正当化を図るものであったといえる。これを日本古代史に引きつけていうならば、政治的社会集団としての倭国／日本において支配の中核たる王権がいかにして支配の正当性を確保しながら君臨し、かつ対外関係を律したのかということになる。この点において支配の正当化の問題は古代天皇制のあり方を問うことにつながる課題であり、日本史研究において座視すべきものではない。

政治権力は支配すべき対象を特定の世界観に基いて「世界」として認識し、その支配を被る客体が支配・被支配関係を所与のものとして受容する、「世界」を正当化するための装置としてイデオロギーは機能する。ただし、それが力による抑圧としてのみ存在するならばその維持はきわめて困難にならざるを得ない。すなわち、政治権力のもとに社会統合を果たすための観念として機能することが求められる。この点についてはルソーが「最も強いものでも、自分の力を権利に、〔他人の〕服従を義務にかえないかぎり、いつまでも主人であり得るほどに強いものでは決してない[101]」と述べた一文を想起すべきであり、ここに問題の所在が端的に表れている。

右記のスタンスに基いて出てくる論点を整理すると三つ挙げられる。第一はイデオロギーとしての支配の正当化である。政治的支配を実現する権力主体において、それが正当であることを保証するものはいったい何であるか。支配を保証する権威のあり方と換言することができる。第二に世界観である。正当化されるものは支配主体のみならず、それを中心に支配される客体を含めて構成される「世界」全体であり、その全体像の把握が必要である。第三にアイデンティティである。支配の正当性は支配する側の自己主張のみでは十全に効力を発揮しない。その世界に属している人が、そこに参加していることをどのように受け入れていたかということを念頭に置かなければならない。これら三つの論点を分析する方法として、「世界」の構成単位を（支配の）保証権威、支配主体、支配客体と措定して、これらの相互関係を析出することによって「世界」のあり方についての理解が可能となる。

支配する主体と支配される客体、そして支配を必然的な行為として保証する権威を構成要素とする世界がある。その世界観は空間という緯と時間という経によって重層的・多元的に認識されており、それを正当化するものこそがイデオロギーである。

本研究では右に述べたスタンスから、イデオロギーが機能する支配・被支配関係の総括的認識としての世界観とその端的かつ集約的存在である君主について検討を加える必要性を認める。特にその表象として表れる君主号が注目されるのであり、これについて考察するものである。

Ⅳ　本書の構成

ここまで君主号研究の課題と論点、その背景にある世界観・イデオロギーの問題について述べてきた。これをふまえて本研究で検討する課題について述べておく。

第一部では国内的な政治的権力が確立していない段階で君主がいかなる呼称を有していたかという問題に注目する。これは君主号の検討という立場からすると国家形成以前における君主の呼称という問題であり、日本古代において君主の称号＝君主号が律令国家の成立、すなわち律令法に規定されたことをもって成立したという見地からすれば、その前段階として検討すべき課題である。時期的には主として五・六世紀の段階を扱う。機構的支配が確立していない当該期は君主権力も未成熟であったと推定される。政治構造と君主の呼称に相関関係が認められるという前提に立って、そうした状況下で君主の地位と呼称の有り様を考察するものである。当時の状況に鑑みると、国内的な支配関係が君主の下に一元的に集約されているとは考えがたい。その呼称も法的に定められているというわけではなく、換言すれば君主号は用法的に固定化されておらず、〝ゆらぎ〟を有するものであった。また君主権力の未成熟性のために、君主がその地位を確立しようとするにあたって外部の権威を利用するという行為が生じる。具体的にいえば五世紀における中国の冊封体制への参入がこれにあたる。当該期の倭の五王は中国から各種の爵号を授与されており、称号的にもそれが反映している。君主の地位を高めていく過程においてその地位名称は確実に影響を受けているのであり、史料的制約の多い当該期においてその呼称の検討は必須なのである。

第一章「倭王武の上表文と文字表記」では『宋書』倭国伝に掲載される、所謂倭王武の上表文を検討し、五世紀における文字表記のレベルを正格漢文としての作文技術から推定する。その上で正格漢文として表記できない固有名詞としての人名に着目し、五世紀の倭の君主が中国王朝に対していかに名のったかという問題に取り組む。あわせて倭の五王の比定について附言する。すなわちここでの課題は、対外的な君主の名のりとしての人名表記である。その名のりのあり方は政治的体制を反映したものであることを論じる。

第二章「倭国における南朝官爵の史的意義—叙任権と叙爵権を中心に—」では、自律的な支配体制が確立していない段階で支配者層がいかなる秩序のもとに編成されたのかという問題を扱う。倭の五王は中国皇帝から爵号を授与されて他律的な君主号を名のっていたが、一方でその配下、例えば倭隋も中国皇帝から官爵を受けている。いわば臣下の称号である。それが倭国の支配秩序構築においていかなる意味を有していたのか検討する。

第三章「倭国における「天下」観念」では、ヤマト政権が五世紀の封冊関係から脱却して自律的な支配秩序を構築する過程として、君主が「治天下王」の呼称を獲得することに注目する。その呼称には君臨すべき対象としての

「天下」を含みこんでいるが、倭国においてかかる「天下」的世界はいかに立ち現れたのか、またそれは具体的にいかなる内実を有するものとして位置づけられていたのか考察を加える。

第二部では漢語的君主号の導入と法的確立という問題を扱う。既述のように律令法が多様な君主号を規定しているという立場に立つ時、従来の研究史のように天皇号の成立のみに注目することは君主号成立史というカテゴリーにおいて偏りを生じさせることになる。それゆえその検討には天皇号だけでなく、他の主要な漢語的君主号にもフラットに目配りする必要がある。また、律令制定による君主号の法的確立とは律令国家形成と直接的に関わる問題であり、それゆえ対象時期を七世紀と定めて君主号のあり方を考える。君主号の法的規定とはそれが条文として制定されることを意味し、すなわち文字表記として定められているということでもある。君主号の表現形態は主として表記と音声という二つの形式をとるが、両者の有り様を意識しつつ前者に注目してその形成過程の究明に取り組むものである。

第四章「推古朝における君主号の定立」では遣隋使の派遣と君主の称号の関係を課題とする。遣隋使は外交文書を持って行ったことが『隋書』『日本書紀』に記されているが、そこには派遣主体として君主が名のることが必須となる。ここにおいて君主の公的な名のりという問題が浮上する。外交とは国家間において相互関係を位置づける行為でもあり、他者認識とともに自己認識の明確化も要請される。中国との外交では漢字による文書のやり取りが求められ、それを主宰する君主の称号が立ち現れる政治的動機となり得るといえる。倭国と隋の外交は倭国にとって君主の公的な自称及びその文字表記の成立を促すという一面を持つことを論じる。

第五章「天智「称制」考」では、君主に代わって他の皇族が政治を行なう称制という変則的な政治形態に着目する。『日本書紀』に記される天智の称制を再検討し、その記述を鵜呑みにすべきではないことを明らかにする。その一方で『日本書紀』が称制と記すに至る政治的背景はいかなるものであったのか考察を加える。そして、そこには君主の性質の大きな変化を読み取ることができ、それが君主号の変化として反映している可能性を指摘する。加えて、天皇号研究において最も有力視されている天武朝説の問題点と、当該期において君主号はいかに把握されるべきかということを論じる。

第六章「令制君主号の史的前提 ―「天子」号を中心に―」では、従来中国風の呼び方として検討されることのあまりなかった「天子」「皇帝」号について考察する。律令制における君主号の多様性についてはすでに前述した通りであるが、「天皇」号以外の称号について、「天子」号は中国的な君主号と同じ用字でありながらその内実は大きく異なっており、単なる中国風の言い換えと見なすべきではないことを論じる。それは天皇の系譜意識につながる問題をはらむものである。また、「皇帝」号は華夷秩序との関連で理解するべきであり、律令国家の世界観との関連で理解すべきであることを述べる。

第七章「華夷秩序の形成と方位認識」では、日本古代における世界認識のうち中国思想から援用した華夷世界に注目し、その成り立ちについて論ずる。ヤマト政権が華夷思想を受容してその周辺集団を「夷狄」と位置づける過程と、自らを「中華」と自己認識する契機について明らかにする。また、華夷思想では中心とその周囲の東西南北に世界を分節化するが、華夷思想の継受以前にはそれとは異なる独自の世界観があったことも併せて指摘する。

以上の締めくくりとして終章「大宝律令の成立と遣唐使派遣」を置く。大宝律令の成立は政治における文書主義の普及という点において君主号の文字表記の確定という現象をもたらしたものであり、それは君主号の法的確立と評価し得る。第四章で述べるように文字表記としての君主号の使用契機として外交を挙げることができるが、一方で中国を模倣した日本律令国家が唐に外交的に対峙する際に、唐に承認されることがないであろうその模倣をいかに処理するかという政治的課題に直面することになる。それを再検討して大宝律令の成立は六世紀以降倭国が目指してきた自律的支配の一つの決着点であり、同時に新たな矛盾を生み出すものであったことを確認する。

結　言

本章では、これまでの君主号研究について研究史を概観することによってその偏りを指摘し、それを乗り越えて新たな展望を拓くための課題として五点の論点を設定した。それは端的にいえば、天皇号研究という限定的な枠組みに偏在していたテーマを、より普遍的な君主号研究へと昇華させるための方法論の提示である。これまでの古代天皇制の研究については実体・構造の究明に比重が置かれ、その称号については表層的な問題として重視されない傾向が多かれ少なかれ見られた。それでも君主号においては一定の研究蓄積が見られるが、古代天皇制を考える上で不可欠な王権という概念に枠を広げて同様のテーマで検討する場合、たとえば「皇太子」「太上天皇」「女院」などのテーマにシフトした際にその称号研究が格段に少なくなることからして、その研究に不十分な点が存することは明らかである。そうした状況を突破し、称号研究の成果を実り豊かなものにするために必要な研究視角として認めるものである。

また、君主号研究を社会・国家・王権などのテーマに関わらせるために、君主号に反映する世界観に注目すべきことも述べた。世界観とは社会的諸関係を統合的に捉えようとする政治的認識であり、すなわち、それを検討するということは政治的社会関係の認識を究明することに他ならない。それはひいては、その諸関係の頂点に立つ君主という存在の性格を考えることへもつながる。そして、その一方で支配権力としての君主と対置される支配客体への名づけという論点も惹起する。支配客体に対して君主の名のり・称号と対応する名称が付与されるのであり、両者の関係を一体化する認識として世界観を捉えることができる。すなわち、社会・国家を統合するイデオロギーとして世界観があり、それもまた君主号という観点から論じることが可能である。

本章で設定した課題全てを本書のみで論じ尽くすことは困難である。しかし、君主号研究を限定的なものとして矮小化させないことによって日本古代史研究を深化させ、さらには他国史との比較研究に資することを目指すものである。第一章以下いくつかの章には初出にあたる論文があるが、いずれも本章で設定した課題意識のもとに全面的に書き直している。その旨、諒とされたい。

注

（1）和田英松『本朝書籍目録考証』（明治書院、一九三六）、太田晶二郎「上代に於ける日本書紀講究」（『太田晶二郎著作集』第三巻、吉川弘文館、一九九三、初出一九三九）、関晃「上代に於ける日本書紀講読の研究」（『関晃著作集』第五巻、吉川弘文館、一九九七、初出一九四二）、岩橋小彌太「日本紀私記考」（『増補上代史籍の研究』上、吉川弘文館、一九七三、初出一九五二）。なお養老度については疑問視する見解もある（宇佐神正康「日本書紀研究史雑考」上・下『国語国文』六―一一・一二、一九三六）。

（2）『日本書紀私記』については、北川和秀「日本書紀私記」（皆川完一・山本信吉編『国史大系書目解題』下、吉川弘文館、二〇〇一）参照。私記は甲・乙・丙・丁の四本が残り、このうち甲本は弘仁度、丁本は承平度の私記と見なし得るが、乙本・丙本については時期不詳とする。

（3）『釈日本紀』は卜部兼方が著し、弘安九年（一二八六）～正安三年（一三〇一）の時期に成立したとする見解が有力である。佐藤洋一「釈日本紀」（前掲注（2）書所収）参照。

（4）親房の歴史認識については石田雄「『愚管抄』と『神皇正統記』の歴史思想」（丸山真男編集『歴史思想集』筑摩書房、一九七二）、河内祥輔『中世の天皇観』（山川出版社、二〇〇三）参照。

（5）藤田覚『幕末の天皇』（講談社、一九九四）、同「光格天皇の意味」（『近世天皇論』清文堂出版、二〇一一、初出二〇〇三）、本書コラム「日常の名称」。

（6）『新井白石全集』三（吉川半七、一九〇六）。

（7）山本ひろ子『中世神話』（岩波新書、一九九八）。

（8）『日本書紀通証』については、小島憲之「解題」（『日本書紀通証』一、臨川書店、一九七八）参照。

（9）阿部秋生「解題」（『書紀集解』首巻、臨川書店、一九六九、初出一九四〇）。

（10）前田勉「『書紀集解』と本居宣長の日本紀研究」（『国文学　解釈と鑑賞』六四―三、一九九九）。

（11）『本居宣長全集』第十巻（筑摩書房、一九六八）。

（12）藤田覚「天皇号の再興」（『近世政治史と天皇』吉川弘文館、一九九九）、米田雄介「近世末期の朝儀再興」（『大航海』四五、二〇〇三）、久保貴子「天皇号の復活」（歴史科学協議会編『天皇・天皇制をよむ』東京大学出版会、二〇〇八）。

（13）永原慶二『20世紀日本の歴史学』（吉川弘文館、二〇〇三）。

（14）栗田寛『栗里先生雑著』中（吉川半七、一九〇一）。

（15）久米邦武筆禍事件に関する近年の研究としては、高田誠二『久米邦武』（ミネルヴァ書房、二〇〇七）、竹内光浩「久米邦武事件」（『歴史評論』七三二、二〇一一）、松沢裕作『重野安繹と久米邦武』（山川出版社、二〇一二）参照。

（16）南北朝正閏問題については、『歴史評論』において「南北朝正閏問題一〇〇年」というタイトルで特集が組まれたことがあり（『歴史評論』七四〇、二〇一一）、時代背景や論点を多角的に検討している。

（17）津田左右吉「天皇考」（『津田左右吉全集』第三巻、岩波書店、一九六三、初出一九二〇）。

（18）津田のこうした姿勢は、真摯な学問的態度とは別に彼の中国嫌いという一面が、漢籍の引用に影響されている『日本書紀』に対して批判的姿勢をもたらしたということがある。増淵龍夫『歴史家の同時代史的考察について』（岩波書店、一九八三）参照。

（19）この間の経緯については、永原慶二前掲注（13）書第Ⅰ部9章参照。

（20）肥後和男『天皇制の成立』（河出書房、一九四六）。なお、本節は研究史の流れを追うものであり、その引用は初出のみ挙げることとする。
(21) 宮田俊彦「「治天下」と「御宇」天皇」(『茨城大学文理学部紀要』一、一九五一)。
(22) 熊谷幸次郎「上宮記の逸文を論じて天皇の称号始用の年代に及ぶ」(『早稲田大学教育学部学術研究』一、一九五二)。
(23) 竹内理三「大王天皇考」(『日本歴史』五一、一九五二)。
(24) 林幹弥「上代天皇の呼名」(『史観』四五、一九五五)。
(25) 坂本太郎「古事記の成立」(『古事記大成』四、平凡社、一九五六)。
(26) 『日本書紀』推古二十八年是歳条。
(27) 三品彰英「日本国号考」(『聖徳太子研究』三、一九六七)。
(28) 日本史研究会古代史部会「「大化改新」への分析視角」(日本史研究会大会、一九六五)。大化改新の研究史については、石上英一「大化改新論」(『律令国家と社会構造』名著刊行会、一九九六、初出一九九四)参照。
(29) 吉村武彦「大化改新詔研究にかんする覚書」(『千葉史学』創刊号、一九八二)。
(30) 栗原朋信a「日本から隋へ贈った国書」(『日本歴史』二〇三、一九六五)。その後も栗原氏は天皇号問題に積極的に取り組んでおり、それを列挙しておく。b「天皇号の成立過程」(『法制史研究』一七、一九六五)、c「日・隋交渉の一側面」(『中国古代史研究』三、一九六九)、d「天皇号成立の背景」正・続(『歴史と地理』二二五・二三一、一九七四)、e「東アジア史からみた天皇号の成立」(『思想』六二七、一九七六)。
(31) 渡辺茂「古代君主の称号に関する二、三の試論」(『史流』八、一九六七)。
(32) 東野治之「天皇号の成立年代について」(『続日本紀研究』一四四・一四五、一九六九)。
(33) 日本古典文学大系『日本書紀』上・下(岩波書店、上一九六七、下一九六五)。
(34) 下出積與『神仙思想』(吉川弘文館、一九六八)。
(35) 坂元義種a「古代東アジアの日本と朝鮮」(『史林』五一—四、一九六八)、b「五世紀の〈百済大王〉とその王・侯」(『朝鮮史研究会論文集』四、一九六八)、c「古代東アジアの〈大王〉について」(『京都府立大学学術報告・人文』二〇、一九六八)。

(36) 坂元義種前掲注(35)a論文。

(37) たとえば上田正昭氏は「当時はまだ天皇という称号は用いられておらず、王位の継承者は大王と称されていた」とする(上田正昭「大和国家の構造」『岩波講座日本歴史』2、岩波書店、一九六七)。

(38) 宮田俊彦「天皇号の成立は推古十六年である」(『日本歴史』二六八、一九七〇)。

(39) 大橋一章「天皇号成立の時代について」(『歴史教育』一八―七、一九七〇)。

(40) 石母田正『日本の古代国家』(岩波書店、一九七一)。

(41) 『日本の古代国家』の学史的な現在的な総括としては、『歴史学研究』の特集「古代史研究の現在」(『歴史学研究』七八二、二〇〇三)において多角的に検討されている。

(42) 角林文雄「日本古代の君主の称号について」(『日本史論叢』一、一九七二)。

(43) 宮崎市定「天皇なる称号の由来について」(『思想』六四六、一九七八)。

(44) 西郷信綱「スメラミコト考」(『文学』四三―一、一九七五)。

(45) このこと自体は岩波古典文学大系の注釈でもすでに指摘されている(前掲注(33)書・下巻補注16―一)。

(46) 栗原朋信前掲注(30)e論文。

(47) 山尾幸久「古代天皇制の成立」(後藤靖編『天皇制と民衆』東京大学出版会、一九七六)。

(48) 佐藤宗諄「「天皇」の成立」(『日本史研究』一七六、一九七七)。

(49) 日本思想大系『律令』(岩波書店、一九七六)。

(50) 一九八〇年代までの学史の整理としては、森公章「天皇号の成立をめぐって」(『日本歴史』四一八、一九八四)が学説の六区分を提示しており、本書でもこれをふまえて成立の時期的区分を考える。

(51) 関晃「中国的君主観と天皇観」(『季刊日本思想史』四、一九七七)。

(52) 関晃「書評　宮崎市定「天皇なる称号の由来について」」(『法制史研究』二九、一九七八)。

(53) 東野治之「「大王」号の成立と天皇号」(上田正昭ほか編『ゼミナール日本古代史』下、学生社、一九八〇)。

(54) 森公章前掲注(50)論文。

(55) 森公章「天皇号の成立とその意義」(『古代史研究の最前線』一、雄山閣出版、一九八六)。なお、後に前掲注(50)

論文とあわせて「天皇号の成立をめぐって」としてまとめられる（『古代日本の対外認識と通交』所収、吉川弘文館、一九九八）。

(56) 川北靖之「日唐律令における君主の称号について」（瀧川政次郎先生米寿記念論文集刊行会編『神道史論叢』国書刊行会、一九八四）。

(57) 鎌田元一「大王による国土の統一」（岸俊男編『日本の古代六　王権をめぐる戦い』中央公論社、一九八六）、「天皇号・国号の成立」（『別冊文藝・天皇制』河出書房新社、一九九〇）。

(58) 「奈良・飛鳥京跡」（『木簡研究』一二、一九九〇）、岸俊男「最近発見の飛鳥木簡について」（『日本と東アジアの考古学』一、一九八七）。

(59) 「奈良・飛鳥池遺跡」（『木簡研究』二一、一九九九）。

(60) 吉田孝『大系日本の歴史3　古代国家の歩み』（小学館、一九八八）、吉村武彦『日本の歴史3　古代王権の展開』（集英社、一九九一）。

(61) 長瀬一平「日本古代における「皇帝」称号について」（『史学研究集録』一〇、一九八五）。

(62) 関晃前掲注（51）論文。

(63) 拙稿「日本古代における「天子」」（『歴史学研究』七四五、二〇〇一、改変して本書第六章収録）。

(64) 高森明勅「天皇号と日本国号の成立年代」（『神道宗教』一四七、一九九二）。

(65) 小林敏男「王・大王号と天皇号・スメラミコト考」（『古代天皇制の基礎的研究』校倉書房、一九九四）。

(66) 梅村喬「天皇の呼称」（永原慶二ほか編『講座前近代の天皇』4、青木書店、一九九五）。

(67) 堀敏一「日本と隋・唐両王朝との間に交わされた国書」（『東アジアのなかの古代日本』研文出版、一九九八）。

(68) 大津透「天皇号の成立」（『古代の天皇制』岩波書店、一九九九）。

(69) 北康宏「天皇号の成立とその重層構造」（『日本史研究』四七四、二〇〇二）。

(70) 吉田孝「『史記』秦始皇本紀と「天皇号」」（『日本歴史』六四三、二〇〇一）。なお、九〇年代以降の推古朝説については、本書第四章も参照されたい。

(71) 石上英一前掲注（28）論文。

(72) 増尾伸一郎「日本書紀の編纂と天皇号の成立」(『東アジアの古代文化』一〇六、二〇〇一)。
(73) 吉田一彦「天皇制度の成立と日本国の誕生」(『古代仏教をよみなおす』吉川弘文館、二〇〇六)。
(74) その経緯については荒木敏夫「王権論の現在」(『日本古代王権の研究』吉川弘文館、二〇〇六、初出一九九七)、「日本古代の王権・国家と社会」(同前、初出二〇〇一)参照。
(75) 天皇制研究と王権論の関係と問題については、拙稿「新刊の情報と紹介　大津透編『王権を考える―前近代日本の天皇と権力―』」(『歴史と地理』六〇五、二〇〇七)参照。太上天皇・皇太子・女院などの分野に研究が集中する傾向はある。なお、佐藤長門氏も同様の指摘をしている(佐藤長門「日本古代王権研究の現状と課題」『日本古代王権の構造と展開』吉川弘文館、二〇〇九)。
(76) 水林彪『天皇制史論』(岩波書店、二〇〇七)。
(77) 『天皇制史論』の詳細な批判を含む書評としては、榎村寛之「水林彪著『天皇制史論』」(『法制史研究』五七、二〇〇七)があり、これに対する水林の反批判として「榎村寛之氏の「書評」に応える」(『法制史研究』五八、二〇〇八)がある。この他の同書の書評・紹介としては、宮地明子「〔書評〕水林彪著『天皇制史論　本質・起源・展開』」(『日本史の方法』VI、二〇〇七)、拙稿「史文紹介　水林彪『天皇制史論』」(『歴史学研究』八四三、二〇〇八)がある。
(78) 米田雄介前掲注(12)論文。
(79) 西郷信綱前掲注(44)論文。
(80) この問題に関する近年の日本古代史からの研究としては、渡辺滋『古代・中世の情報伝達―文字と音声・記憶の機能論―』(八木書店、二〇一〇)参照。
(81) 跡記における律令法解釈については「簡潔で、かつ即物的」という評価が一般的である。井上光貞「日本律令の成立とその注釈書」(『井上光貞著作集』第二巻、岩波書店、一九八六、初出一九七六)。
(82) 深津行徳「古代の「東アジア」という場」(『「東アジア」の時代性』渓水社、二〇〇五)。
(83) 吉村武彦『古代天皇の誕生』(角川書店、一九九八)。
(84) 吉村武彦「倭国と大和王権」(『岩波講座日本通史2　古代1』岩波書店、一九九三)、熊谷公男『日本の歴史03

大王から天皇へ』（講談社、二〇〇一）。
(85) 井上光貞「稲荷山鉄剣銘文考」（『井上光貞著作集』第五巻、岩波書店、一九八六、初出一九八三）。
(86) 市川寛「御宇用字考」（『国語国文』三―六、一九三三）。
(87) 『文苑英華』は雍熙四年（九八七）成立。他に『唐丞相曲江張先生文集』、『全唐文』巻二八七にも収録されている。
(88) 西嶋定生「遣唐使と国書」（『西嶋定生東アジア史論集』第三巻、岩波書店、二〇〇二、初出一九八七）、森公章「古代日本における対唐観の研究」（『古代日本の対外認識と通交』吉川弘文館、一九九八、初出一九八八）。なお、本条の解釈については、鈴木靖民ほか編『訳註日本古代の外交文書』（八木書店、二〇一四）参照。
(89) 避諱については、斎藤融「藤原不比等の諱について」（『史聚』二三、一九八八）、同「日本古代における諱忌避制度補考」（『神田外語大学日本研究所紀要』一、一九九三）参照。
(90) 西嶋定生「皇帝支配の成立」（『西嶋定生東アジア史論集』第一巻、岩波書店、二〇〇二、初出一九七〇）。
(91) 神野志隆光『古事記の世界観』（吉川弘文館、一九八六）。
(92) 阿部幸信「対匈奴関係からみた漢朝支配の推移と確立」（『歴史学研究』八〇九、二〇〇五）。
(93) 高木豊「鎌倉仏教における歴史の構想」（『鎌倉仏教史研究』岩波書店、一九八二、初出一九七六）、市川浩史「神功皇后の残像」（『日本中世の光と影』ぺりかん社、一九九九）。
(94) 堀敏一『中国と古代東アジア世界』（岩波書店、一九九三）。ただし、渡辺信一郎氏は中国における天下を無制限なものとすべきではないと論じる（『中国古代の王権と天下秩序』校倉書房、二〇〇三）。渡辺氏の所説に対する私見については、拙稿「書評・渡辺信一郎著『中国古代の王権と天下秩序』」（『歴史評論』六六九、二〇〇六）参照。
(95) カール・マルクス『経済学批判』序言（岩波文庫、一九五六）。
(96) 歴史学研究会編『国民国家を問う』（青木書店、一九九四）。
(97) 大町健氏は、日本の貴族層が朝鮮や中国出自の貴族層と日本国内の公民・奴婢のいずれに同一集団としての認識を持っていたかという問題を提起している（大町健「東アジアのなかの日本律令国家」、歴史学研究会・日本史研究会編『日本史講座』２、東京大学出版会、二〇〇四）。

(98) テリー・イーグルトン『イデオロギーとはなにか』(平凡社、一九九九)。
(99) 石母田正前掲注(40)書。
(100) 中国における「皇帝」と「天子」については、西嶋定生前掲注(90)論文、金子修一「中国古代の皇帝制度の諸問題」(『古代中国と皇帝祭祀』汲古書院、二〇〇一)参照。
(101) ジャン=ジャック・ルソー『社会契約論』第一編三章(岩波文庫、一九五四)。

〔コラム〕近代化と君主号

慶応三年（一八六七）十二月、王政復古を宣言した朝廷は、翌年一月にそのことを諸外国に通達する。その国書は「日本国天皇　告各国帝王及其臣人（日本国天皇、各国帝王及び其の臣人に告ぐ）」と書き出しており、古代以来の書式とよく類似している。

　ここで日本の君主は「天皇」、各国の君主は「帝王」と区別していることが注目される。また、その文中には「従前条約、雖用大君名称、自今而後、当換以天皇称（従前の条約、大君の名称を用うと雖も、自今而後、天皇の称を以て換えるべし）」と記されている。この国書は、杉本史子氏が述べるように大君（将軍）から天皇への権力の移動を伝える内容であるが、その際に最高権力者の名称にも朝廷は意を払っている様子が窺える。

　この後、明治政府は欧米列強との外交において外交文書でいかに名のるかという問題に直面し続ける。一八六八年にイギリスが参内して国書を捧呈する一件について見ておこう。五月七日（新暦）付ミットホルト書簡では明治天皇をHis Majesty the Mikadoと記すが、その日本側訳簡（旧暦四月十五日付）では「日本皇帝」とする。ちなみに当時の英国王はヴィクトリア女王であり、同書簡ではHer Majesty the Queenと記し、和訳は「英国皇帝」であった。日英両国の君主に対して同じ書き方をすることで建前上の対等性に注意を払っている。これを受けた伊達宗城《むねなり》から公使パークス宛の四月二十九日付書簡にも「貴国皇帝」「我皇帝」とあり、英国と折衝している日本側の認識も同様のものであった。ところが旧暦閏四月一日に捧呈された英国国書では君主の書き方に異変が生じている。書き出しを並べてみる。

〔原文〕Victria, by the Grace of God, Queen of the United Kingdom of Great Britain and Ireland, Defender of the Faith etc. etc etc. To the Most High, Mighty, and Glorious Prince, His Imperial and Royal Majesty The Mikado of Japan, Our Good Brother and Cousin, Greeting!

［和訳］大貌列顚兼意倫ノ女王ウヰクトリヤ茲ニ上帝ノ恵ニ依リテ兄弟ニ同シキ大聖日本天皇ヲ祝シテ…

英文ではそれぞれの君主表記が事前折衝よりかなり荘厳化されているが、基本的な呼び方の構造は変わらない。ところが、翻訳書簡では「皇帝」ではなく「天皇」とする。日本側は「皇帝」と「天皇」の用法について明確な指針を示すところまで至っていないが、「天皇」を志向し始めていることが窺える。ジョン・ブリーン氏は、万世一系という天皇の特殊性が「皇帝」号によって埋没することを明治政府が恐れたと指摘する。その特殊性とは神国の現人神たる「天皇」ということになろうか。

　こうした外交文書における君主号の問題は明治初期において重要な外交案件であった。明治三年（一八七〇）には所謂英国元首敬称問題が起こっている。これはパークスが、天皇より受けた勅語の中に「貴国帝王」とあるのを「皇帝」に改めるように申し入れた一件である。結果として外務卿澤宣嘉《さわのぶよし》が辞任する事態に至った。その後、曲折を経て外交文書では「皇帝」が使用されることとなる。

　開国以後、一六四八年のウェストファリア条約によって成立した国際法の世界に直面した日本は、君主相互の対等性という問題を抱えることになった。それは東アジア的な一君万民的世界観とは全く異質なものであった。本来唯一的な「皇帝」は多極的な列強世界における普遍的な称号へと変化した。「天皇」の神聖性を保持しようとした日本は、古代天皇制においては皇帝たることを目指したが、近代では「皇帝」から逃れようと模索するものの対外的に貫徹できず懊悩することになる。

参考文献

杉本史子「「天皇」号をめぐって」（『歴史評論』四五七、一九八八）。
ジョン・ブリーン『儀礼と権力　天皇の明治維新』（平凡社、二〇一一）。

第一部　自律的支配の形成

第一章　倭王武の上表文と文字表記

問題の所在

五世紀は所謂倭の五王の時代として扱われるが、イデオロギー的に見ても重要な転換点に位置する。それは名分論的に見ると、南朝・劉宋の皇帝と倭国の君主の間に君臣関係が明確に成り立っている段階であり、倭王権は列島支配において中国王朝という権威を必要としていたといえる。ところが五世紀後半に宋との関係が途絶し、以後外形的には中国王朝の権威に依存しない政治体制を指向するようになる。武の時期はその劃期として重視されなければならない。

本章ではこの時代の支配イデオロギーの深度を計る尺度としてリテラシーの問題に着目する。文献史学が文字（文脈を含む）から歴史を読みとろうとするものである以上、その素材である文字そのもの、ひいては書くという行為が検討の対象になるのは必然的な帰結であり、それはイデオロギーのあり方にも強く影響を及ぼすからである。

律令制以前におけるリテラシーの研究は金石文など出土文字資料によるところが大きい。とはいえ、金石文は媒体が金属・石であるという点において、字数・省画等の制限を受けやすいという限界がある。それゆえ、その文章は当時における文字利用の実態の一端を示すが全体ではない。すなわち、倭国がどの程度まで文字を駆使できたのかという問題については別の視角から考えねばならない。

さて日本古代において文字といえば漢字に他ならないが、漢字が中国の文字であり、かつ当時の中国と倭国の政治的関係をみれば、中国王朝との交渉においてこそ漢字を継受する契機を見出し得る。倭国における文字使用の始源をここに求めるべきであることは先学の指摘する通りである。[1] それゆえこの問題に関して考察する材料としては、外交文書、特に君主が発給する国書を挙げることができる。外交において文字が使われていたこと自体は、すでに邪馬台国の時に魏から詔書が下され、倭国王も上表していることから確実視できる。[2] また、帯方郡との間にも文書のやり取りがあった。[3] ただし、その文章技術のレベルを推測する術はもはや無い。

これに比して五世紀はわずかながらその実態を窺うことができる。従来五世紀の文字表記に関する研究は、埼玉稲荷山古墳出土鉄剣銘や江田船山古墳出土大刀銘等の金石文からの検討がほとんどであったが、文献史料においても『宋書』倭国伝に記載された倭王武の上表文に注目すべきである。ただし、武の上表文は中国の編纂史料に掲載されているという制約があるため、それが倭国で作成されたものかどうか疑問も呈されており、リテラシーを判断する材料としてはいささか座視されてきたように見受けられる。

そこで問題は以下のようになる。まず五世紀という段階において上表文の作成・作文主体をいかに評価するか。それは文字表記のレベルから倭国の文明度を計ることを可能とする。次いで倭国による上表文奉呈という行為の意義の追究である。文書を送るという行為があるからこそ文書は作成されるのであり、その意味を探ることは文書を書くということの総体的な理解に不可欠である。そしてそれをふまえた上で、文書執筆にあたって生起する君主の名のりの問題に論及することとする。君主の称号を主題とする本書に即していえば、君主が対外的にいかに名のり、それをどのように表記するかということが問題となる。

また、上表文の文字使用という視角からの検討は、これまで金石文を中心に語られてきた五世紀の文字使用の研究に対して一定の相対化をもたらし得ると考えるものである。

Ⅰ　上表文の作成者

はじめに上表文の全文を挙げておく(4)。

①『宋書』巻九七　夷蛮伝倭国条（以下、『宋書』倭国伝と略称）

封国偏遠、作藩于外。自昔祖禰、躬擐甲冑、跋渉山川、不遑寧処。東征毛人五十五国、西服衆夷六十六国、渡平海北九十五国。王道融泰、廓土遐畿。累葉朝宗、不愆于歳。臣雖下愚、忝胤先緒、駆率所統、帰崇天極。道逕百済、装治船舫。而句驪無道、図欲見呑、掠抄辺隷、虔劉不已、毎致稽滞、以失良風。雖曰進路、或通或不。臣亡考済、実忿寇讐、壅塞天路。控弦百万、義声感激、方欲大挙、奄喪父兄、使垂成之功、不獲一簣。居在諒闇、不動兵甲。是以偃息未捷、至今欲練甲治兵、申父兄之志。義士虎賁、文武効功、白刃交前、亦所不顧。若以帝徳覆載、摧此彊敵、克靖方難、無替前功。竊自仮開府儀同三司、其餘咸仮授、以勧忠節。

（封国は偏遠にして、藩を外に作す。昔より祖禰、躬は甲冑を擐き、山川を跋渉し、寧処に遑ず。東は毛人を征すること五十五国、西は衆夷を服すること六十六国、渡りて海北を平らぐること九十五国。王道は融泰にして、土を廓して畿を遐かにす。累葉朝宗すること、歳に愆たず。臣は下愚なりと雖も、忝くも先緒を胤ぎ、統ぶるところを駆率し、天極に帰崇す。道は百済を逕て、船舫を装治す。而れども句驪は無道にして、図りて見呑せんと欲し、辺隷を掠抄し、虔劉すること已まず、毎に稽滞を致し、以て良風を失す。路を進むと曰うと雖も、或は通じ或は不なり。臣の亡考済、実に寇讐して天路を壅塞するを忿る。控弦百万、義声感激して、方に大挙せんと欲するも、奄に父兄を喪い、垂成の功をして、一簣を獲ざらしむ。居るに諒闇に在り、兵甲を動かさず。是を以て偃息して捷たず、今に至るまで甲を練り兵を治め、父兄の志を申さんと欲す。義士虎賁、文武は功を効し、白刃前に交え、亦顧ざるところなり。若し帝徳の覆載を以て、此の彊敵を摧けば、克く方難を靖んじ、前功に替わること無し。竊かに自ら開府儀同三司を仮し、其の餘は咸く仮授し、以て忠節を勧めん。」

この上表文はすぐれた駢儷文として高い評価を得ている。(5) しかしその一方で、おそらくはそれゆえにある種の疑念がつきまとっている。すなわち、この上表文がそもそも倭国で書かれたものかという根本的な問題である。この点については、古くは久米邦武が「沈約等が宋書編修の時、少々修潤を加へたらん」と述べ、(6)『宋書』の編者沈約が編纂の際に手を入れた可能性を論じている。かかる上表文に対する疑念はその後も継承され、特に近代においては主として思想的問題として立ち現れる。上表文が宋に対して臣下であることを表明しているのを〝国辱〟として捉え、それを否定しようとする傾向が表れるのである。(7) こうした認識が最も顕著なのが岡田正之であった。(8) これらの立場では、上表文のスタンスを起草者たる渡来人の恣意と位置づけることによって、倭国が宋の臣であろうとしたことを否定して問題の解決を図ろうとしている。(9)

こうした史観は戦後歴史学において一貫して批判されることになった。しかしながら、逆に五世紀における倭国の作文技術が低く評価されるようになり、上表文自体はたとえ倭国が作成したとしても、そこに何らかの形で中国人の手が入っているかもしれないという見解が散見するようになる。(10) 戦前における上表文への疑念は近代の政治的イデオロギーに基くものであり、戦後その根底にあった思想自体は否定されながらも個別の論点として残ったということになろう。

さて、上表文に対する疑念を詳細に展開したのが湯浅幸孫氏である。(11) 湯浅氏によると倭王武の上表文にはその文章構成において問題があり、それは『宋書』が早くに散逸して後代に再編成されたことによると論じた。その上で上表文については宋の鴻臚の属官が倭人の口上を記録したものであり、さらに編纂の時にも潤色された可能性があると想定している。

右の上表文を倭国が書いたものでないとする見解の論点は、整理すると二つに分けることができる。一つは上表文自体を宋が作成したと見なすものであり、具体的には宋と倭国の交渉段階で倭国の使者が口頭で述べた言辞を宋の記録官が文章にしたとする。もう一つは、倭国が上表文を作ったこと自体は認めつつも、そこに『宋書』編者の修飾が入っていると考えるものである。いずれにせよこれらの見方が正しければ、五世紀後半の文字使用の状況を上表文から汲み取ることは不可能となる。

前者は倭国における漢文筆記能力そのものを疑うものでもあるが、倭国が中国王朝に上表するのはこれより以前から行なわれていることであることは既に述べた。また中国正史が、倭国の使者が口頭で外交交渉を行なったにも拘らずそれを「上表」と記すとは考え難い。しかもこの考えによれば、宋の記録官は倭国の口上をわざわざ美文で記録するという手間をかけたことになる。内容からいっても「道逕百済、装治船舫」や「句驪無道」のように百済との通交関係や高句麗との対立などの外交関係、「喪父兄」といった国内の政治的変動を明記しており、倭国内外の状況を知らずに作れるような文章ではない。このように考えれば、上表文は倭国が作成して宋に持って行ったとして大過なかろう。

後者については、上表文が「遣使上表曰」として引用されていることに留意すべきである。『宋書』の地の文ならば編纂者による改変も考えられなくはないが、このような引用形態において修飾を推測する必要はなかろう。また、東夷である倭国の国書を沈約が美文に直す蓋然性も認められない。むしろ沈約が『宋書』に上表文を掲載した理由は、その漢文としての完成度の高さに求めるべきである。

結局のところ、上表文が倭国で作られたことに疑義を呈する説は漢文筆記能力を中国固有のものとして捉えすぎる観がある。中国周辺の夷狄とされた国や種族が正格漢文を作る能力に劣ると見なすのは、戦前の皇国史観の裏返しにすら見受けられる。しかしながら、和文表記が成立していないこの時代において、表記方法が確立している正格漢文の書記を学ぶよりも、倭語を反映させて文体をくずすことの方が困難であろう。その意味で上表文がすぐれた漢文であることは当時の倭国の文字使用の状況からしてむしろ当然であり何ら問題にならない。当該期のように文字使用が政治レベルに止まっている限定的な状況においては、表記が和化する段階に至っていなかったといえる。これをふまえると、当時の倭国における文章作成技術に対する評価の問題は、そもそもこの上表文が駢儷文としてどの程度のレベルであったのかという点に逢着せざるを得ない。筆者に漢詩文を文学的に評価する力量はないが、福井佳夫氏は、「練達の文章技術を感じさせる」ものであり、「上表文の起草者は、当時としても一流の文章創作能力をもっていた」とする。[12] また志水正司氏は、上表文の述作者が漢籍によく通じていたことを指摘している。[13] 引用を駆使し、美辞麗句を多用して長文を作り、なおかつ主旨を述べているという点では当時の倭国の作文技術は相当に進んだものであったと評価することができる。こうした倭国における書記の実態は金石文の文体からのみでは汲み取れないものであろう。

ただし、上表文に全く問題点がないわけではない。これまで上表文の中で問題視されてきた語句として「祖禰」と「亡考済」の表記が挙げられる。前者について、「祖禰」は一般的には父祖を意味するが、前田直典氏はこれを「祖弥」とした上で、『梁書』が珍を弥と記していることからこれと結びつけて解釈する。[14] 一方後者は、中国では父の名を子が呼ぶことは不遜であるとすることから済を人名以外で解釈しようとするものである。[15] これらはいずれも人名の表記に関わる問題である。ただし、前者は『宋書』よりも成立が遅れる『梁書』に依拠する点に限界がある。(16) 後者は避諱に関わるが、これは当時の倭国の状況においては何等問題にならなかったであろう。なぜならば江田船山古墳出土大刀銘や埼玉稲荷山古墳出土鉄剣銘には王であるワカタケルの名が明記されている。これらの作成主体が倭王権であれ地方豪族側であれ、(17) 君主の名を臣下が忌むことがない、むしろ支配者の名のりとして実名が必要であったという実態が窺われるのであり、諱を避けるという風習は倭国にはこの時点ではなかった可能性も推測される。(18) このように考えれば、君臣関係における実名のあり方と同様に子が父の名を憚らずに呼ぶということも有り得よう。表記能力はすぐれていても、避諱しないという中国とは異なる習俗に関しては無意識のうちに表出してしまったものと考えられる。

ここまでの考察によって、起草者が漢文の知識を有しており、かつ倭国の風習も理解していた人物であったということが明らかとなった。起草者については古くは『書紀』雄略八年二月条の「身狭村主青・檜隈民使博徳使於呉国（身狭村主青・檜隈民使博徳をして呉国に使わしむ）」という記事を昇明二年（四七八）の武の遣使に見立てて、彼らの作成と考えていた。(19) しかし、当該期の『書紀』の記述の信憑性に問題があるのはいうまでもなく、この記事をそのまま事実と認定することは困難である。とはいえ、当時漢文の作文技術を知悉していた人々として渡来系人士を挙げることに異存はない。彼らの中でも倭王権に近侍していた人々がその起草に関与していたと見なすのが最も穏当であろう。

当該期における文字の書き手としては、具体的には江田船山古墳出土大刀銘に「書者張安」と記されるように中国系の名を有する人物を挙げることができる。さらに、漢籍に対する知識から類推すれば渡来一世の可能性が高い。そうした人々が倭国に到来する条件を考慮すると、中国から直接到来したと見るよりは、百済から渡来した中国系百済人を想定すべきである[20]。それというのも、上表文の用字と文章構成において倭国と百済の間には共通性を看取できるからである。このうち用字については、内田清氏が倭国と百済の国書に記されている文言がきわめて類似していることに注目して、原『晋書』をベースにして倭国・百済ともに国書を作成したと推測している[21]。内田氏の挙げた典籍の引用が全て原『晋書』に基くといってよいかどうかという点には若干の躊躇もあるが[22]、田中史生氏は語句の用例をデータベースにおいて精査し『晋書』と親和性が高いことを改めて確認しており[23]、倭国と百済が同様の引用傾向を有することは間違いない。

ただし、もう一つの文章構成については解決しなければならない課題がある。上表文の原型をめぐる異論である。先述のように、湯浅幸孫氏は『宋書』において上表文が現在知られている形であったかという点について疑念を表明している[24]。その根拠としては、a昇明二年の記事が帝紀と夷蛮伝で重複しており良史の法とはいえない、b内容に断絶がある、c上表文は『宋書』では年記が昇明二年に懸けられているが、その前半部が『冊府元亀』（一〇一三成立）では元嘉二年（四二五）に讃が上表したことになっている、d『太平御覧』（九七七～九八三編纂）は当該部について『宋書』ではなく『南史』を引用しておりこの時点で倭国伝は残欠していたと考えられる、という四点の問題点を挙げて疑義を呈している。その上で上表文の前半部を讃の時のものとして『冊府元亀』の記事を肯定的に考えている。

湯浅氏の批判について逐一検討すると、aについては帝紀と伝の重複は倭国に関してだけでも四例あり、昇明二年の例のみことさらに取り上げるべきものではない。bの内容については印象論としての範疇を超えるものではない。史料上、特に問題となるのはc・dである。まず問題となる『冊府元亀』を挙げておく[25]（以下の諸史料の読み下しは『宋書』に準じるので省略する）。

②『冊府元亀』巻九六三　外臣部封冊

是年（元嘉二年）倭国王倭讃遣使奉表献方物。表曰、封国偏遠、作藩于外。自昔祖父、躬擐甲冑、跋渉山川、不遑寧処。東征毛人五十五国、西服衆夷六十六国、渡平海北九十五国。王道融泰、廓土遐畿。累業朝宗、不諐于歳。臣雖下愚、忝紹先緒、駆率所統、帰崇天極。詔除督《ママ》倭新羅任那加羅秦《ママ》朝韓六国安東大将軍倭王。

湯浅氏が『冊府元亀』を重視するのは現行『宋書』は一度散逸して後代に補訂されていることによる。『冊府元亀』では確かに「封国偏遠～帰崇天極」までが讃の上表文として記載されており、それゆえ原形態の復元が課題となる。倭国伝の原形態を考える上では『南史』にも注目する必要がある。『南史』は『宋書』など南朝正史を参考にしながら唐代に李延寿が編纂したものである。その文章は「刪落醸辞（醸辞を刪落す）」[26]とあるように、南朝四史の抄出であることは周知の通りである[27]。独自史料があまりなく新味に乏しいところからその評価は高くないが、逆にいえば抄出であることからして『宋書』の原型を留めていると推測することが可能である。それによると、

③『南史』巻七九　夷貊伝倭国条

遣使上表言、自昔祖禰、躬擐甲冑、跋渉山川、不遑寧処。東征毛人五十五国、西服衆夷六十六国、陵平海北九十五国。王道融泰、廓土遐畿。累葉朝宗、不愆于歳。道逕百済、装飾船舫。而句麗無道、図欲見呑。臣亡考済、方欲大挙、奄喪父兄、使垂成之功、不獲一簣。今欲練兵、申父兄之志。竊自仮開府儀同三司、其餘咸各仮授、以勧忠節。

とある。前掲の『宋書』に比べて省略されている部分があり、かつ字句の異同が若干見られるが、武の上表文からの抄出は湯浅氏の推測するような後半に限定されるものではなく、全体にわたっている。さらにそれは他の史料からも確認できる。

④『翰苑』巻三〇　蕃夷部倭国条

宋書曰（中略）順帝時遣使上表云。自昔禰、東征毛人五十五国、西服衆夷六、渡平海北九十五国。

『翰苑』は高宗・武后朝の人物である張楚金が撰した書である。[28]『宋書』を引用して「順帝時」すなわち昇明年間の上表文と記しており、『翰苑』でも上表文の前半部は武の上表文と考えてよい。『翰苑』は節略が多いが取意文はないとされており、[29]これによっても『冊府元亀』の記事は錯簡であることが明らかであろう。『宋書』の散逸は南朝四史が『南史』成立以後顧みられなくなったために起こった事態であり、[30]それゆえ『太平御覧』も『南史』に依拠せざるを得なかったのである。こうした状況から『冊府元亀』の引用にも誤りが生じたものであろう。『宋書』倭国伝は『南史』の編纂された唐代にはまだ失われていなかったのであり、その原型を推定するにあたっては、北宋期に編纂された『冊府元亀』『太平御覧』よりも唐初の『南史』『翰苑』の方に重きを置くべきである。

なお、bについては福井氏や熊谷公男氏は逆に内容的に一貫しているとしており、[31]その評価は対極に分かれている。筆者もその内容は一貫したものとみる見解に与するものであるが、それは文章の内容構成から見ても同様のことがいえる。この点について参考となるのが百済の国書との比較である。すでに福井氏や川崎晃氏が、延興二年（四七二）に百済が北魏に宛てた国書との比較・分析を行ない、東アジア諸国が漢籍に通暁しており、倭国の書記能力も遜色ないものであったこと、文章の論理展開はむしろ武の上表文の方が優れていることなどをそれぞれ指摘している。[32]

ただ、延興二年の百済国書は北朝である北魏に宛てられた文書である点は注意しなければならない。当時の東アジア情勢において、倭国や百済にとって最大の案件は高句麗といかに対峙するかということである。その中で各国は国際状況を自らに優位に展開させるために北朝・南朝への遣使をした。しかし、百済の北朝への遣使目的と南朝へのそれは区別されるべきである。延興二年国書は「宜早壅塞。今若不取、将貽後悔（宜しく早く塞を壅ぐべし。今若し取らざれば、将に後悔を貽さんとす）」とあるように[33]、高句麗への北魏の出兵を促しており、高句麗と隣接している北朝には実体的な軍事力行使が期待されている。これに対して南朝には地理的に見ても同様の実体的対応は困難であり、遣使の目的は異なるところにあったと考えた方がよい。具体的には国王への叙爵による名分的地位と、それに付随する臣下への叙任推薦権による求心力の確保である[34]。この点は武の上表文でも百済の対南朝国書でも同じである。武の上表文が南朝に宛てられたものである以上、まず比較すべき百済の国書も南朝へのものでなければならない。そこで注目されるのが、南斉に対して建武二年（四九五）に上表された百済王牟大の国書である。この国書は武の上表文と二十年と離れておらず、さらに倭や百済にとって国際案件は継続しており状況は変わっていないことからして比較対象たり得る。

⑤『南斉書』巻五八　百済伝

建武二年、牟大遣使上表曰、臣自昔受封、世被朝栄、忝荷節鉞、剋攘列辟。往姐瑾等、並蒙光除、臣庶咸泰。去庚午年、獫狁弗悛、挙兵深逼。臣遣沙法名等、領軍逆討、宵襲霆撃。匈梨張惶、崩若海蕩。乗奔追斬、僵尸丹野。由是摧其鋭気、鯨暴韜凶。今邦宇謐静、実名等之略、尋其功勲、宜在褒顕。今仮沙法名行征虜将軍・邁羅王、賛首流為行安国将軍・辟中王、解礼昆為行武威将軍・弗中侯。木干那前有軍功、又抜台舫為行広威将軍・面中侯。伏願天恩特愍聴除。又表曰、臣所遣行龍驤将軍・楽浪太守兼長史臣慕遺、行建武将軍・城陽太守兼司馬臣王茂、兼参軍・行振武将軍・朝鮮太守臣張塞、行揚武将軍陳明、在官忘私、唯公是務、見危授命、踏難弗顧。今任臣使、冒渉波険、尽其至誠。実宜進爵、各仮行署。伏願聖朝、特賜除正。

（建武二年、牟大、使を遣わして上表して曰く、「臣、昔より封を受け、世よ朝栄を被り、忝くも節鉞を荷し、列辟を剋攘す。姐瑾等を往かしめ、並びに光除を蒙り、臣庶咸く泰らかなり。去る庚午の年、獫狁は弗悛し、兵を挙げて深く逼る。臣、沙法名等を遣わし、軍を領して逆討せしめ、宵襲して霆撃す。匈梨張惶し、崩れること海蕩のごとし。奔るに乗じて追斬し、僵尸は野を丹す。是に由りて其の鋭気を摧き、鯨暴韜凶す。今邦宇謐静なるは実に名等の略にして、其の功勲を尋ねるに宜しく褒顕在るべし。今沙法名を行征虜将軍・邁羅王に仮し、賛首流を行安国将軍・辟中王と為し、解礼昆を行武威将軍・弗中侯と為し、木干那は前に軍功有り、又抜台舫を行広威将軍・面中侯と為す。伏して願わくば天恩は特に愍み聴除せられんことを」と。又表して曰く、「臣、遣わす所の行龍驤将軍・楽浪太守兼長史臣慕遺、行建武将軍・城陽太守兼司馬臣王茂、兼参軍・行振武将軍・朝鮮太守臣張塞、行揚武将軍陳明、官に在りて私を忘れ、唯公のみ是務め、危を見ては命を授かり、踏難顧ることなし。今、臣使に任じ、波険を冒し渉り、其の至誠を尽くす。実に宜しく爵を進め、各々行署に仮すべし。伏して願わくば聖朝は特に除正を賜らんことを」と。）

牟大の上表文は百済が北魏と戦ったことを南斉に知らせるものである。牟大は東城王に比定されており、『日本書紀』では「末多王」として雄略・武烈紀にも現れる[35]。『南斉書』百済伝の引く上表文は、闕失による年次欠落（永明八年・四九〇）のものと建武二年（四九五）の二つである。『南斉書』高麗伝後半部から百済伝前半部にかけて闕失があるが、大きな問題はない[36]。この上表の背景には、当時南朝との結びつきを強めて国際環境を有利に展開しようとし、かつ臣下（ここでは沙法名など）の除正も認めさせることで百済支配者層の結束の強化を図ろうとした点を挙げることができる。ここでは第一の上表文を取り上げる。武と牟大の上表文を比較すると、きわめて類似した内容構成をとっていることがわかる。

①過去における南朝との関係の強調　[倭国―自昔祖禰～不遑于歳　百済―自昔受封～臣庶咸泰]
②近時における国際的案件の発生　[倭国―臣雖下愚～不動兵甲　百済―去庚午年～挙兵深逼]
③事件への対処　[倭国―是以偃息～無替前功　百済―臣遣沙法名等～宜在褒顕]
④結果に対する官職授与の要求　[倭国―竊自仮～以勧忠節　百済―今仮沙法名～特賜除正]

冒頭部分の「自昔」という語句の一致をはじめとして、右のように両者ともきわめて似通った文脈を有しているのである。年代的にも近接している両国書の構造の一致は決して偶然ではないだろう。江田船山古墳出土大刀銘の「書者張安」や六世紀の五経博士伝承のように、文章表記に関する知識は渡来系人士（特に百済）への依存度の高さを窺わせており、上表文の類似もその反映であろう。このように武の上表文の脈絡は建武二年の百済国書と同様に完結していると見なすべきであり、やはり前半部と後半部を別の国書として理解することはできない。

ここまで見てきたように、倭国と百済の国書は従来指摘されてきた用字以外にも文章構成など一致点がきわめて多い。当時の倭国と百済の密接な関係に鑑みれば、倭国が百済から影響を受けたと考えてもおかしくはない。上表文作成の際に活用されている漢籍の知識は百済からやってきた中国系人士によってもたらされたものであったと見てよい。当時の外交における文字表記・文章作成において、倭国・百済ともに中国系人士に負うところが大きかった[37]。だが、国書の作成はこうした人々の力に頼らねばならなかったとしても、国書の内容自体は倭国の利害について明確に主張しており、倭王権の意思を明瞭に示したものであった。そこに渡来人の恣意を見出すことはできず、これを起草した渡来人は王権の意思を明確に文章化できるほどに密接につながっていたことを推測させるのである。

Ⅱ　上表文奉呈の背景

前節において倭王武の上表文は実際に当時倭国が作成したものであり、かつその作文技術は相当に優れているものであることを確認した。それを起草したのは百済から渡来した中国系人士であると推定したが、五世紀後半には倭国の支配者層の内部に漢文を理解し、文章化することについて十分な能力を備えていた人間がいたことは明らかである。もっとも八世紀まで朝鮮諸国、特に百済や新羅との外交は口頭で行なわれるものであり、高度な文章技術が発現する機会は中国との外交しかなかったところに当時の文字使用の限界を見出せる[38]。文字の継受に際して朝鮮、とりわけ百済の介在した役割は無視し得ない。ただし、朝鮮諸国と倭国の関係においてのみ文字の継受という事象を強調すべきではなかろう。それは換言すれば、南朝への遣使・上表が文字表記という点において特殊な政治的意義を有していたということである。そこで当時における南朝への上表という行為が倭国にとっていかなる意味があったのかということが問題となる。本節ではこの課題を中心に検討を加えることとする。

そもそも武が宋に上表した目的は、文の末尾にあるように自らが仮授した官職の承認にある[39]。宋＝中華、倭国＝藩塀として南朝の世界秩序のなかに自国を位置づけることによって宋の政治的権威を借りつつその支配秩序を構築していた倭国にとって、王への官職の正式授与は重要な意味を持っており[40]、倭王権の支配の正当性の確立のために必要なものであった。それは王だけではなく臣下への叙任推薦権としても表れる[41]。さらに倭国のみならず百済にとっても同様の意義を有していたのであり、前掲⑤の建武二年の国書が百済の臣下への官職の承認を求めるものであったことからも確認できる。

さて、倭国の遣使の国際的な背景としては高句麗との対立があることについてはいうまでもない。しかしながら、南朝に対して直接的な高句麗への処置を期待できるものではないことは先述の通りである。倭国の対南朝外交のスタンスは、高句麗との対峙している状況において朝鮮半島南部における軍事的盟主としての立場を承認させることであり、その背景には朝鮮半島南部における先進技術と鉄利権の確保という課題があった[42]。

上表文において最も重要なのは、武が官職を自称した上で遣使したという行為の意味であり、倭の五王の遣宋使派遣と官職自称の関連性が問題となる。そこで『宋書』の関係記事を全て再確認する。

まず讃だが、讃が官職を自称したかどうかは確認できない。

⑥『宋書』倭国伝

高祖永初二年、詔曰、倭讃万里修貢、遠誠宜甄、可賜除授。太祖元嘉二年、讃又遣司馬曹達、奉表献方物。

（高祖永初二年、詔して曰く、「倭讃は万里貢を修め、遠誠宜しく甄すべく、除授を賜うべし」と。太祖元嘉二年、讃、又司馬曹達を遣わして、表を奉じて方物を献ず。）

最初の遣使である永初二年（四二一）の際に「除授ヲ賜ウベシ」とあることから何らかの爵号は賜っている。ただし、それは前年の永初元年に宋朝が成立した後の初めての来朝に対して宋の方から嘉しての授与という可能性も有り得るのであり、倭国から叙爵を働きかけたとは限らない。[43] また、元嘉二年（四二五）に讃は再び遣使しているが、この時は授爵に関して目立った動きは見られない。

讃が死んだ後、弟の珍が元嘉十五年（四三八）に遣使する。

⑦『宋書』巻五　文帝本紀

夏四月（元嘉十五年）（中略）己巳、以倭国王珍為安東将軍。是歳、武都王・河南国・高麗国・倭国　扶南国・林邑国並遣使献方物。

（夏四月（中略）己巳、倭国王珍を以て安東将軍と為す。是歳、武都王・河南国・高麗国・倭国・扶南国・林邑国並びに遣使して方物を献ず。）

⑧『宋書』倭国伝

讃死、弟珍立、遣使貢献。自称使持節・都督倭百済新羅任那秦韓慕韓六国諸軍事・安東大将軍・倭国王。表求除正。詔除安東将軍・倭国王。珍又求除正倭隋等十三人平西・征虜・冠軍・輔国将軍号。詔並聴。

（讃死して弟の珍立ち、遣使して貢献す。自ら使持節・都督倭百済新羅任那秦韓慕韓六国諸軍事・安東大将軍・倭国王と称す。表して除正を求む。詔して安東将軍・倭国王に除す。珍又倭隋等十三人を平西・征虜・冠軍・輔国将軍号に除正せんことを求む。詔して並びに聴す。）

珍で注目すべきは、初めて使持節都督倭百済新羅任那秦韓慕韓六国諸軍事・安東将軍・倭国王を要求したところにある。結果的には安東将軍・倭国王のみ承認されたが、珍において自発的に爵号を要請するようになった点は重要である。讃の時代からの遣使を通じて宋の官職体系を理解できるようになったことを示すものであろう。

次いで珍との続柄が不明である(44)済が元嘉二十年（四四三）と二十八年に遣使する。

⑨『宋書』文帝本紀

是歳（元嘉二十年）、河西国・高麗国・百済国・倭国並遣使献方物。

（是歳、河西国・高麗国・百済国・倭国、並びに遣使して方物を献ず。）

⑩『宋書』文帝本紀

秋七月（元嘉二十八年）甲辰、安東将軍倭王倭済進号安東大将軍。

（秋七月甲辰、安東将軍倭王倭済、進みて安東大将軍と号す。）

⑪『宋書』倭国伝

二十年（元嘉）、倭国王済遣使奉献。復以為安東将軍・倭国王。二十八年、加使持節・都督倭新羅任那加羅秦韓慕韓六国諸軍事。安東将軍如故。并除所上二十三人軍郡。

（二十年、倭国王済、遣使して奉献す。復た以て安東将軍・倭国王と為す。二十八年、使持節・都督倭新羅任那加羅秦韓慕韓六国諸軍事を加う。安東将軍は故の如し。并びに上る所の二十三人を軍郡に除す。）

倭国伝には元嘉二十年に安東将軍・倭国王に任じられていることを記すが、使持節・都督六国諸軍事を要求したかどうかは明らかでない。ただし、元嘉二十八年に使持節・都督六国諸軍事が加号されていることからして、珍と同様に要求していたと考える方が蓋然性が高いというべきであろう。なお、本紀と伝で安東大将軍に任ぜられたか否か、いずれかの記述に錯誤がある。これについてはどちらの可能性も否定し得ず、判断は留保しておく(45)。

済の「世子」興は大明六年（四六二）に使を派遣している。

⑫『宋書』巻六　孝武帝本紀

三月（大明六年）（中略）壬寅、以倭国王世子興為安東将軍。

（三月（中略）壬寅、倭国王世子興を以て安東将軍と為す。）

⑬『宋書』倭国伝

済死、世子興遣使貢献。世祖大明六年、詔曰、倭王世子興、奕世載忠、作藩外海。稟化寧境、恭修貢職。新嗣辺業、宜授爵号。可安東将軍・倭国王。

（済死し、世子興遣使して貢献す。世祖大明六年、詔して曰く、「倭王世子興、奕世忠を載せ、藩を外海に作す。化を稟け境を寧んじ、恭んで貢職を修む。新たに辺業を嗣ぎ、宜しく爵号を授くべし。安東将軍・倭国王なるべし」と。）

興の叙爵も安東将軍・倭国王に止まるが、済の爵号を受け継ごうとするならば当然六国諸軍事も要求したと考えなければならない。六国諸軍事は宋から却下されたものと推測して大過なかろう。

こうした過程を経て武に至る。

⑭『宋書』巻一〇　順帝本紀

五月（昇明二年）戊午、倭国王武遣使献方物。以武為安東大将軍。

（五月戊午、倭国王武、遣使して方物を献ず。武を以て安東大将軍と為す。）

⑮『宋書』倭国伝

興死、弟武立。自称使持節・都督倭百済新羅任那加羅秦韓慕韓七国諸軍事・安東大将軍・倭国王。

（興死し、弟の武立つ。自ら使持節・都督倭百済新羅任那加羅秦韓慕韓七国諸軍事・安東大将軍・倭国王を称す。）

武は昇明二年（四七八）に使持節・都督倭百済新羅任那加羅秦韓慕韓七国諸軍事・安東大将軍・倭国王を自称しており、前節に掲げた上表文によれば開府儀同三司も自仮していた。これらのうち百済を除いた六国諸軍事・安東大将軍・倭国王が承認されることになる。

それでは昇明二年に各国はいかなる状況であり、その中でどのような理由によって武は宋に遣使したのか。宋の国内情勢から見ておく。昇明二年の前年の昇明元年に蒼梧王昱（後廃帝）が廃され、弟の準が即位した。これが宋最後の皇帝順帝である。この時点ですでに宋は滅亡を目前にしていた。当時、簫道成が宋朝において権力を掌握し、順帝は傀儡にすぎなかった。この頃には宋の滅亡が時間の問題であることは誰の目にも明らかであっただろう。昇明三年四月に簫道成は順帝から禅譲を受けて宋は滅び、南斉が建国される。かかる状況下で宋の東アジアへの実効的措置、すなわち高句麗への軍事行使は期待できない。また、昇明元年の遣使によって倭はこうした宋の状況をある程度把握できたと考えられるので、翌年の武の遣使が宋の国内情勢に対する反応であるとも考え難い。鈴木英夫氏は、昇明元年の派遣記事は編纂の不備によるものであり、武の最初の朝貢は昇明二年であるとする[46]。かりに昇明元年の遣使が否定されるとすれば、なおのこと宋の国内情勢とは無関係であろう。

続いて朝鮮半島の情勢について見ておく。武の遣使の直前にあたる四七五年に百済が高句麗の攻勢を受けて蓋鹵王は死亡、文周王が即位して熊津に遷都している。武の上表文がこれを意識していることはすでに諸先学によって指摘されている(47)。しかしながら、これをもって武の遣使は朝鮮半島の情勢に対してダイレクトに反応したものと見なすのは早計であろう。上表文は宋に東アジアの秩序規制の実力行使を求めたものではない。その承認についても、諸軍事任官によって朝鮮半島南部への軍事的支配権承認を目指したのは前述のように武の時に限られるものではなく、その前提となる高句麗との対立は五世紀を通じての倭国の課題であった。四七五年の高句麗の南下を過度に重視すると珍や済の時の任官要請の意義が見失われてしまうことになる。

このように考えると、武が宋に外交使節を派遣した動機は即位に伴う自称官職の承認であったと結論付けざるを得ない。かりに武が国際状況を意識しつつ外交を行なったことに主眼を置くとすれば、それは高句麗を見据えつつ、第一義には朝鮮南部の名分的軍事指揮権を興から引き継ぐことについて国際的承認を得ようとしたところにある。そのように考える場合、珍以来宋から承認されることのなかった百済への軍事的指揮権を、百済が劣勢に陥っている状況にこと寄せて宋に認めさせることによって、百済を自らの影響力の傘下に収めようとする意図を有していたものと考える。

倭の五王がより高い爵号・官職を求めて遣使し続けたことはすでに知られる通りである。その一方で各王の遣使は高句麗や百済に比べて格段に少なく、王の名が明記されているのは讃と済が二回、珍・興・武は一回のみである(48)。こうした倭国の遣使の少なさは単なる地理上の問題のみではない。宋の政治的権威に依存しつつ国内的な支配秩序を構築していた当時の状況からして、派遣回数の少なさは倭国内における政治的課題と関連するものとして理解すべきである。

そこで讃～興の派遣の事情について考えると、讃の永初二年の遣使については前年に劉裕が宋を建国、その直後に高句麗・百済が宋に遣使しているのに刺激されて派遣したと見なし得る。しかし、以後のそれぞれの遣使において差し迫った国際情勢が影響を及ぼしていると考えられるものばかりではない。

とすれば、倭の五王の遣使を総体的に考える場合、国際的情勢以外の遣使の理由として国内的な事情を勘案するべきであろう。そこで手がかりとなるのが興の遣使である。興は「世子」として宋に遣使し、倭国王に封ぜられている。すなわち、興は倭国王を自称せずに使者を派遣したのである。とはいえ、それが済が死んだ後であることは⑬『宋書』に記してある通りであり、当時の王位継承からみても生前譲位があったとは考えられない。興が倭国王ではなく世子と名のっていることは、済の死後ほどない時期の遣使であることを窺わせるものである。興の遣使は即位直後、もしくは済の死後何らかの事情で即位が滞っているなかでの派遣と理解するのが妥当であろう。

この点について坂元義種氏が「新王の授爵は、一般にその最初の遣使朝貢と密接な関係があった」とする指摘[49]を念頭に置くべきであり、これによって珍・済の遣使も理解しやすくなる。珍・済・興は一回目の遣使で安東将軍・倭国王に封冊されている。この時代の宋との外交、特に爵号の承認が国内の政治体制を維持する重要なファクターであることをふまえるならば[50]、王は即位して間を置かずに封冊を受ける必要がある。当該期の倭国の君主はその人格的資質によって倭国内に君臨することを可能にしたのであり、対宋外交によって「倭国王」やその他の爵号を獲得することもその資質の一つとして数えられたことであろう。換言すれば、王の死は倭国王と宋皇帝の関係を媒介にして成立していた倭国と宋の名分的関係をリセットするものであり、新君主は早急にその関係を再構築する必要に迫られることになる。新君主は宋から倭国王として承認されて叙爵を受けることによって君臨の裏付けを得るのであり、その点即位遣使を単なる儀礼的なものと見なすことはできない。それは十分に政治的意味を有していたのである。

倭国王の最初の遣使が叙爵・封冊を伴うものであるという想定が正しければ、王名が明記されていないために遣使主体が不明瞭な元嘉七年（四三〇）正月・大明四年（四六〇）十二月の記事についても判断が可能となる。

⑯『宋書』文帝本紀
（元嘉）七年春正月（中略）是月、倭国王遣使献方物。
（七年春正月（中略）是月、倭国王遣使して方物を献ず。）

⑰『宋書』孝武帝本紀
（大明四年）十二月（中略）倭国遣使献方物。
（十二月（中略）倭国遣使して方物を献ず。）

倭国の君主が宋からの封冊を受けないままに外交を継続させるということは考えがたい。かりに倭国の側にそうした意図がないとしても宋の方が南朝の国際秩序に倭国を組み込むために封冊は行なわれるであろうし、前後の状況をあわせて考えると倭国がそれを拒否することはできないだろう。こうした事情を勘案すると⑯・⑰の倭国からの遣使はそれぞれ珍・興と見なすよりは、その前王である讃・済の遣使に係る可能性が高いと考える。

論点を武に戻す。武の外交で問題となるのは、武の上表文の前年における朝貢である。

⑱『宋書』順帝本紀
（昇明元年）冬十一月己酉、倭国遣使献方物。
（冬十一月己酉、倭国遣使して方物を献ず。）

昇明二年の遣使で叙爵された武の遣使の前年に使者が派遣されている。この遣使主体が興と武のいずれであるかということが問題となる。昇明二年の武への叙爵を重視するならば同年の遣使は即位遣使ということになり、昇明元年は武ではないことになる。ただし、川崎晃氏が述べるように、上表文の文脈からは昇明元年の遣使主体を武と捉えることも可能である。[51] このように昇明元年の遣使主体の確定は史料が少なく困難である。

昇明元年の遣使は多くの問題をはらむが、昇明二年段階での武の立場は上表文から汲み取ることができる。すなわち、上表文において武は「居在諒闇」と述べている。諒闇とは本来天子が喪に服する建物・期間のことを指すが、この場合は文脈上武の前王の興の死において服喪している期間を指すと考えてよかろう。[52] 諒闇の期間は、最も長くて子が父のあとを嗣いだ時の三年間とされる。[53] 興は武の兄にあたるので、諒闇は短縮されることはあっても延ばされることはない。漢籍の引用を縦横に行ない中国的な教養について十分に心得ている上表文の起草者にこの程度の知識がなかったとは考えられない。上表文では武は「父兄」すなわち済・興の死により諒闇となり、それゆえ軍を動かすことを控えていた。上表文の「諒闇」から前王たる興の死は四七八年より遡っても三年程度ということになり、この時点で武は興の跡を承けてから年数を経ていないことになる。⑱の昇明元年の遣使主体が武であるかどうかは措くとしても、武の即位は四七〇年代半ば～四七六年頃と見なさなければならない。

武は即位すると、興と同様に、中国的権威を背景において倭国内に君臨するために宋への遣使を実行したのである。武がより高い宋の爵号を要求していることからして、この段階で中国の権威に依存する必要性が解消したということはない。この点について近年では、武の時期になると国内における首長等の身分的編成に中国皇帝の権威を必ずしも必要としない段階に至ったと見なす評価が有力である。[54] こうした見解は武の即位と宋への遣使に十年以上の懸隔を認め、南朝の政治的影響力の後退をそこに見出すものであろう。しかし、先述のように武の即位が遣使と時期的に離れていないとすれば、それは再検討を要することになる。当時の倭国は部族長連合を核とする前方後円墳体制であり、強力な政治的統一体とはいえない。倭国の君主はより上位の存在の権威に依存することで権力結集を図ったと考える。その権力を保証する権威が宋の皇帝である以上、宋との外交の継続は、倭王権が中国という権威をまだ必要としていたことを意味すると考えざるを得ない。

もとよりこの時期の遣使に朝鮮半島をめぐる情勢の影響が全くなかったというつもりはない。しかし、倭国の宋への上表という行為は官職・爵号の獲得を第一の目的とするものであり、それは倭の五王全てに共通するものである以上、特定の時期の国際状況のみで説明を行なうのは誤解を招きかねない。官爵の要求は当時の倭国の二つの面で欠かせないものであった。一つは対外的な性質である。六（七）国諸軍事や安東（大）将軍の除正要求は従来からいわれているように朝鮮諸国との関係の中で理解されるべきであり、東アジアにおける国際的地位の向上を指向するものであった[55]。もう一つは国内的な意義としての側面である。倭国王という爵号を宋から授与されることは中国的権威を身にまとい倭国内で王として君臨することを正当化するための手段でもあった。また、将軍号はその幕下に府官制システムを導入することを可能とする。それは国内支配における政治的秩序の形成という点で重要な意義を有していた。対宋外交の政治的意義はつきつめればこの二点に集約されるのであり、上表はその目的を達成するためのきわめて政治的な行為であったと評価することができる。そして上表文は、政治に限定的に用いられた当時の文字表記のレベルの到達点として存在していたのである。

Ⅲ　東アジアにおける人名表記

本節では上表文における用字の問題を、君主の名のりという観点から取り上げる。

武の上表文は正格漢文として申し分ないものであることはすでに述べた通りだが、それは中国との交渉を通して獲得された支配者層の能力であり、漢字表記自体は倭国において社会的に広範に通用していたとは考え難い。五世紀の倭が漢字を文字としてどれほど自己のものとしていたかという問題は依然として残されたままである。そこで上表文の内容の事実関係を短絡的に問うのではなく、倭国において政治的な文字使用がどの程度深化していたのかという観点に立ち、上表文における倭語の表現から倭語の文字への置き換えがどの程度進んでいたか検討する。

上表文がほぼ正格漢文である中で倭語の手がかりとなるのが固有名詞の表記である。それは、いかにすぐれた正格漢文を書いたとしても人名・地名などの固有名詞については漢字の字義に則って表記することは困難であり、漢字の表意性を捨象して表音性のみを用いて書き記すことになる。その表記は前記の課題を考える上で格好の素材であると考えるからである。

上表文が倭国から提出されたものである以上、その中の固有名詞は倭国が漢字を用いて倭語を表記したものと見なし得る。かかる視角から上表文を通読すると、唯一人名として「臣亡考済」とあり、武の父である済の名が記されているのを確認できる。この問題については１節で若干ふれたように、中国の避諱と齟齬する。しかし、それは倭国の習俗が前面に出た結果であり、むしろこれをもって「済」は倭国の方からの名のりであることが補強される。

ところで、倭の五王は一字名であるが、倭語の人名を全て一文字で表現できたとは考えられない。そして、このことは中国の周辺諸国一般に共通するものでもない。そもそも一文字名にあらざる名は北狄・南蛮・西戎の例を俟つまでもなく、倭国の事例を挙げることができる。時代を下らせると、国書を持参しなかったと考えられる開皇二十年（六〇〇）の遣隋使は口頭で王の名を述べており、「倭王、姓阿毎、字多利思比弧」[56]と記録されている。この例から明らかなように、中国側が周辺諸国の人間の名を記す場合は一音一文字での表記（仮借）[57]が一般的であったといえる。

このように見れば、一字名というのは中国側の判断による名前の表記ではなく、周辺国側からの主体的な自称で

表１　『三国史記』と中国正史における高句麗王の名

王　名	在位期間	実名	続柄１	別名	正史名	続柄２
広開土王	392～413	談徳	子			
長寿王	413～491	巨連	元子		璉	孫
文咨明王	491～518	羅雲	孫		雲	世子
安蔵王	519～531	興安	長男		安	子
安原王	531～545	宝延	弟		延	子
陽原王	545～559	平成	長男		成	世子
平原王	559～590	陽成	長男		湯・陽	
嬰陽王	590～618	大元	長男	元	元	
栄留王	618～642	建武	異母弟	建成	建武	
宝蔵王	642～668	宝蔵	甥	蔵	蔵	

※在位期間は『三国史記』による。
※続柄は前王との関係、１は『三国史記』、２は正史による。

表２　『三国史記』と中国正史における百済王の名

王　名	在位期間	実名	続柄１	別名	正史名	続柄２	備　考
辰斯王	385～392		弟				
阿莘王	392～405		甥	阿芳			
腆支王	405～420		元子	直支	映		
久尓辛王	420～427		長男				
毗有王	427～455		長男				
蓋鹵王	455～475	慶司	長男	近蓋婁	慶		
文周王	475～478		子	汶州			在位期間は本紀による
三斤王	477～479		長男	壬乞			
					牟都		『南斉書』による
東城王	479～501	牟大	従兄弟	摩牟	牟大	孫	
武寧王	501～523	斯摩	次男	隆	隆		
聖　王	523～554	明襛	子		明		
威徳王	554～598	昌	元子		昌		
恵　王	598～599	季	弟				
法　王	599～600	宣	長男	孝順	宣		
武　王	600～641	璋	子		璋		
義慈王	641～660	義慈	元子		義慈		
豊　璋		豊璋			豊		

※在位期間は『三国史記』による。
※続柄は前王との関係、１は『三国史記』、２は正史による。

あったと推定できる。すなわち、倭の五王、讃・珍・済・興・武の名は倭国側からの自称であった。用字が好字であることもそれを裏付けるものである[58]。こうした一字名の自称は、おそらくは中国との外交において自らの文化レベルを高く見せようとする意図に基くものであると推測される。

その背景には中国への慕化意識や朝鮮諸国の動向が絡み合っていると見なし得る。この問題を考える上で朝鮮諸国の君主の名も参考となるからである。五世紀代の東アジア諸国では倭国の他に高句麗・百済が頻繁に南北朝に遣使しており、その国王の名前を確認することができる。そこに共通することは倭国と同じく基本的に一文字で王の名が記されているという事実である。表1・2を一瞥して明らかなように、五〜七世紀の高句麗・百済の王の名も中国史料においてはほぼ一字で記されている。東アジア諸国に限れば、中国に対する際の王名は一字名が一般的であったといえる。それは中国との関係において倭・高句麗・百済が相互に自国の文化レベルを高く見せようと競合した結果とも考えられよう[59]。

ここで問題となるのが王の名を一文字に変換するコードである。ただし、倭の五王は人物比定そのものが問題となるため、まず高句麗・百済のケースを検討する。

高句麗のケースから見ておく。一般に用いられている王の名は諡号である。好太王碑に「国罡上広開土境平安好太王」という諡号が記されていることからして、すでに五世紀初頭から高句麗において諡号の制度が存在していたことは疑いない。長寿王以降の王名も諡号であり、諱については『三国史記』高句麗本紀に明記されている。ただし、宝蔵王は亡国時の王ということで諡号はなく、宝蔵は実名である[60]。

高句麗王の実名は『三国史記』では漢字二文字で表記されている。これに対して中国正史では高句麗王に対して諡号を用いずに名前で呼び捨てているが、既述のように正史ではその名は一字で表記されている。表1を見れば明らかなように、『三国史記』と正史の高句麗王の名はよく対照しており、その比定は容易である。そして、実名表記を比較すると長寿王から最後の宝蔵王までのほとんどの王は実名とされる部分の後ろの文字を取って一文字名としているという特徴が挙げられる。高句麗王は国内での実名表記は二文字であるが、中国に対してはその後ろの文字で名のったということになる。

例外として挙げられるのが平原王と栄留王である。平原王は実名の前の文字を取って名としており、名のりのコードが異なる。これは一字名にした場合、先代の陽原王と同じ「成」になってしまうため、重複することを避けたための処置と考えられる。また、平原王は『隋書』高祖本紀では「陽」とするが、高句麗伝では「湯」となっている。かかる齟齬がなぜ発生したのかは不明であるが、陽と湯は同音でないことから誤記の可能性が最も大きい。この場合、「陽」を正しいとするべきであろう。また、栄留王は正史においても「建武」という二字名で記されているという点が異例であるが、その理由は不明である。(61)

こうした若干の例外を含みながらも、基本的には二字名であった実名の後ろの字をとって中国に対して自称した。これに対して『三国史記』に記されている王の諱は編纂の段階で逆に中国正史の一字名から作られたと見る向きもあるかもしれない。しかし、その場合平原王の実名は「□陽（湯）」とされるはずである。平原王のみ意図的に編纂者が二文字化する際にそのルールを犯したことになるが、そうすべき理由は特に考えられない。『三国史記』が記す高句麗王の実名は当時からのものであると見なして大過ないであろう。

次に百済について見てみる（表2参照）。中国正史と『三国史記』の対応関係が明快であった高句麗に比して、百済の場合は問題が多い。

第一に、『三国史記』では三斤王以前の王において蓋鹵王を除いて諱（実名）が記されていない。百済王の諱が明記されるようになるのは東城王以後である。これは、百済において諡号の成立が五世紀後半の東城王の頃であったことを示している可能性がある。換言すれば、それ以前の百済王は生前・死後を問わず実名で呼ばれていたものと推測できる。高句麗の攻勢によって実質的に一度滅亡し再興した百済王権にとって五世紀後半は一つの劃期である。坂元義種氏は五世紀後半に中国に遣使した牟都・牟大が二文字名を名のっていることに百済王権の中での独自性を指摘されているが[62]、諡号の成立という点においても当該期の百済王権の劃期を読み取れるのである。

第二に、中国正史の百済王と『三国史記』のそれの対応について不明確な点が多い。『三国史記』による限りでは中国正史に名を残さなかった王が何人かいる。逆に『南斉書』に見える牟都のように中国正史にのみ名が見えて比定が困難な王もいる。なお、こうした傾向が三斤王以前にかたよっている点は留意すべきであろう。

以上の点をふまえた上で百済について中国正史と『三国史記』との比較を全般的に見通すと、高句麗と同様に実名表記の一部が正史の一字名と一致するという傾向が看取できる。ただし、百済王が中国王朝に遣使して名のる場合は、高句麗王とは異なり、名前の最初の字をもって一字名に充てるというパターンが見て取れるのである[63]。

なお、威徳王以後の王の諱は『三国史記』においても一字で記されるケースが多い。中国正史に名を残さない恵王の諱も「季」と一字で記されていることからして、一概に正史の引き写しであるとはいえない。しかし一方で、やはり亡国の王である故に諡号がない義慈王は義慈が実名であり、中国正史においてその名は二文字で記されている。さらに、百済滅亡後の復興運動時に王となった豊璋は正史・『三国史記』ともに豊とする[64]。これらの例からすると、やはり百済王の実名は二字程度であり、その名が残らなかったと見なすのが穏当であろう。

右のように高句麗・百済は、前字・後字の違いはあるものの、王の実名の一字を取って中国に対して使用していることが明らかとなった。その上で残された疑点について論及しておく。実際の王名が本国においてどのように記されていたかという問題である。その名が複数の史料から確認できる東城王を例に挙げると、彼は正史では牟大、『三国遺事』で摩帝、『日本書紀』で末多と記されている。表記は違っても仮借で記されている。また、百済武寧王はその陵から出土した墓誌に名が「斯摩」と記されており、『日本書紀』の「嶋」(65)と対応することはよく知られている。金石文の表記を重視するならば、百済王の実名表記は仮借で記されたと考えられる。高句麗については手がかりが少ないが、既述のように高句麗最後の王・宝蔵王は国を滅ぼしたため諡号がなく、宝蔵が実名であるとされており、やはり二字名である。なお、唐は宝蔵を蔵と記しており一字名変換のルールに則っている点は確認しておく。

このように高句麗・百済は王の名について仮借によって音で漢字を充てて、その中の一文字を用いて中国に自称した。それは一字名をもって中国に入貢した倭国においても同じくあてはまるものであろう。宋から授けられる官爵において後れをとりながらも強烈な対抗意識を高句麗に対して持ち続けていた倭国にとって、高句麗と同じ一字名を宋に対して名のることは不可欠の要件であった。そして、倭国において書記を司る人間は前述のように百済から渡来した中国系人士であったと推測される。そうであるからこそ正格漢文による表記が可能だったのである。こうしたことをふまえれば、固有名詞の表記方法も同様に仮借をもって行なわれたと考えるべきである。

五世紀に中国王朝に朝貢した高句麗・百済・倭国における王の名のりは、東アジアにおける対立と連携の国際的政治環境の中で形成されたものであり、諸国の一字名の名のりは同じ枠組みの中での表現であった。中国王朝に対して中国的な名のりを行なうことによって諸国の君主は自らの文明性をアピールし、列島・半島における優越性を獲得しようとしたと評することができる。その中で特に文化的には最も遅れていた倭国が、高句麗や百済とは異なる独自のルールで名のりを行なうということは蓋然性が低いといわざるを得ない。

それでは、そうした名のりが外交的に持つ意味は何だったのであろうか。上表文において倭国の君主の実名が記されたということは、皇帝との関係において臣下であることを明示するものである。その際の名のりは諱でなければならない。すなわち、上表文における「済」は諱（実名）ということになり、それを敷衍すれば讃〜武の名はすべからく実名の一部と捉えるべきであろう。さらにいうなれば、高句麗・百済においても同様のことがいえる。

すなわち、五世紀の倭国の君主は、宋から倭国王・安東（大）将軍・某国諸軍事の爵号を受けて君臣関係を結び、宋においては諱（実名）を名のったのである。宋からの爵号のうち、将軍号は府官制と強く関わるものであり、これについては第二章で述べる。諸軍事号は朝鮮半島での対立軸における軍事指揮権を意図したものであることは先述した。残る「倭国王」号こそが、宋皇帝と倭の五王の君臣関係を示すものであった。倭の五王は、「倭国王」号を獲得することによって宋皇帝の権威を体現する権力者として君臨し得たのである。このように見ると、倭の君主の名のり・称号のベクトルは二つあることが看取される。宋に対する実名と宋から授与された「倭国王」号である。後者の称号は宋から倭国の君主たることを承認されたことを表すものとして、国内及び高句麗・百済に対しても実効的に機能したのである。

Ⅳ　武とワカタケル

本章の最後に上表文の主体である武に関する臆見を述べておく。比定をめぐって百家争鳴の観のある倭の五王のうち、唯一この武なる人物が雄略に比定される点は先行研究においてもほぼ一致を見ている(66)。雄略紀における呉との外交記事等に基いて古くから武と雄略は同一人視されていたが、稲荷山鉄剣の出土でワカタケルが実在したことが確認されたことによって記紀批判の立場においても武＝ワカタケルは肯定的に捉えられるようになり、もはや鉄案のように見える。

一次資料である金石文に記されている通り、ワカタケルという名の君主が五世紀後半から六世紀前半頃の倭国に実在していたことは確実である。ただ、ワカタケルが武と同一人であるとする場合、「武」という表記の根拠が問われなければならない。これについて川口勝康氏は「音を写したのではなく（音写ならば全部を写す）、大王名の実名部分の意味をとったものと考えるべき」と述べており[67]、鈴木靖民氏も「意訳漢号」としている[68]。しかしながら、前節で見たように、宋との君臣関係においては君主が諱を名のることが要請されるのであり、五世紀の段階でそこから大きく逸脱するような名のりが可能であったとは考え難い[69]。そもそも名前のような固有名詞は最も翻訳しがたい部分である。それは、意によって翻訳すると名前としての固有性を喪失することになるからである。仮借もそれを解決するための表記方法に他ならない。それにも拘らず「実名部分の意味をとった」「意訳」としてタケルに対して「武」を充てたということになると「武」とタケルを音声的に対応させるコードが五世紀後半に成立している必要がある。すなわち、「武」をタケルと訓む和訓が列島において成立しており、それを固有名詞の表記にも転用できる段階であったということになる。

そこで現在の和訓成立に関する国語学の状況を見ておく。沖森卓也氏によると、最古の確例は岡田山一号墳出土鉄剣銘の「額田部」で六世紀第Ⅲ四半世紀であり、それ以前の金石文において和訓が用いられている箇所は存在せず、五世紀後半に和訓は成立していない可能性が高いとされる[70]。上表文と現在の時点での金石文における和訓の初見とは半世紀以上の年代の開きがある。さらに訓読みの成立を肯定するとすれば、五王の比定方法の一貫性を重視する近年の動向に基いて[71]五王全体にそれを及ぼす必要があろう。この場合、讃をホムタに充てることになる[72]。そうすると和訓の成立は五世紀前半まで遡ることになり、国語学の成果とのズレがあまりにも大きい。五世紀に和訓が成立していたと断定するのは躊躇せざるを得ない。そもそも国内の金石文では中国的な用法である仮借で王名を表記しているにも拘らず、宋に対して意訳もしくは和訓を用いて名のるというのは矛盾というほかない。和訓が成立してそれに基いた表記が行なわれているならば、国内から出土した金石文においてもそのように記して然るべきであろう。換言すれば、列島から出土した金石文においてワカタケルの表記が仮借によるということは、少なくともその時点までは訓仮名による人名表記が成立していなかったことを示唆している。「武」をタケルと訓むことに対しては慎重を期すべきであろう(73)。川口氏は先述のように音写であれば全部を表記して名のるべきと述べているが、前節で論じたように朝鮮諸国では音写の一部を名のりに充てており、仮借の部分表記は当該期において十分にあり得るのである。

なお、この問題を考えるにあたっては臣下の人名も参考となる。珍の時の平西将軍倭隋について見てみると、「隋」の字に現在和訓は存在せず、かつ字義からもそれに該当するような当時の人名は想定できない。隋の名も人名を仮借表記して、そのうち一文字のみ取って名のったと見なすべきである。このように考えるならば倭王珍の用字もまた音を充てたものと考えるより他に途はないのであり(74)、ひいては五世紀の中国正史における倭人の人名表記は仮借表記を基準として考えなければならない(75)。

近年の倭の五王の比定は、『日本書紀』に記された名前からの比定方法には批判的である(76)。それは倭王の実名に対する留意が必要だからであり、例えば興の実名として扱われてきたアナホは宮号の可能性が高く、実名からの比定は不可能である。『日本書紀』を根拠とした人名表記からの比定という行為自体に慎重でなければならない(77)。

稲荷山鉄剣銘や江田船山大刀銘が示すようにワカタケルという名の王が実在していたことは間違いない。そして、このワカタケルを原型として記・紀に雄略が記されていることも認めてよい。しかし、ワカタケルと武が同一人であることの根拠に「武」＝タケルがあるならば、その点については批判的に考えなければならない[78]。武とワカタケルを同一人と見なすのであれば、少なくとも金石文における人名の仮借表記のほとんどが七世紀前半まで続くことと、上表文奉呈者としての「武」が訓仮名表記であることの齟齬を説明する必要がある。

結　言

五世紀における文字使用の状況について、武の上表文を手がかりに縷述してきた。二・三世紀頃から外交という対外的な場において限定的ながら文字は受容されていた。そして、五世紀の段階でもすぐれて政治的所為として機能しており、特に武の時期には倭国における漢文作文能力はきわめて高い水準に達していた。君主が支配を正当化する根拠を中国皇帝による封冊に求める段階においては、文字表記のリテラシーは正格漢文の表記という方向性で追求されていたといえる[79]。武の上表文は、金石文では書記媒体の制約からその水準を正確に推し量れないリテラシーのレベルについて、当時の倭が漢籍を駆使して美文を作成し得ることを示す唯一の史料として重視されるべきである。金石文資料においてもその文体は朝鮮における表記の癖を有しながらも和化していない正格漢文であり、文字表記は社会に本格的に受容されるには至っていない。それが始まった時、すなわち和語を反映した表記がなされるようになった時にヤマト政権の支配のステージは新たな段階に入ることになる。

その一方で、当該期は国内において稲荷台一号墳出土鉄剣のような金石文資料が出現するように、文字表記は対外的使用という制約から解放されつつもあった。倭王権と在地の豪族との政治的関係を象徴するものとして刀剣を挙げることができるが[80]、そこに文字を記す行為が付随する事例が確認できることは重要であり[81]、文字表記は列島の秩序内においても政治的機能を有するようになっていたのである。しかし、この段階ではいまだ和語との対応は未成熟であり、正格漢文で表記することができない固有名詞については仮借で表すというレベルに止まっていた。君主の人名表記は国内においては一音一字で実名を表記したのであり、対外的には百済や高句麗の名のり方に範をとりながら実名の一字をピックアップしたものと考える。それは対外的に、特に中国王朝との政治的関係において倭国のみならず朝鮮半島の高句麗や百済を含めて、中国的な人名を名のることによって中国文明のレベルに達していることを強調し、倭国・百済と高句麗の対立を軸とする列島・半島の争いを有利に導こうとする意図をはらんでいたと位置づけることができる。その意味で当該期の王権やそれに参画する人々が、中国的な姓と名を称することは必須であった。逆に宋からは「倭国王」号を授与されるが、それによって倭国王にややもすれば匹敵しかねない王族や有力豪族に対して自らの権力を誇示したのであろう。しかし、この段階では対外的な名のりと国内的な称号が一致していないという問題を露呈している。それは他律的な権威に基く君主権力という当時の限界を示しており、それを克服するところまで至っていなかったのである。

注

（1）西嶋定生「漢字の伝来とその変容」（『倭国の出現』東京大学出版会、一九九九、初出一九九七）、金子修一「倭人と漢字」（『隋唐の国際秩序と東アジア』名著刊行会、二〇〇一、初出一九九九）。

（2）『魏志』巻三〇　東夷伝倭国条に、景初二年（二三八）十二月に「詔書報倭女王曰」として魏から倭国への詔書を掲載しており、魏から倭国への文書の使用は確実である。一方、倭国から魏へは正始四年（二四三）には「因使上表、報恩答謝」とあるように国書をもたらしたと記してある。なお、この時の上表については帯方郡の存在を念頭において慎重に解釈する必要がある。拙稿「東アジアにおける文書外交の成立」（『歴史評論』六八〇、二〇〇六）。

（3）『魏志』東夷伝倭国条に、「及郡使倭国、皆臨津捜露、伝送文書・賜遺之物詣女王、不得差錯（及び郡の倭国に使するや、皆な津に臨みて捜露し、文書・賜遺の物を伝送して女王に詣らしめ、差錯するを得ず）」とある。

（4）底本は中華書局校点本を使用した。なお上表文の全文解釈については、笠井倭人「倭王武の上表文」（『古代の日朝関係と日本書紀』吉川弘文館、二〇〇〇、初出一九八六）、鈴木英夫「倭王武の上表文の基礎的考察」（『古代の倭国と朝鮮諸国』青木書店、一九九六）などがある。

（5）藤堂明保「漢字文化圏の形成」（『岩波講座世界歴史』6、岩波書店、一九七一）、福井佳夫「倭国王武の「遣使上表」について」（『中京国文学』一四・一五、一九九五・九六）。

（6）久米邦武「聖徳太子実録」（『久米邦武著作集』第一巻、吉川弘文館、一九八八、初出一九〇五）。

（7）この問題については福井佳夫前掲注（5）論文がすでに論及している。

（8）岡田正之『近江奈良朝の漢文学』（東洋文庫、一九二九）。

（9）久米は「高麗王教日本国」という高句麗からの国書の文面（『日本書紀』応神二十八年九月条）から大倭貴族の知識はまだ発達しておらず失体を改めることができなかったとして当時の知識レベルを低く見ながら、一方で上表文についてはその出来映えを高く評価して「国光を宣揚」したとしている（久米前掲注（6）論文）。これに対して岡田は宋への上表文の技術の高さは評価しながらも、宋に臣属するという政治的スタンスについては渡来人の「誤謬」と見なして批判しており（岡田正之前掲注（8）論文）、久米の議論に内在していた矛盾を解消しようとしたと見なし得る。

（10）例えば藤堂明保『漢字とその文化圏』（光生館、一九七一）、毛利正守「漢字受容期の資料をめぐって」（『しにか』三―九、一九九二）など。

（11）湯浅幸孫「倭国王武の上表文について」（『史林』六四―一、一九八一）。

（12）福井佳夫前掲注（5）論文。なお、駢儷文判定の基準としてはａ四字・六字を基調とする、ｂ対句の多用、ｃ典籍の引用、ｄ平仄の順守、ｅ錬字という用字法、の五点を挙げることができる（福井佳夫『六朝美文学研究』汲古書院、一九九八）。

(13) 志水正司「倭の五王に関する基礎的考察」(『日本古代史の検証』東京堂出版、一九九四、初出一九六六)。
(14) 前田直典「応神朝といふ時代」(『元朝史の研究』東京大学出版会、一九七三、初出一九四八)。
(15) 湯浅幸孫前掲注(11)論文では「済」について謚号の可能性を推定している。
(16) この問題については近藤啓吾「祖禰・祖彌考」(『芸林』七―三、一九五六)による批判もある。
(17) 稲荷山古墳出土鉄剣の作成主体については同古墳の被葬者の問題と結びつくが、代表的な学説としては、これを中央から派遣された有力豪族と捉える黛弘道(「鉄剣文字はどう読まれ、なぜ問題になったか」『鉄剣文字は語る』ごま書房、一九七九)・川口勝康(「五世紀史と金石文」井上光貞ほか編『鉄剣の謎と古代日本』新潮社、一九七九)と、武蔵の地方豪族と捉える井上光貞(「鉄剣の銘文」『井上光貞著作集』第五巻、岩波書店、一九八六、初出一九七八)・乙益重隆(「シンポジウム稲荷山古墳出土の鉄剣銘をめぐって」『国学院大学学報』二三六、一九七九)がある。
(18) 穂積陳重は日本に名を忌むことが習俗として元来存在していたとする(『実名敬避俗研究』刀江書院、一九二六、『忌み名の研究』講談社、一九九二として再刊)。当該期の諱については研究が進んでおらず、金石文の人名表記を含めた検討が必要な時期にきているといえる。
(19) 岡田正之前掲注(8)書、藤堂明保前掲注(10)書。
(20) 中国系百済人としては、南朝より到来し文化を伝えた系統と楽浪・帯方郡の遺民の二系統が想定されている。三上次男「楽浪郡社会の支配構造と土着民社会の状態」(『古代東北アジア史研究』吉川弘文館、一九六六)、村山正雄「百済の大姓八族について」(『山本博士還暦記念　東洋史論叢』一九七二)、西本昌弘「楽浪・帯方二郡の興亡と漢人遺民の行方」(『古代文化』四一―一〇、一九八九)参照。
(21) 内田清「百済・倭の上表文の原典について」(『東アジアの古代文化』八六・八七、一九九六)。
(22) 上表文のうち「作藩于外」は興に与えられた詔書に「作藩海外」とあるのを参照した可能性がある。「作藩」は典籍の用例として見ることはできるが、漢籍の直接引用のみならず授与された詔書などを参考に作文した時に結果的に引用となってしまったというケースも想定する必要がある。その点で引用と漢籍受容は区別して考えなければならない点もある。

(23)　田中史生「武の上表文」（平川南ほか編『文字と古代日本2　文字による交流』吉川弘文館、二〇〇五）。
(24)　湯浅幸孫前掲注（11）論文。
(25)　『冊府元亀』巻九六三　外臣部封冊一。なお、当該部は宋本『冊府元亀』では闕失部分に当たる。
(26)　『新唐書』巻一〇三　李延寿伝。
(27)　『南史』の史料的性質として、南斉・梁の部分に増補が多いのに対して、宋の部分は節略が多いとされる。山根幸夫編『中国史籍解題辞典』（燎原書店、一九八九）。
(28)　竹内理三校訂・解説『翰苑』（吉川弘文館、一九七七）の釈文による。
(29)　竹内理三「解説」（前掲注（28）書）。
(30)　増井経夫『中国の歴史書』（刀水書房、一九八四）。
(31)　福井佳夫前掲注（5）論文、熊谷公男『日本の歴史03　大王から天皇へ』（講談社、二〇〇一）。
(32)　福井佳夫前掲注（5）論文、川崎晃「倭王権と五世紀の東アジア」（黛弘道編『古代国家の政治と外交』吉川弘文館、二〇〇一）。
(33)　『魏書』巻一〇〇　百済伝。
(34)　本書第二章参照。
(35)　『日本書紀』雄略二十一年三月条、雄略二十三年四月条、武烈四年是歳条。
(36)　田中俊明「『南斉書』東夷伝の缺葉について」（『村上四男先生和歌山大学退官記念朝鮮史論文集』開明書院、一九八二）参照。欠落部分の年次推定も同論文に従う。
(37)　田中史生前掲注（23）論文においても同様の指摘をしている。
(38)　高句麗については烏羽の表伝承（『日本書紀』敏達元年五月丙辰条）に見えるように国書がもたらされた可能性がある。しかし、新羅との外交は八世紀まで口頭であったと考えられ（栗原朋信「上代の日本へ対する三韓の外交形式」（『上代日本対外関係の研究』吉川弘文館、一九七八、初出一九六七）、拙稿「新羅使迎接の歴史的展開」『ヒストリア』一七〇、二〇〇〇）、百済や加耶諸国との交渉も同様であったであろう。
(39)　山尾幸久氏は、武の上表文は除正を要求していないとしており（『古代の日朝関係』塙書房、一九八九）、鈴木英夫氏も山尾説を支持する（「倭王武と称号自称の時代」前掲注（4）書所収、初出一九九四）。しかし、上表文末尾の「自仮」「仮授」が武のみか配下にも及ぶものかどうかは別にして、少なくとも武の自称が宋に承認されることによってこそ、その爵号が対高句麗・百済など国際的にも一定の効力を発揮するのであり、「自仮」「仮授」のみで国内的に実効力を有する状況にあったとしても、朝鮮諸国との関係を視野に入れるならば正式な承認を必要とせざるを得ない。やはり除正要求していると考えるべきである。

（40）宋から倭王への官爵の叙授については、坂元義種「倭の五王」（『古代東アジアの日本と朝鮮』吉川弘文館、一九七八）に詳しい。

（41）臣僚への除正については、坂元義種「五世紀の日本と朝鮮」（前掲注（40）書所収、初出一九六九）参照。

（42）山尾幸久前掲注（39）書、鈴木靖民「加耶の鉄と倭王権についての歴史的パースペクティヴ」（門脇禎二編『日本古代国家の展開』上、思文閣出版、一九九五）。

（43）永初二年の遣使の問題については、坂元義種『倭の五王』（教育社、一九八一）第二章を参照。

（44）珍と済の間に系譜関係について、藤間生大『倭の五王』（中公新書、一九六八）ではこれを否定して王統の断絶性を強調する。これに対して吉村武彦氏は倭姓が継続していることから同族的関係を強調する（「倭の五王とは誰か」（白石太一郎ほか編『争点日本の歴史』2、新人物往来社、一九九〇）。鈴木靖民氏も官職・爵号の継続という面においては連続性を論じている（「倭の五王の外交と内政」『倭国史の展開と東アジア』岩波書店、二〇一二、初出、一九八五）。現在では讃・珍と済・興・武の関係は継続性に基調をおく傾向にあり、それが妥当であると考える。

（45）石井正敏「五世紀の日韓関係」（『日韓歴史共同研究委員会報告書　第1分科』二〇〇五）では、安東大将軍を正しいとする。

（46）鈴木英夫氏は、『宋書』の検討から昇明元年に遣使があったとすればその倭国王は武ではないこと、それにも拘らず興の没年がこれよりも遡り当時武の在位中であることからこの史料の信憑性を批判している（「倭王武の対宋外交の一側面」前掲注（4）書所収）。

（47）山尾幸久前掲注（39）書、鈴木英夫前掲注（4）論文。

(48) 讃と済の遣使回数がやや多いが、讃は初めて宋との外交を開始したため、済は王統の交替との関係が推測される。
(49) 坂元義種前掲注(40)論文。
(50) 本書第二章で詳しく述べるが、たとえば府官制について対宋外交において外交使節に便宜的に与えられた地位と見なす考えもある(坂元義種前掲注(43)書)。これに対して、鈴木靖民氏は「府官であることこそ、彼らは元来将軍府を主宰する国王の僚属の一員であるとみなされる」と論じているように(「倭国と東アジア」(鈴木靖民編『日本の時代史2　倭国と東アジア』吉川弘文館、二〇〇二)、府官制の国内的意義も積極的に評価されるべきであろう。
(51) 川﨑晃「倭王武の上表文」(石井正敏ほか編『日本の対外関係1　東アジア世界の成立』吉川弘文館、二〇一〇)。
(52) 当該期に倭国王が諒闇すべき対象に該当する人物として、四七七年に弑された順帝の前の廃帝蒼梧王が想起されるが、倭の五王の遣使と宋皇帝の死との間に関係は認められず、特に蒼梧王は皇帝を廃されているので諒闇と関係づけることは困難である。
(53) 『白虎通』に「嗣子諒闇三年之後」とある。
(54) 鈴木英夫前掲注(39)論文、鈴木靖民前掲注(50)論文。
(55) 坂元義種前掲注(41)論文。
(56) 『隋書』巻八一　倭国伝。
(57) 漢字の用法には象形・指事・会意・形声・転注・仮借の六種がある。このうち仮借とは、中国において漢字を字義と無関係に同音の文字で表記することである。この時期の倭語の表記も仮名というよりは仮借の段階と見なし得る。
(58) 志水正司前掲注(13)論文。
(59) 石上神宮伝来の七支刀銘文における「旨」を倭王の名と見なした場合、百済と倭の外交においても倭王が一字名で名のっていたことになる。「旨」を人名と見なす研究として吉田晶『七支刀の謎を解く』(新日本出版社、二〇〇一)、鈴木靖民前掲注(50)論文。ただし、七支刀銘文の釈読については今後の課題としておく。
(60) 『三国史記』巻二一　高句麗本紀に「王諱蔵。或云宝蔵。以失国故無謚(王、諱は蔵。或いは宝蔵と云う。国を失うを以て故に無諡）」とある。
（61）『続日本紀』宝亀三年二月己夘条によると、「昔高麗全盛時、其王高武（昔高麗全盛の時、其の王高武）」とある。これが栄留王建武のことであるとすれば、栄留王は存命時に「武」と名のっていた可能性がある。ただし、新日本古典文学大系『続日本紀　四』（岩波書店、一九九五）の校訂では、当該部は「高氏」とする。
（62）坂元義種「中国史書における百済王関係記事の検討」（『百済史の研究』塙書房、一九七八）。
（63）坂元義種前掲注（62）論文。
（64）他に『日本書紀』斉明七年四月条・天智二年五月癸丑朔条には豊璋のことを「糺解」と記しており、別名があったことを窺わせる。西本昌弘「豊璋と翹岐」（『ヒストリア』一〇七、一九八五）参照。
（65）『日本書紀』雄略五年六月丙戌朔条。
（66）倭の五王の人名比定の研究史については、笠井倭人『研究史　倭の五王』（吉川弘文館、一九七三）参照。
（67）川口勝康「五世紀の大王と王統譜を探る」（『巨大古墳と倭の五王』青木書店、一九八一）。
（68）鈴木靖民前掲注（44）論文。ただし鈴木氏は「武」を号としており、実名と捉えているか定かではない。
（69）倭国の君主の名前について、七世紀の遣隋使はアメタリシヒコ、八世紀の遣唐使はスメラミコトと称しており、君主の口頭称号もしくはそれに類する語を実名に見せかけて名のっている。これは中国皇帝に対する諱を名のるという称臣行為を避けたものと見なし得るのであり、五世紀とは大きく異なる。
（70）沖森卓也「日本語表記の黎明」（『日本古代の表記と文体』吉川弘文館、二〇〇〇、初出一九九八）。
（71）倭の五王の比定における方法論的統一性の重視については、川口勝康前掲注（67）論文、吉村武彦『古代天皇の誕生』（角川書店、一九九八）参照。
（72）讃を応神に比定する研究としては、前田直典前掲注（14）論文。
（73）ワカタケルと武の対応について意訳であることに疑義を呈している論考は次の二つを挙げることができる。白鳥清「古代日本の末子相続制度について」（『白鳥博士還暦記念東洋史論叢』岩波書店、一九二五）では讃〜興が音写であるにも拘らず、武のみ訓訳されることに疑問を提示して、「武」はワカタケルの「ワ」の書写とした。稲垣彰「倭王武の実名」（『東アジアの古代文化』一〇九、二〇〇一）では、雄略についてワカタケルは字であり実名をムサとする。いずれもワカタケルを武と見なすことにはかわりない。しかし、白鳥論文のようにwaとmu・buは音韻が一致するとは見なしがたい。武は、白鳥の拠ったGilesの辞典（A Dictionary of Colloquial Idioms in the Mandarin Dialect－Shanghai, 1873）では広東語でmou、客家語でwuとしており特に後者からwu→waという母音の転化を想定する向きがあるかもしれない。しかし「武」は倭の方からの名のりである以上、その場合母音転化した武の音はその後の倭において定着しているはずである。ところが日本における武の呉音はmuであり、mou／wu→muという音の継承においてwaが介在しないと考える。すなわち、倭国において「武」をwaと発音することはないだろう。また、稲垣論文においてはワカタケルとムサ氏の関係を説くが、立証し得ておらず従いがたい。

（74）原島礼二氏は倭隋について「隋侯之珠」という珠伝説から名にタマを含むものとするが（『藤澤一夫先生古稀記念　古文化論争』記念論集刊行会、一九八三）いささか附会の観が否めない。

（75）倭国の方からの名のりにおいて、音声を重視する仮借表記から視覚を重視する表記へと変更する劃期は律令制国家成立まで待たねばならない。拙稿「日唐交流史における人名」（『東アジア交流史のなかの遣唐使』汲古書院、二〇一三、初出二〇〇五）参照。

（76）山尾幸久前掲注（39）書、吉村武彦「倭の五王とは誰か」（吉村武彦ほか編『争点日本の歴史』2、新人物往来社、一九九〇）。

（77）系譜からの比定についても、新しい成果を取り込みながら検討する必要があろう。義江明子「「児（子）」系譜にみる地位継承」（『日本古代系譜様式論』吉川弘文館、二〇〇〇）参照。

（78）武がワカタケルであるか否かということは、これまでの倭の五王研究で得られた成果と齟齬するものではない。南朝との交渉、府官制、文字表記などの論点は武とワカタケルが同一人物であるかどうかということに捉われるものではないことを付言しておく。

（79）神野志隆光「文字とことば・「日本語」として書くこと」（『万葉集研究』二一、塙書房、一九九七）。

（80）川口勝康「刀剣の賜与とその銘文」（『岩波講座日本通史2　古代1』岩波書店、一九九三）。

（81）佐藤長門「有銘刀剣の下賜・顕彰」（平川南他編『文字と古代日本1　支配と文字』吉川弘文館、二〇〇四）。

第二章　倭国における南朝官爵の史的意義
―叙任権と叙爵権を中心に―

問題の所在

前章で五世紀、所謂倭の五王の時代の文字表記とそれに基いた君主の名のりの問題を検討した。そして、対宋関係における実名（諱）の名のりと「倭国王」号の授与について注目した。ただし、宋から授与された爵号は「倭国王」だけではない。将軍号と諸軍事号もそれとセットで授与されていることが史料上明らかである。

倭の君主に対する中国官爵の叙任は、永初二年（四二一）の遣使の際に「倭讃、万里修貢。遠誠宜甄、可賜除授（倭讃、万里貢を修む。遠誠、宜しく甄すべく、除授を賜うべし）[1]」とあることから、讃が劉宋から何らかの官爵を授かっていることが見て取れる。讃の後を継いだ珍は使持節・都督倭百済新羅任那秦韓慕韓六国諸軍事・安東大将軍・倭国王を自称するものの、安東将軍・倭国王が認められるに止まった。その後、代替わりによる再任等を経ながら昇明二年（四七八）に武が使持節都督倭新羅任那加羅秦韓慕韓六国諸軍事・安東大将軍・倭王に任ぜられるに至る。倭の五王は中国との外交の中で着実にその地位を上昇させていったのである。

それではなぜ中国は周辺の国々に官爵を授けたのか。それは当時の東アジアを律する国際秩序について理解する必要がある。西嶋定生氏は、中国王朝が諸外国に官号・爵位を授けて外臣とするシステムを冊封体制と名づけた[2]。

これに対する批判は今はひとまず措くとして、[3]封冊という行為は中国王朝が諸国の王の正統性を承認することであり、それに付随する官爵授与を通じて中国の外部世界を擬似的に取り込むことが可能となった。中国にとっては思想的には自らが中華であることを確認することによって文化的優越感を充足させるものであり、さらには君臣関係を成り立たせることによって国際関係を中国中心に律するという狙いを持っていた。例えば倭国に対しての封冊は景初三年（二三九）に卑弥呼に対して「親魏倭王」の王号が授けられたのを嚆矢とするが、[4]同じように西方の大月氏に親魏大月氏王が授与されており、[5]この称号は中国が周辺諸国の安定化を目論んでいたことを示すものと理解されている。[6]西晋滅亡後、中国が南北に分裂すると中原の覇権をめぐって五胡十六国や南北朝は諸外国を取り込もうとして、そうした傾向をさらに強めることになる。

また、南北朝時代は都督制の発展とも相俟って、中国が周辺諸国に与える官爵は複雑化する。[7]例えば百済の獲得した官爵は、東晋咸安二年（三七二）には「遣使、拝百済王餘句為鎮東将軍、領楽浪太守（使を遣わして、百済王餘句を拝して鎮東将軍と為し、楽浪太守を領せしむ）」[8]とあるが、太元十一年（三八六）には「以百済王世子餘暉為使持節都督・鎮東将軍・百済王（百済王世子餘暉を以て使持節都督・鎮東将軍・百済王と為す）」[9]とある。三七二年に百済王は将軍号と太守号を授かっているが、三八四年には太守号が無くなり、代わりに都督制の官爵が与えられるようになるという変化が見て取れる。東晋の意図は、軍事的官爵を授けることで北の五胡王朝との対立状況を有利な方向に導こうとすることを目指す一面を持っていた。ただし、こうした官爵は常に中国王朝の方で判断して授けたとは限らない。高句麗は義熙九年（四一三）に使者を派遣して国王が使持節都督営州諸軍事・征東将軍・高句驪王・楽浪公に任じられているが、堀敏一氏は前燕元璽四年（三五五）に高句麗が受けた官爵との類似性が高いことから高句麗の側から要請したのを東晋が斟酌して授けたと述べており、従うべきであろう。[10]

このように中国官爵の授与は中国側にとっては周辺諸国と君臣関係を結び皇帝の権威を高め、かつ国際関係を有利に導くための方便であった。一方で、高句麗のように周辺諸国からそれを要求することがあるということは、周辺諸国の王にとっても中国の権威を背景に力を強めていくといったメリットを有していたということになる。すなわち、中国官爵の授受は中国と周辺国が互いに有効性を認める外交手段であったといえる。前章で確認したように倭国もこの流れで理解することが可能であり、それが前記の倭国王に授与された官爵として表れるのである。

ところで中国官爵を得たのは五王のみではないことに気をつけねばならない。王族の倭隋が平西将軍を授かり曹達が司馬を称したように、倭国王以外にも将軍号や府官などの中国官爵が確認できる。では、それらは無秩序に倭国において取り込まれたのであろうか。これまでの研究をふまえながら、総括的に整理して当該期の倭国における中国官爵の位置づけを図る必要がある。具体的には倭国において君主以外の人々がいかなる中国官爵を授かったのか、それが倭国の政治的秩序においてどのような役割を果たしたのか検討する必要が認められる。それによって、倭国の君主が倭国王・安東（大）将軍・某国諸軍事をセットで授かったことの意味と対比させて理解することが可能になり、五世紀における君主号の意義を前章とは別の側面から照射できるものと考える。

そして、それとともに問題となるのが五世紀と六世紀の連続性の問題である。五世紀から六世紀への移行期は、倭の五王の外交の終焉という状況を区切りとして、転換期としての非連続的な側面を強調する傾向が強い。しかし、列島の政治体制において六世紀における新たな政治体制への刷新は多々論じられるもの(11)、その史的前提としての五世紀からの連続面についても正当に評価されなければならない。五世紀における支配体制がどのようにして六世紀の列島支配システムへと転換するのか、政治体制の母体を成す支配者集団の構造から再検討する必要があると考える。こうした課題に対する文献史学からのアプローチはいまだ十分になされているとはいいがたい(12)。本章では研究史上の空隙となっているこの問題について、五世紀の倭国の支配集団の内的構造のあり方から考察を加えるものである。

Ⅰ　五世紀東アジアにおける中国官爵

本節では五世紀のヤマト政権の構造とそれを構成した階層について考察を加える。高句麗・百済・倭国は四〜五世紀においてそれぞれ程度の差はあれ、一定程度の統一政権を構築する過程において中国の制度を援用しており、それが各国の政治秩序形成にあたって大きな影響を及ぼした。それを分析する手がかりとして中国官爵の適用状況に注目したい。文献史料の制約が大きい倭国のこの時期の政治構造を検討するには、中国文明の周縁として文明化を果たしたという点において倭国と同様の経緯を経る高句麗や百済との東アジアレベルでの巨視的観点からの比較が有効であり、それを欠かすことはできない。そこで高句麗・百済の政権構造から見渡し、次いで倭国の中国官爵使用の特質について述べることとする。

1　高句麗の中国官爵

高句麗では安岳三号墳や徳興里古墳の墨書銘から高句麗国内に中国官爵を有していた人物がいたことが明らかとなっている。まずこれらの分析から着手する。

①安岳三号墳墨書

□和十三年十月戊子朔廿六日

□丑使持節都督諸軍事
平東将軍護撫夷校尉楽浪
□昌黎玄菟帯方太守都
郷侯幽州遼東平郭
都郷敬上里冬寿字
□安年六十九薨官

（□和十三年十月戊子朔廿六日□丑。使持節都督諸軍事、平東将軍、護撫夷校尉、楽浪□昌黎玄菟帯方太守、都郷侯、幽州遼東平郭都郷敬上里、冬寿、字□安、年六十九にして官に薨ず。）

この墨書銘について岡崎敬氏の研究によると、[13]ここには被葬者の冬寿が帯していた使持節都督諸軍事、平東将軍、護撫夷校尉、楽浪・□[14]・昌黎・玄菟・帯方太守、都郷侯の官職が記されている。これらの官職は一行目の「□和十三年」が東晋の年号である永和に比定されるので、東晋によって認められた官職と指摘される。また、冬寿は咸康三年（三三七）に前燕の権力闘争に敗れ高句麗に逃走したが、[15]遼東に一大勢力を築いていたとされ、特に護撫夷校尉は冬寿の高句麗に対する半独立的立場を表すとされている。

②徳興里古墳墓誌銘

□□郡信都県都郷中甘里
釈加文仏弟子□□氏鎮仕
位建威将軍国小大兄左将軍
龍驤将軍遼東太守使持

節東夷校尉幽州刺史鎮
年七十七薨焉以永楽十八年
太歳在戊申十二月辛酉朔廿五日
乙酉成遷移玉柩（後略）

（□□郡信都県都郷中甘里、釈加文仏弟子、□□氏鎮、位に仕えること、建威将軍、国小大兄、左将軍、龍驤将軍、遼東太守、使持節、東夷校尉、幽州刺史。鎮、年七十七にして薨ず。永楽十八年、太歳は戊申に在る十二月辛酉朔廿五日乙酉に玉柩を遷移するを成す。（後略））

永楽十八年（四〇八）という高句麗の年記をもち、広開土王の治世に記されたこの墨書墓誌銘には被葬者の某鎮が帯していた建威将軍、国小大兄、左将軍、龍驤将軍、遼東太守、使持節、東夷校尉、幽州刺史が列記されている。武田幸男氏はこれらを詳細に検討して、国小大兄は高句麗の職位であるが他は中国のものであり、さらに建威将軍・遼東太守が亡命前の実職であり、龍驤将軍・使持節・東夷校尉・幽州刺史は高句麗への亡命後に自称したものと結論づけた[16]。そして、これらに記されている中国官爵は亡命中国人が高句麗王権に対して独自のスタンスを持っていたことを示すものとして評価している。

両者を比較すると、冬寿は東晋の年号を使うものの鎮は高句麗の年号を用いるようになっている。かつ前者には高句麗独自の官爵が見えないが、後者では国小大兄が授けられており、高句麗王権が権力を伸長させている状況を窺える。特に広開土王の時に国小大兄の官位が授与されていることは、この頃すでに固有の官位制が成立していることを明示するものであり、まさに四世紀末から五世紀初頭の広開土王の頃に独自の政治秩序体系が構築されつつある状況が見て取れる。

しかし、この時代以降は高句麗独自の政治秩序が全面的に展開するわけではない。『梁書』には「安始置長史・司馬・参軍官（安始めて長史・司馬・参軍の官を置く）」[17]とあり、安（広開土王）の時に中国的な府官制が導入されたことも記されている。こうした府官の活動は五世紀になると外交使節として現れるようになる。その初見が義熙九年（四一三）に長寿王が派遣した長史高翼である。

③『宋書』巻九七　高句驪伝

高句驪王高璉、晋安帝義熙九年、遣長史高翼奉表献赭白馬。以璉為使持節都督営州諸軍事・征東将軍・高句驪王・楽浪公。

（高句驪王高璉、晋安帝義熙九年、長史高翼を遣わし表を奉じて赭白馬を献ず。璉を以て使持節都督営州諸軍事・征東将軍・高句驪王・楽浪公と為す。）

この時の遣使は高句麗の外交において一つの劃期であったことが、次の④を参照すると判明する。

④『梁書』巻五四　高句驪伝

至孫高璉、晋安帝義熙中、始奉表通貢職。歴宋・斉並授爵位。

（孫の高璉に至り、晋安帝義熙中、始めて表を奉じて通じて貢職す。宋・斉を歴て並びに爵位を授かる。）

④によると、この時の遣使は高句麗にとって初めて外交文書を用いるものであったことがわかる。府官の派遣と文書外交が同一の遣使において始まっており、両者が関連していることを示唆する[18]。

このように高句麗では四～五世紀に亡命中国人が中国官爵を自称して一定の勢力を扶植していた。五世紀初頭には高句麗独自の官爵が現れるようになるが、一方で府官制が導入されており、両者が支配システムに大きな影響を及ぼしたのである。

2　百済の中国官爵

百済では五世紀までは固有の官位の出現は確認できず、中国官爵や府官職が中心となる。百済では元嘉元年（四二四）より府官が現れている。また、中国官爵としては将軍号、王侯号、太守号の三種類が見えるが、それらは元嘉二十七（四五〇）から百済王を通じて中国王朝に対して百済の支配者層への除正要請がなされるようになる。府官の方が官爵号よりも早く現れているといえる。百済における中国官爵について整理したのが表3である。

これらの中国官爵を授けられた人々の階層について分析すると、将軍号は要請者全員に共通して与えられている。将軍号の授与は百済における支配体制の強化を示すものであるが[19]、それと同時に将軍号が南朝を通じて虚号化が進んでいる点にも留意しなければならないだろう[20]。

	仮授爵位			除正爵位	
張威					
馮野夫					
餘紀	行冠軍		右賢王	冠軍	
餘昆	行征虜		左賢王	征虜	
餘暈	行征虜			征虜	
餘都	行輔国			輔国	
餘乂	行輔国			輔国	
沐衿	行龍驤			龍驤	
餘爵	行龍驤			龍驤	
餘流	行寧朔			寧朔	
麋貴	行寧朔			寧朔	
于西	行建武			建武	
餘婁	行建武			建武	
餘礼					
張茂					
姐瑾	行冠軍	都将軍	都漢王	冠軍	
餘古	行寧朔		阿錯王	寧朔	
餘歴	行龍驤		邁盧王	龍驤	
餘固	行建威		弗斯侯	建威	
高達	行龍驤		帯方太守	龍驤	帯方太守
楊茂	行建威		広陵太守	建威	広陵太守
會邁	行広武		清河太守	広武	清河太守
沙法名	行征虜		邁羅王	征虜	
賛首流	行安國		辟中王	安国	
解禮礼	行武威		弗中侯	武威	
木干那	行広威		面中侯	広威	
慕遺	行龍驤		楽浪太守	龍驤	
王茂	行建武		城陽太守	建武	
張塞	行振武		朝鮮太守	振武	
陳明	行揚武			揚武	

表３　百済における中国官爵

	年	次	遣使先	王	国王爵号（遣使時点）	府官	派遣前爵位		
①	景平２	424	宋	餘映	使持節都督百済諸軍事鎮東大将軍	長史			
②	元嘉27	450	宋	餘毗	（使持節都督百済諸軍事鎮東大将軍）				私仮西河太守
③	大明２	458	宋	餘慶	（使持節都督百済諸軍事）鎮東大将軍				
④	延興２	472	北魏	餘慶		長史	私署冠軍	駙馬都尉	弗斯侯
						司馬	私署龍驤		帯方太守
⑤	永明８	490	南斉	牟大	行都督百済諸軍事鎮東大将軍		行寧朔		面中王
							行建威		八中侯
							行建威		
							行広武		
						長史	行建威		広陽太守
						司馬	行建威		朝鮮太守
						参軍	行宣威		
⑥	建武２	495	南斉	牟大	使持節都督百済諸軍事鎮東大将軍				
						長史			
						司馬			
						参軍			
						参軍			

将軍号が全員に授与されるのに対して、王侯号と太守号はその対象が截然と分けられている。百済王から王・侯を仮授された階層は、餘姓を有する王族や有力貴族によって構成される。このうち貴族層を構成する氏族を考えてみる。

⑤『隋書』巻八一　百済伝

国中大姓有八族、沙氏・燕氏・劦氏・解氏・貞氏・国氏・木氏・苗氏。

（国中の大姓は八族有り、沙氏・燕氏・劦氏・解氏・貞氏・国氏・木氏・苗氏なり。）

⑤は六・七世紀の百済の主要貴族であるが、このうち沙・解・木（沐）の三氏が五世紀を扱う表3からも確認できる。一方太守号を仮授された階層は、使節として南朝に派遣された人物であり府官を帯しているという特徴がある。そこで前者を王侯層、後者を府官層として区別しておく。それぞれの階層の人名に注目すると、王侯層の人名が餘姓の王族や沐衿・沙法名など朝鮮的人名である。これに対して府官層は高達・慕遺のように中国的な名であり、府官層は中国系人士によって構成されていたことがわかる。[21] 両者は除正申請においても明確に区別されており、[22] 建武二年（四九五）の南斉に叙爵を申請した上表は階層ごとに分けられている。百済において王侯層と府官層はその政治的地位が峻別されており、それを象徴的に示すのが王侯号と太守号であったと考えられる。

ここで将軍号に立ち返ると、将軍号は王侯層・府官層双方に授与されている。将軍号の虚号化について先述したが、その結果将軍号は王侯層・府官層の双方を含めた百済の支配者層総体の序列を表示する役割を果すことになっている。つまり将軍号は王侯層と府官層に分かれている政治的階層を一元的に整序する機能を担っているといえる。

なお、王侯・太守号は両階層と百済王との関係を推測する上でも示唆に富む。王に対して一定程度の自立性を想定し得る王族・有力貴族が「封建」[23]的な王侯号を有したのに対して、府官となった中国系人士は王のもとで官僚的支配の一環である太守の地位に任じられている。王を結集核としながらも、相対的な自立性を含む王侯層と王の臣僚としての性質が強い府官層の二重構造を認めることができる。

3　倭国の中国官爵

五世紀における高句麗と百済の状況を比較すると、すでに独自の官位制の萌芽を確認できる高句麗に対して、いまだ中国官爵・府官制によって政権の秩序を整除していた百済という対比が可能となる。こうした傾向をふまえた上で倭国について見てみる。

高句麗・百済では中国官爵・府官制が積極的に活用されていたことが読み取れるが、これに対して倭国におけるその適用を窺うことができる史料は少ない。しかし、倭の五王の最初の王である讃は、「讃又遣司馬曹達奉表献方物（讃又た司馬曹達を遣わして表を奉じて方物を献ず）」[24]とあるように、元嘉二年（四二五）に倭国の使節として司馬曹達を派遣しており、この司馬は府官名と捉えてよい[25]。この史料によって五世紀前半の倭国においても府官制が機能しており、倭国から宋に府官が派遣されていること、倭国王から府官に任じられる階層は曹達という名が示す通り中国的な名前を持つ渡来系人士だったことがわかる。讃は永初二年（四二一）の時点で宋の官爵の除授を受けているので、おそらくはこの時に安東将軍となって軍府を開き、それに伴って府官制が導入されたと考えるべきであろう。そして、その臣僚たる府官に渡来系人士を登用していたのである。すなわち、倭国においても百済と同様に府官制を採用してそこに渡来系人士を組み込むことによって、中国的統治技術を有する府官層が形成されていたと推測できる。

元嘉十五年（四三八）に珍が即位すると、使持節・都督倭百済新羅任那秦韓慕韓六国諸軍事・安東大将軍・倭国

表4　宋における将軍号の序列（五品まで）

品位	将軍号
一品	大将軍
二品	驃騎・車騎・衛、諸大将軍
三品	征東・征南・征西・征北 鎮東・鎮南・鎮西・鎮北 中軍・鎮軍・撫軍 安東・安南・安西・安北 平東・平南・平西・平北 左・右・前・後 征虜・冠軍・輔国・龍驤
四品	左衛・右衛・驍騎・遊撃 左軍・右軍・前軍・後軍 寧朔 建威・振威・奮威・揚威・廣部 建武・振武・奮武・揚武・廣武
五品	積射・彊弩 鷹揚・折衝・軽車・揚烈・寧遠・材官・伏波・凌江

※将軍号に限った。より詳細な序列については坂元義種氏作成の表を参照されたい (28)

王を自称してその除正を求めた結果、安東将軍に除正された。それと同時に倭隋以下十三人に「平西・征虜・冠軍・輔国将軍号」の除正も要請して認められている。(26) 武田幸男氏が指摘したように、倭国では珍の安東将軍と倭隋の平西将軍のように王と王族の将軍号が序列的に近接している。(27) それに比べて百済王は安東将軍よりも高位の鎮東大将軍であったが、王侯層に与えられる将軍号は平西将軍よりも低い冠軍将軍が最も高位であった。表4から明らかなように鎮東大将軍―冠軍将軍と安東将軍―平西将軍の序列を比較すると、倭国の君主権力は百済に比して相対的に強くなかったことを示している。換言すれば、五世紀の倭国において王族・有力豪族は倭国王に対して高い政治的地位を有しており、倭国内における君主の地位は百済ほど強力ではなかったといえる。倭国王の王族や有力豪族層に対する権力は百済と比べると相対的に弱く、倭国の君主権力の未成熟性を容易に見て取れる。また、宋から将軍号を受けた十三人という数は百済に比して多く、倭国の軍事的優越を表すものと坂元義種氏が指摘しており[29]、従うべきであると考える。ただし、それのみならず倭国の政権内に多くの王族・豪族が参画している連合体としての状況も念頭に置く必要がある。倭隋の平西将軍を除いても十二人が征虜〜輔国将軍に集中しており、倭国王も含めて王族・有力豪族の拮抗状況を窺うことができる。

元嘉二十八年（四五一）の済の遣使では二十三人が「軍郡」に除せられている[30]。済は元嘉二十年に安東将軍・倭国王に冊封され、八年後に使持節・都督諸軍事号の加号が認められており、それに続く遣使である。この時に上表によって除正された二十三人の爵号である「軍郡」は、すでに指摘されているように将軍号と郡太守号であろう[31]。これらの官爵も百済への授与に見えるが、特に注意を要するのが郡太守号である。この二十三人は倭隋等と同じ階層と考えられることが多いが、百済では太守号は府官層に与えられるものであった。それを敷衍するならば郡太守は府官層に与えられた可能性を考慮しなければならない。そのことをふまえると、この二十三人とは王族・有力豪族層と府官層を一括している可能性が高い。こうした推定が妥当であるならば、百済では王侯層と府官層への除正要請は別々に行なわれていたのに対して、倭国においては王族・有力豪族層と府官層が区別されないままに申請・承認されたことになる。それは、倭国における君主による政権構成員の掌握が百済に比べて整備されていなかったことを意味する。このように百済と政治的に緊密な関係を有していた倭国における中国官爵や府官制のあり方は、百済と構造的にきわめて類似しているものの、君主を頂点とした支配体制の整備において倭国は遅れをとっていたことが指摘できる。

以上から倭国では将軍・郡太守・府官という中国官爵が国内の支配者層に授与されていたことがわかる。そのうち府官は、それを帯していた曹達の名から渡来系人士であったことが窺える。将軍号は王族である倭隋に及んでおり、王族・有力豪族もこれを得た。郡太守があったことも推定できるがこれについては詳細は一切不明である。五世紀の倭国は高句麗のような独自の官爵体系の創出を想定できる状況ではなく、中国官爵が倭国の政治秩序において大きな役割を果たしたと見なすべきであろう。その点では百済に近いといえる。実際の百済との関係からしてもこの推察は十分に妥当性を持つものと考える。ただし、百済とは異なる点もある。最も重視すべき差異は倭国においてて王・侯が存在しないことである。倭の五王が王族・有力豪族のために王侯号を仮授・申請していた形跡を窺うことはできず、倭国において王・侯の爵号は機能していなかった可能性が高い。

4　小結　―東アジアにおける政権構成―

高句麗・百済・倭国の中国官爵適用状況を概観した。東アジアの各国はそれぞれの国内状況に応じて中国官爵を活用していたことが窺えるが、いかなる人々がどのような中国官爵を帯したのかという点からまとめておく。

高句麗では亡命漢人に中国官爵を帯するケースが散見するが、それと並行して府官制も導入されている。その一方で、独自の官位も現れており、時には軍事的衝突も辞さず中国と事を構えることも多々あった国際環境において、中国への依存だけで支配体制を整備することが許されなかった状況を窺うことができる。それに比して百済や倭国では状況は異なる。百済では、主として南朝との外交での官爵の授受を通じて支配体制が構築される。それは半島系の名を有しており百済王から王・侯の称号を認定された王侯層と、中国系の名を持ち府官に任命された府官層に峻別することができる。倭国について、その支配者層は百済と同様に王族・有力豪族層と府官層に分けることができる。百済では前者に相当する階層は百済王から王・侯の爵号を仮授されているが、宋から認められることはなかった。倭国ではそもそも王・侯号が導入された形跡は窺えない。倭国においては倭国王が王・侯号の仮授を行使できない分だけ王族・有力豪族層の独立性は相対的に高かったものと推測される。やはり百済と同じように中国系の名を有する倭国の府官層は、渡来系人士が登用されたと考えられる。王族・有力豪族層と府官層は身分的に重なることはないが、支配者層として総括的に統合しその序列を明確化する官爵として将軍号が機能した。

これを中国官爵の叙任権という観点から整理すると、高句麗はひとまず措くとして、百済や倭国ではその支配者層の構成体は、勢力を有する王族や貴族・有力豪族と中国的な名を保持する渡来系人士という二つの階層から成っていた。百済や倭国の君主は、こうした二つの階層にそれぞれ向き合う必要があったといえる。それを明らかにするためには、百済王や倭国王による中国官爵授与への関わり方を考える必要がある。以下、府官層と王族・有力豪族層について個別的にさらに検証する。

Ⅱ　府官制の実体

前節で見たように、高句麗・百済・倭国の各国で長史・司馬・参軍といった府官職が現れる。そもそも府官とは、有力な人物が高位の官職に任じられると府を開くことが許される。その府を構成する幕僚である。中国史料に表れる高句麗・百済・倭国の府官の状況は表5の通りである。

まず研究史を確認しておく。府官制の本格的な研究は坂元義種氏から始まるといってよい。ここにおいて府官制という中国の政治システムが倭国に受容されていることが議論の俎上に乗るようになった。坂元氏は、長史・司馬といった府の僚属が使者として中国に赴き国内不在となると国政が混乱する、長史・司馬は百済や倭国内におけるトップではなく倭隋のようにそれより上位の将軍号を有する人々がおり府官制が変質している、などの点を論拠と

表５　東アジア諸国における府官

王朝	年次		高句麗	百　済	倭
晋	義熙９	413	長史高翼		
宋	景平２	424	長史馬婁	長史張威	
	元嘉２	425			司馬曹達
	孝建２	455	長史董騰		
北魏	延興２	472		長史餘礼・司馬張茂	
南斉	永明８	490		長史高達・司馬楊茂・参軍會邁	
	建武２	495		長史慕遺・司馬王茂・参軍張塞	

して府官を外交使節の名目的な虚号と捉える見解を述べている[32]。府官制を外交に限定して捉えたのである。一方、これに対して国内における統治システムとしての役割を認めるのが鈴木靖民氏である。鈴木氏は人制等と関連づけながら府官制を国内支配において機能するものと位置づけている[33]。このように倭国における府官制に対する解釈は、外交上の名目的な存在という見解と国内支配にも機能していたシステムとする見解の二説が提起されている。

それでは中国の本来の府官制はどのようなものであったのか。中国の府官のあり方について「刺史・府官、則命於天朝。其州吏以下並牧守自置（刺史・府官、則ち天朝より命ず。其の州吏以下は並びに牧守が自ら置く）[34]」とあるように、本来府官の任命は府主ではなく皇帝にその権限があった。ただし、州の府官の場合は刺史が推薦をしてそれが認められるのが一般的であり、結果的には刺史が府官を任命していたことになる[35]。高句麗・百済・倭国の府官も皇帝が任命したとは考えがたい。前出の『梁書』高句驪伝には広開土王が府官を置いたと記しており、高句麗の府官は皇帝が任命したわけではない。百済でも上表文を見ると、将軍・王侯・太守号が皇帝への除正申請の対象であったのに対して、府官職の除正が要求された例を見ることができない。百済の影響を受けている倭国も同様に見なすのが穏当であり、これらをふまえると東アジア各国では府官制を導入する際にはその任命権は国王にあったと考えてよい。

さて、府の主要構成員としては長史・司馬・参軍が基本的官職である。倭国の府官制については司馬である曹達が見える。東アジアレベルで府官の任命状況を比較すると、高句麗・百済では長史が確認できるが、倭国では司馬に止まるという差異がある。この点について坂元氏は司馬が府官の中でも軍事的役割を担当することに着目して、倭国の遣使が軍事的目的であったため意図的に司馬を派遣したとされる(36)。司馬の職務から論じたものとして継承すべき視角であるが、その点のみを強調すると高句麗や百済の派遣には軍事目的がなかったかのような誤解が生じる恐れがある。そこで府官の僚属を詳しく見ておく。

⑥『宋書』巻三九　百官志上

江左以来、諸公置長史。倉曹掾・戸曹属・東西閤祭酒各一人、主簿・舎人二人、御属二人、令史無定員。領兵者置司馬一人。従事中郎二人、参軍無定員。加崇者置左右長史・司馬。従事中郎四人、掾・属四人。則倉曹増置属、戸曹置掾。江左加崇、極於此也。

（江左以来、諸公は長史を置く。倉曹掾・戸曹属・東西閤祭酒各一人、主簿・舎人二人、御属二人、令史定員無し。領兵者は司馬一人を置く。従事中郎二人、参軍定員無し。加崇者は左右長史・司馬を置く。従事中郎四人、掾・属四人。則ち倉曹は属を増し置き、戸曹は掾を置く。江左の加崇、此に極れり。）

東晋・劉宋における府の幕僚の構成について整理すると、府には三公の公府と将軍が設置する軍府とがあり、それぞれの府官が列挙されている。高句麗・百済・倭国は将軍府ということになり、「領兵者」すなわち将軍の軍府として司馬・従事中郎・参軍が置かれる。これによる限りでは軍府に長史は存在せず、高句麗や百済に府官として長史がいることと齟齬をきたす。しかしこの点については、「加崇者」には左右長史・司馬が置かれるという規定に着目したい。この場合「加崇者」とは「大」を付した大将軍のことを指すものと考える。その府は左右長史・左右司馬・従事中郎・掾・属等で構成されており、一般の将軍府よりも充実している。大将軍府と将軍府で府官の職員が異なるのである。この解釈を補うのが次の規定である。

⑦『南斉書』巻一六　百官志

凡諸将軍加大字、位従公。開府儀同如公。凡公督府置佐。長史・司馬各一人、諮議参軍二人。諸曹有録事・功曹・記室・戸曹・倉曹・中直兵・外兵・騎兵・長流・賊曹・城局・法曹・田曹・水曹・鎧曹・集曹・右戸十八曹。城局曹以上署正参軍、法曹以下署行参軍、各一人。其行参軍無署者、為長兼員。其府佐史則従事中郎二人、倉曹掾・戸曹属・東西閤祭酒各一人、主簿舎人御属二人。加崇者、則左右長史四人、中郎掾属並増数。其未及開府、則置府亦有佐史、其数有減。小府無長流、置禁防参軍。

（凡そ諸将軍に大字を加えるは、位は公に従う。開府儀同も公の如し。凡そ公、府を督するに佐を置く。長史・司馬各一人、諮議参軍二人。諸曹に録事・功曹・記室・戸曹・倉曹・中直兵・外兵・騎兵・長流・賊曹・城局・法曹・田曹・水曹・鎧曹・集曹・右戸の十八曹有り。城局曹以上は正参軍を署し、法曹以下は行参軍を署すこと、各一人。其れ行参軍の署無き者は、長兼員と為す。其れ府の佐史は則ち従事中郎二人、倉曹掾・戸曹属・東西閤祭酒各一人、主簿舎人御属二人。加崇者は則ち左右長史四人、中郎掾属並びに増し数える。其れ未だ開府に及ばざるは、則ち府に置くに亦佐史有り、其の数、減有り。小府は長流無く、禁防参軍を置く。）

右では大将軍の位は三公に準ずることが明記されている。すなわち大将軍は公府のように長史を置くことができるのである。開府儀同三司も公府と同じ扱いである。

このことをふまえて東アジア諸国の状況を再整理する。

⑧『宋書』高句驪伝

高祖践阼。詔曰、使持節都督営州諸軍事・征東将軍・高句驪王・楽浪公璉、使持節督百済諸軍事・鎮東将軍・

百済王映、並執義海外、遠修貢職。惟新告始、宜荷国休。璉可征東大将軍、映可鎮東大将軍。持節都督・王・公如故。

（高祖践阼す。詔して曰く、「使持節都督営州諸軍事・征東将軍・高句驪王・楽浪公璉、使持節督百済諸軍事・鎮東将軍・百済王映、並びに義を海外に執り、遠く貢職を修む。惟れ新たに始を告げ、宜しく国休を荷すべし。璉に征東大将軍を可とし、映に鎮東大将軍を可とす。持節・都督・王・公は故の如し」と。）

東晋においてそれぞれ征東将軍であった高句麗と鎮東将軍であった百済は、宋において建国の永初元年（四二〇）の時点で大将軍号に格上げされており、当初より高句麗王は征東大将軍、百済王は鎮東大将軍であった。[37] すなわち宋朝では両国はいずれも一貫して大将軍府ということになり、長史が存在することは矛盾しない。[38]

一方、倭国においては讃が派遣した府官は司馬であった。讃がいかなる府を開き得るかと考えるに、初めて遣使した永初二年に除授を賜っているもののその爵号は明らかでない。讃の二度目の遣使は元嘉二年であるが、この時もその爵号は不明である。ただし、次王の珍は元嘉十五年の最初の遣使で安東大将軍を要求したものの認められず、授けられた将軍号は安東将軍であった。このことからすると讃も安東将軍だったと考えて大過ないであろう。讃が安東将軍とすると、その軍府は将軍府であり最高府官も司馬に止まったと見なし得る。すなわち讃が司馬の曹達を派遣したことと一致する。中国に派遣された府官は、大将軍府の高句麗・百済は長史、将軍府の倭国は司馬ということになり、いずれも府官のトップを派遣したことになる。元嘉二十八年に済が安東大将軍の爵号を得ると倭国においても大将軍府を開くことができるようになったと思われるが、史料にはこの後の倭国の府官に関する記述は残っていないため憶測に止めざるを得ない。

このように通常の将軍府のトップは司馬であり、大将軍府では長史が設置される。なお、長史は文官として、司馬は軍官としてそれぞれ固有の職務があり、必ずしも統属関係にあるわけではない。その下に参軍が置かれる。参軍では特に無任所の諮議参軍が知られているが(39)、諮議参軍のみが参軍としてあったわけではなく、その他にも多様な参軍が存在した。

⑨『宋書』百官志上

其参軍則有諮議参軍二人、主諷議事。晋江左初置。因軍諮祭酒也。宋高祖為相、止置諮議参軍、無定員。今諸曹則有録事・記室・戸曹・倉曹・中直兵・外兵・騎兵・長流賊曹・刑獄賊曹・城局賊曹・法曹・田曹・水曹・鎧曹・車曹・士曹・集・右戸・墨曹、凡十八曹参軍。

（其れ参軍は則ち諮議参軍二人有り、諷議の事を主る。晋江左初めて置く。軍に因りて諮る祭酒也。宋高祖、相と為り、止だ諮議参軍を置く。定員無し。今諸曹は則ち録事・記室・戸曹・倉曹・中直兵・外兵・騎兵・長流賊曹・刑獄賊曹・城局賊曹・法曹・田曹・水曹・鎧曹・車曹・士曹・集・右戸・墨曹有り、凡そ十八曹参軍なり。）

右のように宋代には府に曹と呼ばれる十八の小官司が存在し、それを管轄する職務としての参軍が府に存在していたのである。

こうした府官制における曹の存在に着目した場合、倭国の史料として真先に想起されるのが江田船山古墳出土大刀銘である。その銘文には「治天下獲□□□鹵大王世奉事典曹人名无利弖」と記されており、「典曹」なる語が見える。これと府官制との関わりが問題となろう。

そもそも中国における「典曹」という語については三国時代以前に数例を確認できる(40)。

⑩『三国志』巻三九　蜀書　呂乂伝

初、先主定益州、置塩府校尉、較塩鉄之利。後校尉王連請乂及南陽杜祺南郷劉幹等並為典曹都尉。（後略）

（初め、先主益州を定め、塩府校尉を置き、塩鉄の利を較ぶ。後に校尉王連、乂及び南陽の杜祺、南郷の劉幹等を請い、並びに典曹都尉と為す。（後略））

右では三国・蜀に典曹都尉の職があることを確認できる。

⑪『後漢書』百官志第二四　太尉条[41]

令史及御属二十三人。本注曰、漢旧注公令史百石。自中興以後、注不説石数。御属主為公御。閤下令史主閤下威儀事。記室令史主上章・表報書記。門令史主府門。其餘令史、各典曹文書。

（令史及び御属二十三人。本注に曰く、「漢旧注、公令史は百石。中興より以後、注に石数を説かず。御属は公御たるを主る。閤下令史は閤下の威儀の事を主る。記室令史は上章・表報の書記を主る。門令史は府門を主る。其の餘の令史は各おの曹の文書を典る」と。）

右の「典曹」は事務官である令史が文書を典ることを意味している。呂乂伝における典曹都尉もその具体的な官職化として理解されよう。南北朝時代の府官には典曹という職務を確認することはできないが、典曹人の「曹」から府官制との関連を想起することは容易である。倭国において「曹」という語が一般的とはいいがたい状況において、これを偶然の一致と見なすべきではないだろう。中国正史に現れる外交使節としての府官の前提として、倭における府官制の導入に伴って、宋のような十八曹がそのままではないにせよ、何らかの役割を担って君主に仕える小集団が曹と称せられたものと推測される。

なお、東アジアレベルで見通しても、高句麗や百済における府官制の有り様から府官制を外交に限定するのは困難である。高句麗では、府官の任命が広開土王代の義熙九年であるのに対して、府官が外交使節として初めて派遣されるのは次の長寿王代である。そこに時間的懸隔を認めることができる。すなわち、高句麗では府官の設置は外交のみのために任じられたわけではないことを窺わせる。一方、百済において府官は太守号を兼帯している。外交において必要なのが府官の肩書きということであればそもそも太守号は不要であり、太守号は府官層が百済王の臣僚として国内政治に対して何らかの関わりを有していた蓋然性が高い。このように高句麗・百済の府官制は外交のみでは捉えきれない一面を有するのである。倭国も百済との関係が深いことを敷衍すると、倭国内における府官制の機能を認め得るのであり、府官制とは王の国政・外交を補佐する僚属集団であるとする見解に与するものである。

さて、倭国内における府官制の意義について積極的に認めるとして、このように想定した時に「典曹人」等の〝某人〟という表現において問題となるのが人制との関連である。最初に人制を指摘した直木孝次郎氏は「人制は伴造・部民制の中間組織として成立した」と論じて部民制との関連で人制を捉えた[42]。ただし、近年では部民制に先行する支配システムとして人制を理解する傾向にある。吉村武彦氏は人制における職名が漢語的表記であるのに対して部民制では和語表記となっていることから、人制と部民制の違いを論じている[43]。鈴木靖民氏も人制を「府官制の下部組織の内実の一端」であるとする[44]。すなわち、府官制の曹と「典曹人」の曹は同一のものということになり、さらにいうなれば府官制における曹と人制における君主への仕奉集団もまた実体的には同一ということになる。

しかし、この点については一考を要する。府官制と人制は異なるシステムと捉えた方がよいと考える。その論拠は二つある。

第一に、地位名称の問題である。昇明二年（四七八）に諸々の爵号を要請していることから倭王武の代までは倭において府官制は機能しており、長史・司馬・参軍といった職名も存続していたと考えるべきである。曹＝仕奉集団とすると、それを管轄する人間は参軍ということになる。しかし、人制について江田船山大刀銘では「典曹人」の无利弖、稲荷山古墳出土鉄剣においては「杖刀人首」の乎獲居という立場を記すものの参軍とは称していない。

府官制の曹と人制の仕奉集団のリーダーについて、それぞれ呼び方が異なることになる。

第二に、その階層である。前掲の府官の表5を見ても、東アジア諸国において府官は基本的に渡来系人士がその地位を占めている。倭国では曹達一例のみであるが、百済では五世紀を通じて渡来系人士の任官が続いていることからすれば倭国でも同様に考えるべきであろう。このことから府官層である曹達のような渡来系人士と人制における仕奉集団の長であり地方豪族と見なされる无利弖や乎獲居を同一の階層と捉えることは困難である。かりに府官制の下部組織として人制が存在したと考えると、渡来系人士の下に地方豪族が管轄されるということになる。しかし、江田船山大刀銘には「書者張安」として銘文を起草した張安の名が記されている。張安は書記を司る立場であったことは疑いなく、中国的な名前を有する渡来系人士が書記という特殊技術を占有する集団であったことを推測させる。この銘文からは府官の上層部に任命されて倭国王のブレーンとして活動する渡来系人士の姿を見ることはできない。むしろ渡来人が各地で有力豪族のもとに組み込まれた状況を窺うことができる。もとより渡来系人士にも多様な階層があったであろうが、渡来系人士を倭国王のもとに糾合することで支配体制の整備に着手した五世紀の段階と、渡来人が列島各地において編成された段階とは区別するべきである。

すなわち府官制と人制の関係は、同一組織における上下関係として捉えるよりも、倭国において府官制が解消され新たな支配組織の編成がなされた時に人制へと制度的に展開したと見なす方が整合的である。その点に付随していえば、江田船山大刀銘では「典曹人」という表記がやや一人歩きしている観があるが、本来は「奉事典曹人（典曹に奉事せし人）」として読むべきであり[45]、稲荷山鉄剣銘の「杖刀人」に比して語句が熟しているとはいいがたい。「曹」という府官制的要素も残している江田船山大刀銘の「奉事典曹人」は、府官制から人制へ移行する過程で生じた中間的な表記として理解しておきたい。江田船山古墳出土大刀銘は「曹」という府官制的要素を残しながら新たな人制とシステムに変貌する転換点にあると位置づけられる。

そして、五世紀において倭国の君主が渡来系人士を府官として登用し得たのは、渡来という状況において在地との関係が希薄で強力な拠点を持ち得ない渡来系人士を王の下の幕僚として編成しやすかったことによると考える。渡来系人士は倭国内における社会的基盤が弱いゆえに直接的に王と結びつき、その支配を支える存在として官僚的な役割を担ったのである。すなわち府官とは王直属の存在であり、王の意思を体現するべく仕えた人々であった。そして、それが特に表面化するのが外交であった。倭国王の外交独占という状態を前提とすると、外交に携わるのは王の直接的臣僚として強固な関係を取り結んだ府官層に依拠せざるを得ない。彼等は倭国王の僚属という立場ゆえに王族・有力豪族層に左右されずに中国において倭国王の意思を代弁し得たのである。逆にいえば、王の意思を適切に伝えることができるのは府官層であり、その中でも倭国王に最も近い府官上層部であった。府官が外交において頻出するのは各国において直接的臣僚として活動していたことによると考える。倭王武の上表文が正格漢文として高いレベルを持っているのは渡来系の府官の統治技術が外交に反映しているのである(46)。

最後に府官制の終焉と人制への変化について述べておく。府官制とは将軍が軍府を開くことによって置かれるものである。五世紀に列島における社会的基盤が薄弱な渡来系人士が王の直接的臣僚として登用されることによって編成され、倭国王の専権事項たる対中国外交や内廷への仕奉などを中心に機能した。ところが昇明二年の倭王武の遣使をもって倭国から中国への外交使節の派遣は途絶する。冊封体制から離脱して倭国王が安東（大）将軍に任じられなくなればその軍府を開くことはなくなる。そうすると将軍・大将軍の軍府という組織のもとに集約される、長史や司馬をトップとした府官制もその時点で終わりを迎えることとなる。

それが外交関係のみならず国内の支配体制にも少なからぬ影響を及ぼしたであろうことは想像に難くない。五世紀の倭国王の政治的君臨は中国皇帝の権威に基いた政治的序列の形成に負うところが大きい。それゆえ冊封体制からの離脱はヤマト政権における政治的統合の根拠を喪失させてしまう危険をもたらす。それを回避するためには体制の構造を再編する必要が生じる。ここにおいて人制への指向性が発生することになり、新たに中小豪族を編成したシステムとして形成され、君主への仕奉の体制が構築されるのである。

ただし六世紀には、府官制を通して軍府が諸曹を統轄したようなかたちでの、人制やさらにその後の部民制における君主への個々の仕奉関係を一元的に統合する組織が出現することはなかった。それはタテ割りのかたちで人間集団を重層的に所有する構造であり[47]、個々の奉仕関係相互の横のつながりは微弱である。換言すれば、軍府という形態での集権的な組織は当該期の倭国の政治体制としては十全に機能させられるものではなく、府官制における曹としての個々の職務を王への仕奉・貢納関係という形態に再編するに止まらざるを得なかったものと位置づけられる。そうした個別的関係の集積が君主への仕奉を名に負う伴造―職業部の関係へと展開するのであろう。

以上、府官制の意義とその後の転換形態としての人制について見通してきた。そこには倭国の君主が渡来系人士や地方豪族を臣下に組み込む、原初的な支配機構の萌芽を見て取れる。五世紀には宋からの冊封による中国皇帝を頂点とする統治機構を受容・援用する段階であったものから、六世紀に中国の冊封体制から離脱することによって政治的権威としての中国皇帝を乗り越えた段階に至ったのである。「倭国王」号を授与される他律的な君主から、他律性を排除し自律的な君主となるシステムへの変革過程であったといえる。それは仕える側にとってもアイデンティティに変化をもたらすものであった。府官等は中国的な官職名を名のることにより、「倭国王」の権力の源泉が中国にあり、自らの地位もそこに由来すると感じていたであろう。ところが、六世紀における人制では、稲荷山鉄剣銘が君主に仕奉する行為を「左治」と記すように、列島支配の一端に属する者としての自覚を持つに至った。

君主に仕える臣僚集団は、五世紀の渡来系人士によって構成される府官層から、六世紀に中小豪族を編成した構造へとかたちを変えたのである。

Ⅲ　王族と有力豪族

本節ではヤマト政権を構成するもう一つの階層、王族・有力豪族層について特に府官層との違いを考慮しながら考える。

王族・有力豪族層構成階層のうち、まず王族との関係から見ておく。五世紀における倭国王と王族の関係を窺うことができるのは珍と倭隋のケースのわずか一例にすぎない。その関係について、すでに幾つかの研究で指摘されていることをふまえて整理すると次のようになろう。第一に倭姓を共有している。王によるウヂ名・カバネの賜与というシステムが成立する前段階として、倭国王も含めて王族が中国的な姓を名のる状況であった(48)。第二に、倭珍の安東将軍に対して倭隋は平西将軍(49)であり、同じ三品将軍としてその地位が近いものであった(50)。換言すれば、王族のなかで倭国王に即いた者が隔絶した地位に上るというのではなく、君主の地位は相対的に高いというレベルに止まっていた。これらを要するに、五世紀半ば頃のヤマト政権は倭国王とその地位に近接している倭姓王族を中心に構成されていた。倭国王として皇帝に封冊されなければ君主としての優越的な立場を確立できない段階で、有力王族との協力によって国内に君臨していたということになる。

一方、五世紀を通じて新たに政治的重要性を増してきたのは有力豪族層である。『日本書紀』を除いて文献史料から五世紀における有力豪族層の実体を窺い知ることは難しいが、五世紀半ばには倭隋が王族・有力豪族層の筆頭にあり、有力豪族層はその政治的地位において王族の後塵を拝していたものと推測される。ここで百済の状況を想起したい。百済では当初王侯層の内実は王族の寡占状態にあり、百済国内においても王族が重要な位置にあった。しかしながら表3から百済王が除正要請した人物のうち有力貴族の割合（府官層は除く）を見ると、四五八年には3／11、四九〇年には1／4であったが、四九五年には4／4となり逆に王族が見えなくなる。しかも前掲⑤によると、四五八年には沐・穈・于、四九〇年では姐という姓であったが、このうち百済大姓につながるのは沐（木）姓のみである。一方、四九五年には沙・解・木の三姓が大姓であり、五世紀末ごろから後代に続く有力貴族層が台頭してきた。このように百済では有力貴族層が新興して、王族の勢力が後退しつつある傾向が看取される。百済と密接な関係を有する倭においても、倭隋が珍の叙爵要請のトップにいてヤマト政権内で王族が重要な地位を占めていた状態から、有力豪族層が勢力を伸張するようになる状況を想定することが可能となろう。

こうした王族・有力豪族層と府官層の決定的な違いはいかに考えるべきであろうか。中国官爵という視角に基き、それを任命する主権の所在から考える。

曹達のように渡来系人士が任命される府官職は、東アジアにおいてその叙任権が各国の王にあるだろうことは前節で推定した。軍府の臣僚として位置づけられるという点において安東将軍たる倭国王の臣下としての性格を強く持ち、中国からの正式な除正を必要とせず倭国王が叙任権を有したのである。

これに対して将軍号・王侯号・太守号は皇帝に叙任権があることは、百済・倭国が仮授の正式承認を求めたことからも明らかである。このことは百済も倭国も宋皇帝の権威に依存する面を残しており、君主を頂点とした自律的秩序が確立できていないことを意味する。国王はあくまでも仮授を行ない皇帝にその除正承認を求める権限を持つということに止まっており、国王が国内において他の支配階層を超越した権力を掌握する前段階としての過渡的時期に位置していた。さらに倭国では王族・有力豪族に対する王侯号の適用はなされなかった。百済では王侯号の仮授により王侯層への叙任権が担保されていたが、倭国では太守号の適用はかろうじて推測できるものの王侯号については認められず、倭国王の王族・有力豪族層に対する権力の脆弱性が読み取れる。

このように、五世紀代における倭国の君主の、王族・有力豪族層との関係を示す地位呼称は二つあったことになる。一つは「倭国王」号である。「倭国王」号は君主のみに与えられる爵号であった。王とは五世紀では封冊による「倭国王」の称号であり、倭国内に王は一人のみであった。五世紀中葉の「王賜」銘鉄剣に「王賜□□敬□《（安カ）》」とあるように、「王」と記すのみでそれを指す人物を特定できた[51]。すなわち君主のみが「王（国王）」だったのであり、王族といえども「王」を称することはできなかったのである。

もう一つが将軍号である。百済も同様であるが、他律的な一面を残す倭国の君主権力において支配者層内における曖昧な階層差を放置しては支配者集団としてのまとまりを維持することが困難であり、これを整序することが課題であった。そこで倭国王は自らを通して中国に対して除正を要請するという行為によって、王族・有力豪族層に対して王としての求心力を確保していた。その支配者層内の序列を明確化する機能として期待されたのが将軍号である。将軍号は倭国王、王族・有力豪族層、府官層全てに及ぶものであり、その序列表示機能に鑑みると、階層ごとに分断されかねない序列を一元化する役割を担っていたことは前述した。このように将軍号は倭国王を含めたヤマト政権の序列整備に大きな意味を持った。ただし、倭国王は将軍号の叙任権を持つことはなかった。そのこと自体は府官層と王族・有力豪族層両方に当てはまるが、将軍号によってのみ君主との関係が外形的に律せられた王族・有力豪族層においては特に重要なファクターであった。君主は王族・有力豪族層に対して叙任権を有さず、対中国外交を独占し叙爵申請権を確保することによってその地位的差異を明らかにしたのである。換言すれば、王族・

有力豪族は、倭国王の指揮下にあるものの皇帝の臣という点では倭国王と同列であり、君臣関係としては微妙なものとならざるを得ないという限界もそこには存したのである。

ところで、五世紀に国内での政治的位置の序列規制において重要性を発揮した将軍号の帯官は、本来的には倭国王の死に左右されるものではない。将軍号は叙任権が中国皇帝にある以上、将軍号を媒介とする関係は皇帝と王族・有力豪族層のそれが一義的なものになるからである。これと関連する行為として仮授についてふれておく。仮授とは王が暫定的に中国官爵を授与して、後に中国に遣使した際にその事後承認を求めて叙爵を申請する行為である。仮授には少なくとも二つのパターンを挙げることができる。

一つは即位による仮授である。新王が即位するとその封冊要請と連動させるかたちで、新王の正当性を補完してその求心力を高めるために政権構成員に爵号を仮授し除正申請を行なったものである。倭国では元嘉十五年の珍の遣使がそれにあたる。百済でも表3の③餘慶や⑤牟大が該当する。王がその人格的資質によって君臨する段階では王の代替わりは君臣関係がリセットされることを意味し、新王は君臣関係の再確認を行なわなければならない。即位仮授及びその承認要請は、そうした一環として位置づけられる。なお、府官職も倭国王の死によって再任される必要が存する。軍府の主である将軍が死去すれば当然のことながらその軍府は閉鎖され、府官も免職となる。したがって新王は早急に宋から将軍号を授かり、軍府を開くことで府官を新たに任命する必要があった。

もう一つは軍功による仮授である。対外戦争において軍事的に活躍した人物に官爵を授与するものであり、本来的な意味での官爵授与であるといえる。対高句麗戦争に功績を挙げたことが上表文に明記されている百済の表3⑥がその好例である。なお右記の二類型の他、仮授の理由が判然としないものに元嘉二十八年の済のケースがある。この時は済の即位ではないものの、二十三人に対する軍郡の加号がなされている。済は倭国の君主として初めて使持節都督倭新羅任那加羅秦韓慕韓六国諸軍事の号を獲得しており、倭国王への官爵除正との連動という点では即位仮授との類似性を見せるが、在位途中における一斉進号は軍功仮授の可能性にも留意する必要がある。

いずれにせよ仮授は、国王が支配者層を掌握するための手段として活用された。叙任権を仮授というかたちで部分的にではあるが確保することによって、支配者層に対して君臨を正当化する一面を持っていた。換言すれば倭国王は中国官爵を再分配の対象としたといえる。ただし、それは中国皇帝という上位の存在を前提とするものであり、他律性という点でいまだ国内において自己完結するものではありえず、その支配権力は不完全であったと評さざるを得ない。

ここまで見てきたように、ヤマト政権の構造は、中国系人士の府官層と王族・有力貴族の王侯層という百済の構造ときわめて類似している。倭国王が自らの臣僚として編成した府官層と、ややもすれば匹敵する政治的権力を持ちかねない王族・有力豪族層の二重構造であった。倭国王は列島内において隔絶した権力をいまだ有していなかったのであり、序列を明確化する将軍号について仮授・叙爵申請権を有するものの叙任権は確立させていなかった。そうした中で対宋外交を独占し、自らは倭国王に叙されながら王族・有力豪族層の叙爵申請権を確保することによって彼等に対する優位性を保持した。叙任権が確立していない中で中国との外交権の独占によって王族・有力豪族層に対する権威を補完していた倭国王にとって、彼等の外交への介入は基本的に退けるべき事象であった[52]。

このような王族・有力豪族層の存在をふまえると、倭国王は府官制によって国内を一元的に支配していたと考える必要は全くない。全体的な列島支配は倭国王と王族・有力豪族層の連合によって成り立っており、府官はその中で倭国王の臣僚としての限定的な存在であった。外交による府官の不在が国政の混乱に直結するとは考えがたい。倭国王の人格的資質によって支配を具現化していた当該期の状況において、府官制はあくまでも渡来系人士の統治技術を取り込もうとする倭国王との君臣関係の形式であって、府官制があることによってヤマト政権に官僚制が出現したかのように過大評価すべきではない。とはいえ、高い統治技術を有する渡来系人士を府官として自己の直接的臣僚に組み込むことで、倭国王は列島における機構的支配の第一歩を踏み出したといえる。

結　言

本章で明らかにしたことを要するに、中国史料の検討によって五世紀のヤマト政権について二つの政治的構造を析出できる。一つは、倭国王が曹達のような渡来系人士を府官として任命することによって構築した君臣関係である。府官に任じられた渡来系人士の階層を府官層と呼ぶならば、倭国王—府官層という上下関係が見て取れる。もう一つは、倭隋のような王族や有力豪族との関係である。既述のように倭国王と王族・有力豪族の将軍号を対比すると両者の間の差異は隔絶したものではなく、叙任権的に見れば宋皇帝—倭国王・王族・有力豪族という上下関係であり、倭国王と王族・有力豪族の関係は傾斜があるものの水平的な関係に近いものであったといえる。それゆえ倭国王にとってはいかにして王族・有力豪族を統制するかという課題が生じる。この政治的課題について、倭国王は中国官爵を仮授しその正式な叙爵を中国皇帝に申請する権限を保有することで彼らに対する優越的な地位を確保した。その場合、倭国王による対宋外交の独占は必須であった。前者が軍府の臣僚として位置づけられるという点において安東将軍たる倭国王の臣下としての性格を強く持ち、中国からの正式な除正を必要とせず倭国王が叙任権を有した。それに対して後者は、倭国王の指揮下にあるものの皇帝の臣という点では倭国王と同列であり、君臣関係は確立していない。倭国王による府官層と王族・有力豪族層への叙任権掌握の差異は、支配者層における階層差の反映である。倭国王として自らを通して中国に対して除正を要請することによって、君主の求心力を確保したといえる。

倭の君主は宋皇帝から「倭国王」に任ぜられ、それを自らの称号として用いた。前章では対外的な名のりにおける実名使用について述べたが、国内的には宋から授与された爵号をその支配に転用した。それは倭国王号のみではなく、府官制と将軍号等に見られるように支配者層全体に及ぶものであり、中国官爵とそれに基く政治システムを流用した政治秩序が五世紀の特質であるといえるだろう。他律的な権力構成は君主や支配者層の称号にも明確に表れていたのである。

注

（1）『宋書』巻九七　倭国伝。
（2）西嶋定生ａ「六―八世紀の東アジア」（『西嶋定生東アジア史論集』第三巻、岩波書店、二〇〇二、初出一九六二）、ｂ「序説―東アジア世界の形成―」（『古代東アジア世界と日本』岩波現代文庫、二〇〇〇、初出一九七〇）。
（3）西嶋氏の冊封体制論・東アジア世界論に対する批判として代表的なものとしては、李成市氏の一連の研究がある。代表的なものとして、『東アジア文化圏の形成』（山川出版社、二〇〇〇）、「古代東アジア世界論再考」（『歴史評論』六九七、二〇〇八）等参照。
（4）『三国志』魏書巻三〇　烏丸鮮卑東夷伝倭条。
（5）『三国志』魏書巻三　明帝本紀太和三年十二月条に「癸卯、大月氏王波調遣使奉献、以調為親魏大月氏王（癸卯、大月氏王波調、使を遣わして奉献す。調を以て親魏大月氏王と為す）」とある。
（6）榎一雄「邪馬台国」（『榎一雄著作集』第八集、汲古書院、一九九二、初出一九七八）、西嶋定生「親魏倭王冊封に至る東アジアの情勢」（前掲注（2）ａ書所収、初出一九七八）。
（7）都督制に関する総括的な研究としては、小尾孟夫『六朝都督制研究』（渓水社、二〇〇一）参照。

（8）『晋書』巻九　簡文帝本紀咸安二年六月条。
（9）『晋書』巻九　孝武帝本紀太元十一年四月条。
（10）堀敏一『中国と古代東アジア世界』（岩波書店、一九九三）第七章参照。
（11）六世紀の新たな政治体制については、a 吉村武彦編『古代を考える　継体・欽明朝の内乱』（吉川弘文館、一九九九）、b 鈴木靖民編『日本の時代史2　倭国と東アジア』（吉川弘文館、二〇〇二）所収の諸論考において多く言及されている。
（12）五世紀から六世紀の展開について見通す研究としては、鈴木靖民a「倭の五王の外交と内政」（『倭国史の展開と東アジア』岩波書店、二〇一二、初出、一九八五）、同b「倭国と東アジア」（前掲注（11）b書所収）参照。
（13）岡崎敬「安岳三号墳（冬寿墓）の研究」（『史淵』九三、一九六四）。
（14）岡崎氏は、判読によると「旧」であるが、佟利銘塼墓の例から「領」と読む可能性も示唆している（前掲注（13）論文）。これに対して武田幸男氏は「相」と読んでおり、この場合「楽浪相」ということになる（武田幸男「徳興里壁画古墳被葬者の出自と経歴」『朝鮮学報』一三〇、一九八九）。
（15）『資治通鑑』咸康三年春正月壬午条。
（16）武田幸男前掲注（14）論文。
（17）『梁書』巻五四　高句驪伝。
（18）拙稿「東アジアにおける文書外交の成立」（『歴史評論』六七〇、二〇〇六）。
（19）坂元義種「倭の五王」（『古代東アジアの日本と朝鮮』吉川弘文館、一九七八、初出一九七〇）。
（20）宮崎市定「南朝における流品の発達」（『九品官人法の研究―科挙前史―』同朋舎出版、一九五六）、越智重明「晋代の都督」（『東方学』一五、一九五七）。
（21）百済における中国系人士については、村山正雄「百済の大姓八族について」（『山本博士還暦記念　東洋史論叢』一九七二）参照。
（22）鈴木靖民前掲注（12）b論文。
（23）ここでいう「封建」とは王族・功臣が領土に封じられる、「郡県」制に対置される概念であり、近代歴史学における feudalism の訳語としての概念ではない。

(24)『宋書』倭国伝。

(25)司馬曹達については、坂元義種前掲注(19)論文参照。

(26)『宋書』倭国伝。なお、『宋書』巻五　文帝本紀元嘉十五年四月己巳条には珍の安東将軍任命のみを記す。史料は第一章⑦に掲出した。

(27)武田幸男「平西将軍倭隋の解釈」(『朝鮮学報』七七、一九七五)。

(28)坂元義種「古代東アジアの国際関係」第2表(前掲注(19)書所収)。

(29)坂元義種「古代東アジアの日本と朝鮮」(前掲注(19)書所収)。

(30)『宋書』倭国伝。

(31)坂元義種「古代東アジアの〈大王〉について」(前掲注(19)書所収)、鈴木靖民前掲注(12)b論文。

(32)坂元義種「五世紀の日本と朝鮮」(前掲注(19)書所収)。

(33)鈴木靖民前掲注(12)a・b論文。

(34)『北周書』巻三三　蘇綽伝。なお、これは北朝の府官の扱いであり、南朝の府官制については一考を要する。宮崎市定氏は南朝の府官を中央官と見なしており、ここではそれに従い北朝と同様であったと考えておく。宮崎市定前掲注(20)論文。

(35)近年の中国南北朝期の府官制理解については、会田大輔「北魏後半期の州府僚佐―「山公寺碑」を中心に―」(『東洋学報』九一―二、二〇〇九)を参照。

(36)坂元義種「倭国王讃の外交」(『倭の五王』教育社、一九八一)。

(37)『宋書』巻三　武帝紀永初元年七月甲辰条にも「征東将軍高句驪王高璉、進号征東大将軍。鎮東将軍百済王扶餘映進号鎮東大将軍(征東将軍高句驪王高璉、号を征東大将軍に進む。鎮東将軍百済王扶餘映、号を鎮東大将軍に進む)」とある。

(38)ただし東晋代の高句麗の府官制については注意を要する。高句麗は東晋では征東将軍でありながら長史を派遣している。これについて『晋書』巻二四　職官志では、

三品将軍秩中二千石者、著武冠、平上黒幘、五時朝服、佩水蒼玉。食奉・春秋賜綿絹・菜田・田騶如光禄大夫諸卿制。置長史・司馬各一人。

（三品将軍の秩中二千石なる者は武冠、平上の黒幘、五時朝服を著し、水蒼玉を佩く。食奉・春秋賜綿絹・菜田・田騶は光禄大夫・諸卿の制の如し。長史・司馬各一人を置く。）

とあり、三品将軍の秩が中二千石は長史を置くことができた。また『宋書』巻三十九　百官志上にも

征東将軍一人。漢献帝初平三年、馬騰居之。征南将軍一人。漢光武建武中、岑彭居之。征西将軍一人。漢光武建武中、馮異居之。征北将軍一人。魚豢曰、四征、魏武帝置。秩二千石。黄初中、位次三公。漢旧諸征与偏裨雑号同。

（征東将軍一人。漢献帝初平三年、馬騰、これに居う。征南将軍一人。漢光武建武中、岑彭、これに居う。征西将軍一人。漢光武建武中、馮異、これに居う。征北将軍一人。魚豢曰く、「四征は魏武帝が置く。秩二千石。黄初中、位は三公に次ぐ。漢旧、諸征と偏裨の雑号とは同じ」と。）

とあり、魏代の征東将軍は秩二千石であった。すなわち、魏晋の制では征東将軍は長史を設置できたのであり、宋代の府官制とは異なっていたものと考えられる。

(39) 諮議参軍については宮崎市定前掲注（20）論文。
(40) 岡本健一「仗刀人と典曹人」（『古事記の証明』毎日新聞社、一九七九）。
(41) 范曄『後漢書』は志を設けなかったので、後代に司馬彪『続漢書』の志から補ったものである。志には梁代に劉昭が注を付しており、「本注」はこれを指す。『内藤湖南全集』第十一巻（筑摩書房、一九六九、初出一九四九）参照。
(42) 直木孝次郎「人制の研究」（『日本古代国家の構造』青木書店、一九五八）。
(43) 吉村武彦「古代における漢語・漢文の受容と和語・和文表記」（『駿台史学』一〇九、二〇〇〇）。
(44) 鈴木靖民前掲注（12）b論文。
(45) 東野治之「銘文の釈読」（『保存修理報告書　江田船山古墳出土　国宝銀象嵌銘大刀』東京国立博物館、一九九三）。
(46) 本書第一章。

(47) 狩野久「部民制再考」(『日本古代の国家と都城』東京大学出版会、一九九〇、初出一九八三)、鎌田元一「「部」についての基本的考察」(『律令公民制の研究』塙書房、二〇〇一、初出一九八四)、同「部民制の構造と展開」(同上、初出一九八四)。

(48) 吉村武彦「倭の五王とは誰か」(白石太一郎ほか編『争点日本の歴史』2、新人物往来社、一九九〇)、同「六世紀における氏・姓制の研究―氏の成立を中心として―」(『明治大学人文科学研究所紀要』三九、一九九六)。

(49) 塩沢裕仁「宋書にみる倭隋の将軍号」(『法政大学大学院紀要』三一、一九九三)では、平西将軍を平東将軍の誤りの可能性を指摘する。ただし、仮授主体である倭国王である珍からすると「平西」はあり得る称号であり、宋はそれを承認したのみと理解すれば特に問題はないと考える。

(50) 坂元義種前掲注(19)論文、武田幸男前掲注(27)論文。

(51) 平川南「銘文の解読と意義」(『「王賜」銘鉄剣概報　千葉県市原市稲荷台一号墳出土』吉川弘文館、一九八八)。

(52) 倭の五王の外交と直接関わるものではないが、『日本書紀』には筑紫君磐井が朝鮮との外交を妨害したり(継体二十一年六月甲午条)、越の道君が天皇を詐称して高句麗と交渉している(欽明三十一年五月条)。記事の事実関係については慎重な史料批判が必要であるが、六世紀やそれ以前の段階において君主の外交権が確立していない状況を想定できる。

〔コラム〕倭国王と倭王

所謂冊封体制において中国王朝は周辺諸国に爵号を授けており、列島もその例にもれない。初期は授与爵号について明記しないが、建武中元二年（五七）には「漢委奴国王」、永初元年（一〇七）には「倭国王」（『通典』では「倭面土国王」）が授けられたと考えられる。文献上で確実な初例は、景初三年（二三九）の「倭女王」卑弥呼に対する「親魏倭王」の授与であるが、『魏志』倭人伝正始四年（二四三）条には「倭王」とのみ記しており、親魏倭王は倭王と略すこともあった。空白の四世紀を経て、次に授与に与るのは倭の五王である。武の初遣まで、将軍号の昇叙や使持節都督諸軍事の追加はあるものの、王号は一貫して「倭国王」であった。讃については授かった爵号が不明であるが、珍以降の状況から類推して同様であったと見なし得る。昇明二年（四七八）の武の上表文に対する詔報において「倭王」を叙せられた。宋滅亡後は南朝への遣使は途絶えるものの、南斉や梁は形式的に武への叙爵を続けており、その際に武は「倭王」であった。外交が復活した隋代には、阿毎多利思比孤《あめたりしひこ》に対して「倭王」と記している。隋代までは「倭王」号が継続して用いられているといえる。唐代も七世紀までは倭国の君主に対する爵号は「倭王」であった可能性が高い（『善隣国宝記』）。八世紀に国号が日本に変わった後に「日本国王」と称されるようになる。こうした倭国における爵号の展開を整理すると、漢「国王」→魏「王」→宋「国王」→宋末～唐前半「王」→唐中期以降「国王」という変遷を経ている。

右のような爵号の変遷について、「王」と「国王」の違いという点が問題となる。これについて、漢代の対外関係に関して栗原朋信氏は、国内の封建制を援用しながら君臣関係を取り結んだ外臣に対しては「王」号を授け、君臣関係が結ばれない不臣の国に対しては「国王」号を適用したとする。坂元義種氏や荊木美行氏は栗原氏の研究を敷衍して、武が「王」号を獲得したことについて「国王」号より従属性が強い称号であることを確認している。また、唐代の対外関係について金子修一氏は、蕃域には「王」号、絶域には「国王」号が対応しており、後者はパミール高原以西の国や日本が該当すると指摘している。これらの見解では中国に近接している国が冊封関係を取り結んだ場合は「王」号であり、遠方の国は「国王」号ということになる。これらの先行研究の理解は、漢・宋・唐というそれぞれの時代の断代的な傾向としては重要な指摘である。しかし、倭国（日本）が「国王」号であった時代の考察に限定されているという点で注意を要することも事実である。

そこで「王」号が授与された時代の国際環境について瞥見してみる。魏は景初二年（二三八）に公孫氏を滅ぼして帯方郡を掌握した。そうした中で朝鮮半島諸国を牽制する上で倭国を重視したと見なし得る。宋末の武の昇進は、高句麗の南下による百済国都漢城の失陥への対応と関係する可能性がある。南斉・梁は宋末の爵号を形式的に引き継いだものであろう。隋代については、隋と高句麗の対立の中で高句麗への牽制を期待したという国際環境がある。唐前期は朝鮮三国の抗争が激化した時期であり、倭国も積極的に介入していた。このように見た場合、倭国への「王」号授与は中国王朝と倭国の二国間のみで成り立つのではなく、朝鮮半島の情勢が規定要因として介在していると考えるべきであろう。

参考文献

栗原朋信「漢帝国と印章」（石母田正ほか編『古代史講座』4、学生社、一九六二）。

坂元義種「古代東アジアの国際関係」（『古代東アジアの日本と朝鮮』吉川弘文館、一九七八、初出一九六七・一九六八）。

金子修一「中国皇帝と周辺諸国の秩序」（『隋唐の国際秩序と東アジア』名著刊行会、二〇〇一、初出一九九二）。

荊木美行「倭の五王に関する一考察」（『記紀と古代史料の研究』国書刊行会、二〇〇八、初出一九九六）。

第三章　倭国における「天下」観念

問題の所在

六世紀の史的意義について、古くは倭の五王の時代である五世紀と国家形成の七世紀に扶まれた過渡期としての消極的なイメージが強く、五世紀と七世紀の狭間の時代と見なされてきた。しかし、近年では六世紀史の再評価が進められるようになり、様々な課題が取り組まれている。その主なものだけでも、王位の世襲[1]、氏姓制度[2]、伴造―部民制[3]やミヤケ[4]、国造制などの地方制度[5]などを挙げることができるのであり、六世紀はヤマト政権の列島支配システムが確立した時期として位置づけられるに至っている。それは律令制による国家的支配が出現する前段階の体制であり、律令国家の前段階としてのヤマト政権の支配形態の成立期として大きな意味を持つ。かかる議論の多くは『日本書紀』の分析と考古学的成果の精緻な検討から得られたものであり、文献史料の手法としては七世紀史からの遡及的検討によって論じられていることが多い。

六世紀における支配システム確立を倭国の支配体制における劃期として評価するに吝かではない。しかしその一方で、六世紀に集約的に成立する右記の体制について五世紀史とのつながりという面から語られることはあまりない。それは史料の絶対的不足のほかに、五世紀と六世紀の間には所謂冊封体制からの離脱という重要な劃期があり、そのために断絶するイメージが強いからであると推察する。しかし、対中国外交を前提とする政治システムは大きな転換に直面するにせよ、それと前代からの支配構造が全く一新されたかどうかということは別問題であり、五世紀と六世紀の間の断絶面と連続面を正当に評価する必要がある。

さて、倭国は五世紀段階では南朝、さらにいうなれば劉宋の封冊を受けて「倭国王」という称号を授かり、皇帝の外臣となることによってその権力を補完した。それは倭国が宋の秩序構造に従うことを意味しており、そのイデオロギー的世界観も宋の華夷意識に準拠するものであった。しかし、四七八年以降倭国から南朝への遣使には問題が多く、(6)五世紀後半に倭国が南朝の冊封秩序から離脱したことは大方の認めるところである。そして、中国の封冊を受けないということはその世界秩序からも離れることを含意する。ゆえに中国皇帝という他律的な権威から離脱した時に、宋に依存していた倭国王の権力が自らの支配を正当化するためその拠って立つ権威を再構築する必要が生じ、支配をめぐる新たなイデオロギーが要請されることとなる。

右記の二つの問題は、支配イデオロギーの変化が支配体制にどのような影響を及ぼしたのかという点において密接に関連する。本章ではこの問題について、まず倭国における君主の君臨の根拠という面から分析を試みる。その分析方法は序章で述べた通りであり、支配をめぐるイデオロギーは、支配を実行する権力、権力を正当化しその支配行為を保証する権威、支配される客体という三つの構成要素の相互関係を説明するものとして成立する。五世紀から六世紀にかけて具体的にそれらがどのように現出するかということが、断絶面と連続面を考える際の手がかりとなる。このうち権力については血縁の親疎を措けば倭王権として一貫している。これに対して保証する権威は、五世紀は中国皇帝であるが、冊封体制を離脱すると新たな権威の構築が必要になる。この問題に連動するのが支配客体の措定である。支配客体について、五世紀には中国皇帝から「倭国王」と認定されていたことから「倭国」であったと認め得るが、一次資料である金石文に痕跡が多く残されているように、六世紀にはそれは「天下」という語に変化する。そこで、倭国における「天下」という概念に着目して検討を加える。

これまでの日本古代における「天下」についての研究を整理すると、主として歴史学と日本文学の二つの立場からのアプローチがある。

日本史の立場からの「天下」の研究では、「治天下」ということばのあり方をめぐって進められてきた。特に初期の研究は「治天下」と「御宇」の関係をめぐって検討している。この問題について初めて君主号に絡めて体系的に論じたのが宮田俊彦氏である。(7)それによると推古朝乃至それ以前に「治天下」の語が現れ、推古十六（六〇八）年に天皇号が成立する。それを承けて舒明・皇極朝に「某宮治天下天皇」という用法が確立し、その後養老五年に「某宮御宇天皇」という呼称へと変わると述べている。それぞれのメルクマールの年代設定については現在の研究段階と異なるところも多いが、「治天下」から「御宇」へということを明確に論じた意義は小さくないと考える。

この後、井上光貞氏は「㈠宮号、㈡治天下、および㈢大王ないし天皇号というような三者のセット」であると整理され、(8)「治天下」が君主号において重要な構成要素であることが定着する。さらに熊谷公男氏は「天下」に結びつく動詞の「治」に着目し、これを〝シラス〟ではなく〝ヲサム〟と訓むべきとした上で双務的関係としての「治天下」を論じた。(9)一方、西嶋定生氏は中国の天下との比較から日本古代における「天下」の特質について論じており、それによると中国の天下とは全世界を表すが、江田船山大刀等の日本の金石文に記される「天下」は倭国の統治領域であり、広大無辺の全世界を有限的小世界に置換した「小世界的天下思想が定着していく」とした。(10)石上英一氏も西嶋氏の所説を承けて、「倭王武が中国王朝を中心とする「天下」から離脱し、自らの支配領域を「天下」とすることを意図していた」とする。(11)石上氏は六世紀の国制に注目し、国造制によって地域的政治社会を「国」としたことは「天下」を構成する単位として構想していたとされ、さらに「天下」は倭国内だけでなく朝鮮半島南部を含むものであったと見なしている。また、吉村武彦氏は蕃国・夷狄支配との関連性を重視しており、それをふまえて倭の君主は治天下王と名のっていたとされる。[12]「天下」の構造について石上氏は主として国内的な面から、吉村氏は対外的な面から述べたものといえる。これらは漠然と統治領域と捉えられがちな「天下」を具体的に把握する点において重要な指摘であるといえる。ただし、石上氏は「国」の問題について簡単にふれるに止まっており、また吉村氏の見解は「蕃国」「夷狄」という八世紀における観念をいかにして六・七世紀に遡及させるかという点でそれぞれさらなる検討の余地を残している。なお、平安期以降の「天下」について、村井章介氏は九世紀における「天下」思想を中国的な無限性から理解しようとする。[13]総じて歴史学からの「天下」に関する研究は、王権支配をめぐる関係の性質を捉えようとするものであり、それをふまえて空間的な広がりとして考える傾向がある。

これに対して日本文学の立場では、神野志隆光氏が『古事記』をテキストにして、「天下」について蕃国まで含みこむものとして論じた。[14]また、遠山一郎氏は記紀・風土記・万葉集の用例を精査し、それが天皇支配の包括的表現であることを指摘している。[15]文学の研究では、史料＝作品から天皇を中心とした世界がいかに表現されているか、すなわち天皇支配から見た世界のあり方の解釈に重点が置かれているといえる。ただ、こうした立場は史料＝作品の成立時期という定点からの考察のため、イデオロギーの歴史的変遷という議論にはなりにくいという問題をはらんでいる。

以上を整理すると、日本古代における「天下」とは支配という行為をめぐってそれを表象することばであり、そこから二つの課題が析出できる。まず「治天下」をめぐる検討から、「天下」とは君主の名号を構成する語であり、国家成立以前の段階で「天下」が支配イデオロギーをめぐる概念として機能していたことが明らかになった。しかし、そうであるとすれば「天下」を単純に領域的空間として捉えてよいかという問題が生じる。これまで中国の天下を広大無辺なものであると位置づけて、それと比較して倭国のそれが矮小化されたものであったと見なすことが多く、特に所謂〈東夷の小帝国〉論[16]と結びついてどの程度「天下」の内実が限定的なものかという点をめぐって議論されてきた。倭国が中国との関係において朝貢国の域を出ないという実態と、列島の周縁や朝鮮半島に君臨する大国・帝国という観念のズレとして倭国の「天下」が捉えられてきたといえる。しかし国家の領域的支配が確立する以前の段階において、そのような理解は妥当だろうか。違うとすれば当時においてそれは歴史的にいかなる内実を有するものとして認識されていたのか。これが第一の課題である。また、五・六世紀という転換期において「天下」観念はいかにして立ち現れるのか。当該期は冊封体制からの離脱という大きな政治的変動があるが、それといかに結びつくのか。これを第二の課題とする。これを要するに、五世紀末以降の倭国における支配イデオロギーとして「天下」がいかにして成立し、かつ展開したのか。倭国における「天下」が包含する内実の特質を、中国・朝鮮における天下の用法と比較によって明らかにする必要がある。その究明によって五・六世紀の連続面及び断絶面の評価、そして六世紀における支配イデオロギーの転換とその様相を明らかにすることが可能となろう。

Ⅰ　「天下」概念の創出と展開

本節では、倭国における「天下」の用法とその意味するところについて分析する。

1　金石文における「天下」

まず倭国における「天下」の用例について潤色が想定される記・紀等の二次的編纂史料をひとまず措くとして、八世紀初頭までの金石文における「天下」の代表的な用例を挙げたのが表6である。これを見ると〈某宮治天下天皇〉という表記パターンに則っているものが多く、そのほとんどが早くから君主の名号と一体化して記されていたことが窺える。日本古代において、宮号と「天下」という語が君主の称号と分かちがたく結びついていることが明らかとなる。[17] また、AやGのようなそれに該当しないわずかな例については〈某が某宮において治天下した〉という文章化した記述であるものの、名号表記と構成要素は同じである。ここでは特に、先行的な用例であるA稲荷山古墳出土鉄剣銘とB江田船山古墳出土大刀銘に注目したい。

①稲荷山古墳出土鉄剣銘

辛亥年七月中記。乎獲居臣、上祖名意富比垝、其児多加利足尼、其児名弖已加利獲居、其児名多加披次獲居、其児名多沙鬼獲居、其児名半弖比、其児名加差披餘、其児名乎獲居臣。世々為杖刀人首、奉事来至今。獲加多支鹵大王寺在斯鬼宮時、吾左治天下。令作此百練利刀、記吾奉事根原也。

（辛亥年七月中に記す。乎獲居臣、上祖名は意富比垝、其の児多加利足尼、其の児名は弖已加利獲居、其の児名は多加披次獲居、其の児名は多沙鬼獲居、其の児名は半弖比、其の児名は加差披餘、其の児名は乎獲居臣なり。世々、杖刀人首と為りて、奉事し来りて今に至る。獲加多支鹵大王の寺、斯鬼宮に在りし時、吾、天下を左治す。此の百練の利刀を作らしめ、吾が奉事の根原を記す也。）

この銘文が発見以来数多の解釈を生み出してきたことは贅言を要さない。特に乎獲居が中央豪族か地方豪族かというところでは見解が分かれている。[18] この点について森博達氏は鉄剣の銘文のアクセントからの分析で、ヤマト地方におけるアクセントを反映した仮名表記を用いる一方で、人名については東国方言が見えるとされる。[19] 人名におけ

表6　銘文に見える「天下」及び「御宇」

	史料名	作成年次	銘　文	該当君主	備考
A	稲荷山古墳出土鉄剣		獲加多支鹵大王寺在斯鬼宮時吾左治天下	ワカタケル	
B	江田船山古墳出土大刀		治天下獲□□□鹵大王	ワカタケル	
C	薬師仏像造像記		池辺大宮治天下天皇	用　明	
			小治田大宮治天下大王天皇	推　古	
D	船首王後墓誌	天智７？	乎娑陁宮治天下天皇	敏　達	
			等由羅宮治天下天皇	推　古	
			阿須迦宮治天下天皇	舒　明	
E	小野毛人墓誌	天武６	飛鳥浄御原宮治天下天皇	天　武	
F	長谷寺銅版法華説相図銘		飛鳥浄御原大宮治天下天皇	天　武	
G	天寿国繡帳	７ｃ後半	斯帰斯麻宮治天下天皇名阿米久尓意斯波留支比里尓波乃弥己等	欽　明	逸文
			蕤奈久羅乃布等多麻斯支乃弥己等（中略）坐乎沙多宮治天下	推　古	
			多至波奈等已比乃弥己等（中略）坐濆辺宮治天下	用　明	
H	薬師寺東塔檫銘	文武朝	清原宮馭宇天皇	天　武	
I	威奈真人大村墓誌	慶雲４ヵ	五百野宮御宇天皇	宣　化	
J	伊福吉部臣徳足比売墓誌	和銅３	藤原大宮御宇大行天皇	文　武	
K	粟原寺鑪盤銘	和銅８	大倭国浄美原宮治天下天皇	天　武	
L	元明陵碑	養老５	大倭国添上郡平城之宮馭宇八洲太上天皇	元　明	
M	美努岡万墓誌	天平２	飛鳥浄御原　天皇	天　武	
			藤原宮御宇大行　天皇	文　武	
			平城宮治天下大行　天皇	元　明	
N	元興寺露盤銘	天平18	斯帰斯麻宮治天下名阿米久尓意斯波羅支比里尓波弥己等	欽　明	逸文
			佐久羅韋等由良宮治天下ク於己弥居加斯夜比弥乃弥己等	推　古	
参考	元興寺丈六釈迦仏光背銘	天平18	天皇名広庭在斯帰斯麻宮時	欽　明	逸文
			止与弥挙奇斯岐移比弥天皇在桜井等由羅宮	推　古	

※作成年次は記載史料の成立年次であり、表記年次と異なる場合がある。

る東国方言という指摘をふまえると、乎獲居は地方豪族と見なすべきであろう。また、ヤマト地方のアクセント表記の存在を併せて考えると、豪族が現地で直接作製したと考えるよりは、王権直属の工房に作製を依頼したという見解を妥当とすべきである[20]。

①の銘文では、乎獲居がワカタケル大王在位時に「天下ヲ左治」したとする。この銘文が記された時点においてすでに倭国内ではその支配客体を「天下」と位置づけ、それは倭王権のみならず倭王権に仕奉するようになっていた諸豪族にも共有される観念となっていたことが窺える。

稲荷山鉄剣に対して、ワカタケル大王について言及する点で同時期に属するのが江田船山大刀銘である。

②江田船山古墳出土大刀銘

治天下獲加多支鹵大王世、奉事典曹人名无利弖、八月中用大鉄釜并四尺廷刀。八十練、九十振、三寸上好刊刀。服此刀者、長寿子孫洋々得□恩也。不失其所統。作刀者名伊太加、書者張安也。

（治天下獲加多支鹵大王の世に典曹に奉事せる人、名は无利弖、八月中に大鉄釜を用い四尺廷刀を并す。八十練、九十振、三寸上好の刊刀なり。此の刀を服する者は長寿にして子孫洋々たり、□恩を得る也。其の統ぶる所を失わず。刀を作る者、名は伊太加、書者は張安也。）

江田船山大刀の作製年代は不明であるが、古墳の遺物群は古相と新相に分けられ、古相が五〇〇年前後、新相が五二〇年代頃とされる[21]。その銘文は典型的な吉祥句が連ねられているが、作製主体について貴重な情報が記されている。それによれば无利弖が刀を作らせたこと、実際に刀を作ったのは伊太加、銘文の文章を作文したのは張安である。无利弖・伊太加と張安の名を比べると明らかに異なり、前者が倭人であるのに対して後者は渡来系人士であり、文字を扱うことができるのは渡来系であるという状況が窺える。この江田船山大刀銘では倭国の君主を「治天下獲加多支鹵大王」としており、ワカタケル大王[22]が「治天下」という統治主体、すなわち権力であることが明示されている[23]。

ところでこれらの銘文の文章には幾つかの特徴がある。一つは「七月中記」のように朝鮮の漢文表記の影響を受けていること[24]、もう一つは人名・地名などの固有名詞は仮借で表記されていることである。後者については第一章で論じたので、ここでは特に前者についてみておく。

武の上表文が文章的にも語句的にも正格漢文であったことと比較すると、鉄剣の銘文は朝鮮的な変体漢文であるという違いが見えるが、これは倭国における文字の受容という点で大きな意味を有する。そもそも文章の作成主体について比較すると、実際に文章を作った人物の立場が問題となる。五世紀の正格漢文の時代には、第二章で論じたように作文主体は王権の直接的配下であった府官層と考えられ、漢文を作成する書き手は王権が掌握している状況である。ところが金石文の作文者は、江田船山大刀に張安と明記されている。当時において文字を扱うのが渡来系人士であったことは疑いなく、書き手の階層が渡来系であることに変わりはない。ただし、渡来系人士・氏族は、蘇我氏に属した東漢氏に代表されるように六世紀を通じて王権以外の豪族にも属するようになる。このことから、稲荷山鉄剣や江田船山大刀が作られた時代における文字使用の広義の主体は、王権のみならず広く支配者層を構成する豪族も含むようになり、文字使用が倭王権を補佐する支配階層内においても広がっている状況を看取できる。正格漢文を用いる段階から朝鮮的表記法の影響を受けた漢文が現れるという段階差の背景には、王権が導入した文字使用が列島において支配階層に広まっているという文字受容の状況を理解できる。

この二つの用例を整理すると次のようになる。第一に、②「治天下獲加多支鹵大王」から明らかなように、「治天下」としてすでにその概念が出現した最初期から君主の称号と結合する傾向を有していた。ただし、①では称号として結合して用いられていないように、君主号にとって不可欠の構成要素となるまでには至っていない。第二に、君主称号に用いられることから王権の主体的な統治行為を示す概念であることは明白であるが、①では豪族の「天下ヲ左治」として記されるように、その行為は王権のみならず支配者層も間接的に行ない得るものとして理解される。すなわち「治天下」という行為は、王権が君主称号において集約的に称するが、豪族がそれに補完的に関与することを記すこともあった。換言すれば「治天下」は、王権の独占的・排他的行為とは意識されていない。

なお補足すれば、①・②に先行する金石文として所謂「王賜」銘鉄剣が知られる[25]。

③稲荷台一号墳出土鉄剣銘

王賜□□敬(安)□／此廷□□□□

五世紀中葉であるこの銘文では、支配の主体を「王」と表記する一方で、この「王」は「治天下」を称していない。

また、初期の金石文として注目される隅田八幡人物画像鏡銘も同様の問題をはらむ。

④隅田八幡人物画像鏡銘

癸未年八月、日十大王年、孚弟王在意柴沙加宮時、斯麻念長奉遣開中費直・濊人今州利二人尊、所白上同二百旱、作此鏡。

（癸未年八月、日十大王の年、孚弟王、意柴沙加宮に在りし時、斯麻、長く奉えんことを念じて開中の費直・濊人今州利の二人の尊を遣わし、白す所の上同二百旱、此の鏡を作る。）

この銘文は「癸未年」の年記を持ち[26]、斯麻（百済武寧王）が開中費直・濊人今州利の二人に意柴沙加宮にいた孚弟王へ長く奉ることを念じて鏡を作らせた、という内容の文章であるが釈文にも異説が多く、「日十大王」「孚弟王」の比定も見解が分かれている。最も人口に膾炙しているのは「日十大王」＝仁賢、「孚弟王」＝継体と捉える山尾幸久氏の説であろう。[27] この他に「孚弟王」を「男弟王」と読み「曰十大王」「男弟王」ともに顕宗とする沖森卓也氏や石和田秀幸氏の説がある。[28] この沖森・石和田説では顕宗が自らを弟王と称したことになる。この場合名のる相手が兄である仁賢に対するものであれば理解できなくもないが、百済から派遣された人物による作鏡が主たる内容であり、弟と称するべき必然性がなく、その解釈には難がある。さらにいうなれば顕宗・仁賢は実在性そのものに問題がある。それを留保したまま人物比定を行なっても有効ではないと考える。ただし、「孚弟王」「男弟王」を固有名詞として捉える立場ではその読みにおいて音訓混淆となる。そうした読みは時期的に難かしいとする沖森氏の批判は順当なものであり、現状ではこの問題に断案はないと考える。本章で注目すべきは人物比定よりもその王号である。「曰十大王」「孚弟王」はいずれも「王」と記すのみであり、君主に対して「治天下」が付されていない点にこそ注目したい。[29]

右のような「天下」を記さない銘文の存在も考慮に入れて「天下」観念の成立を考える必要がある。④の「癸未年」について近年では五〇三年とすることが有力であることからすれば、六世紀初頭までは、「天下」という概念は統治行為に関わる用語として十分に通用しておらず、「天下」という概念を受容しているものの、いまだイデオロギーとして確立していない過渡的な時期であったと見なし得る。倭王権を中核とするヤマト政権の支配が強固になる六・七世紀に君主称号に不可分の概念として定立し、金石文に頻出するようになったということになる。

2　文献における「天下」

それでは二次的に編纂された文献史料では「天下」についてどのような用法を看取できるか。ここでは特にその歴史意識を窺える史書から読み取ってみる。まず『古事記』の用例を調べると、「天下」の用例は八八例あり、そのうち「治天下」の用法が八一例と過半を占める[30]。具体的に見ると、歴代天皇の冒頭記載において「某命、坐某宮、治天下也（某命、某宮に坐して治天下也）」と記し、統治者であることを「治天下」によって明示する[31]。また、その王子記載において、王子のうち即位した者に対して「治天下也」と附記することで他の王子と区別している。総じて『古事記』の「天下」の用法は、支配の主宰者としての立場を示すという金石文の用法と軌を一にしている[32]。その意味では『古事記』は部分的に古い表現を残しているといえるかもしれない。

これに対して六国史である『日本書紀』『続日本紀』の用例は多岐に渉るようになり、その用例を整理したのが表7である。管見の限りでは書紀で一四七例、続紀では三七九例を数える。それらは、a支配や政治的行為を直接的に指す語として表れる例、b社会・民衆を比喩する間接的な例、c若干のその他、という三つに分けることができる。これらの用法を厳密に区分することは困難であるが、いずれも支配の主体から見てその客体に当たる存在が「天下」と称されており、このことから「天下」とは律令国家においても支配の対象を指すことばであったことが明らかである。

こうした文献の用法は編纂された時期からどれほど遡らせて考えることができるだろうか。それを推測する手段として、詔勅・ミコトノリにおける「天下」の叙述形式の歴史的推移に着目したい。それは、引用という点で地の文に比べて段階差を測りやすいからである。表8は七・八世紀前半における詔勅を中心にした布告の宣布対象を並べたものである。この表から読み取れることは二つある。

第一に、ミコトノリの呼びかけ対象について見てみると、『書紀』ではその対象が臣・連・伴造・国造で止まることが多く、百姓まで含む例は少ない。百姓までを対象とするわずかな例についても、大化改新詔など信用性に問題のあるものが多い。これに対して『続紀』での呼びかけ対象は概ね公民まで含んでいる。つまり、七世紀のミコ

表7　『日本書紀』『続日本紀』における「天下」の用例

		書紀	用　例	備　考	続紀	用　例	備考
支配の直接的対象	支配主体の明示	11	天下之主者、天下之位		－		
	支配の対象	49	治天下、王天下		36	治天下、君臨天下	
	政治の対象	6	告天下		80	告天下、令天下	
	徳治の対象	14	赦天下	後半に偏在	77	赦天下慈天下	
	「食国天下」	－			25	～之政、之業	詔
間接的比喩	民	21	天下共知、蚩於天下		72	天下公民、天下歓慶	
	社会	17	聞於天下、名振於天下		20	天下行業之徒、天下難事	
	状態	19	天下太平、天下乱	中盤まで	19	天下安寧、天下憂苦	
	「天下の～」	－			43	天下諸社、天下盗賊	
	空間	4	周行天下、溥潤天下		5	分行天下、流宕天下	
その他	その他	6	天下之要用、天下之大本		2		
	総計	147			379		

トノリは支配者層のみを対象とするのに対して、律令国家成立以後は支配客体である公民を組み込むようになっており、きわめて対照的である。このことは律令国家の成立とそれと連動する公民身分の創出を劃期として、ミコトノリによる呼びかけの対象が支配者層に限定される段階から被支配者層を含みこむ段階へ拡大したことを推測させる。

第二に、令制において創出された支配客体である公民・百姓も詔勅での呼びかけの対象となるが、「天下」は公民・百姓に係る冠辞として用いられており、百官人以上には係らないことである。このことは詔勅のみならず『古事記』においても該当する。允恭段には木梨軽皇子と軽大娘の近親相姦が発

表８『日本書紀』『続日本紀』における臣・民層のカテゴライズ

年　月	皇　子	王	公卿大夫	百　官	臣	連	伴造	国造	村首		百　姓	備　考
雄略２・10					○	○	○	○				
雄略23・８					○	○	○					
清寧元・正					○	○	○			等		
顕宗２・３			公卿大夫		○	○	○	○				「国造伴造」
敏達12					○	○	○	○			百　姓	「二造」
推古28					○	○	○	○		百八十部	公　民	
皇極４・６	諸皇子	諸　王	諸卿大夫		○	○	○	○				
孝徳即前				百　官	○	○	○	○		百八十部		
大化元・９					○	○	○	○				「臣連等…」
大化２・正					○	○	○	○	○			
大化２・２			卿　等		○	○	○	○			諸百姓	「国造伴造」
大化２・３			群卿大夫		○	○	○	○			諸百姓	「国造伴造」
大化２・３			群卿大夫				○	○			諸百姓	「国造伴造」
			群　臣				○					
大化２・８					○	○	○	○				
			卿大夫		○	○	○			氏氏人等		「名名王民」
大化３・４					○	○	○	○				
白雉元・２			公　卿		○	○	○	○		等		
天武２・５			公卿大夫		○	○	○			等		「諸臣連并伴造等」
天武５・４					○	○	○	○				「伴造之子、国造子」
文武元・８	皇子等	王　等		百官人等							天下公民	
慶雲元・５	親　王	諸　王		百官使部								
慶雲２・11	親　王	諸　王	臣	已上								
慶雲４・７	親　王	諸　王	諸　臣	百官人等							天下公民	
和銅元・正	親　王	諸　王	諸　臣	百官人等							天下公民	
養老７・10	親　王	諸　王	公卿大夫	百寮在位								
神亀元・２	親　王	諸　王	諸　臣	百官人等							天下公民	
天平元・８	親王等	諸王等	諸臣等	百官人等							天下公民	
天平元・８	親王等	汝王臣等										
勝宝元・４	親　王	諸　王	諸　臣	百官人等							天下公民	
勝宝元・７	親王等	王　等	臣　等	百官人等							天下乃公民	
宝字元・７	親　王	王	臣	百官人等							天下公民	
宝字２・８	親　王	諸　王	諸　臣	百官人等							天下公民	
宝字２・８	親　王	諸　王	諸　臣	百官人等								
宝字３・６	親　王	王	臣	百官人等							天下公民	
景雲３・５	親　王	王	臣	百官人等							天下公民	
宝亀元・10	親　王	諸　王	諸　臣	百官人等							天下公民	
宝亀元・11	親　王	王	臣	百官人等							天下公民	
宝亀３・３				百官人等							天下百姓	
宝亀３・５				百官人等							天下百姓	
宝亀４・正	親　王	諸　王	諸　臣	百官人等							天下公民	
天応元・４	親王等	王　等	臣　等	百官乃人等							天下公民	
天応元・４	親　王	諸　王	諸　臣	百官人等							天下公民	
天応元・４	親　王	諸　王		百官人等							天下公民	

覚した時の周囲の反応として「百官及天下人等、背軽太子而帰穴穂御子（百官及び天下の人等、軽太子を背きて穴穂御子に帰す）」と記すが、ここでは百官と天下の人は峻別され「天下」は百官には係っていない。もとよりこの記事の信憑性を忖度するものではない。『古事記』編纂段階において説話を表記する際に、当時の通念が如実に表れたものであろう。

この二つの傾向を合わせると、君主のミコトノリはその宣布対象に変化があったことになる。すなわち律令制前の「天下」とは、「治天下」を通じて支配者層内で共有される概念であったが、ミコトノリにおける呼びかけが支配客体に及んでいないという点で支配者層と支配客体の共同性は貫徹されていなかった。ところが律令国家の成立によって支配客体が詔勅において「天下公民」として呼びかけの対象に組み込まれるようになる。公民制の成立によって支配客体に呼びかける必要が生じると、その名称として令制前からの概念であった「天下」が付与されたということになろう。律令国家の成立は、ミコトノリの対象を拡大させたのである。

これらを総括すると「天下」とはあくまでも支配の対象を指す語句であり、特に「治天下」と称して支配者層から支配客体への統治というベクトルでの関与を表す語として使用された。従来のような「天下」を支配領域的空間としてのみ理解することには一考を要する。

そのことは倭王権による空間編成からも指摘できる。倭国において支配空間を領域として編成するのは七世紀を通じて推し進められてきた。それが一定程度達成されるのは天武朝であり、天武十二年（六八三）に行政区画としての国の境界の策定が始められている。

⑤『日本書紀』天武十二年十二月丙寅条

遣諸王五位伊勢王・大錦下羽田公八国・小錦下多臣品治・小錦下中臣連大嶋、并判官・録史・工匠者等、巡行天下而限分諸国之境堺。然是年不堪限分。

（諸王五位伊勢王・大錦下羽田公八国・小錦下多臣品治・小錦下中臣連大嶋、并せて判官・録史・工匠者等を遣わして、天下を巡行して諸国の境堺を限り分く。然れども是年限り分くに堪えず。）

右において国を空間領域として編成する作業に着手するが、いまだそれは完遂し得ていない。天武十三年には「遣伊勢王等定諸国堺（伊勢王等を遣わして諸国の堺を定む）[33]」、天武十四年にも「伊勢王等亦向于東国。因以賜衣袴（伊勢王等亦た東国に向う。因りて以て衣袴を賜う）[34]」とあるように、天武朝後半に伊勢王を中心に国境画定政策は継続されており、この段階においても領域区画を実行することは困難が伴うことであったことが窺える。それが実現するのは律令国家まで待たねばならない。

すなわち、天武朝より以前の段階において領域的支配は甚だ未熟であり、それを前提とすれば六世紀から七世紀中葉までにおいて支配イデオロギーとして前面に出てくる「天下」を領域的に捉えすぎるべきではないだろう。

本節では倭国の「天下」が権力による支配という行為の自覚化に基くものであることを論じた。銘文における使用状況に鑑みると、「天下」は早期のうちに君主が支配の主体たることを示す君主の名のりとして定着した可能性が高い。また、領域的な意味はそれを認めるとしても副次的なものであり強調されるべきではない。その内実は、令制前の支配客体の総称という抽象的な用法から、令制において公民を示す語として具象化された。かかる「治天下」の用法の展開は王権・国家支配の進展とリンクしているといえる。

Ⅱ　東アジア諸国の「天下」とその比較

前節で倭国における「天下」の使用を確認したが、そもそも倭国が導入した「天下」概念は倭国の独創ではなく、元来は中国思想における概念である。そこで問題となるのは、本来中国思想である天下観念がいかにして倭国に受容され、「天下」観念という支配イデオロギーとして確立したかということである。本節では中国・朝鮮の天下観念を検討して、倭国の「天下」観念と比較することでその特質を探ることにする。

1　中国の天下

まず中国における天下観念について確認しておく。中国における天下[35]については戦前から議論が交わされており、中国の支配領域の枠組みを超えた世界としての理解[36]と、支配領域と同義と捉える理解[37]があった。現在では、中国の実体的な政治的支配の範囲を示す限定的な空間すなわち中華を範囲とする天下と、夷狄を含めた広大無辺な理念的な天下、という二つの意味を有する包括的な概念として理解されている[38]。その成立過程について整理すると、もともと天下とは隔絶性・限定性を持つ世界観として成立した[39]。中国では西周時代から天の観念が確立するが天下の用例は少なく、その出現を春秋時代末期から戦国時代初期に想定する研究もある[40]。ただし、出現自体を遅らせずともその成立と普及に時期的なズレを想定する指摘に則れば問題ないだろう[41]。

天下の無限性を表すものとしてよく知られるのが次の史料である。

⑥『詩経』北山

溥天之下、莫非王土、率土之浜、莫非王臣。

（溥天の下、王土に非ざるは莫く、率土の浜、王臣に非ざるは莫し。）

無限性を象徴すると理解されがちな右のフレーズは、実際には周の天子が支配する限定的な空間を表すものであり[42]、王土無限という観念や天子支配の絶対性を示すものではなかった(43)。天子の権力が及ばない外部は「四海」「四冥」などと称され、中国文明の及ばない夷狄がそこに存在すると考えられた。こうした限定的な空間としての天下は、中国の交通の拡大とともにそこに含む範囲を拡げ、春秋末から戦国時代にかけて天下は理念的に全世界を意味するようになる(44)。こうした天下の思想的深化によって観念の理論化がすすめられ、『尚書』における天下画分観や五服・六服の政治的宇宙観を生みだした(45)。さらに前漢に儒教が国家イデオロギーとして採用され発展・統一史観を特徴とする公羊学が強調されるようになると、天下における天子の徳治が重視されるようになる。それは外交を通じた異民族の外臣化という行為を経て、実効的政治支配の外部への君臨の根拠として機能するようになり、天子が広域的な天下を支配すると理解されるようになる。そして隋代には、「朕纂成宝業、君臨天下。日月所照、風雨所沾、孰非我臣（朕、宝業を纂成し、天下に君臨す。日月の照らす所、風雨の沾す所、孰れぞ我が臣に非ざるや）(46)」と称されるに至る。このように中国の天下観念は、限定的な実効支配の空間から無限定の理念的空間へとその対象を拡大した。それゆえ、後代になると後者の概念が強調されるようになる。

しかし、これに対して近年では渡辺信一郎氏が、中国の天下は実効的支配領域を指すものであり限定的空間とすることを強調する理解を提起した上で、広域的な「天下」と限定的な「天下」の両概念を止揚する必要性を指摘している(47)。氏の指摘で注目すべきなのは、天と皇帝と民衆の関係を定義する生民論である(48)。生民論とは、「天、烝民ヲ生ム」と記されるように(49)、天が民衆を生み出し、天子が天から委嘱を受けて民を統治するという三者の関係に支配権力の根拠の由来を求めるものである。序章で述べたように、支配イデオロギーは権力を保証する権威と支配権力、支配される客体という三つの要素から構成される。中国では天（保証権威）、天子（支配権力）、民（支配客体）としてそれぞれ位置づけられる。そこでその相互関係を確認しておく。

まず支配権力と支配客体の関係は支配行為における実体として容易に理解できるだろう。

次に保証権威と支配権力の関係を考える。その関係は権力の正当化を意味するが、時には天の意向によって天子が代替可能であると説明され、それが革命思想の根拠になる。もう少し詳しく見ておくと、中国皇帝は天子として天との関係を郊祀によって構築した。その祝文を見ると、その冒頭部において天に対して「維某年歳次月朔日子嗣天子臣某」と名のる。「臣」と称していることから明らかなように、その関係は君臣関係である。中国において受命して人物が即位して王朝を開くと、その王朝が天に代わり天下を支配することになる。ただし、天命の正統性は王朝の開基である受命者に止まるものであり、その子孫の皇帝に引き継がれていくものではない。そのことを示すのが次の二つの記事である。

⑦『後漢書』巻三二　樊儵伝

其後広陵王荊有罪、帝以至親悼傷之。詔儵与羽林監南陽任隗雑理其獄。事竟、奏請誅荊。引見宣明殿、帝怒曰、諸卿以我弟故、欲誅之。即我子、卿等敢爾邪。儵仰而対曰、天下高帝天下、非陛下之天下也。春秋之義、君親無将、将而誅焉。是以周公誅弟、季友鴆兄、経伝大之。臣等以荊属託母弟、陛下留聖心加惻隠。故敢請耳。如令陛下子、臣等専誅而已。帝歎息良久。儵益以此知名。

（其の後、広陵王荊罪有り、帝、至親たるを以て之を悼傷す。儵と羽林監南陽任隗とに詔して其獄を雑理せしむ。事竟りて、荊を誅せんことを奏請す。宣明殿に引見するに、帝怒りて曰く、「諸卿、我が弟の故を以て、之を誅せんと欲す。即ち我が子なれば、卿等敢えて爾するや」と。儵仰ぎて対えて曰く、「天下は高帝の天下にして、陛下の天下に非ざる也。春秋の義、『君、親は将いること無く、将いて誅するのみ』と。是を以て周公の弟を誅し、季友の兄を鴆すること、経伝之を大とす。臣等おもえらく、荊は母弟たるに属託し、陛下は聖心を留めて惻隠を加う。故に敢えて請う耳。たとい陛下の子にしても、臣等専ら誅する而已」と。帝歎息すること良や久し。儵益す此を以て名を知る。）

後漢の永平二年（五九）に明帝の弟の広陵王荊が罪を犯して樊鯈らが誅することを奏請して明帝がそれを拒否した記事であるが、その際の樊鯈の発言に注目したい。天下とは受命者たる高帝（高祖）の天下であり、明帝が恣にできるものではないとしている。

⑧『旧唐書』巻八四　郝処俊伝

三年、高宗以風疹欲遜位、令天后摂知国事、与宰相議之。処俊対曰、嘗聞礼経云、天子理陽道、后理陰徳。則帝之与后、猶日之与月、陽之与陰、各有所主守也。陛下今欲違反此道。臣恐上則謫見于天、下則取怪于人。昔魏文帝著令、身崩後尚不許皇后臨朝。今陛下奈何遂欲躬自伝位於天后。況天下者、高祖・太宗二聖之天下、非陛下之天下也。陛下正合謹守宗廟、伝之子孫。誠不可持国与人、有私於后族。伏乞特垂詳納。

（三年、高宗風疹を以て位を遜らんと欲し、天后をして国事を摂知せしめんとし、宰相と之を議せしむ。処俊対えて曰く、「嘗て聞くに、礼経云く、『天子は陽道を理め、后は陰徳を理む』と。則ち帝の后と与にするは、猶お日の月と与にし、陽の陰と与にして、各主守する所有る也。陛下、今此の道に違反せんと欲す。臣、上は則ち天に謫見し、下は則ち人に怪を取ることを恐るるなり。昔魏の文帝は令を著し、身崩ずるの後も尚お皇后の臨朝を許さず。今陛下、いかんぞ遂に躬自ら位を天后に伝えんと欲するや。況んや天下は高祖・太宗二聖の天下にして、陛下の天下に非ざる也。陛下正に宗廟を謹守し、之を子孫に伝えるべし。誠に国と人とを持して、私を后族に有するべからず。伏して特に詳納を垂れんことを乞う」と。）

上元三年（六七六）に高宗が則天武后に帝位を譲ろうとした際に郝処俊がそれを諫めた記事である。ここでも天下は高祖・太宗の天下であって高宗が他姓に譲る権限はないという論理が展開されている。

これらのように漢唐間では、皇帝の天下支配は帝位継承が為された後においても受命者にその根拠が置かれたのである。それは即位儀礼にも反映している。中国における即位儀礼の研究としては尾形勇氏が皇帝即位と天子即位の二重性を指摘し、さらに受命者たる王朝の開基者は天子として即位した後に皇帝となるが、その子孫である帝位継承者は皇帝として即位した後に天子となると論じた(50)。近年では金子修一氏の精緻な研究によって、受命者の即位は皇帝・天子の二段階であるのに対してその子孫は皇帝としての即位のみであることが明らかにされている(51)。皇帝による天下支配の正当性の根拠という先述の視点から考えた場合、継承者は天下支配の正当性について高祖に依拠するということは、天子としての即位がない点において重要である。

最後に、保証権威である天と支配客体である民の関係については、それを生民論によって直接的に設定したところに中国の特徴がある。この保証権威と支配客体の関係が成立することによって、支配権力たる天子は天から委嘱を受けて民を統治するという構造をとることになる。天子が存在するにあたって天―民関係が軸となる関係として位置づけられている。保証権威と支配権力と支配客体は相互に三つの関係を取り結んでいたといえる。このように中国における天下は、理念的には世界全体を指し得るが、実体的には皇帝の支配が及ぶ範囲の領域であり、なおかつそこに居住する民（烝民）ということになる。

このように中国の支配イデオロギーは天・天子・民の三者の相互関係から成り立っていた。その関係が及ぶ範囲が天下なのであり、実体的には皇帝が直接的に支配し得る範囲が天下として意識されたのであろう。

ただし、中国の天下イデオロギーがその外部に対する君臨に機能しないわけではない。この点については、栗原朋信氏は皇帝の支配を法の及ぶ内臣と礼の及ぶ外臣、徳の及ぶ客臣に区別し得ると述べていることが参考になる(52)。客臣の理解については堀敏一氏の批判があるが(53)、皇帝との関係という点において内臣＝国内、外臣＝封冊を受ける夷狄（外藩）、客臣＝封冊を受けない夷狄（絶域）と捉え直すことによって理解が可能となる。すなわち、皇帝が直接的に支配するのは国内であるが、封冊によって名分的に君臣関係を取り結ぶ外藩についてもその支配は及んでいることになる。また、絶域は名分的関係も成立していないことになるが、皇帝の徳が及ぶことによってその支配に入る可能性を持つものとして位置づけられた。法における天下はその実効性ゆえに対象が国内に限定されるが、一方で夷狄（外藩・絶域）を射程に入れた天下というのもあり得ることになる。かくして中国の天下における限定性と無際限性という一見すると矛盾するかのような性質は同時に理解することが可能となる。

2　朝鮮における「天下」

倭国における中国の学芸・思想の受容は必ずしも中国から直接的にではなく、朝鮮半島を媒介として果たされたであろうことは想像に難くない。比較という点では朝鮮半島における「天下」概念についてもふれておく必要がある。ところが、朝鮮古代において「天下」概念はあまり確認できない。

まず高句麗では牟頭婁墓誌が挙げられる。

⑨牟頭婁墓誌

大使者牟頭婁

乂

河泊之孫日月之子鄒牟

聖王元出北夫餘天下四

方知此国都最聖□□□

治此都之嗣治□□（後略）

この墓誌については武田幸男氏の研究がある。[54] 武田氏は内容を、A 題記、B 祖先の事績、C 祖・冉牟の事績、

D 祖と父の事績、E 自身の事績、に五区分して構成を整理している。その四行目に「天下」が表れており、「高句麗を中心とした天下思想」の存在を指摘している。そして、その背景にあるのは三行目に見える河伯の孫、日月の子とする観念であり、それは高句麗独自の「天」の思想として広開土王碑に最も顕著に示されている。

⑩広開土王碑

惟昔始祖鄒牟王之創基也。出自北扶餘、天帝之子、母河伯女郎、剖卵降出生子。

（惟れ昔、始祖鄒牟王の創基也。北扶餘より出で、天帝の子、母は河伯女郎、卵を剖き降り出で子を生む。）

碑文の冒頭において高句麗王権の出自として父を天帝、母を河伯の娘とする。北方系の降臨神話の影響を強く受けて王権の始祖を天と関わらせて位置づけており、朝鮮においても独自の天の思想が存在したことが見て取れる。特に高句麗は倭国に対してもかかる立場を表明していたことが知られる(55)。

⑪『日本書紀』大化元年七月丙子条

巨勢徳太臣、詔於高麗使曰、明神御宇日本天皇詔旨。天皇所遣之使高麗神子奉遣之使、既往短而将来長。是故可以温和之心相継往来而已。

（巨勢徳太臣、高麗使に詔して曰く、「明神御宇日本天皇詔旨。天皇遣わす使と高麗の神の子の奉遣せる使と、既往短くして将来長からん。是の故に温和の心を以て相継ぎて往来すべき而已」と。）

高句麗の神話は北方系の降臨神話の影響を強く受けたものであり、その王は「天帝」あるいは「神」の子として君臨した。そこに中国の影響を受けてその統治する世界観として「天下」という概念が導入されたのであろう。

しかし、朝鮮においてその後も「天下」という世界観が継続的に支配イデオロギーとして機能していた様子は窺えない。わずかな用例としては栢栗寺石幢記を挙げることができる。

⑫栢栗寺石幢記

呼奈何、天下□□□□□□□□□□□□子□□□□□□□□□□□□食□□□□□□□□□□□所計□□大意古人□言□問蓋□□□□君即□□昔日小児非□所能獣敬□曰□□□□□可□□乎□□□□□□如白□子如是豈非是乎□□天下仏教流行□動之類□□□□国豊民安可通三韓□□四海獣曰□列臣□□□聞秘計□□□□北西之兵恒以四□□□□□予聞是已□□□□□□□□□□□□□□□為権獣曰□□□（第三面）

石幢記の年次は憲徳王十年（八一八）と推定されている[56]。古代朝鮮においても天下思想が流入していたことを示す貴重な史料であるが、判読不能部が多いため内容を把握しがたく、ここに表れる「天下」が新羅における「天下」を指すのかどうかも覚束ない。

このように朝鮮古代史は文献において大きな制約があるが、それを補う金石文においても「天下」はほとんど現れない。それ自体が朝鮮古代史における特質といえる[57]。もとより朝鮮が中心となる世界観が形成されなかったわけではない。酒寄雅志氏は朝鮮三国や渤海の華夷意識を総括的に検討して、そのエスノセントリズム（自己中心意識）の有り様を明らかにしている[58]。他にも、たとえば七世紀の新羅は皇龍寺九層塔において仏教的世界観に拠って自国を中心と位置づけた[59]。また、高麗においては八関会という固有信仰と仏教が結合した祭儀を前提とする秩序が構築されている[60]。このように朝鮮においても「天下」観念に拠らない世界観の構築が見て取れる。中華思想の継受については、新羅では中国を含めた世界の中に自己を中心・中華として位置づけるまでには至っていないが[61]、朝鮮王朝には、明清交替によって中華を体現する明が滅び夷狄である清が中原を席巻した所謂華夷変態において、中原において清を中華として位置づけるのではなく中華が滅亡したものと見なし、朝鮮王朝がそれを引き継ぐ「小中華」であると自己認識している。ここにおいて朝鮮が中華であり、清は夷狄という華夷観念の逆転現象が発生し、朝鮮を主体とする世界観ができることになる[62]。

とはいえ、朝鮮における「天」の思想が中国の天下思想と結びついて継続的に「天下」として発現することはなかったといわざるを得ない。その原因を考えると、朝鮮半島の国家の多くは中国王朝の封冊を受けて冊立される関係にあり、それが思想的に大きく作用した可能性を推測できる。中国の封冊を受けるということは中国を中心とした世界観に参加することを意味するものであり、朝鮮独自の「天下」的世界観が出現することを阻むことになったものと考える。基本的には朝鮮の君主はその多くが即位において中国皇帝の冊立を前提としていたことは事実であり、朝鮮が中国王朝の天下秩序の一端を構成するものであることを名分論的に肯定していたケースが多い。『高麗史』『朝鮮実録』では国王の記事は世記として記され、本紀は中国皇帝のそれとして位置づけられた。その傾向は時代を遡るほどに強まるといえよう。朝鮮が「天下」的世界観を採用したとすれば、中国との政治イデオロギー的対立を惹起するおそれが高い[63]。それは回避されるべきことであり、朝鮮の世界観が天下観念というかたちで表象化されることがないのはかかる理由によると考える。

3　倭国の「天下」とその特質

a　「天下」の範囲

前項まで中国・朝鮮半島における天下について概観した。中国の天下は、法の及ぶ支配領域に限定される場合と広域的な全世界を意味する場合の二つの用法がある。ここで注意しなければならないのは、いずれの理解にしても中国にのみ天下が存在するという点でその唯一性は同じということである。一方、朝鮮では名分上は国王が中国からの封冊を受けることによってその天下に属する藩屏国として自らを位置づけており、中国の天下的世界観を共有していることができる。このことをふまえて倭国における「天下」の特質について論じる。

実効的支配の有限的天下と理念的な無限的天下という二つのレベルで成り立っていた中国の天下観念に対して、倭の「天下」は支配の対象として観念レベルにおいて具象化したという点において有限的であり、それが成り立つのは東北や九州南部を除いた列島の実効的支配領域に限られるといってよい。ただし、先行研究には倭国の「天下」に国内のみならず国外を含める見解もあることは先述の通りである。そこで、倭国の「天下」に中国・朝鮮が含まれ得るか、まず検討することにする。

第一に中国との関係については、冊封体制からの離脱という点からいえば現実の外交関係はなくなっており、中国を「天下」に含めてもひとまず実態との齟齬は隠蔽される。しかし、中国王朝との外交が断絶していた六世紀も、百済・高句麗を通じて中国の情報は断片的ながら入手していたことは間違いなく、だからこそ開皇十八年（五九八）に隋が高句麗を攻撃した後の開皇二十年（六〇〇）に遣隋使が派遣されたのである。関心の多寡はあるだろうが、倭国が宋滅亡以降の中国王朝の存在を知らなかったということはありえない。そして、そのような状況下において中国をも支配の対象とするような「天下」の用例は見当たらない。六世紀末に至って隋と外交が成立するようになるまで中国との関係が捨象されているという事実は、むしろ倭国にとって中国を含み込む広域的世界観が成立していなかったということを指し示している。

第二に朝鮮半島について、国別に検討してみる。

まず高句麗であるが、遡って五世紀における使持節都督某国諸軍事の称号について、倭国は百済・新羅・「任那」は自己の勢力範囲として組み込もうとするものの、高句麗は一貫してその軍事的支配権の埒外と捉えており、朝鮮に限っても外交関係全体を総括するような広大な世界観は成立していない。また、先掲⑪において高句麗王を「神子」と呼んでいることからすると、倭国は高句麗を異なる神の秩序の存在と認識していたことがわかる。

百済との関係では、五世紀における倭の五王の宋への諸軍事号要請について、百済に対する軍事的支配権は一貫して認められていない。六世紀になっても百済は南斉・梁から封冊を受けており、百済は倭国に外交交渉上においてそのことを伝えていたであろう。(64) これらのことを併せて考えると、百済と倭国との間に君臣関係もしくはそれに類する上下関係を想定することはできない。

一方、新羅と加耶について倭国は宋から軍事的支配権を承認されていた点は百済と異なる。しかし、新羅は普通二年（五二一）に「王姓募名秦、始使使随百済奉献方物（王、姓は募、名は秦、始めて使を使わして百済に随いて方物を奉献せしむ）(65)」とあるように、百済を介して梁との外交関係を成立させており、六世紀中葉の法興王代に急速に国力を伸ばしている。逆に加耶は同時期に新羅や百済に併合されることにより滅ぶ。まさに倭国の「天下」観念が形成されている六世紀前半に、倭国と新羅・伽耶の五世紀的な関係がそれぞれ変化している。少なくとも両国が倭国の「天下」に実体的に含まれると見なすことは困難といわざるを得ない。新羅や伽耶に対する倭国の宗主的な立場というものは八世紀の日本律令国家がその蕃国視を歴史的に遡らせることによって主張したにすぎず、六・七世紀の関係について実体的な君臣関係を想定するのは困難である。

ただし、新羅・百済については両国が倭国を大国と見なしていたという史料から倭国の優越的な立場を読み取れることが反証として挙げられることがある。

⑬『隋書』巻八一　倭国伝

新羅・百済、皆以倭為大国多珍物、並敬仰之、恒通使往来。

（新羅・百済、皆倭を以て大国にして珍物多しと為し、並びに之を敬仰し、恒に使を通わして往来す。）

しかし、この記事の「大国」を君臣関係で捉えるべきではない[66]。そのことは倭国伝におけるもう一つの「大国」からも解釈できる。

⑭『隋書』倭国伝

其王与清相見、大悦曰、我聞、海西有大隋、礼義之国。故遣朝貢。我夷人、僻在海隅、不聞礼義。是以稽留境内、不即相見。今故清道飾館、以待大使。冀聞大国惟新之化。

（其の王、清と相見え、大いに悦びて曰く、「我聞く、海西に大隋有り、礼儀の国なりと。故に遣わして朝貢す。我は夷人にして、海隅に僻在し、礼儀を聞かず。是を以て境内に稽留して、即ち相見えず。今故に道を清め館を飾り、以て大使を待つ。冀くば大国惟新の化を聞かん」と。）

右は裴世清の来朝時の倭王の発言であるが、倭国は隋を「大国」と呼んでいる。しかし、「日出処天子」の国書に明らかなように倭国は隋とは対等な関係を志向していたのであり、それを前提としながら隋に対して謙って自らを「夷人」、隋を「大国」と称した。倭国は隋を「大国」と位置づけながらも互いに「天子」と称することを意識しており、そこには君臣関係は考慮されていない。かように倭国の用いる「大国」の論理を捉えると、倭国と新羅・百済の関係においても同様に考えなければならない。「大国」は外交上の敬称として理解できるものの、それが構造的な上下関係を示すとは考えがたい。さらにいうなれば、百済や新羅が倭国を大国と見なすという⑬の主張はあくまでも倭国が隋に対して伝えたものであり、実際に新羅・百済がいかに倭国を認識していたかということは別に検討されなければならない。

そして、当該期の倭国の対外的な世界観は右のような個別的外交関係の累積として認識される段階であった。そのことは当該期の外交儀礼のあり方からも裏付けられる。

⑮『日本書紀』推古十六年四月条
小野臣妹子至自大唐。唐国号妹子臣曰蘇因高。即大唐使人裴世清・下客十二人、従妹子臣至於筑紫。遣難波吉士雄成、召大唐客裴世清等。為唐客更造新館於難波高麗館之上。
（小野臣妹子、大唐より至る。唐国、妹子臣を号して蘇因高と曰う。即ち大唐使人裴世清・下客十二人、妹子臣に従いて筑紫に至る。難波吉士雄成を遣わし、大唐客裴世清等を召す。唐客の為に更めて新しき館を難波高麗館の上に造る。）

右では、推古十六年（六〇八）の裴世清の来朝に際して難波の「高麗館」の近在に隋使迎接用の新たな館を造営している。高句麗の外交使節用の館と隋使を迎接する館は別であった。すなわち、外交を総括的に司る施設は成立しておらず、対高句麗、対隋といった個別の外交関係ごとに施設が準備されていた。こうした外交のあり方に対外的な世界観も規定されたと考えるべきである。

このように当時の国際関係を理解すると、高句麗・百済についてはは倭国の「天下」に組み込まれるとは考えられず、新羅・加耶についても「天下」形成期にすでにその実体はなくなっていたと見なさざるを得ない。結局のところ中国・高句麗・百済・新羅・伽耶はそれぞれが独自に倭国との関係を展開させており、それらを一括して倭国の「天下」に属していたと見なすのは、個別的関係を捨象した議論に陥ってしまう。六世紀末に至って隋と外交が成立するようになるまで中国との関係が捨象されているという事実や、朝鮮を臣属国視する蕃国観が最終的に形成されるのは七世紀後半以降のことであり、(67)六世紀の段階では朝鮮半島は倭国の「天下」の対象とはなっていないと考えるべきであることを重ね合わせると、六世紀における倭国の外交は、朝鮮や中国を含み込む広域的かつ理念的な独自の世界観が要請されることがなかったというべきである。

要するに倭国の「天下」とは君主の実効的政治支配力が貫徹する社会的関係に、中国の天下観念をあてはめて再構築したものであり、対外関係を総合的に含みこむ段階まで至っていない。その範囲を空間的に捉えるならば、それは列島内に止まるものであり、倭国が継受した「天下」の用法は狭義のもののみということになる。換言すれば、倭国は朝鮮諸国や中国王朝の存在を知りながらも「天下」の内にそれを支配の対象として含み込むことはできなかったという限界を最初から有していたのである。それは八世紀にも引き継がれる問題であり、記・紀に記される律令国家の「天下」は朝鮮三国を蕃国とみなす政治的関係を前提としている。しかし、それは日本側の主観的なフィクションであり日羅関係を律するには至らず、外交的対立の要因となって遂には途絶することになる(68)。

b　支配をめぐる関係の中の「天下」

「天下」とは支配の客体であり、その成立当初の段階で中国・朝鮮は含まれなかった。それでは倭国の支配イデオロギーにおいて「天下」はいかに位置づけられるのか。先述のように支配をめぐる諸関係は、中国では権威・権力・客体は天・天子・民という三者の相互関係として把握できる。そこで同様に構成要素とその関係を分析してみる。

五世紀の倭国について権威・権力・客体を考えると、冊封体制であることから保証権威は宋皇帝、支配権力は倭国王である。ところが支配客体については中国皇帝によって「倭国」が認定されるものの、倭王権が自らこれを総括的に表現した語句は史料上確認できず、権力が支配客体を自覚的に対象化するには至っていない。その背景には、部族長連合的な体制であった当時の実態を念頭に置くべきであろう。すなわち、五世紀の倭国において三者の関係は中国のような相関構造をとっておらず、君主を頂点とする一元的な政治支配の達成にも程遠い未熟な段階であったと位置づけられる。しかし、六世紀以降倭国の支配イデオロギーにおける保証権威・支配権力・支配客体が変化する。それと「天下」観念の成立はリンクしていると見なすべきであろう。そこで三者の相互関係を整理しながら確認しておく。

まず保証権威と支配権力の関係であるが、ここで問題となるのが保証権威である。五世紀のような中国との外交が途絶えると、権威に中国皇帝を措定することはできない。また、律令国家の天皇制においては天皇が皇孫と位置づけられるように、血統的な皇祖が天皇の権力の由来を保証する権威である。[69]問題となるのはその変化の過程であり、まさに六・七世紀がそこに位置する。当該期の保証権威について具体的に窺える史料として『隋書』倭国伝が挙げられる。

⑯『隋書』倭国伝

開皇二十年、倭王姓阿毎、字多利思比孤、号阿輩雞弥、遣使詣闕。上令所司訪其風俗。使者言、倭王以天為兄、以日為弟。天未明時出聴政、跏趺坐、日出便停理務、云委我弟。高祖曰、此太無義理。於是訓令改之。

（開皇二十年、倭王、姓は阿毎、字は多利思比孤、阿輩雞弥と号し、遣使して闕に詣る。上、所司をして其の風俗を訪わしむ。使者言わく、「倭王は天を以て兄と為し、日を以て弟と為す。天未だ明けざる時に出でて聴政し、跏趺坐し、日出ずれば便ち理務を停め、『我が弟に委ぬ』と云う」と。高祖曰く、「此れ太だ義理無し」と。是に於いて訓して之を改めしむ。）

六世紀末の時点で倭国の君主は「天」を兄とする観念が成立しており、その擬制的血縁関係によって君臨していたことが窺える。すなわち、権力を保証するものは「天」の観念であった。ここで留意すべきは、「天下」観念が受容され、その「天下」が変容してアメノシタ観念が形成され、さらにそれに対応する天＝アメの観念が発現したという指摘である。[70]アメの観念が先にあり、そこからアメノシタが出現したのではない。すなわち、中国皇帝の権威から離脱し「天下」観念を構築したうえで、倭国の君主と「天下」の関係をベースにしながらその君臨を理念的に保証するものとしてアメが措定されたのであり、⑯の記事はその「天下」観念形成の最終段階であったといえる。支配イデオロギーの視点から換言すると、支配権力が支配客体との関係から保証権威を創出したのであり、ここに中国の天下思想を継受しながら自律的世界観を構築した倭国の理念的矛盾を看取できる。日本ではアメと君主との関係は中国のように権力を否定する可能性をはらむという緊張関係を持たないことになる。⑯ではそれは兄弟関係で示されたように、その関係は血縁関係をもって説明され、権力の保証は所与のものとされた。

こうしたアメの観念がさらに整備されて高天原となるのは七世紀後半のことである。[71] 律令制下に至るとさらにそれは整備され、皇祖神と皇孫という系譜関係で神話に語られるようになる。

⑰『日本書紀』神代下　第九段本文

于時、高皇産霊神、以真床追衾、覆於皇孫天津彦彦火瓊瓊杵尊使降之。皇孫乃離天磐座、天磐座、此云阿麻能以簸矩羅。且排分天八重雲、稜威之道別道別而、天降於日向襲之高千穂峯矣。

（時に高皇産霊神、真床追衾を以て、皇孫天津彦彦火瓊瓊杵尊に覆い之を降らせしむ。皇孫乃ち天磐座を離れ、天磐座、此をばアマノイハクラと云う。且つ天八重雲を排し分けて、稜威の道別に道別きて、日向の襲の高千穂峯に天降る。）

右において降臨する天津彦彦火瓊瓊杵尊は一貫して「皇孫」と記されている。天孫降臨の論理では「皇孫」たることが強調されているのであり、ここにその子孫の天皇が君臨する根拠が明示される。天神、特に天照大神との直系的な血統関係によって説明されることで天皇の神格性が保証されるといえる。

そのため保証権威と支配客体の関係は支配権力を媒介とする間接的なものに限定される。第二章でふれたように、五世紀では保証権威たる宋皇帝の規制は支配者層内の序列化に機能するものの倭国内の被支配階層に及ぶことはない。保証権威の直接的関係は支配主体を媒介とする支配者層に止まり、それは権力内の秩序を規制するものであった。六・七世紀にアメの観念が形成されるなかで君主との擬制的血統関係からその君臨を正当化する存在として位置づけられるものの、アメと「天下」＝アメノシタの間には直接的関係が規定されていない。神話の位相においてもアマツカミは王権や有力氏族との血統的関係を語るものであり、被支配階層の民衆との関係を直接的につなぐ説話は見当たらない。

この問題で特に興味深いのが、そもそも神話の重要なモチーフであるべき人間の起源に関するテーマが日本において存在しないことである。

⑱『日本書紀』神代上　第五段一書六

故便以千人所引磐石、塞其坂路、与伊奘冉尊相向而立、遂建絶妻之誓。時伊奘冉尊曰、愛也吾夫君、言如此者、吾当縊殺汝所治国民日将千頭。伊奘諾尊、乃報之曰、愛也吾妹、言如此者、吾則当産日将千五百頭。

（故便ち千人所引の磐石を以て、其の坂路を塞ぎ、伊奘冉尊と相い向きて立ち、遂に絶妻之誓を建つ。時に伊奘冉尊曰く、「愛しき吾が夫君、此の如く言わば、吾は汝が治す所の国民を日に千頭縊り殺すべし」と。伊奘諾尊、乃ち之に報じて曰く、「愛しき吾が妹、此の如く言わば、吾は則ち日に千五百頭を産ましむべし」と。）

右は『日本書紀』における人間に関する最初の言及である。イザナギが黄泉から逃走した際におけるイザナミとの問答であり、人間の死の起源譚でもある。ここでは人間はすでにそれ以前から存在するものとして語られている。ところが、それにも拘らず人間の始原については何らふれるところがない。『日本書紀』の神話は、支配イデオロギーとしてそうした問題に関心を払っていないといえる。なおかつここに表れる人間は「所治国民」という支配客体であることが自明のこととして記されており、支配されることが所与の前提となっている。しかし、いかにして支配される民となったのかということについても一切ふれない。さらにいうなれば、この段は一書にすぎない。神話において支配客体である民と保証権威であるアメ及びアマツカミとの間につながりを見出すことは困難であり、『日本書紀』に結実する「天下」の支配イデオロギーでは保証権威と支配客体の関係が不在であったことを意味することに他ならない。

また、支配権力と支配客体の関係についても一つの変化を読み取れる。被支配階層を「天下」と名づけることがそれであり、これによって支配客体を総体的に把握することが可能となったということである。ただし、六世紀に「天下」という語によって観念レベルでは支配客体の対象化を果たしたとはいえ、Iで見たようにミコトノリの呼びかけ対象という政治の実体レベルにおいて貫徹していたとはいいがたい。

このように倭国における支配のイデオロギー的構造は、保証権威＝アメ、支配権力＝治天下王、支配客体＝「天下」というかたちで成り立つようになる。ここで、中国と倭の支配の質の違いが最も鮮明に表れるものとして生民論を想起したい。中国の天下イデオロギーでは特に保証権威である天と支配客体である民の間に直接的関係を想定する生民論に特徴があることは先述した。ところが、倭国の関係構造では保証権威と支配客体の間に直接的な関係性が認められない。保証権威であるアメも支配客体であるアメノシタも権力主体である治天下王との関係が一義的なものとして位置づけられる。これは天と民の関係を重視する生民論とは決定的な違いといってよい。これを図化すると図2のようになる。

日本古代における「天下」をとりまく関係構造についてまとめると、「天下」とは君主（権力）が支配する対象総体を指示することばである。対象そのものが「天下」であることはもちろんのこと、それによって構成される空間的世界も「天下」として理解された。従来は「天下」を後者の意味で捉えるものがほとんどであったが、むしろ前者が本来的な意味であったといえる。倭国内の政治的秩序における支配客体の呼称は、五世紀段階では自覚的に

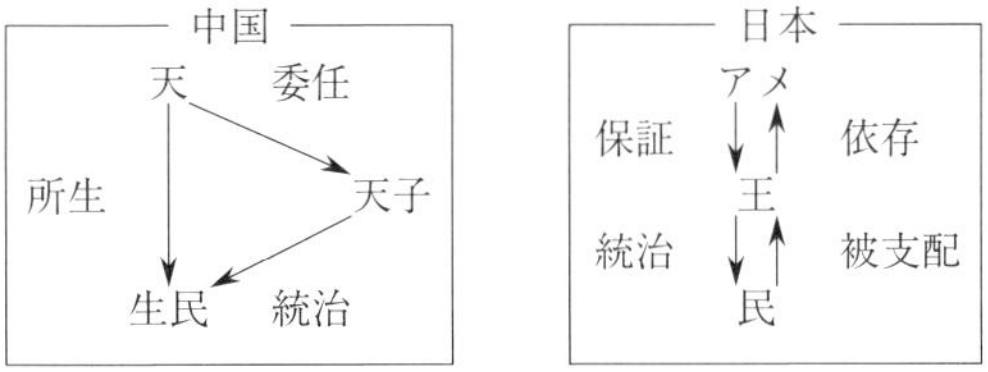

図２　天と権力の関係の日中比較

認識されるには至らず、六世紀に「天下」として概念化された。それは当初観念的に理解されている段階に止まっていたが、令制下においてはミコトノリを通して公民にそうした名付けを強制する段階へと至り、律令制において「天下公民」という身分秩序として確立するという過程を経る。支配客体が公民制において一元化されることによって初めて「天下」は実体化し得たのであり、それは支配の深化と評することができる。王権・国家の支配の進展とともに具象化されたことをふまえてその時期的変遷を整理すると次のようになる(72)。

五世紀　被支配階層が支配関係において総括的に対象化されていない
六・七世紀　被支配階層は「天下」として理念レベルでカテゴライズされる
八世紀　被支配階層は「天下公民」として実体レベルで掌握される

倭国におけるその特質を考えると、中国王朝との宗主―附庸関係を断ち切ったところでその支配秩序を「天下」と名づけたことは、唯一であるべき中国の天下以外に天下が存在するということになる。それは天下思想における天下の唯一性を侵蝕するものである。倭国が自らの世界観を「天下」と呼ぶことが中国側に知れた場合重人な外交問題に発展することは明白であり、実際にそのような事態は起きている。それが七世紀初頭における遣隋使の国書問題である。詳細は第四章に譲るが、煬帝の不興を引き起こした原因は「日出処」「日没処」の東西関係ではなく、倭国の君主が天子を名のったことにあると考えるべきである。天子とは天からの受命によって天に代わって天下を統治する存在であり、隋にとって天子が二人いることを認めるべくもない。その前提として天子が治めるべき天下もまた中国より他にあるはずなかった。それにも拘らず倭の君主は「天子」を名のり、外交問題を生起させたのである。それは、倭国が中国・朝鮮とは全く論理の異なる「天下」的世界観を構築した結果であった。

Ⅲ　冊封体制からの離脱

前節で倭国における「天下」の特質について検討した。本節ではかかる「天下」が倭国において出現した契機について考察を加えることとする。

六世紀の倭国における「天下」的支配関係は、君主（権力）―「天下」（支配客体）をベースにして成立したが、当初は権力を保証する権威の不在によって権力が不安定であり、それを解消するために権威として天（アメ）を創出したと推定した。これに先行する支配関係を考える場合、倭の五王の対中国関係を一つの前提とするべきであろう。その関係は、倭国の君主が中国からの冊封を受けていたということを念頭に置けば、中国皇帝（保証権威）―倭国王（支配権力）―倭国（支配客体）という関係を措定できる。ここで焦点となるのが、冊封体制からの離脱による中国皇帝という上位権威の喪失、すなわち保証権威の変化である。

武の上表文に端的に表れるように、倭の五王の時期の世界観は中国の華夷秩序の構成要素として自らを位置づけるものであった。その上表文では宋を「天極」、百済を「辺隷」と記す。宋を世界の中心であり天の極まるところ、その周辺の国を辺境とする意識が成立している。(73) 倭国王は宋の国際秩序を一つの完成した世界として認め、「藩ヲ外ニ作ス」とあるように、その秩序の外郭に連なる存在であることを自称している。第二章で見たように、将軍号など宋の官爵秩序の倭国内への援用という状況を考えれば、宋という権威とその政治的システムに準拠して倭国内の秩序を構築しており、宋を中心とする他律的な世界観を受容していたと考えるべきである。こうした状況に変化が訪れるのが倭の五王の中国遣使の終焉である。中国王朝との関係の途絶は、冊封を受けていた倭国王にとってはその政治的秩序からの離脱を意味する。そもそもそうした事態はなぜ発生したのか。倭国の自律的な政治秩序形成の前提として、この問題について明らかにする必要がある。

中国南朝への派遣が途絶えたことについては、これまでの研究では主として二つの原因が指摘されている。西嶋定生氏は、倭国の「国家意識の変化」に遣使途絶の原因を求めた。倭国内の「天下思想」の成立によって、それと抵触する中国の天下思想との矛盾を避けるために遣使をやめたとするものである(74)。また、川本芳昭氏は、山東半島が北朝の勢力下に入ったため、倭国と南朝の交通ルートが途絶えるという交通のプレゼンスを重視する(75)。前之園亮一氏は、遽しい禅譲革命によって登場する南斉以降の寒人王朝に対する反発と位置づける(76)。まずこれらの学説の当否について所見を述べておく。

西嶋説は国内における支配イデオロギーの形成から遣使の途絶を論じる視角であり、国内外双方の事情に目を配る点で受け継ぐべきところが多い。ただし、西嶋氏の見解に従えば、五世紀における宋との外交期間にすでに倭国において「天下」思想が成立していたことになるが、これは倭国の支配秩序のうえで大きな矛盾を引き起こすことになる。昇明二年（四七八）の最後の遣使で奉呈された上表文において武は、対外的には宋皇帝の「藩屏」であり宋の外臣としてその天下の末端に位置づくにすぎないことを表明する点で宋の華夷秩序に則るものである。宋に対する武の封冊・叙任要請はそれを前提としている。その叙任要請を武に限定するか王族・諸豪族を含むかという点で解釈は分かれるものの、いずれにせよその国内秩序が中国官爵を援用しながら構築されたものであったことに変わりはない。ところが、一方で国内においては自らが支配する対象を「天下」と呼んでいたことになると、国内と外交における世界観のズレが生じていたことになる。

こうした齟齬は、八世紀において唐に対しては朝貢国として振る舞いながらも国内においては自らを中華と位置づけた律令国家のケースと外形的には類似している。しかし、両者には決定的な違いがある。五世紀の倭国は宋から封冊を受けており、宋皇帝と倭国王の名分的君臣関係は明確であった。さらには叙任推薦権や府官制からも明らかなように、宋に従属することは倭王権のみならず国内の支配階層においても自明のことであった。これに対して律令国家の場合は、遣唐使の国書を記録に残さないようにするなど[77]、国内的には唐の朝貢国であったことを隠蔽しようとしている。五世紀には倭国王よりも上位に存在する中国皇帝の権威が国内において通用していたという点で条件は全く異なる。上表文に見える、倭国が宋の天下の末端を構成するものであるという世界観は支配者層に共有された認識であったと考えるべきであり、対外的認識と国内における世界観を切り離すことはできない。この時点で国内における自律的支配理念が成立したとすれば、そうでありながら支配の根拠を国外に求めるということになり、それには同意し難い。何らかの契機によって倭国の対中国外交が途絶える背景として、国内における支配体制の充実を想定することに異論はないが、遣使の途絶の直接的契機という点に限れば、少なくともそれは遣使されなくなる十分条件ではあっても必要条件ではない。

川本説については、地政的な問題が外交に影響を及ぼすという指摘は従来の議論ではなされていなかったことであり、新たな分析視角として傾聴すべきである。それでは、実際問題として北魏の山東半島占領はどの程度外交に影響を及ぼしたのであろうか。北魏が山東半島を奪取したのは宋泰始五年（四六九）のことであり[78]、その見解に則ればこれ以後の倭や朝鮮諸国の南朝遣使は困難であったということになる。そこで百済を例にして、その対中国交

表9　百済の遣使

王朝	年次		月	王		備考
東晋	咸安2	372	1		遣使	
	咸安2	372	6	餘句		鎮東将軍・領楽浪太守任命
	太元9	384	7		遣使	
	太元11	386	4	餘暉		使持節都督鎮東将軍百済王
	義熙12	416		餘映		使持節都督百済諸軍事鎮東将軍百済王
宋	永初1	420	7	餘映		鎮東大将軍
	景平2	424		餘映	遣使	
	元嘉2	425				宋太祖詔、「其後毎歳遣使奉表献方物」
	元嘉6	429			遣使	
	元嘉7	430		餘毗	遣使	
	元嘉17	440		餘毗	遣使	
	元嘉20	443		餘毗	遣使	
	元嘉27	450		餘毗	遣使	
	大明1	457	10	餘慶	遣使	鎮東大将軍
	大明2	458		餘慶	遣使	
	大明7	463			遣使	
	泰始3	467	11		遣使	
	泰始5	**469**				**宋、山東半島失陥**
	泰始7	471			遣使	

通の状況について検討してみる。それを整理したのが表9である。これを見ると、確かに山東半島失陥以後は百済の南朝への遣使は激減している。しかしそれでも、山東半島が北魏に帰して間もない泰始七年（四七一）に百済の使節が宋に到来している[79]。宋から王朝交替した後も百済は南斉・梁にたびたび派遣している。山東半島が宋及びその後の南朝の手から離れたことによって交通が困難化したことは認められるが、さりとて不可能になったわけではない。

この時代の倭国の対中国交通は朝鮮半島を媒介とするものであり、特に百済との協力関係を抜きにはその交通関係は達成し得ない[80]。それは武の上表文で「句驪無道、図欲見呑、掠抄辺隷、虔劉不已、毎致稽滞、以失良風。雖曰進路、或通或不」とあるように、対宋交通について高句麗の南下と百済の弱体化を遣使困難化の理由とすることからも明らかである。ところが山東半島失陥以後も倭国から記録の上では昇明元年（四七七）と二年の二回の遣使が実現している。百済と同様に交通の困難化を遣使途絶の一側面として捉えることは可能であるが、それを強調しすぎることには注意すべきであろう。

前之園説は、革命思想と絡めて論じる点においてきわめて興味深く、宋から南斉への王朝交替を倭国がいかに受け止めたかという視角はやはり継承すべきである。ただし、遣使途絶の契機を南斉以降の皇帝が寒門出身であることと結びつける点はいささか躊躇される。南朝は貴族制が最も強かった時代であるが、皇帝の出身自体はそれに捉われない。そもそも宋を建てた劉裕も父は郡功曹にすぎず[81]、その出自は寒門武人であると評価されている[82]。また、倭国の使者が皇帝の出自を詮索することができたとも考え難い。

以上のように学説を見渡してきたが、注意しなければならないのは倭の五王が遣使したのはほぼ劉宋に限られるということである[83]。それは宋建国翌年の永初二年（四二一）に始まり、滅亡前年の昇明二年をもって終わっている。当該期の倭の南朝遣使は実は宋の興亡とほとんど軌を一にしているのであり、これを偶然の産物と捉えるべきではないだろう。中国王朝滅亡によって中国との外交関係がなくなる事例は、他にも魏との外交を挙げることができる[84]。景初三年（二三九）より魏との外交を開始した倭国は、魏滅亡後の泰始二年（二六六）に西晋にも一度使節を派遣するものの[85]、結果的に対晋外交は継続しなかった。泰始二年の派遣は中国王朝という国際環境において最も重要な一角の変化に対して、その成立を祝賀するかたちをとりながら国際情勢を見極めるために派遣されたものであろう。同様のことは宋滅亡後の南斉にも当てはまる可能性がある[86]。宋の滅亡は倭国王の地位を保証すべき中国皇帝という権威の失墜を意味するのであり、北魏や南斉のような他の王朝によって代替がきくものではなかった。中国における王朝交替と倭国からの外交使節の派遣には一定の因果関係を想定できるのである。倭国の対中国外交は、王朝を単位としたサイクルで理解すべき一面を持つ。そして六世紀に支配者層内の序列の形成と相俟って、中国への権威依存を継続するのではなく自律的な世界観を構築する方向性をとることになったと見るべきであろう。すなわち、冊封体制から離脱し他律的な政治秩序から脱却することによって、自律的な政治秩序、特に倭国王の権力を保証するイデオロギーの構築という課題に直面することになり、それこそが中国の天下イデオロギーを外形的に取り入れ、倭国の「天下」が作り上げられる契機になったと考える。

繰り返しになるが、倭国が継受するもととなった中国の天下は法の及ぶ支配領域に限定される場合と広域的な全世界を意味する場合の二つの用法がある。ただ、いずれにしても中国にのみ天下が存在するという点でその唯一性は同じである。経書における「天無二日、土無二王（天に二日無く、土に二王無し）[87]」という一文からも明らかなように、中国における天下は中国を中心として構成される唯一的な世界観であり、周辺はその辺境にすぎない。ゆえにその論理を周辺国がそのまま転用することは困難である。朝鮮では名分上は国王が中国からの封冊を受けることによってその天下に属する藩屏国として自らを位置づけており、中国の天下的世界観に従うことによって共有した。これに対して倭国の「天下」観念は、そうした世界観とは相容れない大きな矛盾点を内包している。倭国が自らの支配秩序を「天下」と名づけることは、具体的にいえばそれまで属していた中国の天下のほかに倭国の「天下」が出現することになり、天下が二つ並存するという状況が出現する。中国の天下以外に「天下」が存在することを主張することは、その唯一性を侵蝕することになる。

このような中華思想的天下理解に対して、五世紀末以降中国との直接的交渉を断っていた倭国は、それとは異なる独自の理解を編み出す。それが仏教的天下理解である。六世紀半ば以降、曲折を経ながらも政治的に受容された朝鮮諸国における仏教の隆盛によって東アジアのなかで仏教が共通のコードとして機能するようになり、特に百済の仏教推進は倭国の仏教受容を必然のものとした。そうした状況で漢訳仏典に記される「天下」は倭国の「治天下」認識を補強する政治的イデオロギーとなった。特に『大智度論』の四天下思想は天下の複数性を認容することによって、中華思想における唯一性を相対化した。それは、倭国が中国・朝鮮とは全く論理の異なる「天下」的世界観を構築した結果であり[88]、倭国の「天下」観念における生民説の欠落を明瞭に示している。

倭国独自の世界観としての「天下」が作り上げられた時期は、おおよそ五世紀第Ⅳ四半世紀から六世紀第Ⅰ四半世紀にかけてであると推定する。五世紀に宋皇帝の権威に基く封冊とそれに基く官爵序列によって権力を構築してきた倭王権は、宋の滅亡に直面して皇帝権威への依存から脱却する。それは世界観のあり方にも反映し、倭国も宋を中心とする中国的華夷世界の構成単位であるという認識から、中国を切り離して倭国内を主たる構成要素とする自律的な世界認識へと転換する。換言すれば、倭国はあくまでも中国の周辺国であるという外交関係上の制約から解放され、自らが世界を構成する主体であるとする認識へと展開したのである。その際に新たに作り出された倭国の君主の支配が及ぶ世界を中国の天下思想を援用して「天下」と名づけたものであろう。西嶋氏は「天下思想」の形成によって冊封体制から離脱したという過程を論じたが、むしろ冊封体制離脱によって倭国内を統括する世界観が要請されて「天下」観念が発現したと捉えるべきである。あえて付言すれば、応神五世孫と称する継体が登場する前提としてその直前段階での王権の混乱を想定することは難しくない。その原因の一端として、五世紀の倭国王が権力の源泉としていた宋皇帝という権威の喪失を指摘しておく。

先に述べた皇帝の権威失墜によって途絶した中国王朝との外交が百年以上にわたって一切なかったのは、二つの「天下」によって惹き起こされる論理矛盾を回避するために対中国外交を捨象する意図を含んでいた可能性をも念頭に置くべきであろう。中国において形成された天下観念を導入し得たことは、倭国の思想レベルが中国思想の理解という点について極めて高度な段階に到達していたことを示している。その一端が武の上表文において表れていることはすでに第一章で述べた。ただし、この段階では中国的天下を倭国において翻案するものという意味あいが強い。倭国はいまだ独自の世界観を作り上げることはできず、観念の借用に止まっているという限界があることを見過ごしてはならない。こうした倭国における「天下」観念の成立は、総体的に見れば宋の華夷秩序の一部としての倭から君主自らが支配する諸関係を統合する「天下」への変革であり、支配者層の内部編成の根拠の点でも他律的であった段階からまがりなりにも自らの政治秩序の枠内で完結する自律的段階へという展開過程であったと位置づけられる。

本節の最後に、倭国が天下観念を導入し得た思想的要因にもふれておきたい。この点については中国における情勢を念頭に置く必要がある。後漢の滅亡以来中国は、西晋が一時的に統一した時期があるとはいえ長期的な分裂時代に突入していた。五・六世紀の中国王朝は分裂状況の中で相互に索虜・島夷と貶しめて相手の正統性を否定して対立しており、国際関係もそうした対立軸を含みこみながら推移するものであった。その場合、南朝乃至北朝と外交する諸国から見ると、客観的には二つの中国王朝が並立しており、さらにいうなれば天下及びそこに君臨する天子も複数存在していたことになる。こうした状況は東アジア諸国にも認識されていたであろう。倭国自身は北朝に遣使していないが、高句麗や百済は双方に使者を派遣して外交を行なったことが確認できる。周辺諸国にとって重要なことはいずれが正統であるかということではなく、自国にとっていかなる影響が及ぶかという存亡に関わる点であり、その限りにおいて状況に応じて外交を展開したと見なければならない。そして中国の分裂状況をふまえると、天下を一つに限る必要はないという通念が周辺国において形成される可能性は十分にあり得る。朝鮮においては中国諸王朝の圧力によって「天下」というかたちで独自の世界観を作るまでには至らなかったが、それでも高句麗や新羅では独自の年号を使用していたことが確認できる[89]。中国からの封冊を受けることによって名分的には正朔を奉じる必要が生じるが、それのみに捉われず独自の方向性を模索していたことが窺える。そして倭国も、中国における天下の分立を目の当たりにした結果、天下は一つであるべきという基本的概念が欠落したものと推察する。こうした推測が妥当ならば、倭国における「天下」観念の成立もまた当時の国際情勢のあり方に規定されていたということになる。

Ⅳ　「治天下」の共同性

ここまで倭国における「天下」という概念そのものについて検討を加えた。本節ではそれをふまえた上で、かかる「天下」の概念が具体的な支配のあり方においてどのように発現したのかということを検討する。

昇明二年（四七八）の武の遣使をもって倭から中国への外交使節の派遣は途絶する。それが外交関係のみならず国内の支配体制にも少なからぬ影響を及ぼしたであろうことは想像に難くない。第二章で検討したように倭国王の王族・有力豪族層や府官層に対する君臨は、中国皇帝の権威を背景とした爵号による政治的序列の形成に負うところが大きい。それゆえ冊封体制からの離脱は、爵号による政治的秩序を無効化し、倭国における序列の根拠を喪失させてしまう危険をもたらす。それを回避するためには体制を再編する必要が生じる。ここにおいて中国の爵号を前提として構築されていた、君主と府官層及び王族・有力豪族層という二つの階層との関係がどのように変質したのかということが課題として浮上する。

まず府官層について見てみる。倭王権が渡来系人士を自らの幕下として糾合した府官層であるが、六世紀以降列島に到来する渡来人を取り込むのは倭王権の独占的行為ではなくなることが顕著になる。その一方で、倭王権の諸豪族に対する君臨という面では人制の成立によってその権力が強化される。この段階において仗刀人首の乎獲居や奉事典曹人の无利弖等のように、地方豪族の倭王権への求心力が高まっている。こうした王権に直属する中小豪族は、稲荷山鉄剣に「左治天下」とあるように、君主の「治天下」を補佐するものと自認していたと考えられる。

すなわち、倭王権はその直属的な僚属の編成について、五世紀的な渡来系人士で構成された府官層から移行して、仕奉集団を率いる中小豪族を取り込むというかたちで新たに人制のシステムを作り上げた[90]。支配権力は宋から冊封された「倭国王」から、ヤマト政権の君主として新たな支配形態を構築するという変化を遂げた。こうした王権への奉仕を担う豪族階層を「左治天下」に因んで左治層と呼んでおく。

これに対して王族・有力豪族層はヤマト政権において異なる位置づけを獲得する。まず王族について見ておく。中国皇帝を頂点とした序列から離れることで「倭国王」という地位も変質することになり、倭国王の同族集団である王族のあり方にも変化を看取できるようになる。そもそも倭姓は五世紀の対中国外交において一義的に意味を持つものであった。高句麗の高姓、百済の扶餘（餘）姓と同じように国名を姓としていることは、東アジアにおける対中国外交のコードとして倭姓が機能していたことを示している[91]。それゆえ中国との外交が途絶すると倭国の君主及びその出身母体である王族は倭姓を名のる必然性を失う。冊封を受けなくなることによって倭姓を放棄することになった。その結果君主は新たにウヂ・カバネの秩序を構築しながら、自らはそれを有さない超越した地位として「王」を名のるようになるのである[92]。「王」という称号は、五世紀の「倭国王（倭王）」という中国から授けられた称号から直接影響を受けて成立したものであろう。ここで注意しなければならないのは、王族の名のりも倭某から某王へと変化していることである。六世紀に王族が王号を名のるようになるということは、君主による王号の独占を崩すことへとつながり、君主と王族の区別は称号的には峻別されない状態となる。五世紀の倭国王（倭某）―王族（倭某）という関係が六世紀には君主（某王）―王族（某王）とそれぞれ呼ばれるようになったにすぎない。称号の見地からすれば六世紀にいまだ君主と王族の間に決定的な地位の差異は存在していない。そこに隔絶した断絶を見出すことはできず、基本的関係は五世紀と同じであったといえる。倭国の君主がウヂ・カバネを賜与する主体となると、王族も君主を輩出する母体としてかかるウヂの秩序に組み込まれなかったのである。

一方、有力豪族はウヂ・カバネ制が構築されるとその体系の中に組み込まれる。ウヂを持たない君主・王族との身分差が構造的に区別されるようになるなかで、有力豪族は臣下としてその政治的地位を確定させることになる。朝廷内におけるその地位はマエツキミ（群臣）として一定の地位を占めるようになる。『書紀』における大臣・大連の職位承認記事も概ね同時期とされる雄略〜崇峻において頻出する。[93]もっとも顕宗・仁賢にはそうした記事がなく、逆に記事がある武烈は実在性が疑われており、記事自体の史実性には問題が多い。とはいえ継体以降は王と臣下の相互承認のシステムが安定的に機能していたように記されており、六世紀には定着していた様子が窺える。それは政治的地位としての群臣層の成立を示すものであろう。[94]

こうした王族・有力豪族の「治天下」への関与として注目すべき文言がある。

⑲『天寿国曼荼羅繡帳縁起勘点文』所引或書

又娶其庶妹間人孔部王生児坐伊加留我宮共治天下等己刀弥、法大王

（又其の庶妹間人孔部王を娶りて生める児、伊加留我宮に坐して共に天下を治らす等己刀弥々法大王）

この或書がいつ頃のものであるか注意が必要であるが、[95]文章系譜の書き方や人名表記のあり方を見る限りでは七世

紀のものと推測できる。これによれば推古朝における廏戸王の政治への関与は「共治天下」と記されるべき行為であった。有力王族の政権への参画は、君主とともに「治天下」を果たす行為として認識されており、それを象徴的に表す概念としての「共治天下」を指摘できる。そして、この「共治天下」は王族のみに該当する概念ではない。

⑳『日本書紀』雄略二十三年八月丙子条

（前略）縦使星川得志、共治家国、必当戮辱、遍於臣連、酷毒流於民庶。夫悪子孫、已為百姓所憚。好子孫、足堪負荷大業。此雖朕家事、理不容隠。大連等、民部広大、充盈於国。皇太子、地居儲君上嗣、仁孝著聞。以其行業、堪成朕志。以此共治天下、朕雖瞑目、何所復恨。（後略）

（前略）たとい星川、志を得て、共に家国を治めれば、必ず当に戮辱を臣連に遍くして、酷毒を民庶に流す。夫れ悪しき子孫は已に百姓に憚る所と為す。好き子孫は大業を負荷するに堪えるに足る。此、朕が家の事と雖も、理、容隠すべからず。大連等、民部広大にして国に充盈つ。皇太子、地に儲君上嗣に居りて、仁孝著れ聞く。其の行業を以て、朕が志を成すに堪えり。此を以て天下を共治すれば、朕、瞑目すと雖も、何ぞ復た恨む所あらん。（後略））

雄略の死に際しての大伴室屋大連と東漢掬直に対する遺詔である。星川王が「家国」を共治すれば害が広まるので、大連と「皇太子（清寧）」が「共治天下」すべきことを、つまり新帝と有力豪族が共同で「治天下」すべきことを指示している。この記事で「家国」というのは『日本書紀』においては「天下」と同義であると考えられ[96]、そうであるとすれば、星川王が政治を掌握する「共治家国」とは「共治天下」に等しい行為であり、王族が政治に関与することを「共治天下」とする点で⑲と通底する。これに対して「皇太子（清寧）」と「大連（大伴室屋）」の「共治天下」とは、王族のみならず有力豪族もまた「治天下」に関与することができると捉えられていたことを意味する。

これらの史料は六世紀の「天下」観念成立期の同時代的なものではない。しかし、六世紀から国家形成期である

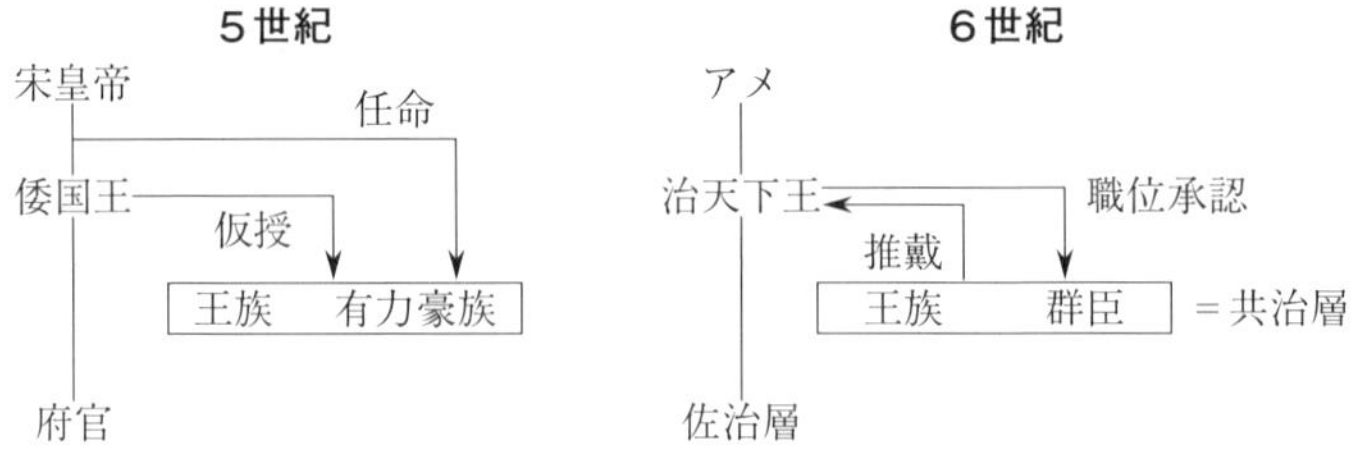

図3　5・6世紀の権力構造

七世紀を経て成立する律令国家の古代天皇制が専制的な君主権力の一つの到達点と認め得るとすれば、「治天下」が君主一人によって果たされるものではなく王族・群臣と「共」に為されることを強調する「共治天下」とは、比較的古い時期の支配の概念であることを示唆する。すなわち、五世紀の王族・有力豪族層は、六世紀に王族と群臣として階層分化しながらも、君主とともに天下を治めるべき存在としての政治的位置を有した。中小豪族が佐治層として君主を補佐したとするならば、王族・群臣は共治層として統治を分掌する、より上位の政治的役割を担ったのである。

概略をまとめておく。五世紀において倭国王をトップとしながらヤマト政権を構成したのは王族・有力豪族層と府官層であった。しかし、冊封体制からの離脱によって南朝的序列規制が倭国内における有効性を失い、それに伴って支配者層のあり方も形を変える。すなわち、前者は王族と群臣層に分化しながら共治層としてその政治的地位を保持する。これに対して王権の幕僚たる渡来系人士で構成された府官層は解体し、新たに中小豪族が左治層として奉仕する人制・部民制へと展開する。これを図化したのが図3である。このように見ると、五世紀と六世紀では他律的な権力体から自律的な権力体へという大きな変化があったもののその構造は基本的には類似しており、六世紀は五世紀の政治体制の構造を一定程度引き継ぐものであったといえる。すなわち、六世紀にはまだ倭王権のもとに一元的序列が形作られることはなかった。社会体制的に見れば人制を経て部民制という縦割りの構造が成立し、それを統合する求心力として君主は存在した。その体制において倭王権は左治層の奉仕を受けながら、そして共治層と連携しながら、その権力を維持したのである。

七世紀以降そうした状況からの脱却を目指して、一元的な権力構築を目指して試みられた嚆矢が冠位十二階であろう(97)。しかし、その施行対象は君主に直接的に仕奉する階層に限定されるものであり、その序列規制は群臣層を含みこまない不完全なものであった。そうした状況は七世紀半ばまで続く。

㉑『日本書紀』皇極二年十月壬子条

蘇我大臣蝦夷、縁病不朝。私授紫冠於子入鹿、擬大臣位。復呼其弟曰物部大臣。大臣之祖母物部弓削大連之妹、故因母財取威於世。

（蘇我大臣蝦夷、病に縁りて朝さず。私に紫冠を子の入鹿に授け、大臣の位に擬す。復た其の弟を呼びて物部大臣と曰う。大臣の祖母は物部弓削大連の妹、故に母の財に因りて威を世に取る。）

蘇我蝦夷が入鹿に冠を私的に授けたという記事に象徴されるように、君主による一元的な序列の形成は七世紀前半においてもいまだ達成されていない。そのシステムを改革し、倭国の君主を中心とする支配者層の一元的な構造化を達成するのは律令国家の成立まで待たねばならない。その一階梯として、民部・宅部の廃止や大化以降の冠位制の変遷が挙げられるだろうが、その検討は本章の課題を超えるものである。

結　言

序章で示したように、君主号とは換言すれば支配権力の自己認識の問題である。君主による統治行為がいかなる根拠に基き、どのような対象に対してその力を及ぼすのかということを前提にして名のりあげられるものとして定義できる。そこにおいて権力としての君主は支配の正当化という問題に向き合わざるを得ない。本章では倭国における支配をめぐる関係のあり方を、保証権威・支配権力・支配客体相互の関係から解きほぐすことを目指した。

五世紀には中国皇帝（権威）・倭国王（権力）・倭国（客体）という構成であり、なおかつ客体は権威から名づけられるという関係であった。この段階では支配に対する権力の他律性・無自覚性を強調できる。しかし、冊封体制からの離脱という行為はそれまで依存していた権威の喪失を意味するものであり、イデオロギー的にはもはや倭国王として冊封されることはなくなった権力は自らを保証する根源の再構成を模索する。五世紀末から六世紀前半の時期は政治的に不安定であったとする伝承が記・紀などに散見し、権威喪失によって権力が不安定化している状況の反映である可能性を見ておく。そうした状況を承けて六世紀前半にまず支配権力と支配客体の関係が再構築され、支配客体は権力によって「天下」として措定された。中国の支配思想である天下観念をそのまま取り入れるという限界はあるものの、権力は「治天下」を称することによって客体に対する統治行為にようやく自覚的になったといえる。しかし、権力を保証する権威が不在のままの支配関係は不安定であり、「天下」観念が変容したアメノシタからアメの権威を作り上げ、それによってアメ（権威）・治天下王（権力）・「天下」（客体）という自律的な秩序が形成された。権力を中心に組み上げられたこの関係は、権威と客体の関係が不在であるという倭国の特質を指摘することができる。また、史料から見る限り六世紀末以降に確認できるアメの観念では、権威は権力主体である倭国の君主との血縁的なつながりが強調されるようになり、権威との血統的関係によって権力は正統化されていく。その到達点が古代天皇制における皇孫認識であろう。これについては第六章で詳論する。

一方、支配者層内の秩序も再編される。五世紀には倭国王に直属する府官層と、倭国王に対抗的であり得た傾斜的な関係の王族・有力豪族層が支配権力の構成要素であった。これらを束ねるものこそが中国皇帝による叙任であることはすでに前章で述べた。六世紀にそれがなくなる一方で、「治天下」を称するようになった君主（権力）はウヂ・カバネの制度によって諸豪族に対して超越的な立場を獲得するようになる。しかし、「左治天下」として君主に奉仕する豪族（左治層）と、「共治天下」として君主とともに統治行為を担う王族・群臣（共治層）との共同によって支配は実現された。左治層・共治層もまた「治天下」に関わる存在であり、「治天下」は君主（権力）の独占的な行為ではなかった。個々の君主が状況に応じて独裁的に権力をふるうことはあり得たであろうが、それが権力の常態であるとは言い難い。この段階で君主（権力）をとりまく支配者層の政治的関係は五世紀と大きく変わってはおらず、「治天下」の君主、「共治天下」の王族・群臣、「左治天下」の諸豪族の相互依存のなかで政権が構築されたものと考える。

本章で論じた右の結論は、君主の即位儀礼にも如実に反映していると考える。君主の即位における新君主と群臣の相互承認のプロセスとしては、群臣の推戴、新君主の即位、アメによる承認（事依させ）、群臣職位の任命という手続きを経る(98)。ここで注目すべきは三段階目のアメによる承認である。中国皇帝の権威を必要としなくなったというものの、君主は自らの存在の正当性を無根拠に主張し得るものではなく、アメという権威を創出しそれに依存することによって「治天下」王として転成したのである。さらにいうなれば、アメの承認を前提として群臣に対する職位の任命が行なわれる。すなわち、保証権威としてのアメの観念は君主と群臣に共同幻想として共有されており、君主の一方的な主張によって成り立つものではなかったのである。

注

（1）大平聡「世襲王権の成立」（鈴木靖民編『日本の時代史2　倭国と東アジア』吉川弘文館、二〇〇二）。
（2）中村英重「ウヂの成立」（『古代氏族と宗教祭祀』吉川弘文館、二〇〇四、初出二〇〇二）、中村友一「「氏姓」の成立とその契機」（『日本古代の氏姓制』八木書店、二〇〇九）。
（3）狩野久「部民制・国造制」（『岩波講座日本通史』2、岩波書店、一九九三）。
（4）舘野和己「ヤマト王権の列島支配」（歴史学研究会・日本史研究会編『日本史講座』1、東京大学出版会、二〇〇四）。
（5）狩野久前掲注（3）論文、篠川賢『日本古代国造制の研究』（吉川弘文館、一九九六）、大川原竜一「大化以前の国造制の構造とその本質」（『歴史学研究』八二九、二〇〇七）。
（6）南斉・梁に対する倭国の対中国外交について、中国史料に見える倭国関係の記事は中国王朝からの一斉進号であり、実際の派遣はなかったとされる（坂元義種「五世紀の日本と朝鮮」『古代東アジアの日本と朝鮮』吉川弘文館、一九七八、初出一九六九）。しかし、先般新たに注目を浴びた『愛日吟廬書画続録』（『続修四庫全書』子部芸術類所収）巻五が引用する「清張庚諸番職貢図巻」という清代史料（趙燦鵬「南朝梁元帝『職貢図』題記佚文的新発現」『文史』二〇一一年一期、二〇一一）における職貢図の逸文には「斉建元中奉表貢献（斉の建元中、表を奉じて貢献す）」とあり、南斉初における倭国使到来を明記する。
（7）宮田俊彦「「治天下」と「御宇」天皇」（『茨城大学文理学部紀要』一、一九五一）。
（8）井上光貞「鉄剣の銘文」（『井上光貞著作集』第五巻、岩波書店、一九八六、初出一九七八）。
（9）熊谷公男「〝ヲサム〟考」（『新日本古典文学大系月報』六〇、岩波書店、一九九五）、同『日本の歴史03　大王から天皇へ』（講談社、二〇〇一）。ただし、この問題については文学の立場から、古事記において〝シラス〟と訓むべきでありそれが天皇の絶対性を示しているとする見解もある。松田信彦「古事記における「治天下」について」（『國學院大學大学院紀要　文学研究科』二七、一九九五）参照。
（10）西嶋定生『日本歴史の国際環境』（東京大学出版会、一九八五）。
（11）石上英一「古代東アジア地域と日本」（『日本の社会史』1、岩波書店、一九八七）。

(12) 吉村武彦「大和王権と古代東国」(『千葉史学』一五、一九八九)、同「倭国と大和王権」(『岩波講座日本通史2　古代1』、岩波書店、一九九三)。
(13) 村井章介「王土王民思想と九世紀の転換」(『思想』八四七、一九九五)。
(14) 神野志隆光『古事記の世界観』(東京大学出版会、一九八六)。
(15) 遠山一郎「天皇の世界」「『古事記』『日本書紀』『風土記』における世界の区分」「『万葉集』における世界の区分」(いずれも『天皇神話の形成と万葉集』塙書房、一九九八、初出一九八二・一九八三)。
(16) 石母田正「日本古代における国際意識について」(『石母田正著作集』第四巻　岩波書店、一九八九、初出一九六二)。なお、同『日本の古代国家』(岩波書店、一九七一)では、「小帝国」から「大国」の語に切り替えている。この点については、筧敏生・廣瀬憲雄氏による指摘がある。筧敏生「百済王姓の成立と日本古代帝国」(『古代王権と律令国家』校倉書房、二〇〇二、初出一九八九)、廣瀬憲雄「古代東アジア地域対外関係の研究動向」(『歴史の理論と教育』一二九・一三〇合併号、二〇〇八)。
(17) 当該期の王権支配において王宮を重視する研究としては、吉村武彦「ヤマト王権の成立と展開」(大塚初重・吉村武彦編『古墳時代の日本列島』青木書店、二〇〇三)参照。なお、長瀬一平「江田船山古墳出土銀象嵌大刀銘文中の大王について」(『國學院大學大学院紀要　人文』一四、一九八三)では、大王号に「宮号」が不可欠であったことを述べる。
(18) 中央豪族と見なすものとして、黛弘道「鉄剣文字はどう読まれ、なぜ問題になったか」(『鉄剣文字は語る』ごま書房、一九七九)・川口勝康「五世紀史と金石文」(井上光貞ほか『鉄剣の謎と古代日本』新潮社、一九七九)・山尾幸久『筑紫君磐井の戦争』(新日本出版社、一九九九)・白石太一郎「江田船山古墳の被葬者像」(『古墳の語る古代史』岩波書店、二〇〇〇)。地方豪族とする代表的なものとして、井上光貞前掲注(8)論文・平野邦雄「五世紀末の政治情勢」(『大化前代政治過程の研究』吉川弘文館、一九八五)、などがある。なお、埼玉稲荷山古墳出土鉄剣の作成主体について整理した研究として、佐藤長門「有銘刀剣の下賜・顕彰」(平川南ほか編『文字と古代日本』1、吉川弘文館、二〇〇四)参照。
(19) 森博達「稲荷山鉄剣銘とアクセント」(狩野久ほか編『ワカタケル大王とその時代』山川出版社、二〇〇三)。

(20) 井上光貞前掲注（8）論文。
(21) 桃崎祐輔「江田船山古墳遺物群の年代をめぐる予察」（菅谷文則編『王権と武器と信仰』同成社、二〇〇八）。
(22) 福山敏男「江田発掘大刀及び隅田八幡神社鏡の製作年代について」（『考古学雑誌』二四―一、一九三四）以来「蝮宮弥都歯」として反正に比定されていたが、稲荷山鉄剣の発見によってワカタケルと読まれるようになった経緯については、井上光貞ほか『鉄剣の謎と古代日本』（新潮社、一九七九）に詳しい。
(23) 栗原朋信「東アジア史からみた「天皇」号の成立」（『上代日本対外関係の研究』吉川弘文館、一九七八、初出一九七六）では、皇帝が「御宇」を用いるのに対して、王は「治天下」を使うという傾向を指摘しており、東野治之「銘文の釈読」（東京国立博物館『保存修理報告書　江田船山古墳出土国宝銀象嵌銘大刀』吉川弘文館、一九九三）もその見解に肯定的である。しかし、栗原・東野両氏の挙げる事例の中国における「治天下」と結びつく「王」とは皇帝制度が成立する以前の君主のことであり、皇帝の配下としての王とは異なる。
(24) 藤本幸夫「「中」字攷」（宮地裕編『論集日本語研究(二)　歴史編』明治書院、一九八六）。
(25) 市原市教育委員会・財団法人市原市文化財センター編『「王賜」銘鉄剣概報　千葉県市原市稲荷台一号墳出土』（吉川弘文館、一九八八）。
(26) 「癸未年」の年記については五〇三年とする説が有力である。車崎正彦「隅田八幡人物画像鏡の年代」（『継体王朝の謎』河出書房新社、一九九五）。
(27) 山尾幸久「倭王権による近畿周辺の統合」（『日本古代王権成立試論』岩波書店、一九八三）。
(28) 沖森氏は「孚弟王」を「男弟王」もしくは「季弟王」として弟の顕宗、「曰十大王」も「曰計大王」の省字でありヲケ＝顕宗とする（沖森卓也「日本語表記の創造」『日本古代の表記と文体』吉川弘文館、二〇〇〇）。石和田氏は「孚」を「予」と読み「ヲケ大王である予、弟王」とする（石和田秀幸「上代表記より見た隅田八幡神社人物画像鏡銘」『同志社国文学』五四、二〇〇一）。
(29) ただし、この銘文は文脈上「斯麻」から「孚弟王」へ贈られたものであることが明記されており、倭国内の認識・文字表記では処理できない面もあり、その点は留意しなければならない。鈴木靖民「継体の王位継承とその性格」（『東アジアの古代文化』一一七、二〇〇三）参照。

(30) 応神段の「大雀命者、従天皇命、以天下譲宇遅能和紀郎子（大雀命は、天皇の命に従いて、天下を以て宇遅能和紀郎子に譲りき）」「大雀命与宇遅能和紀郎子二柱、各譲天下之間（大雀命と宇遅能和紀郎子との二柱、各おの天下を譲れるの間）」、清寧段の「二柱王子等、各相譲天下（二柱の王子等、各おの天下を相譲りき）」「汝命不顕名者、更非臨天下之君（汝が命、名を顕さずは、更に天下に臨む君に非ずあらまし）」等も「治天下」とは記さないがこの例に含める。
(31) 武田祐吉『古事記研究　帝紀攷』（青磁社、一九四四）。
(32) 松田信彦前掲注（9）論文。
(33)『日本書紀』天武十三年十月辛巳条。
(34)『日本書紀』天武十四年十月己丑条。
(35) 本研究では中国における天下をオリジナルなものとし、朝鮮・倭国ではそれに比して変質しているのでこれを「天下」と記して区別することにする。
(36) 田崎仁義『王道天下之研究』（内外出版、一九二六）、本田成之「天下の意義について」（『支那学』七―一、一九二七）。
(37) 山田統「天下という観念と国家の形成」（『山田統著作集』第一巻、明治書院、一九八一、初出一九四九）。
(38) 堀敏一『中国と古代東アジア世界』（岩波書店、一九九三）。
(39) 山田統前掲注（37）論文、同「天下と天子」（前掲注（37）書、初出一九六三）。
(40) 安部健夫『中国人の天下観念』（ハーバード・燕京・同志社東方文化講座第六輯、一九五六）。
(41) 堀敏一前掲注（38）書。
(42) 那波利貞「中華思想」（『岩波講座東洋思潮』岩波書店、一九三六）。
(43) 山田統前掲注（37）論文。
(44) 堀敏一前掲注（38）書。
(45)『尚書』禹貢。
(46)『隋書』巻四　煬帝本紀。

(47) 渡辺信一郎『中国古代の王権と天下秩序』（校倉書房、二〇〇三）。
(48) 渡辺説に対する私見は、拙稿「書評・渡辺信一郎著『中国古代の王権と天下秩序』」（『歴史評論』六六九、二〇〇六）を参照。
(49) 『詩経』大雅。なお、『荀子』辱栄にも同様の語句がある。
(50) 尾形勇『中国古代の「家」と国家』（岩波書店、一九七九）。
(51) 金子修一「中国古代の即位儀礼の場所について」（『古代中国と皇帝祭祀』汲古書院、二〇〇一、初出一九九九）。
(52) 栗原朋信「漢帝国と周辺諸民族」（『上代日本対外関係の研究』吉川弘文館、一九七八、初出一九七〇）。
(53) 堀敏一「東アジア世界史への提言」（『律令制と東アジア世界』汲古書院、一九九四、初出一九六三）、前掲注(38)書。
(54) 武田幸男「牟頭婁一族と高句麗王権」（『高句麗史と東アジア』岩波書店、一九八九、初出一九八一）。
(55) 森公章「天皇号の成立をめぐって」（『古代日本の対外認識と通交』吉川弘文館、一九九八、初出一九九三）、石井正敏「日本・渤海交渉と渤海高句麗継承国意識」（『日本渤海関係史の研究』吉川弘文館、二〇〇一、初出一九七五）。
(56) 『朝鮮金石総覧』（国書刊行会、一九七一、初版一九一九）。
(57) 佐竹昭氏は、新羅の赦文は中国の強力な秩序規制により「天下」の語を用いることができなかったとする（「恩赦制度受容期の諸様相」『古代王権と恩赦』雄山閣、一九九八、初出一九七九）。
(58) 酒寄雅志「華夷意識の諸相」（『渤海と古代の日本』校倉書房、二〇〇一、初出一九九三）。
(59) 李成市「新羅僧・慈蔵の政治外交上の役割」（『古代東アジアの民族と国家』岩波書店、一九九八、初出一九九五）。
(60) 奥村周司「高麗における八関会的秩序と国際環境」（『朝鮮史研究会論文集』一六、一九七九）、同「高麗の外交姿勢と国家意識」（歴史学研究会編『民衆の生活・文化と変革主体』青木書店、一九八二）。
(61) 濱田耕策「朝鮮古代（新羅）の「近中華」意識の形成」（『東アジア世界の交流と変容』九州大学出版部、二〇一一）。
(62) 姜在彦「「実学」から「開化」への思想的系譜」（『朝鮮の開化思想』岩波書店、一九八〇）、山内弘一『朝鮮からみた華夷思想』（山川出版社、二〇〇三）。

(63) 特に七世紀の新羅において、唐の年号の採用や太宗武烈王の諡号問題として現れる。本書第七章参照。

(64) 六世紀後半にも百済は陳から天嘉三年（五六二）に封冊を受け、その後、光大元年（五六七）、太建九年（五七七）、至徳二年（五八四）、同四年（五八六）の四回の遣使が確認される。

(65) 『梁書』巻五四　新羅伝。

(66) 黒田裕一「推古朝における「大国」意識」（『国史学』一六五、一九九八）。

(67) 平野邦雄「〝帰化〟〝外蕃〟の概念」（『大化前代政治過程の研究』吉川弘文館、一九八五、初出一九八〇）。

(68) 拙稿「詔勅・処分にみる新羅観と新羅征討計画」（『駿台史学』一〇八、一九九九）。

(69) 本書第六章参照。

(70) 神野志隆光前掲注（14）書。

(71) 中村啓信「高天の原について」（『倉野憲司先生古稀記念　古代文学論集』桜楓社、一九七四）、戸谷高明「「高天の原」と「天の原」」（『学術研究　早稲田大学教育学部』二五、一九七六）、同「「天の下」の意味」（『学術研究　早稲田大学教育学部』二六、一九七七）。岡田精司氏は六世紀・欽明朝の頃と推定するが（「天皇家始祖神話の研究」『古代王権の祭祀と神話』塙書房、一九七〇、初出一九六六）、岡田氏が「天上世界の成立は、一般的に専制支配体制の確立に伴うもの」と述べるところに従えば（岡田精司「国生み神話について」同上書所収、初出一九五六）、むしろ律令国家成立時期に重点を置くべきと考える。

(72) 佐立春人氏は七世紀半ばから八世紀初頭までの時期は、唐皇帝の意向で「天下」を用いることができず、「国内」と称していたとする。「日本古代の「天下」と「国内」」（京都大学日本法史研究会編『法と国制の史的考察』信山社、一九九五）。しかし、七世紀後半と推定される船首王後墓誌や小野毛人墓誌で「天下」が用いられているのを見落としており、従えない。

(73) 仁藤敦史「古代日本の世界観―天下・国・都城―」（『国立歴史民俗博物館研究報告』一一九、二〇〇四）では、倭国独自の中華意識が形成されており、「辺隷」を倭国を中心とした辺境とする。

(74) 西嶋定生前掲注（10）書。

(75)　川本芳昭「倭の五王による劉宋遣使の開始とその終焉」(『魏晋南北朝時代の民族問題』汲古書院、一九九八、初出一九八八)、同『中国の歴史05　中華の崩壊と拡大』(講談社、二〇〇五)。
(76)　前之園亮一「倭の五王の通宋の開始と終焉について」(黛弘道編『古代国家の政治と外交』吉川弘文館、二〇〇一)。
(77)　西嶋定生「遣唐使と国書」(『倭国の出現』東京大学出版会、一九九九、初出一九八七)。
(78)　川本芳昭前掲注(75)論文。
(79)　『宋書』巻八　明帝本紀に「冬十一月戊午、百済国遣使献方物(冬十一月戊午、百済国遣使して方物を献ず)」とある。
(80)　拙稿「古代国際交通における送使」(鈴木靖民・荒井秀規編『古代東アジアの道路と交通』勉誠出版、二〇一一)。
(81)　『宋書』巻三　武帝本紀上。
(82)　川合安「「倭の五王」時代の中国」(『弘前大学国史研究』八八、一九九〇)。
(83)　これ以前に東晋義熙九年(四一三)にも倭国が遣使したという記録がある(『晋書』安帝紀・『太平御覧』所引義熙起居注)。この遣使の解釈については、共同遣使説(池田温「義熙九年倭国貢献物をめぐって」『東アジアの文化交流史』吉川弘文館、二〇〇二、初出一九七七)と高句麗による倭虜携行説(坂元義種「東晋交渉の謎」『倭の五王』教育社、一九八一)、同時期派遣説(石井正敏「五世紀の日韓関係」『日韓歴史共同研究委員会報告書　第1分科』二〇〇五)がある。本研究では周辺国である高句麗が東晋に対して自らが倭国を従える大国であることを主張しようとする意図と、単に高句麗・倭国の二ヶ国が共同入貢したにすぎないとする東晋側の認識の相克と捉えるべきであると考える。この類例としては、池田氏が指摘された粛慎の東晋への重訳入朝や、時代を下らせれば顕慶四年(六五九)の倭国の蝦夷帯同(拙稿「唐から見たエミシ」『東アジア交流史のなかの遣唐使』汲古書院、二〇一二、初出二〇〇四参照)も同様のケースであると考える。
(84)　この前後の倭国と中国の外交関係については、拙稿「『晋書』に見る魏と倭の関係」(『ヒストリア』二三三、二〇一二)、「遣唐使の派遣動機」(前掲注(83)書所収)参照。
(85)　『晋書』巻三　武帝紀泰始二年十一月己卯条。

(86)「清張庚諸番職貢図巻」（前掲注（6）参照）の南斉初における倭国使到来を事実と認めた場合、倭国は南斉建国当初に一度だけ派遣し、その後は到来しなかったことになる。それは倭人が西晋に建国当初に一度だけ派遣し、その後は到来しなかったことと経緯が重なる。
(87)『礼記』曽子問。
(88) 拙稿「遣隋使の「致書」国書と仏教」（氣賀澤保規編『遣隋使がみた風景』八木書店、二〇一二）。
(89) 朝鮮の年号については、藤田亮策「朝鮮の年号と紀年」（『朝鮮学論考』藤田先生記念事業会、一九六三、初出一九五八）、井上秀雄「朝鮮の元号」（鈴木武樹編『元号を考える』現代評論社、一九七七）。
(90) 吉村武彦「仕奉と氏・職位」（『日本古代の社会と国家』岩波書店、一九九六、初出一九八六）。
(91) 坂元義種「倭の五王の外交」（『古代東アジアの日本と朝鮮』吉川弘文館、一九七八、初出一九七二）。吉村武彦「倭国と大和王権」（『岩波講座日本通史』2、岩波書店、一九九三）もこの見解を支持する。
(92) 吉村武彦「律令制的身分集団の成立」（『講座前近代の天皇』3、青木書店、一九九三）。
(93) 吉村武彦「古代の王位継承と群臣」（前掲注（90）書、初出一九八九）。
(94) 関晃「大化前後の大夫について」（『関晃著作集』第二巻、吉川弘文館、一九九六、初出一九五九）、田宮明博「大夫に関する基礎的考察」（『明治大学大学院文学研究科紀要』二七、一九九〇）、佐藤長門「倭王権における合議制の史的展開」（『日本古代王権の構造と展開』吉川弘文館、二〇〇九、初出一九九六）。
(95) 本史料は、飯田瑞穂氏によって『上宮記』逸文と推定されている。飯田瑞穂「天寿国曼荼羅繡帳縁起勘点文」について」（『飯田瑞穂著作集』第一巻　吉川弘文館、二〇〇〇、初出一九六四）。
(96) 原秀三郎「古代日本における国家の語義について」（『日本古代国家史研究』東京大学出版会、一九八〇）。
(97) 冠位十二階の基礎的研究としては、黛弘道「冠位十二階考」（『律令国家成立史の研究』吉川弘文館、一九八二、初出一九五九）、井上光貞「冠位十二階とその史的意義」（『井上光貞著作集』第一巻、岩波書店、一九八五、初出一九六三）など参照。
(98) 熊谷公男「持統の即位儀と「治天下大王」の即位儀礼」（『日本史研究』四七四、二〇〇二）。

第二部　古代天皇制への道程

第四章　推古朝における君主号の定立

問題の所在

第一部において、五世紀における中国王朝の権威に依拠した倭国王の時代から、六世紀にそこから脱却して治天下王と名のる段階への変化を概観した。ただし、六世紀までにおける君主の名のりは制度的に安定したものとはいいがたく、しかも口称を基本的形態としていたため、いまだ君主号としては不完全であった点は否めない。これに対して七世紀に入る頃から君主号は新たなステージに入る。漢語的君主号の出現である。君主に対する表記は文字使用の急速な進展において直面する課題の一つであり、当該期において漢字が唯一の文字である以上、漢語の君主号の出現が促されることとなる。「天皇」号の研究史は序章において述べたので詳しく再説しないが、「天皇」号がオホキミなどそれまでの君主号と異なる点の一つとして、漢語的表記が前面に出た君主号であるいうことを挙げることに異論はなかろう。

かかる「天皇」号が成立した時期については、津田左右吉がこの問題について扱って以来[1]、六世紀末から七世紀前半にわたる推古朝がその時期として古くから論じられてきた。その後、その論拠であった推古朝遺文とされた金石文の成立時期が批判されることで天武朝が有力視されるようになったが、近年推古朝に再注目する見解が提示されている。それらの研究の多くは、推古朝遺文ではなく当該期の外交関係に根拠をおくところに議論としての新しさがある。

君主号において推古朝が劃期であったことは外交文書の出現という点から見ても疑いない。しかしそれが「天皇」号に限るものではないことは、「天子」号が用いられている一点をもってしても明らかである。よって「天皇」号よりも包括的に君主号の成立過程の問題として推古朝を検討する必要があると認める。

推古朝の君主号という課題においては、近年の研究が外交関係を重視していることを承けて考察を加える。当該期の外交は、遣隋使派遣の事実関係そのものに対して議論が分かれている。そこで本章ではまず遣隋使の派遣回数の問題を手がかりに事実関係を確認し、その上で推古朝「天皇」号成立説を検討する。そして最後に推古朝が君主号にとっていかなる意義を有する時期であるのか論じることとする。

Ⅰ　遣隋使の派遣回数

遣隋使に関する基礎史料は『日本書紀』と『隋書』であるが、両書に一致しない内容が少なからず存在するため、その派遣回数をめぐって見解が分かれている。そこで本節では両史料の遣隋使記事を検討する。

まずは『日本書紀』を掲出する。

①『日本書紀』推古十五年七月庚戌条

大礼小野臣妹子遣於大唐。以鞍作福利為通事。

（大礼小野臣妹子を大唐に遣わす。鞍作福利を以て通事と為す。）

②『日本書紀』推古十六年四月条

小野臣妹子至自大唐。唐国号妹子臣曰蘇因高。即大唐使人裴世清・下客十二人、従妹子臣至於筑紫。遣難波吉士雄成、召大唐客裴世清等。為唐客更造新館於難波高麗館之上。

（小野臣妹子、大唐より至る。唐国、妹子臣を号して蘇因高と曰う。即ち大唐使人裴世清・下客十二人、妹子臣に従いて筑紫に至る。難波吉士雄成を遣わして、大唐客裴世清等を召す。唐客の為に更に新館を難波高麗館の上に造る。）

③『日本書紀』推古十六年六月丙辰条

爰妹子臣奏之曰、臣参還之時、唐帝以書授臣。然経過百済国之日、百済人探以掠取。是以不得上。

（爰に妹子臣奏して曰く、「臣参還の時、唐帝、書を以て臣に授く。然れども百済国を経過するの日、百済人、探りて以て掠め取る。是を以て上るを得ず」と。）

④『日本書紀』推古十六年八月壬子条

召唐客於朝庭、令奏使旨。時阿倍鳥臣・物部依網連抱二人為客之導者也。於是、大唐之国信物置於庭中。時使主裴世清親持書、両度再拝言上使旨而立之。其書曰、皇帝問倭皇。使人長吏大礼蘇因高等至具懐。朕欽承宝命臨仰区宇。思弘徳化覃被含霊。愛育之情無隔遐邇。知皇介居海表、撫寧民庶、境内安楽、風俗融和、深気至誠、遠修朝貢。丹款之美、朕有嘉焉。稍暄。比如常也。故遣鴻臚寺掌客裴世清等、稍宣往意。并送物如別。時阿倍臣出進以受其書而進行。大伴嚙連迎出承書、置於大門前机上而奏之。事畢而退焉。是時、皇子・諸王・諸臣悉以金髻花着頭。亦衣服皆用錦・紫・繡・織及五色綾羅。一云、服色皆用冠色。

（唐客を朝庭に召し、使の旨を奏せしむ。時に阿倍鳥臣・物部依網連抱二人を客の導者と為す。是に於いて、大唐の国信物を庭中に置く。時に使主裴世清、親ら書を持し、両度再拝して使の旨を言上して立つ。其の書に曰く、「皇帝、倭皇に問う。使人長吏大礼蘇因高等至りて懐いを具にす。朕欽みて宝命を承け区宇に臨仰す。徳化を弘めて含霊に覃び被らしむることを思う。愛育の情、遐邇隔て無し。皇、海表に介居して民庶を撫寧し、境内安楽にして風俗融和し、深気至誠ありて遠く朝貢を修すことを知る。丹款の美、朕嘉すること有り。稍く暄なり。比は常の如し。故に鴻臚寺掌客裴世清等を遣わし、稍に往意を宣ぶ。并せて物を送ること別の如し」と。時に阿倍臣、進み出でて以て其の書を受けて進み行く。大伴囓連迎え出で書を承けて、大門の前の机上に置きて之を奏す。事畢りて退く。是の時、皇子・諸王・諸臣悉く金の髻花を以て頭に着けり。亦衣服に皆、錦・紫・繍・織及び五色の綾羅を用いる。一に云く、服色は皆冠の色を用いる。）

⑤『日本書紀』推古十六年九月辛巳条

唐客裴世清罷帰。則復以小野妹子臣為大使、吉士雄成為小使、福利為通事、副于唐客而遣之。爰天皇聘唐帝。其辞曰、東天皇敬白西皇帝。使人鴻臚寺掌客裴世清等至。久憶方解。季秋薄冷。尊何如。想清悆。此即如常。今遣大礼蘇因高・大礼乎那利等往。謹白不具。是時、遣於唐国学生倭漢直福因・奈羅訳語恵明・高向漢人玄理・新漢人大国・学問僧新漢人日文・南淵漢人請安・志賀漢人恵隠・新漢人広済等并八人也。

（唐客裴世清罷り帰る。則ち復た小野妹子臣を以て大使と為し、吉士雄成を小使と為し、福利を通事と為し、唐客に副えて之を遣わす。爰に天皇、唐帝に聘す。其の辞に曰く、「東天皇、敬みて西皇帝に白す。使人鴻臚寺掌客裴世清等至る。久しき憶、方に解けん。季秋、薄に冷し。尊、何如に。想うに清悆ならん。此れ即ち常の如し。今、大礼蘇因高・大礼乎那利等を遣わして往かしむ。謹みて白す。具ならず」と。是の時、唐国に遣わす学生、倭漢直福因・奈羅訳語恵明・高向漢人玄理・新漢人大国・学問僧新漢人日文・南淵漢人請安・志賀漢人恵隠・新漢人広済等并せて八人也。）

⑥『日本書紀』推古十七年九月条

小野臣妹子等至自大唐。唯通事福利不来。

（小野臣妹子等、大唐より至る。唯通事福利のみ来らず。）

⑦『日本書紀』推古二十二年六月己卯条

遣犬上君御田鍬・矢田部造闕名於大唐。

（犬上君御田鍬・矢田部造名を闕せりを大唐に遣わす。）

⑧『日本書紀』推古二十三年九月条

犬上君御田鍬・矢田部造至自大唐。百済使則従犬上君而来朝。

（犬上君御田鍬・矢田部造、大唐より至る。百済使則ち犬上君に従いて来朝す。）

概要を整理すると、六〇七年に小野妹子が隋に派遣される（①）。この使節の在隋中の動向については小野妹子が「蘇因高」と名のっていたことが分かる程度である。[2] 帰国時に百済において国書紛失という失態があるものの（③）、六〇八年四月に小野妹子は隋使裴世清を伴って帰国した（②）。来朝した裴世清等は入京して倭国の迎接を受け、煬帝からの国書を進めた（④）。裴世清等が隋に帰るにあたって妹子等が同道し、隋への国書が託された（⑤）。再び隋に赴いた妹子等はほぼ一年後の六〇九年九月に帰国している（⑥）。六〇七年の遣隋使派遣から続いていた隋との外交往来はひとまず終わる。多少の期間を置いて六一四年に犬上御田鍬等が派遣され（⑦）、一年三ヵ月後の六一五年九月に帰国している（⑧）。如上のように『日本書紀』では六〇七・六〇八・六一四年の三回の派遣と六〇八年の隋使来朝が記されていることになる。

次に『隋書』を見る。『隋書』では本紀と倭国伝、流求伝に関係記事がある。本紀から見ておく。

⑨『隋書』巻三　煬帝本紀大業四年三月壬戌条

百済・倭・赤土・迦羅・舎国並遣使者貢方物。

（百済・倭・赤土・迦羅・舍国並びに使者を遣わして方物を貢す。）

⑩『隋書』巻三　煬帝本紀大業六年正月己丑条

倭国遣使貢方物。

（倭国遣使して方物を貢す。）

右のように本紀では六〇八年三月（⑨）と六一〇年正月（⑩）における朝貢の一例を見ることができる。

⑪『隋書』巻八一　倭国伝開皇二十年

開皇二十年、倭王姓阿毎、字多利思比孤、号阿輩雞弥、遣使詣闕。上令所司訪其風俗。使者言、倭王以天為兄、以日為弟。天未明時出聴政、跏趺坐。日出便停理務、云委我弟。高祖曰、此太無義理。於是訓令改之。

（開皇二十年、倭王、姓は阿毎、字は多利思比孤、阿輩雞弥と号し、遣使して闕に詣る。上、所司をして其の風俗を訪わしむ。使者言く、「倭王、天を以て兄と為し、日を以て弟と為す。天未だ明けざる時に出でて聴政し、跏趺坐す。日出でれば便ち理務を停め、云く『我が弟に委ぬ』」と。高祖曰く、「此れ太だ義理無し」と。是に於いて訓令して之を改めしむ。）

⑫『隋書』倭国伝大業三年

大業三年、其王多利思比孤遣使朝貢。使者曰、聞海西菩薩天子重興仏法。故遣朝拝、兼沙門数十人来学仏法。其国書曰、日出処天子致書日没処天子。無恙云云。帝覧之不悦、謂鴻臚卿曰、蛮夷書有無礼者、勿復以聞。明年、上遣文林郎裴清使於倭国。

（大業三年、其の王多利思比孤遣使して朝貢す。使者曰く、「聞くならく、海西菩薩天子、重ねて仏法を興すと。故に遣わして朝拝せしめ、兼ねて沙門数十人来りて仏法を学ばしめん」と。其の国書に曰く、「日出づる処の天子、書を日没する処の天子に致す。恙無きや云云」と。帝、之を覧じて悦ばず、鴻臚卿に謂いて曰く、「蛮夷の書、無礼なる者有らば、復た以て聞する勿れ」と。明年、上、文林郎裴清を遣わして倭国に使せしむ。）

⑬『隋書』倭国伝

其王与清相見、大悦曰、我聞海西有大隋、礼義之国。故遣朝貢。我夷人、僻在海隅、不聞礼義。是以稽留境内不即相見。今故清道飾館、以待大使。冀聞大国惟新之化。清答曰、皇帝徳並二儀、沢流四海。以王慕化、故遣行人来此宣諭。既而引清就館。其後清遣人謂其王曰、朝命既達、請即戒塗。於是設宴享以遣清。復令使者随清来貢方物。此後遂絶。

（其の王、清と相見え、大いに悦びて曰く、「我聞く、海西に大隋有り、礼儀の国なりと。故に遣わして朝貢す。我は夷人、海隅に僻在し、礼儀を聞かず。是を以て境内に稽留し即ち相見えず。今故に道を清め館を飾り、以て大使を待つ。冀くば大国惟新の化を聞かんことを」と。清答えて曰く、「皇帝、徳は二儀に並び、四海に沢流す。王、化を慕うを以て、故に行人を遣わして来らしめ此に宣諭す」と。既に清を引きて館に就かしむ。其の後、清、人を遣わして其の王に謂いて曰く、「朝命既に達す。請うらくは即ち塗を戒めよ」と。是に於いて宴享を設け以て清を遣わす。復た使者をして清に随い来りて方物を貢す。此の後、遂に絶ゆ。）

倭国伝では、まず六〇〇年にアメタリシヒコが遣使している（⑪）。この記事の後ろに倭国の風俗に関する記事が続いている。そして、六〇七年にアメタリシヒコが再び使者を派遣しており（⑫）、遣隋使においてもっとも著名な記事である。この時の派遣を承けて、翌年に裴清（裴世清）が倭国に遣わされている。裴世清の来倭を記す⑬は年次が明記されていないが、⑫に大業三年の「明年」とすることから六〇八年に倭国に派遣されたということになる。そして、裴世清の帰国に使者が従って再び来貢している。この使節の後は遣隋使の派遣が途絶えたとある。

なお、本紀・倭国伝以外にも遣隋使の動向の一端を窺える記事がある。

⑭『隋書』巻八一　流求国伝

（大業）三年、煬帝令羽騎尉朱寛入海求訪異俗。何蛮言之、遂与蛮倶往。因到流求国。言不相通、掠一人而返。明年、帝復令寛慰撫之、流求不従、寛取其布甲而還。時倭国使来朝。見之曰、此夷邪久国人所用也。帝遣武賁郎将陳稜・朝請大夫張鎮州、率兵自義安浮海撃之。至高華嶼、又東行二日至鼅鼊嶼、又一日便至流求。初稜将南方諸国人従軍。有崐崘人、頗解其語。遣人慰諭之、流求不従、拒逆官軍。稜撃走之。進至其都、頻戦皆敗。焚其宮室、虜其男女数千人、載軍実而還。自爾遂絶。

（三年、煬帝、羽騎尉朱寛をして海に入りて異俗を求め訪わしむ。何蛮之を言い、遂に蛮と倶に往く。因りて流求国に到る。言、相通ぜず、一人を掠して返る。明年、帝復た寛をして之を慰撫せしむも、流求従わず、寛、其の布甲を取りて還る。時に倭国使来朝す。之を見て曰く、「此れ夷邪久国の人の用いる所なり」と。帝、武賁郎将陳稜・朝請大夫張鎮州を遣わして、兵を率いて義安より海に浮かび之を撃つ。高華嶼に至り、又東行すること二日にして鼅鼊嶼に至り、又一日便にして流求に至る。初め稜、南方諸国人を将いて従軍す。崐崘人有り、頗る其の語を解す。人をして之を慰諭せしむるも、流求従わず、官軍を拒逆す。稜、撃ちて之を走らす。進みて其の都に至り、頻りに戦うも皆敗る。其の宮室を焚き、其の男女数千人を虜にし、軍実を戴きて還る。爾より遂に絶ゆ。）

隋では六〇七年から流求への宣撫工作が行なわれた。初めに派遣された朱寛は、「明年」すなわち六〇八年に再び派遣され、その復命報告で倭国使が発言している旨が記されている。

このように『隋書』では本紀・倭国伝・流求伝に、六〇〇年（⑪）、六〇七年（⑫）、六〇八年（⑨・⑬・⑭）、六一〇年（⑩）の遣隋使到来が記されている。ただし、後述のようにそれが同年の遣使が同一であるかどうかをめぐって見解が分かれるところがある。

以上が遣隋使の遣使に関わる史料である。これらの史料、すなわち『書紀』と『隋書』の整合性をめぐってこれまで多くの研究が積み重ねられてきた。先行研究についてはすでに坂元義種氏や氣賀澤保規氏による整理があり[3]、その後の研究も含めて簡単にまとめておく。

戦前まで遣隋使研究において取り上げられる史料は『書紀』が中心であった。本居宣長は『書紀』と『隋書』の齟齬を指摘した上で「西の辺なるもののしわざ」と述べて『隋書』に記された遣使を否定している[4]。その影響から、戦前までは派遣回数を三回と捉える研究が主流であった[5]。『隋書』に対しては『書紀』を重視する立場から、史料としての信頼性を疑問視する傾向が強かったといえる。

これに対して『隋書』を重んじる立場として挙げられるのが高橋善太郎氏の研究である[6]。高橋氏は特に本紀の記事を重視して六〇〇、六〇八、六一〇年の三回を遣隋使入朝の年次としている。『書紀』については『隋書』を改変して記事を作り上げたものであり、六一四年の記事は六〇〇年の遣使を否定したことによる派遣回数の変動に整合性をもたせるために作り出された記事であると述べている。それまでの『書紀』中心の遣隋使研究に対して『隋書』を基軸として遣隋使を論じたことの学史的意義は大きい。しかし、派遣回数については当時の主流的理解であった三回を前提としたため、かえって史料操作に難が生じたことは否めない。

高橋論文が『隋書』という視点を打ち出したことによって遣隋使の派遣回数の議論は俄然活発化した。『書紀』三回説からの反論[7]の他にも、『書紀』と『隋書』の両書を視野に入れながら幅広い議論が可能となり、研究が進められることになる。その一方でなぜ齟齬が生じるのかという議論もなされるようになり、特に六〇〇年の遣使については、九州の地方豪族の偽使という宣長説の他に聖徳太子の私的な派遣であり正式な派遣に含めないとする説明がなされている[8]。

両史料を取り込んで論じられたのが四〜六回説である。四回説は戦後広汎に広まり、基本的に六〇〇年、妹子の二回の派遣（六〇七・六〇八）、六一四年を数えるものである。[9] 五回説は四回説に本紀の六一〇年を別の使節として計算する。[10] 六回説は増村宏氏が論じたもので、[11] 史料上確認できる使者を時期的に一致しなければ別個に数えることによって本紀の六〇八年の遣使を妹子とは別の使節と捉える。ここにおおよその学説は出揃ったといえる。

さて近年におけるこの問題の専論について二本ふれておきたい。一つは篠川賢氏の所論である。[12] 篠川氏は六〇〇、六〇七（妹子）、六一〇（本紀）を確実視し、さらに六一四年の可能性を推定して三〜四回と考えている。篠川説の特徴は六〇八年の記事⑨を赤土国の検討から六〇七年に引き上げて⑫と同一と見なしたところにある。また、⑭を検討して六一〇年の記事⑩と年記が不明瞭な⑬を結びつける。さらに『書紀』の年記を誤りと見なし、六〇七・六一〇をそれぞれ妹子の一回目・二回目の遣使と位置づけるものである。もう一つは鄭孝雲氏の研究である。[13] 鄭氏は六〇〇年の遣使を六〇七年の重出と捉えるところに特色がある。さらに六〇八年の遣使は裴世清の送使であり妹子自身は百済から引き返して帰国、通事の福利が隋まで赴いて六一〇年に朝貢したとする。これに六一四年の遣使を加えた三回説である。

このように遣隋使の派遣については三〜六回の諸見解が出されている。もはや旧来のような『隋書』『書紀』片方にのみ拠った三回説は、学史的意義を除けば成り立たないことは明白であろう。しかし両書を整合しようとした結果、史料操作が煩雑になり議論が錯綜している観がある。遣隋使の派遣回数について見解が分かれる原因である論点をまとめると次のようになる。ａ 六〇〇年の遣使の存否、認められる場合にはその実体、ｂ『隋書』本紀の二つの記事の位置づけ、特に倭国伝・『書紀』との対応関係の是非、ｃ 本紀⑦の理解と関わるが倭国伝の「是ニ由リテ遂ニ絶ツ」の解釈、の三点である。なお、これらの問題は往来や滞在の期間を念頭に置かなければならない。特に往来の時間的経過が本紀の記事の位置づけを左右すると考える。この点をふまえながら史料に即して通観する。

まずa六〇〇年の遺使の有無について。『日本書紀』に記事がないということが根拠にならないことはいうまでもない。問題は六〇七年の重出とする鄭氏の議論である。その所論は『通典』の記事を根拠としている。

⑮『通典』巻一八五　辺防一

隋文帝開皇二十年、倭王姓阿毎、名多利思比孤、其国、号阿輩雞弥。華言大児也。遣使詣闕。其書曰、日出処天子、致書日没処天子。無恙云々。帝覧之不悦。謂鴻臚卿曰、蛮夷書、有無礼者、勿復以聞。

（隋文帝開皇二十年、倭王姓阿毎、名多利思比孤、其の国、阿輩雞弥と号す。華言の天児也。遣使して闕に詣る。其の書に曰く、「日出づる処の天子、書を日没する処の天子に致す。恙無きや云々」と。帝、之を覧じて悦ばず。鴻臚卿に謂いて曰く、「蛮夷の書、無礼なる者有らば、復た以て聞する勿れ」と。）

『通典』では六〇七年の「日出処天子」国書を開皇二十年の年記に懸けており、『隋書』と矛盾する。[14] 鄭氏はここから錯簡を見出すのである。[15] しかし、これをもって『隋書』の誤りと断定することはできない。この記事には関連する史料として『翰苑』に注目する必要がある。

⑯『翰苑』巻三〇　蕃夷部

阿輩雞弥、自表天児之称。（中略）今案、其王姓阿毎、国号為阿輩雞。華言天児也。父子相伝王。有宮女六七百人。王長子号「和（朱書）」哥弥多弗利。華言太子。

（阿輩雞弥、自ら天児を表すの称なり。（中略）今案ずるに、其の王、姓は阿毎、国号は阿輩雞と為す。華言の天児也。父子、王を相伝す。宮女六七百人有り。王の長子、和哥弥多弗利と号す。華言の太子なり。）

⑪倭国伝と⑮『通典』・⑯『翰苑』の三つの史料で特に注目されるのは、⑪には記されていないが⑮・⑯に記載されている「華言天児」という文言である。『通典』では傍線部の開皇二十年の遺隋使の記事に点線部の大業三年国

書を懸けており、記事の編成に錯簡が生じている。ところが『翰苑』では遣隋使の具体的な動向にはふれず、単に倭のことばの解説として「阿輩雞弥」が中国語でいうところの「天児」であるとする。それぞれの成立年代を考えると、『隋書』が顕慶元年（六五六）、『翰苑』が顕慶五年（六六〇）成立、『通典』は貞元十七年（八〇一）となる。これを考慮して整合的に考えるならば、具体的な外交記事中心の『隋書』と「阿輩雞弥」を「華言天児」と解説する『翰苑』があり、『通典』は杜佑が編纂の際にそれらを短絡的に結合させてしまったために発生した混乱であると推定される。このように『通典』の記事が錯簡であることを理解できるのであり、鄭孝雲氏のように『通典』を根拠として開皇二十年の遣使を否定することはできない。

かくして六〇〇年の遣隋使は派遣されなかったとはいえない。そこで遣隋使を取り巻く状況から存否を考える。堀敏一氏がつとに指摘されているように隋と高句麗の関係を軸として当該期の国際関係は推移しており[16]、隋との対立を背景に高句麗が倭国に対して友好的な態度を示していることからすれば、倭国が国際関係を見極めるために隋に使者を派遣する動機は十分に理解できる。もしこの派遣を九州の地方豪族によるものと理解すると、地方豪族がヤマト政権の外交権に抵触したことになる。少なくとも六〇七年の派遣の段階でそれが判明し、政治問題化したはずである。しかし、『日本書紀』ではそのような事件は起こっていない。また、六〇七年の遣隋使は「使者曰く、『聞くならく、海西菩薩天子、重ねて仏法を興すと。故に遣わして朝拝せしめ、兼ねて沙門数十人来りて仏法を学ばしめん』」と述べている。山崎宏氏は文帝が「菩薩国王」と呼ばれていたことをふまえて「菩薩天子」はこれを下敷にした語である可能性を指摘しており[17]、従うべきであろう。六〇七年の使者の言上は六〇〇年の派遣における情報収集を反映している。これらを兼ね合わせると、六〇〇年の遣使はヤマト政権の派遣として認めてよい。

なお六〇〇年の遣隋使は『隋書』倭国伝⑾には「闕ニ詣ル」とあるように皇帝の在所まで赴き、かつ文帝に謁見している。こうした動静に鑑みれば、この時の遣隋使を正式使節でないとする見解は当らないというべきであろう。

次にb本紀⑨の位置づけの問題について。⑨は六〇七年に倭を出発し翌年四月に帰国した小野妹子等の派遣期間内にあたる。それゆえ⑨は妹子のこととする見解が多い[18]が、増村宏氏はこれを附会として別の使者とする[19]。

この問題を考える上で注目すべきは、④の妹子の帰国にあわせて来朝した裴世清が持ってきた国書である。「皇帝問倭皇」の書き出しで知られるこの国書は、その末尾に「稍暄。比如常也」とある。「暄」とは『玉篇』に「暄、春晩也」とあり三月のことを指す。この時の国書は派遣される裴世清がもたらしたが、一般的には帰国に際しての辞見において授与されるのが通例である。すなわち、国書の記載から小野妹子等は三月まで隋の朝廷にいたことは明らかである。このように考えると、本紀の記事⑨はおそらく妹子が辞見した時の記録が誤って朝貢の記事として記録されてしまったものであり、別の使節と捉えずともよい。

なお、三月に隋を出立して四月に帰国という期間についても私見を述べておく。遣隋唐使の往来に時間がかかる最大の理由は航海における風待ちである。ただし七世紀の遣隋唐使は朝鮮半島西岸を経由する。このルートは比較的風待ちのリスクが少なくてすむ。六〇七年の遣隋使も次のように百済を経由している。百済経由であるならば風待ちによる遅れを重く見る必要はない。もう一つ考えられるのが百済での滞在である。中村太一氏は大化前代の列島内において諸地域の共同体の閉鎖性によって隔地間交通が阻害される状況を指摘しており[20]、対外ルートにおいても同様のことは十分に想定できる[21]。この点については裴世清が同行していることに留意するべきであろう。隋使が倭国に向かうことに対して百済は協力することを要請され、不要な滞留はなかったものと考える。なお、遣隋使が謁見した場所は『隋書』煬帝本紀大業三年九月条に「至于東都（東都に至る）」とあり、それ以降行幸の記事が見えないことからすると洛陽であった。②に「妹子臣に従いて筑紫に至る」とあるように四月における到着地は筑紫である。すなわち、遣隋使は三月に洛陽を出発して四月中に九州に着いたということになる。日程的にはかなり急いでいる観があるが、ひとまず可能と捉えておく。

もう一つの問題は⑭流求国伝との関係である。⑭では六〇七年に朱寛が流求に派遣されている。その後朱寛は再び派遣されて、布甲を得て戻った時それを見た倭国使が夷邪久国のものであると述べている。篠川氏はこれを次の記事と関連づける。

⑰『隋書』煬帝本紀大業六年二月乙巳条

武賁郎将陳稜・朝請大夫張鎮州、撃流求破之。献俘万七千口。頒賜百官。

（武賁郎将陳稜・朝請大夫張鎮州、流求を撃ちて之を破る。俘万七千口を献ず。百官に頒賜す。）

この記事によると六一〇年二月に流求の俘虜を献じている。篠川氏は、⑭の倭国使は「明年」以降の記事の全てが六〇八年に限られるものではないとして六一〇年の遣隋使にかかるものと見なし、六〇八年の遣隋使を否定する。確かに「明年」以降の記事全体を六〇八年と捉えるべきではないことは指摘の通りであるが、⑭「明年（六〇八）、復令寛慰撫之…。時（六〇八以後）倭国使来朝…帝遣武賁郎将陳稜・朝請大夫張鎮州」という文章構成と⑰「（六一〇）武賁郎将陳稜・朝請大夫張鎮州撃流求」を対比させると、朱寛が布甲を得て戻り、その時に倭国使がそれを見て、その後に陳稜等の派遣という時間軸は動かない。また、⑤「副于唐客而遣之」と⑬「復令使者随清来貢方物」は一致しており、六〇八年の遣使は事実として認め得る。⑤によると六〇八年九月に裴世清は帰国の途についており、それに同行した妹子等も同年末には隋に入朝したであろう。かりにこの遣隋使の入朝が六〇九年までずれ込んだとしても、篠川氏も述べるように⑭の「時倭国使来朝」以降の記事は必ずしも六〇八年に限定されるものではないため矛盾というほどではない。なお、⑭の倭国使は六〇八年来朝の遣隋使ではなく、六〇七年の遣隋使の可能性も残されている。一般に⑭「明年、復令寛慰撫之、流求不従寛、取其布甲而還」の「明年」はこれまで「復令寛慰撫之」に懸かると考えられているが、むしろ「取其布甲而還」に懸かるものであり、朱寛の帰国の年次と捉えられるからである。例えば⑰では、その日付は俘虜の献上と百官への頒賜にあり、陳稜等の派遣の年次ではない。このように見ると朱寛は六〇七年に派遣され六〇八年の年初に戻ってきたという理解も可能である。要するに朱寛が隋に戻ったのが六〇八年であり、⑰は俘虜献上の時点であることからすれば陳稜の派遣は短く見積もっても六〇九年後半ということになる。[22]⑭における倭国使は六〇八～六〇九年前半に滞在していたのであり、いずれの遣隋使と対応するか断定は困難であるが六〇七もしくは六〇八年の遣隋使と捉えるべきである。

なお、鄭孝雲氏は裴世清の送使のうち妹子は百済で引き返し、福利のみ隋に赴いたことと対応するのが⑩であると述べている。これは妹子の帰国記事である⑥を根拠とする。妹子と福利が別行動であったと見なすものである。しかしかりにそのように考えると、妹子と裴世清が百済で一年近く逗留したことになる。妹子のみが百済に滞在したならば「大唐より至る」と明記されていることと食い違う。よって鄭氏の所論には従いがたい。

第三にc倭国伝における途絶記述について。『日本書紀』では⑦六一四年に、『隋書』本紀では⑩六一〇年に派遣が記録されているが、これに対して⑬六〇八年の遣使後は「此ノ後遂ニ絶ツ」と記されている。『日本書紀』は史料が違うから矛盾が生じたという説明が一応は可能であるが、⑩と⑬は双方とも『隋書』であるため矛盾が鮮明となっている。増村宏氏は妹子の派遣に始まり裴世清派遣、妹子の再度遣使という連続した外交が途切れたことを示すと解釈している。[23]

この矛盾について、類似した表記から考えてみる。すると、『通典』の記事が目に留まる。

表10　遣隋使の派遣

年次				隋書※1 本紀	隋書※1 倭国伝	書紀	使者	君主の自称	備考
600	開皇20	推古8			○			倭王姓阿毎字多利思比孤號阿輩雞弥	
607	大業3	推古15			○	○	小野妹子	其王多利思比孤、日出処天子	
608	大業4	推古16	3月	○			倭		
608※2	大業4	推古16			○	○	小野妹子	東天皇	裴世清送使
610	大業6	推古18	正月	○			倭国		
614	大業10	推古22				○	犬上三田鍬		

※1　この他『隋書』琉球伝に関連史料がある。
※2　『隋書』倭国伝では608の小野妹子以降「此後遂絶」とする。

⑱『通典』巻一八五　辺防一
大唐貞観五年、遣新州刺史高仁表（表仁）持節撫之。浮海数月方至。仁表（表仁）無綏遠之才、与其王争礼、不宣朝命而還。由是遂絶。
（大唐貞観五年、新州刺史高仁表を遣わし節を持して之を撫せしむ。海に浮かぶこと数月にして方に至る。仁表、綏遠の才無く、其の王と礼を争い、朝命を宣べずして還る。是に由りて遂に絶つ。）

右では六三一年の高表仁派遣以後遣使が途絶えたとする。しかし、これ以後七世紀でも六五三年の吉士長丹を初めとして数度の遣唐使があったことはいうまでもなく「由是遂絶」の記述は事実と異なる。しかも『通典』自体がこの記事の後ろに長安二年の朝臣真人すなわち大宝遣唐使の粟田真人の来朝を記している。なぜこのような矛盾が発生したか推察するに、杜佑が編纂にあたって参照した原史料の問題と見なすのが穏当であろう。池田温氏は貞観遣唐使の記述の原拠が太宗実録であると指摘されており[24]、そのため「由是遂絶」と記されたとする。前述の⑫の錯簡も含めて、『通典』は参照した諸史料の調整が粗雑であるといえる。

翻って同様のことが『隋書』にいえないか。現行の『隋書』列伝は六三六年正月に魏徴等が完成させたものである[25]。この『隋書』が多様な史料を包含していることはすでに指摘されており、[26]倭国伝の構成もこの点を勘案する必要があろう。榎本淳一氏は『隋書』倭国伝を五つの構成に分けて、特に裴世清に関する当該部は当事者である裴世清の主観や作為の可能性を含めて慎重に判断すべきであることを述べている。[27]あるいは裴世清の帰国・復命を以て木尾とする、隋と倭国の交渉史としてまとめた史料があったのかもしれないが、それにしても六〇八〜六〇九年を下限とする史書を見出すことはできない。[28]このように『隋書』の不備の可能性が高く、史料上の矛盾は整合的に理解することは必ずしも必要ではなく、『隋書』の六一〇年や『日本書紀』に記す六一四年の遣隋使も否定する根拠はなくなる。以上の考察を整理したのが表10である。

ここまで遣隋使派遣回数について概観した。簡単にまとめると一次・六〇〇年、二次・六〇七〜六〇八年・妹子（一回目）、三次・六〇八〜六〇九年・妹子（二回目）、四次・六〇九〜六一〇年、五次・六一四〜六一五年・犬上君御田鍬の五回ということになる。ひとまず大業四年⑨を二次に含めたが、あくまでも時間的に可能であると推測したのみであり別に使者が派遣されていた可能性もあり得えないわけではなく、いずれかに断定することは困難であろう。さしあたって以後の本章での論旨に大きな変更を迫るものではないので、本書の立場としては五回乃至消極的に六回としておく。

Ⅱ　推古朝「天皇」号成立説と遣隋使

前節で遣隋使の派遣回数について考察を加えたが、それは遣隋使の国書の問題とも関わる。『隋書』と『日本書紀』によれば倭国と隋の外交において都合三回の国書のやり取りがあった。倭国から隋へは⑫六〇七年の「日出処天子致書日没処天子」と⑤六〇八年の「東天皇敬白西皇帝」の書き出しを持つ国書である。一方、隋から倭国への国書は④「皇帝問倭皇」の書き出しを有する。なお、この書き出しは『善隣国宝記』所引『経籍後伝記』では「皇帝問倭王」となっており、[29]こちらが本来の記述であったであろうということは大方の一致を見ている。また、「王」と「皇」の書き換えは本文中にも確認できる。④に「皇、海表ニ介居シ」とあるが、隋が周辺の君主に「皇」を用いるとは考え難く、ここは「王」とあったのを『書紀』が「皇」にしたと見るべきであろう。『書紀』にはこうした機械的な潤色が施されていることは明らかである。よって以下の行論中においては「皇帝問倭王」で統一する。

これらの国書で古くから問題になってきたのは「日出処天子」国書と「東天皇」国書の関係であった。三回説が主流であった頃は、宮田俊彦氏を初めとした『日本書紀』重視説にしろ、高橋善太郎氏の『隋書』強調説にせよ、国書を同一のものと考え、『隋書』『日本書紀』のいずれかがもう一方の潤色としていた。しかし、『隋書』と『日本書紀』を相互に補完するものとして四・五・六回説が主流になった現在においては、国書が必ずしも同一である必要はない。本研究の立場も前節で検討したように五～六回の派遣回数を確認したので、二つの国書を同一とは考えない。

このように「日出処天子」国書と「東天皇」国書を別のものと位置づけた上で、「東天皇」国書を重視して推古朝に「天皇」号が使用されるようになったと考える傾向が高まっている。本節ではこの問題について検討する。

「天皇」号始用について、旧来は推古朝とされた金石文を主軸に論じられた。[30]それゆえ金石文の年代に疑義が提起されて以来、「天皇」号推古朝成立説は一旦後退したかに見えた。ところが、現在では新たな展開を見せており、対外関係から「天皇」号を捉えようとする。近年の推古朝説を述べるものとして梅村喬・堀敏一・大津透・吉田孝諸氏の研究を挙げることができる。このうち対隋関係を重視するのは堀・大津・吉田氏である。まずはその論拠について概観する。

堀敏一氏は国内における権力の変化が対外関係に表れるという点を強調した上で、遣隋使の国書における「天皇」号を認めている[31]。それによると六〇七年国書が「天子」号の使用をめぐって煬帝の不興を受けたために、その次の六〇八年の「東天皇」国書において「無難な形」に切り替えたと見なしている。六〇八年の国書が書紀の潤色を被っているのではないかと疑問視する説に対しては、「大王」「天王」号では対等性は維持できないこと、「東天皇敬白西皇帝」という文章が国書の語調として落ち着きがよいことなどから改作はないとする。なお、川本芳昭氏も堀氏の所説を支持している[32]。

大津透氏も、堀氏の議論を引用しながら対外的契機によって君主号が成立することが説得的であるとした上で、「天皇」は「大王」の字を増画することによって成立したと述べ、推古朝成立説を裏付ける史料として『上宮聖徳法王帝説』の引く繡帳逸文に「斯帰斯麻宮治天下天皇」「斯帰斯麻天皇」と記す天寿国繡帳を挙げている[33]。なお、堀氏も天寿国繡帳に論及しており、薬師光背銘を初めとする所謂推古朝遺文の年代が疑問視されている現状においては推古朝説を論じる上での不可欠の資料として注目している。

吉田孝氏はもともと天武持統朝説をとっていたが[34]、その後に推古朝説に転じた[35]。その所論は六〇七年の「天子」国書の問題化によって中国皇帝と同じ称号を使うことはできないものの、一方で「大王」「天王」では称号的に後退しすぎるという堀氏や大津氏の見解を支持している。吉田説の特徴は、「天皇」号が『史記』秦始皇本紀を典拠として採用された可能性を論じるところにあり、漢語で君主号を作る契機と由来としてはそれが最も自然であると述べる。そして対隋外交において「天子」「皇帝」は用いることができないが、アメ＝「天」を含み「王」を含まない「天皇」号がふさわしい称号として創出されたとする。さらに対隋外交における対等性と君主号の格差矛盾を解消するために六〇八年の「東天皇」国書は小野妹子が握りつぶして隋には提出しなかったという推論に至っている。

いずれも隋との外交という対外的契機によって「天皇」号が出現したと見なすものである。その論拠は六〇七年の国書における対隋外交の失敗と六〇八年における対等性の維持に注目するものである。これらに対して、対外的契機としての対朝鮮関係を重視する見解として梅村喬氏の研究を挙げることができる。[36] 梅村氏は、推古朝における国際状況として倭国が朝鮮半島の権益回復を目指す中で新羅を凌駕する王権理念の創出が求められたところから「天皇」号が案出されたとする。そして、文書行政の中で君主号が確立する点を強調している。ただしその一方で、「天皇」号が朝鮮に対して使用するものの中国には憚られるという限界があったとも述べており、遣隋使を「天皇」号成立の対外的契機として重視する前記の諸説とは一線を画している。梅村説は君主号が文字表記の位相の問題であることを明確化した指摘として重要であろう。その中でも遣隋使よりも朝鮮との関係をクローズアップさせており、それを外交文書の書式の成立と絡めて論じたところが特色といえる。ただし、結果として他の推古朝説が「天皇」号成立の史料的根拠として重視する六〇八年の「東天皇」国書を「編纂時の意識を投影したもの」と位置づけて捨象せざるを得なくなっている。そして、梅村説の重要な論拠である対朝鮮外交における文書については批判が必要である。七世紀初頭の段階では倭国から朝鮮諸国、特に新羅や百済に対する外交は文書外交が定立しておらず口頭外交であった。[37] すなわち、この段階で対朝鮮外交において文字が用いられることはなく、そのため表記としての「天皇」号が成立するとは考えがたい。当該期の対朝鮮外交の形式から文字表記の漢語的君主号が出現することはないというべきであろう。

右のように近年の推古朝説は対外的関係の中から「天皇」号が出現したと位置づけるものである。旧来の推古朝説における「東天皇」国書はあくまでも付随的に論じられる程度のものであったのに対して[38]、その論点は大きく変化している。

ここで焦点となるのが、そもそも「東天皇」国書は実在のものと認め得るかという問題である。「日出処」国書と区別すべきことは先述したが、それとは別に『日本書紀』編纂時の造作の可能性はないのか。この点を追究したのが廣瀬憲雄氏である[39]。廣瀬氏は、1「東天皇」国書の字句が上下関係において曖昧であり、2 対等を指向していると見なしてよい、3 それが隋に通用するとは考え難い、4 よって『書紀』の造作と見なすことが整合的である、と論じる。これによれば「東天皇」国書について議論が大きく相対化されることになるため論評する必要がある。

まず廣瀬氏の精緻な研究によって外交文書の文言について研究は大きく深化したことを確認しておく。その点で1は従うべき成果である。ただし、上下関係を暈していることが対等と直結するかという点において2については留保が必要である。後述するが、六〇〇年の対等を指向した外交政策は大きく変更することとなり、六〇八年段階で倭国は隋に臣従せざるを得なかったと考える。この点は廣瀬氏の指摘に賛同するものである。ただし、国内の対外姿勢は急激に転換できるものではなく、対隋政策の方針としては国書の文言に目上とも目下ともとれる用語を用いることによって、外交的には臣従、国内的には対等というダブルスタンダードで臨んだという解釈も可能であろう。隋がそれをどの程度咎めるかということが3とも関わる論点となるが、隋にとって対倭国外交は喫緊の課題ではないので、さしあたって目上に対する文書とも理解できる点で露骨な対等姿勢でないということから黙認したというのが実情ではないだろうか。4については、これを造作と捉える場合、なぜ六〇八年のみ国書の文章を創作したのかという問題が生じる。

一方、その冒頭部を問題として、六〇八年の「東天皇」国書に注目してこれを成立の指標としている推古朝説の是非は如何か。その論点をまとめるとおおよそ次のようになる。イ・「日出処天子」国書では対等であろうとしたが煬帝の不興を受けて新しい称号が必要となった、ロ・その際単なる大王号では対等性を目指した「日出処天子」国書に比べて後退しすぎる、ハ・それゆえ天子と大王の中間的な称号として「天皇」号が成立した、と位置づけている。

推古朝説のうちイについては是とすべきであると考える。「日出処天子」国書に煬帝が不満を持ったことは「不悦」に示されている[40]。ただし、その理由については見解が分かれている。古くは「日出処」「日没処」は傾斜的な関係であり「日出処」が優越しているという認識があったためと捉える見解もあった[41]。しかし、それらの語が『大智度論』を典拠とするという東野治之氏の指摘を承けると[42]、その関係は優劣を含意するものではなくフラットなものであると見なさなければならない。そうすると国書において問題となった箇所は「天子」号の使用と考えるべきである[43]。中国の天下思想において天子は唯一の存在であり、中国におけるそうした通念を倭国が侵食したことが問題化した原因であろう。君主号が問題化したからこそ、その変更が行なわれたのである。

なお、隋代における周辺国の「天子」号使用としては他に突厥の例を挙げることができる[44]。

⑲『隋書』巻八四　突厥伝

沙鉢略遣使致書曰。辰年九月十日、従天生大突厥天下賢聖天子伊利倶盧設莫何始波羅可汗、致書大隋皇帝。

（沙鉢略、使を遣わして書を致して曰く、「辰年九月十日、天より生まれし大突厥天下賢聖天子伊利倶盧設莫何始波羅可汗、書を大隋皇帝に致す」と。）

この時の隋と突厥の外交では、突厥の「天子」号使用は特に問題化していない。その点が倭国のケースと異なるが、強大な勢力を擁し隋への対外的プレッシャーが強かった突厥と、隋の統一以来数度派遣してきただけであり文帝から「甚ダ義理無シ」とたしなめられた倭国を同列で考えるわけにはいかない。

右に対して、「日出処天子」国書の外交問題化を承けて出された六〇八年の国書における君主の自称については問題がある。ロにおける推古朝説の要点は倭隋外交における対等性の維持である。それゆえ国書における「大王」号への揺り戻しを認めず新たに「天皇」号を作り上げたとする。しかし、こうした視角は外交において倭国の方の事情のみを強調するものである。隋からすれば、六〇八年の国書に「皇帝問倭土」とあるように倭国は夷狄の「王」にすぎなかったことはいうまでもなく、それは倭に対しても通知された。この問題を考えるにあたって注目すべきが裴世清である。従来裴世清の来朝は対高句麗政策を念頭に置いた倭国の取り込みという考えが主流である(45)。それ自体は妥当であると考えるが、隋は五九八年に高句麗が遼西に侵攻したことから起こった紛争が高句麗王の謝罪によってひとまず決着してからは、六一一年の第二次高句麗征討まで隋と高句麗の間に目立って大きな関係変化はない。遣隋使派遣の国際的契機を重視するならば六〇〇年の方が切迫性はあったのであり、裴世清派遣の時点で隋は高句麗に対して何らかの行動を起こしているわけではないのでそれのみを強調すべきではないだろう。

一方で六〇八年の裴世清派遣の時点において二度来朝しただけの倭国と隋の関係が安定的であったとはいいがたい。それというのも、その二度ともが⑪「天ヲ以テ兄ト為ス」といい、あるいは⑫「天子」を自称するなど名分的に隋を刺激する発言や文書表記を繰り返しており、大きな外交問題に発展していないものの相互の関係は良好とは言いかねるからである。すなわち、隋の立場からすると倭国との外交関係で名分的関係を明確化する必要性を認めていたと推測できる。換言すれば、そうした名分的関係を確立してこそ対高句麗政策において倭国を利用することも可能となる。裴世清来朝はこうした点をふまえる必要がある。

そして、この点については前掲⑬に裴世清の発言として「故ニ行人ヲ遣ワシテ来ラシメ此ニ宣諭ス」という一文に注目したい。裴世清は宣諭を目的として来朝していたのである。その目的について川本芳昭氏は「日出処」国書の無礼に対する訓令に関わるとする[46]。それは倭国の対等的外交姿勢に対して隋と倭の名分的関係を明確化するための派遣と見なし得るのであり、裴世清来朝の狙いは隋皇帝─倭王という名分的関係の確認である。⑬の倭王の発言では「我ハ夷人、海隅ニ僻在シ、礼儀ヲ聞カズ。是ヲ以テ境内ニ稽留シ即チ相見エズ」とあるが、「境内ニ稽留シ即チ相見エズ」とは倭王が直接隋に赴かず使者を派遣することへの弁明である。『大唐開元礼』では賓礼において蕃主と蕃使の来朝を分けているように蕃主の中国来朝も想定されており[47]、裴世清の要求の一つに倭王自身の隋への来朝があったと考えることも可能であろう。こうした推測が妥当であるとすれば、それは倭国にとって容易に認めがたいものであったことは疑いない。しかし、それにも拘らずその滞在時に特に外交問題が生じていないことが注目される[48]。そして何よりも、裴世清の帰国時の発言として⑬「其ノ後、清、人ヲ遣ワシテ其ノ王ニ謂イテ曰ク、『朝命既ニ達ス。請ウラクハ即チ塗ヲ戒メヨ』」とあるように「朝命」は達成されたという認識を裴世清は有していた。これらのことをふまえると、隋が示した名分的関係の承認を倭国側も受け入れざるを得なかったものと推定できる。つまり、裴世清の来朝は倭国を国際秩序に位置づけようとする隋の外交的試みであったといえる[49]。そうであるとすれば裴世清の送使を兼ねた六〇八年の遣隋使もその合意の枠組みに沿って行動したと考えるべきであり、そのもたらした国書も名分関係に則り「倭王」乃至それに類した名のりであったと推定し得る。堀氏は「前の国書ですでに大王より上の天子の語を使っているのであるから、推古朝の為政者は、外交文書においてはこのような語を使いそうにない」と述べているが[50]、むしろ「天子」号の使用による煬帝の不興という外交上の失敗を回復するためには、皇帝との名分的関係が明らかな「王」号を称したと考える方が蓋然性は高いであろう。

右のように考えるとハの論点に関して、「東天皇」国書はその書き出しにおいて潤色を被っているということになる。それ以前の国書のやり取りにおいても、前述のように④「皇帝問倭王」国書における「王」→「皇」の書き換えは確実である。六〇八年の遣隋使でことさらに対等性を強調する必然性は特に見当たらず、その国書は「東大王敬問西皇帝」か、それに近い表記であったと推測できる。

なお、付随する論点として隋唐側の「天皇」号認知の問題と天寿国繡帳の二つを挙げておく。

第一点は六〇八年以降における国書のあり方の問題でもある。六〇八年の国書において対外称号として「天皇」号が設定されたとすると、「天皇」号は外交において一義的に用いられなければならない。すなわち、六〇八年より以後の遣隋使・遣唐使もその国書において天皇と名のったことになる。七世紀に限定しても六一〇・六一四・六三〇・六五三・六五四・六五九・六六五・六六九の八回派遣されているが、当然これらにおいても国書を持参し「天皇」と名のったはずである。ところがこれらの使節は国書をもたらしたかどうかすら覚束ない。

一方、隋唐から倭への国書ではどうなっているか。『善隣国宝記』には書の冒頭部の事例が挙げられている。

⑳『善隣国宝記』巻上　鳥羽院元永元年

四月廿七日、従四位上行式部大輔菅原在良、勘隋唐以来献本朝書例曰、推古天皇十六年、隋煬帝遣文林郎裴世清。書曰、使於倭国。皇帝問倭皇云々。天智天皇十年、唐客郭務悰等来聘。書曰、大唐帝敬問日本国天皇云々。天武天皇元年、郭務悰等来、安置大津館。客上書函題曰、大唐皇帝敬問倭王書。又大唐皇帝、勅日本国使衛尉寺少卿大分等書曰、皇帝敬到書於日本国王。承暦二年、宋人孫吉所献之牒曰、賜日本国大宰府令藤原経平。元豊三年、宋人孫忠所献牒曰、大宋国明州、牒日本国。

（四月廿七日、従四位上行式部大輔菅原在良、隋唐以来の本朝に献ずる書例を勘がうるに曰く、「推古天皇十六年、隋煬帝、文林郎裴世清を遣わす。書に曰く、『倭国に使す。皇帝、倭皇に問ふ云々』と。天智天皇十年、唐客郭務悰等来聘す。書に曰く、『大唐帝敬みて日本国天皇に問う云々』と。天武天皇元年、郭務悰等来たり、大津館に安置す。客、書函を上るに題に曰く、『大唐皇帝敬みて倭王に問うの書』と。又大唐皇帝、日本国使衛尉寺少卿大分等に勅する書に曰く、『皇帝敬みて書を日本国王に到らしむ』と。承暦二年、宋人孫吉献ずる所の牒に曰く、『日本国大宰府令藤原経平に賜う』と。元豊三年、宋人孫忠献ずる所の牒に曰く、『大宋国明州、日本国に牒す』」と。）

八世紀初頭までの事例の箇所について見てみると、推古十六年（六〇八）、天智十年（六七一）、天武元年（六七二）、大宝遣唐使[51]の四例が記されている。大宝を除いた七世紀の三例のうち六〇八年・六七二年の二例において隋唐は倭国の君主を「倭王」と記している。問題は「日本国天皇」とする六七一年の国書であるが、これは六七二年国書との関係が問われる。『書紀』では六七一年十一月に郭務悰等が来たことを対馬が報じている。ところが十二月に天智が没し、筑紫におけるその告喪と国書進呈のやり取りは翌年三月に行なわれている。六七一年国書と六七二年国書はいずれも郭務悰が持ってきたものということになるが、これを同一のものと見なす鈴木靖民氏の考え[52]と、別のものとする松田好彦・直木孝次郎氏の見解[53]がある。

⑳では六〇八年に「皇帝問倭皇」とあるが、同書所引の『経籍後伝記』には「皇帝問倭王」としており、原表記について近年では後者を妥当とする。しかし、⑳では「倭皇」とあり、在良は六〇八年の例に関して『書紀』を引用した可能性が高い。これをふまえて六七一年のケースについて考えると、「日本」と記す点が問題となる。また、中国側の自称において他の三例では「皇帝」と明記されているのに対して「大唐帝」と略記されていることにも注意を払うべきである。それゆえ天智十年の書題は潤色であるとする見解[54]に左袒すべきであると考える。なお在良が『書紀』から六〇八年条を引用した状況に鑑みれば、六七一年についてもこれを在良の潤色とするよりはその参照した記録による潤色の蓋然性が高い。

このように六七一年の「大唐帝敬問日本国天皇」は他の三例と比べて不自然なところが多く、これを当時の国書の実例とは見なし難いので除外すると、七世紀において一貫して隋唐は倭の君主を「倭王」と位置づけていたことになり、「天皇」という称号を認知していない。

六七一～六七二年前後の状況について付言すれば、唐では六五〇年には唐の高宗が即位している。そして、第五章で詳論するが、六七四年に「皇帝称天皇、皇后称天后（皇帝、天皇と称し、皇后、天后と称す）」とあるように高宗は天皇と称している。[55]もし倭国が国書において「天皇」と記していたとすれば高宗はそれを知りながら尊号として採用したことになる。[56]かりにそれでもあえて号したとすれば、倭国に「天皇」号を用いないよう通達する行動をとったであろう。[57]しかし、唐が倭国の君主号である「天皇」を知っていた様子は窺えず、七世紀代の外交において倭国が「天皇」号を用いていたとするには疑問が残る。

次に第二点の天寿国繡帳について述べておく。近代において繡帳及びその銘文はその内容から推古朝成立と信ぜられていたが、福山敏男氏が批判して以来、[58]成立年代が大きな争点となってきた。宮田俊彦氏は用字と干支から銘文を皇極二年（六四三）以降に作られたものと見なし、[59]林幹弥氏は諡号から天武朝を遡らないと結論づけている。[60]藪田嘉一郎氏や重松明久氏は銘文の成立をさらに下らせて天平期とする。[61]こうした批判に対して飯田瑞穂氏は、干支の問題は元嘉暦に換算するとむしろ整合すること、諡号から成立期を推測するのは議論が逆転しているとして反論を加えており、[62]大橋一章氏もそれに賛同している。[63]また、義江明子氏は銘文に記される系譜様式と記載内容から推古朝のものとして矛盾しないことを述べている。[64]

現在は推古朝成立説批判に対する反批判が強い状況であるといえる。確かに飯田氏が「天皇号が推古朝に未だ存在しなかったとする説は、繡帳銘が否定されて始めて成立することで、繡帳銘を否定しようとして、天皇号の未成立説を持ち出すことは議論が逆である」とするのはその通りである。しかし、一方でそれは現存の繡帳銘が推古朝ではないということを否定する論理とはなり得ない。二次的な改変の可能性があるからである。先述のように「皇帝問倭皇」国書は『日本書紀』に引用されている文章は概ねそのまま引用しているものの、冒頭部は「皇帝問倭王」であり称号に関わる部分のみ改変が加えられている。天寿国繡帳にも同様の状況を想定できないだろうか。そこで注目すべきが七三一年成立の『法隆寺伽藍縁起并流記資財帳』である。

㉑『法隆寺伽藍縁起并流記資財帳』

合通分繡帳弐張其帯廿二条　鈴三百九十三〔具〕

右納賜浄御原御宇　天皇者

右によれば、浄御原御宇天皇すなわち持統が繡帳二張を寄進している。批判説ではこれを天寿国繡帳として、その納入が持統朝まで下ることを根拠の一つとする。[65]この「繡帳」が天寿国繡帳と同一であるとは限らないという大橋氏の批判もあるが、[66]現存繡帳に鈴が付いていた可能性も十分に考えられ、[67]他に該当すると思しきものが法隆寺・中宮寺に存するわけでもないことからすると同一物の蓋然性が高いとしなければならない。宮田氏や義江氏の指摘する通り銘文は廏戸の他に橘大女郎に大きく比重がかかっており、原銘文の作成時期が廏戸の死後以降橘大女郎の存命中乃至彼女に対する記憶が鮮明なうちであろう。こうしたことをふまえると、繡帳作成を二段階に分けて想定する東野治之氏の見解が注目される。[68]氏は繡帳の図像の検討から、推古朝末年に作られた原繡帳があり、さらに太子信仰の高揚によって現繡帳が制作されたとする。

そうした銘文の改変の可能性について文章から検討しておく。断片しか残存していない繡帳銘文の評価は分かれているが、飯田瑞穂氏の校訂・復元に従って掲出すると左記の通りである。[69]

㉒天寿国繡帳銘文

斯帰斯麻　宮治天下　天皇名阿　米久尓意　斯波留支　比里尓波　乃弥已等　娶巷奇人　臣名伊奈　米足尼女
名吉多斯　比弥乃弥　已等為大　后生名多　至波奈等　已比乃弥　已等妹名　等已弥居　加斯支移　比弥乃弥
已等復娶　大后弟名　乎阿尼乃　弥已等為　后生名孔　部間人公　主斯帰斯　麻天皇之　子名蕤奈　久羅乃布
等多麻斯　支乃弥已　等娶庶妹　名等已弥　居加斯支　移比弥乃　弥已等為　大后坐乎　沙多宮治　天下生名
尾治王多　至波奈等　已比乃弥　已等娶庶　妹名孔部　間人公主　為大后坐　濆辺宮治　天下生名　等已刀弥
々乃弥已　等娶尾治　大王之女　名多至波　奈大女郎　為后歳在　辛巳十二　月廿一癸　酉日入孔　部間人母
王崩明年　二月廿二　日甲戌夜　半太子崩　于時多至　波奈大女　郎悲哀嘆　息白畏天　皇前曰啓　之雖恐懐
心難止使　我大王与　母王如期　従遊痛酷　無比我大　王所告世　間虚仮唯　仏是真玩　味其法謂　我大王応
生於天寿　国之中而　彼国之形　眼所叵看　悕因図像　欲観大王　往生之状　天皇聞之　悽然告曰　有一我子
所啓誠以　為然勅諸　采女等造　繡帷二張　画者東漢　末賢高麗　加西溢又　漢奴加已　利令者椋　部秦久麻

（斯帰斯麻宮に天下を治めたまう天皇、名は阿米久尓意斯波留支比里尓波乃弥已等、巷奇大臣名は伊奈米足尼の女、名は吉多斯比弥乃弥已等を娶りて大后と為し、名は多至波奈等已比乃弥已等・妹の名は等已弥居加斯支移比弥乃弥已等を生む。復た大后の弟、名は乎阿尼乃弥已等を娶りて后と為し、名は孔部間人公主を生む。斯帰斯麻天皇の子、名は蕤奈久羅乃布等多麻斯支乃弥已等、庶妹名は等已弥居加斯支移比弥乃弥已等を娶りて大后と為し、乎沙多宮に坐して天下を治む。名は尾治王を生む。多至波奈等已比乃弥已等、庶妹名は孔部間人公主を娶りて大后と為し、濆辺宮に坐して天下を治む。名は等已刀弥々乃弥已等を生む。尾治大王の女、名は多至波奈大女郎を娶りて后と為す。歳は辛巳に在る十二月廿一日癸酉日入、孔部間人母王崩ず。明年二月廿二日甲戌夜半、太子崩ず。時に多至波奈大女郎、悲哀嘆息して天皇の前に畏み白して曰く、「之を啓するに恐ると雖も懐う心は止使め難し。我が大王と母王、期するが如く従遊す。痛酷無比なり。我が大王の告る所、『世間は虚仮、唯だ仏のみ是れ真なり』と。其の法を玩味するに謂えらく、我が大王、応に天寿国の中に生まるべし。而れども彼の国の形、眼に看叵き所なり。悕わくば図像に因りて大王往生の状を観むと欲す」と。天皇、之を聞きて悽然として告りて曰く、「一の我が子有り、啓する所、誠に以て然りと為す」と。諸の釆女等に勅して繡帷二張を造らしむ。画く者は東漢末賢・高麗加西溢、又漢奴加己利、令す者は椋部秦久麻なり。）

銘文の全文を記す最も古い史料は『上宮聖徳法王帝説』である。[70] しかしその引用には、繡帳として残存している「皇前曰啓」の脱落や「悽然」を「悽状一」と誤写するなどの誤脱が散見する。後者は『帝説』の書写の際に生じたものとして理解することも可能であるが、前者は『帝説』成立の時点ですでに誤っていたと考えるべきであろう。それというのも、『帝説』では繡帳銘の引用に続いて「白畏天之者天即少治田天皇也（「白畏天之」は、天は即ち少治田天皇也）」という注釈が付けられており、原繡帳銘を直接見たのではなく、すでに「皇前曰啓」を脱落した文章を見たと推測できるからである。

一方、『帝説』以外の繡帳引用諸史料に目を向けると、『帝説』で「我大王与母王」とする箇所を他の史料[71]では「我大皇与母王」とする。この異同については飯田氏が述べたように「大王」とする『帝説』を重視すべきであるが、そうすると「大王」から「大皇」への書き換えが生じたことになる。飯田氏は『帝説』以外の諸史料は全て文永再発見以後に記されたものであり、同一の系統であると指摘されている。では「大皇」は文永以後の潤色であるかといえばそうとは断定できない。『帝説』の「悽状一」に対してこれらの諸本では「凄然」と正しく記しており、『帝説』とは異なる伝来が想定されるからである。要するに繡帳の銘文が必ずしも正確に伝えられてきたとはいい難い。

以上を整理すると、原繡帳銘は七・八世紀のうちに誤脱のある写しが流布しており、『帝説』はそれを収載した上で文意が不明瞭な箇所に注釈を施した。それとは別の系統の流布も想定され、それらが書写される過程で「王」

を「皇」とするなどの潤色が施されたのであろう。義江明子氏は、欽明と蘇我稲目に関わらない系譜はカットされているという系譜記載の様式から天武持統朝の作成を疑問視されている。(72) 系譜様式に関する指摘は従うべきであろう。ただし、それは現在残された銘文が全く潤色を被っていないことを示すものではない。蘇我氏に対する書き方から原繡帳が推古～皇極朝において成立したことは認めるとして、個別の字句もそのままであったかどうかは別問題であり、特に「王」と「皇」の字は置換が容易であるように、(73)「天皇」の箇所について当時のままのものと見なすには慎重を要する。「天皇」号から天寿国繡帳の成立を論ずることはできないことは当然であるが、現在の状況では『帝説』所引繡帳銘文に「天皇」とあることをもって「天皇」号の存在を是非することも困難ということになる。

以上、推古朝説における「天皇」号成立の問題点について論じてきた。推古朝説は主として『書紀』の推古十六年九月辛巳条（東天皇国書）と天寿国繡帳に根拠をおくものであるが、いずれも二次的な改変を受けている、もしくはその可能性が高い史料であり、「天皇」と記す箇所については本来それ以外の表記であった可能性は残されたままである。「天皇」号の推古朝成立には慎重に向き合うべきであると考える。

なお、推古朝で試験的に導入され七世紀後半に制度的に確立したとして段階的に捉えようとする考え方も津田以来ある。(74) しかし、その説明では推古朝における「天皇」号の使用を試用として位置づけながら、対隋外交においては公的に用いられていたという矛盾を来すことになり従うことはできない。

Ⅲ　外交と君主号

前節で推古朝「天皇」号成立説に対する批判を述べたが、一方でそれらの説が重要な指摘を行なっていることにも注目しなければならない。それは漢語的君主号が主として中国との文書外交を契機として成立するということである。本節ではこの点に留意しながら、君主号における推古朝の位置づけについて論じる。

堀敏一氏は「天皇」号について「まず外交文書で使われはじめ、従来からの大王あるいはオホキミの語と併用されながら、国内でも通用するようになった」のではないかと述べている。[75] この指摘は論点を「天皇」号に限らず君主号として拡げて考えた場合に重要な意味を持つ。序章で述べたように、君主号について考える場合、それが文字表記であるということをまず念頭に置かなければならない。七世紀以前では金石文等の事例を見ることはできるものの、文字使用の頻度はそれほど高くなかったことは確かである。六世紀段階の君主号が「王」号を基調としていることは、倭の五王が中国から封冊を受けて倭国王となったことと無関係ではないことは第一部で述べた。その点では六世紀の君主号はいまだ五世紀の延長線上にあるといえる。また、同時期の「王」号以外の尊号等については仮借による表記が行なわれていることは金石文からも明らかである。すなわち、六世紀までの君主号は音声に大きく比重がかかっていた。それは文字表記の場がきわめて限定されることによるものであり、君主の名のりに文字が要請されることはあまりなかったことが推測できる。

そうした状況に対して劃期となったのが遣隋使の派遣である。一回目の六〇〇年の遣隋使については⑪『隋書』において「倭王姓阿毎、字多利思比孤、号阿輩雞弥、遣使詣闕」とあり、その名のりは一字一音で記されている。

さらに倭王を姓と字に分けて理解しているように、この記述は遣隋使が口頭で語ったことを隋側が解釈を交えて記録したものとして理解できる。倭国の君主の名の表記が隋側の記録に拠っているということは、この時の遣隋使が国書をもたらさず、したがって君主の名のりも音声に止まるものであったことが明らかである。

それに対して六〇七年の遣隋使は「日出処天子」国書を持って行っている。それは六〇〇年の遣隋使派遣で隋との文明の格差を認識した倭国にとって、隋との外交において国書を持参することがその差を縮める指標の一つであったからであろう。そして、国書を起草するにあたって君主の名のりの問題に直面することになる。前節で検討した近年の推古朝説は、梅村説では朝鮮関係、堀・大津・吉田諸氏の説は対隋関係という違いはあるが、いずれも当時の国際関係を劃期として評価するものである。通説の天武朝説では壬申の乱を勝ち抜いた天武がその地位を強調するために「天皇」号を称したと理解されているが、それに比して最初の君主号が隋皇帝という他者との比較を通して自らの地位に自覚的になった結果、漢語的君主号が出現するというプロセスは説得力を持つ。もとより対外関係のみで君主号は出現するのではない。堀氏は国内の権力の質を問わねばならないとも述べており、対隋外交という対外的契機を受け止めることができる国内における君主権力の展開が前提としてある。それをふまえた上で君主号の成立が対外関係を通して発現する事象であると捉えれば、その最初を推古朝であるとする推古朝説はきわめて説得的な一面を有している。

しかしながら、推古朝説はこの問題を「天皇」号の成立に収斂してしまっており、君主号の成立として広く捉えるべき問題を君主号＝「天皇」号として同一視したため議論が矮小化した観がある。結果として『書紀』の「東天皇」国書に論の比重がかかってしまうことになり、対隋外交における二度の国書の意義を総合的に論じることなく終わってしまっている。換言すれば、そうした問題点に留意して君主号を「天皇」に限定することなく考える時、外交文書こそが漢語的君主号が自覚的に用いられる場としての意味を持つということに着目する視点は継承しなければならない。

ここまで述べたことをふまえて倭国の対隋外交と君主号の推移を記すと以下のようになる。六〇〇年の遣隋使は国書を持たずに隋に入朝した。倭国王の呼称に関する隋の質問に対しては「阿輩雞弥」と答えた。第二次にあたる六〇七年の遣隋使は前回の派遣で対隋外交における外交文書の必要性を認識し、国書を持参した。その書き出しに「日出処天子」と記しており、ここにおいて倭国の君主は自らを「天子」と名のった。「天子」号は文字表記されることを前提として設定された称号であり、倭国において自律的な漢語的君主号が初めて出現したと評価できる。ただし、「天子」号は隋との名分的関係において外交問題化して裴世清が倭国に派遣される事態となる。その国書では「皇帝問倭王」と記されており、隋からすれば倭国の君主は「倭王」として位置づけられるに止まったのである。倭国もそれを受け入れざるを得ず、六〇八年の遣隋使の国書は『書紀』には「東天皇」と記されているが、実際には「東大王」かそれに類する名のりに止まったものであろう。

右の推移に鑑みると二つの転換点を見出し得る。一つは、六〇〇年の「阿輩雞弥」という音声の名のりから、六〇七年に国書における表記として漢語的君主号を用いるようになったことである。もう一つは六〇七年の「天子」号から六〇八年の君主号への変更である。このうち君主号の劃期としてより重要視すべきは前者である。

六〇七年における音声から文字表記へという変革の過程で課題とすべき論点は二つある。一つは文字表記の君主号が成立する直前の音声における君主の名のり、すなわち「阿輩雞弥」の語義である。もう一つは最初の漢語的君主号として「天子」号が採用された意義の追究である。なお、文字表記としての君主号の出現と音声の呼称は基本的には別の位相であり、文書行政の進展によって公的な場で文字としての君主号が多く用いられるようになるが、前者が現れたことによって後者が駆逐されるわけではないことはあらかじめ断っておく。

まず「阿輩雞弥」について述べておく。これをオホキミと訓むか[76]、アメキミと訓むか[77]、あるいはアマキミとするか[78]、現在まで意見が分かれている。いずれも音韻の転化に難があり見解の一致を見ない。そこで『隋書』の用字からこの問題を扱ってみる。

「阿輩雞弥」のうち「雞弥」をキミと訓むことには異論がないので、問題は「阿輩」をいかに訓むかということになる。しかし、音韻転化に主眼を置いて論じてもこの問題は解決しないであろう。そもそも『隋書』における記載は隋の官人による遣隋使からの聞き取りであり、遣隋使の発音をどの程度正確に書き取っているかという点は差し引いて考える必要がある[79]。他言語の発音の聞き取りと文字化の過程で本来の音韻と異なる表記になる可能性を考慮に入れなければならない。そのため「阿輩」を音韻的にオホ・アメと判断することには慎重であらねばならず、「阿輩」がいかなる語であったかという検討は別の方法に拠るべきである。そこで『隋書』における倭国の他の語の聞き取りに注目したい[80]。『隋書』には固有名詞を中心にいくつかの仮借表記が見える。それを整理したものが表11である。特に注目したいのが「倭王姓阿毎字多利思比孤」である。この「阿毎」をアメと訓むことは一致している。ところが「阿輩」

表11　『隋書』倭国伝の仮借表記

表　記	区分	備　考
阿輩雞弥	称号	
阿　毎	姓	
多利思比孤	名	「比」、原作「北」
雞　弥	称号	
和歌弥多弗利	称号	「和」、原作「利」
軍　尼	官名	
伊尼冀	官名	「冀」、原作「翼」
阿蘇山	地名	
竹冉　羅	地名	
都斯麻	地名	
一　支	地名	
竹　斯	地名	
阿輩台	人名	
哥多毗	人名	

をアメと訓む場合、アメに「阿輩」「阿毎」の書き分けが生じることになる。同じ発音に対して隋側の聞き取りの段階で齟齬が生じた可能性もないとはいえないが、そのように捉えるよりは別の語であった蓋然性の方が高い。また名詞のアメが他の名詞を修飾する場合、アマツ―ヒツギ・アマツ―カミ・タカマガ―ハラなどのように格助詞が付されるのが一般的である。そうした格助詞が付されていないことも考慮に値しよう。これらのことをふまえると「阿輩雞弥」はオホキミであったと見なすのが穏当である。

六〇〇年の遣隋使が君主号について「阿輩雞弥」と説明したことは、六世紀までの君主号が音声のレベルに止まっていたこと、そうしたレベルにおける君主呼称はその唯一性を強調するものではなかったことを示すものである。後者については、オホキミ＝「大王」は七世紀前半までの倭国において君主に限られるものではないことからいえる。即位していないにも拘らず「大王」と記された王族は廄戸王[81]・尾治王[82]・山背大兄王[83]を挙げることができる[84]。有力な王族もオホキミと呼称されたことが確認できる。オホキミとは君主を含めた王族への敬称であり、君主と王族の決定的な格差は生じていないのである。

このように、オホキミ＝「阿輩雞弥」という音声の名のりから脱却して新たに採用された漢語的君主号として、六〇七年の対隋国書における「天子」号を評価すべきである。その使用の意義を問うならば、まず「天子」号の出現は君主号と個人名の分離を確定化するものであったといえる。古くは江田船山古墳出土大刀の「治天下獲□□□鹵大王」のように「治天下大王」号と個人名は密接に結びついていた。六〇〇年の遣隋使においても倭国の君主はアメタラシヒコと名のって外交を行なっているのであり、「阿輩雞弥」という口頭呼称とともにセットで機能している。これに対して六〇七年遣隋使では君主は「天子」と称するのみである。『隋書』では「大業三年、其王多利思比孤遣使朝貢」とありタリシヒコが六〇七年にも実名を名のっているようにみえるが、これは六〇〇年と同人物の朝貢とする隋側の記録であり、国書では実名を名のった形跡は窺えない。この点は⑲突厥「致書」文書で可汗が実名で名のっていることとも対比できよう。このように七世紀初頭の段階で対隋外交を劃期として、君主の名のりは文字表記において個人名を併記しない表現が可能になった。それは換言すれば、君主が自称する際に実名という固有性から解放されるようになったということである。君主の地位が君主の人格的資質に全面的に依存して正当化する固有性表記の段階から、人格的資質が大きな要素でありながらも君主個人のカリスマが相対化される抽象性を獲得し始める段階に至ったと評し得る。推古朝は国家形成への胎動をはじめる時期であるが、漢語的君主号の出現もそうした状況と合致するものである。その端緒期として「天子」号の出現は理解される。

ところで、六世紀における君主の支配を表す理念として「治天下」があった。[85]「治天下」という語は、天が倭国の君主の天下支配を保証する関係にあることを示しているが、その関係が具体的にはいかなるものであったかという点は明らかにできない。唯一『隋書』の「倭王以天為兄、以日為弟」という記述によって、それが擬制的な兄弟関係として措定されていたことがわかる程度である。一方記・紀による限り、君主の地位は皇孫の血統であることを基盤としており、天との関係は血縁的な系譜関係として把握されている。両者を比較すると、天と君主を兄弟関係に准える『隋書』の記述の方が、直系的関係で捉える記・紀よりも古いものであると考えてよいだろう。すなわち、倭国において君主の位置づけは、権力を保証する天（アメ）との関係において兄弟関係から直系的関係に変化したことになる。この変化は君主のあり方に極めて大きな影響を及ぼしたものと推測される。なぜならば、前者においては代々の倭国の君主は即位するとともに天と兄弟関係を取り結ぶ必要が生じる。それゆえ、君主の地位が同世代間で継承される場合は天との兄弟関係は継続し得るかもしれないが、少なくとも君主とその後継者の世代が異なる場合はその関係はリセットされることになり、更新する必要性が生じるからである。結局のところ、天と君主の関係は君主の交代によっていったん消滅するという王位継承の不安定性から脱却することはできない。六世紀は天と擬制的兄弟関係を維持し得ると認められた者だけが君主たり得たということであり、それこそが人格的資質による即位ということになる。

ところが「天子」号において顕在化するようになる直系血統的系譜関係においては、天孫系譜に連なる血統であることが重視される。天との血縁であることによって「治天下」の資格を有するものと見なされ、天との関係の確保が君主個人の人格的資質として制約される比重が少なくなる。つまり、天との関係を安定したものにするための君主個人としての力量の必要性が相対化されることになる。君主呼称への固有性の付属とは、それを明示することによってのみ君主たり得るということであり、即位・君臨するにあたって人格的な属性としてのカリスマが強調されることである。その一側面として君主個人の力による天との擬制的関係の構築が見えてくる。ところが抽象的な称号の成立においては、そのような個人として天との関係を保持するよりも祖である天から系譜的に連続していることが重視されるようになる。それは、君主選出の条件を指標化することで政治的安定を図ろうとすることに他ならない。六世紀においてもそうした観念が全くなかったとするものではないが、七世紀における漢風君主号の採用によってそれが前面に出て強調されるようになったということはいえるだろう。抽象的称号である「天子」号の成立は、君主の立場の機構化への始動とそれに伴う支配理念の変化を最も端的に示す事象であったと評価できる。

それではなぜ「天子」の称号が採用されたのか。この「天子」号はアメタラシヒコと結びつけて解釈されている。これまでの研究ではアメタラシヒコを六〇七年国書の「天子」の訓として比定して、「天の高貴なる男子」(86)「天上世界でみちみておられる立派な男」(87)という解釈や、「あまくだられたおかた」という天孫氏の自覚に基く呼称(88)という位置づけが通用している。また、こうした語義からのアプローチとは別に、小野氏の始祖である天帯彦国押人命の情報が混乱して『隋書』に記されたとする見解もある[89]。しかし、アメタラシヒコという名は六〇〇年の段階ですでに隋側に伝わっているのであり、同年に小野氏が派遣されたか否か確認できないため六〇七年に初めて用いられた「天子」と直結させることには慎重であるべきである。

そもそも、アメタラシヒコをまとまったことばとして考えてよいかという点においても疑問である。この問題については若干時代が降るが斉明の諡が参考となる。斉明は天豊財重日足姫＝アメトヨタカライカシヒタラシヒメであり、諡の中にアメ・タラシヒメを含む。ただしそれはまとまった成語ではない。アメとタラシヒメの間に実名のタカラや美称のトヨ・イカシヒ等が挟まれて分離している。そもそもタラシヒコ・タラシヒメという語に冠する句は、成務の諡号にワカタラシヒコとあるようにアメに限られない。つまり、アメとタラシヒコ／ヒメはそれぞれ個人名を修飾する美称として別個のものであり、別のものとして捉えた『隋書』の記述はその点において的を射ているといえる。諡は君主個人に贈られるものであり個人名としての性格が強いので厳密な意味で君主号とはいえない。君主号である「天子」とは別のものとして考えなければならない。

「天子」＝アメタラシヒコと捉えるべきではないとすると、倭国における「天子」号はいかなる背景から出現したのか。そこで手がかりとなるのが前掲⑯『翰苑』における「阿輩雞弥、自表天児之称」という記述である。オホキミが「天児」を意味するとある。とはいえ六〇〇年には〝天の弟〟と称しているのであるから「天児」という解釈とは整合しない。すなわち六〇七年以降に阿輩雞弥とは天児であるという説明が倭国から隋になされたと見なし得る。この「天児」こそ〝天の子〟であり、「天子」にあたるものであろう。『翰苑』で「大子」ではなく「天児」と記したことについては二つの理由が考えられる。一つは、倭国の「天子」が君主号というよりは文字通り〝天の子〟を含意するため「天児」とした。もう一つは、中国において「天子」は皇帝のみを指し示すきわめて唯一性の高い称号であるので、その使用を避けて「天児」という語を用いたと考えられる。いずれにせよ『翰苑』の記述はアメタラシヒコが六〇〇年の「阿輩雞弥」から六〇七年の「天子」へと君主号を変更したという展開過程で理解しなければならず、「天子」とアメタラシヒコが直接的に結びつくものではない。

六〇〇年に天の弟と称した倭国の君主が天の子へとその位置づけを変更した理由については、文帝の訓令を意識していた可能性を見るべきである。また、オホキミ＝「大王」はそれのみで成り立つのではなく、「治天下」というタームと揃って意味をなす。オホキミは天下を治めるという点において天との関係を要件とする呼称であり、それが「天子」号の採用に大きく影響したことは疑いない。かくして六〇〇年の「阿輩雞弥」から六〇七年の「天子」へと倭国の君主の称は変化した。それは単なる称号の変更というだけではなく、口頭外交から文書外交への展開として理解しなければならない。推古朝「天子」号は、対外的契機によって自覚化され、かつ外交文書において要請されたことによって出現した、天と君主の関係を明示する称号であった。文字表記を前提とする漢風君主号はかかる史的背景のもとに現れることになったのである。

結　言

本章では遣隋使の派遣回数を確認し、その過程で行なわれた国書のやり取りから文字表記としての君主号の出現の意義について考察を加えた。

対隋外交において君主号は大きな転換を迎えた。当初オホキミを名のったものの、文書外交が要請された対隋関係において遣隋使は国書を携行する必要性を自覚し、倭国の君主は自ら名のることが必至となった。そのため文字表記における君主号が要請されることになる。そこで六〇七年の遣隋使において文書外交が開始されるに及んで「天子」という新たな君主号を用いたと考える。ところが「天子」号を君主号として考察の対象とした研究はこれまでほとんどなかった。近年の推古朝「天皇」号成立説では国書において倭国の君主が自称する必要に迫られ君主号が成立するという観点に立っている。その視角は継承されなければならないが、それを「天皇」号の問題として論じてきたところに君主号と「天皇」号が同一視されてきた矛盾が顕著に露呈しているというべきであろう。

右のように「天子」号こそ最初の漢風君主号として評価されるべきであるというのが本研究の立場であるが、その評価は措くとしても推古朝に漢語的君主号が出現したという点は重視しなければならない。君主として君臨することを個人の資質によって正当化する固有性表記の段階から、機構的支配のシステムに依存して君主個人のカリスマが相対化される抽象的表記の段階へと移行する、まさに端緒期として「天子」号の出現は理解されるのである。それは君主の地位が新たな段階に入ったことを意味する。

それをもたらしたのは隋による中国統一のインパクトを発端とする対外的契機であった。もとより中国との関係のみを重視して朝鮮諸国との関係をないがしろにするわけではない。しかし、倭王武が中国との交渉を絶って以来、倭国にとって朝鮮諸国がイコール他国であったミニマムな世界から、大陸を統一し、しかも高句麗遠征など積極的に東アジアにも介入してくる強大な国家である隋の登場に対して倭国も無関係ではありえなかった。それゆえに倭国の対外関係が拡大することは不可避であった。そこでは、それまでの倭国と朝鮮を主要構成要素とする世界観より、さらにマクロな世界観とそのイデオロギー的な整備が要請されることになる。

そこで依拠したのが当時最も先進的な思想であった仏教である。(90) 既述のように六〇七年の遣隋使が煬帝に対して海西菩薩天子と呼び、留学僧を伴っていた。その国書の「日出処」「日没処」という表現が『大智度論』に基いて作成され、六〇八年の国書において仏教用語としての「敬白」が用いられたということも見落としてはならない。仏教が中国の中華思想を相対化し得るものであったことは石上英一氏がすでに論じた通りである。[91]外交文書における仏教用語の頻出がそうした傾向に基くものであることは保科富士男氏によって指摘されている。[92]さらにいうならば、当該期の政治に占める仏教の役割は外交に止まるものではない。仏教的観念の導入について外交関係という個別的な政策のみに限定する必要はなく、支配イデオロギーそのものに仏教が結合して機能していたと捉えるべきであろう。[93]当該期の倭国は支配体制の強化のために、その理念的根幹として仏教を採用したのであり、国書に見える仏教用語はその外交政策における表出であったと評価しなければならない。

かかる状況下で君主号としての「天子」号は対外的代表者としての機能面から対隋外交の国書において最も早く用いられることになったが、隋の中華イデオロギーと衝突したためその使用は継続されなかった。しかし、それは君主号成立以前の状態に戻るということではない。君主の立場の明確化という方向性は、君主制国家としての古代天皇制を基軸とする律令国家形成への動きを強めていくことになる。君主による人格的支配を政治的に安定化させようとする流れは逆戻りすることはなかった。七世紀初頭における天弟から天児へという君主の立場の転換は、律令制的天皇支配を正当化するイデオロギーである天孫認識の端緒として位置づけることができるのである。

注

（1）津田左右吉「天皇考」（『津田左右吉全集』第三巻、岩波書店、一九六三、初出一九二〇）。
（2）拙稿「日唐交流史における人名」（『東アジア交流史のなかの遣唐使』汲古書院、二〇一三、初出二〇〇五）。
（3）坂元義種「遣隋使の基礎的研究」（井上薫教授退官記念会編『日本古代の国家と宗教』下、吉川弘文館、一九八〇）、氣賀澤保規「東アジアからみた遣隋使」（『遣隋使がみた風景』八木書店、二〇一二）。

（4）本居宣長「馭戎慨言」（『本居宣長全集』第八巻、筑摩書房、一九七二）。

（5）藤麿王「日唐通交とその影響」（『寧楽』一〇、一九二八）、辻善之助『増訂海外交通史話』（内外書籍、一九三〇）、筑波藤麿「日唐関係」（『岩波講座日本歴史』岩波書店、一九三三）等。

（6）高橋善太郎「遣隋使の研究」（『東洋学報』三三―三・四、一九五一）。

（7）宮田俊彦「聖徳太子御伝私記」（『茨城大学文理学部紀要』六、一九六〇）、同「遣隋使は何回あったか」（『日本歴史』一二一、一九六六）。ただし宮田氏の見解にはブレがあることは坂元氏が指摘している（前掲注（3）論文）。

（8）坂本太郎『日本全史2　古代Ｉ』（東京大学出版会、一九六〇）。ただし、この見解自体はすでに「聖徳太子の鴻業」（『岩波講座日本歴史』岩波書店、一九三四）で論じられている。

（9）四回説としては石原道博「中国における日本観の端緒的形態」（『茨城大学文理学部紀要』一、一九五一）、森克己『遣唐使』（至文堂、一九五九）、黛弘道「推古朝の意義」（『律令国家成立史の研究』吉川弘文館、一九八二、初出一九六二）。

（10）五回説としては徐先尭「隋倭国交の対等性について」（『文化』二九―二、一九六五）、山崎宏「隋朝の留学僧施設と日本の留学僧」（『隋唐仏教史の研究』法蔵館、一九六七）、上田正昭「古代貴族の国際意識」（『日本古代国家論究』塙書房、一九六八）。

（11）増村宏「隋書と書紀推古紀」（『遣唐使の研究』同朋舎出版、一九八五、初出一九六八）。

（12）篠川賢「遣隋使の派遣回数とその年代」（『日本古代の王権と王統』吉川弘文館、二〇〇一、初出一九八六）。

（13）鄭孝雲「遣隋使の派遣回数の再検討」（『立命館文学』五五九、一九九九）。

（14）北宋版『通典』でも当該部に異同はない。

（15）坂元義種氏はこの錯簡について「大業三年」の脱落があるとする。前掲注（3）論文参照。

（16）堀敏一「隋代東アジアの国際関係」（『東アジアのなかの古代日本』研文出版、一九九八、初出一九七九）。

（17）山崎宏「隋朝の留学僧施設と日本の留学僧」（『隋唐仏教史の研究』法蔵館、一九六七）。

（18）木宮泰彦『日華文化交流史』（冨山房、一九八七、初出一九二六）、宮崎市定『隋の煬帝』（人物往来社、一九六五）。

(19) 増村宏前掲注(11)論文。
(20) 中村太一「日本古代国家形成期の都鄙間交通」(『歴史学研究』八二〇、二〇〇六)。
(21) 拙稿「古代国際交通における送使」(鈴木靖民・荒井秀規編『古代東アジアの道路と交通』勉誠出版、二〇一一)。
(22) 『隋書』巻六四 陳稜伝によると「後三歳、朝請大夫張鎮周発東陽兵万餘人、自義安汎海、撃流求国、月餘而至(後に三歳にして、朝請大夫張鎮周、東陽の兵万餘人を発し、義安より海に汎び、流求国を撃つに、月餘にして至る)」とあり、流求までは片道一ヶ月余りであったことが分かる。
(23) 増村宏前掲注(11)論文。
(24) 池田温「裴世清と高表仁」(『東アジアの文化交流史』吉川弘文館、二〇〇二、初出一九七一)。
(25) 天聖二年『隋書』の跋によると、貞観三年(六二四)に詔を受け、十五年(六三六)に献上している。その構成は帝紀五巻・列伝五十巻であった。
(26) 増井経夫『中国の歴史書』(刀水書房、一九八四)。
(27) 榎本淳一「『隋書』倭国伝について」(大山誠一編『日本書紀の謎と聖徳太子』平凡社、二〇一一)。
(28) 逸書となった『隋書』としては王劭撰述のものが挙げられる。『隋書』経籍志に「隋書六十巻未成。秘書監王劭撰」、『旧唐書』経籍志に「隋書八十巻王劭撰」とある。榎本淳一氏は、王劭が大業初に死去していることから王劭『隋書』の取り込みの可能性には否定的である。榎本淳一前掲注(27)論文。
(29) 『経籍後伝記』について坂本太郎『聖徳太子』(吉川弘文館、一九七九)は、『政事要略』所引の『儒伝』逸文と同文の箇所があることから同書の別名かとする。
(30) 津田左右吉前掲注(1)論文。本書序章参照。
(31) 堀敏一「日本と隋・唐両王朝との間に交わされた国書」(前掲注(16)書所収)。
(32) 川本芳昭「隋書倭国伝と日本書紀推古紀の記述をめぐって」(『史淵』一四一、二〇〇四)。
(33) 大津透「天皇号の成立」(『古代の天皇制』岩波書店、一九九九)。
(34) 吉田孝『大系日本の歴史』3(小学館、一九八八)。
(35) 吉田孝「『史記』秦始皇本紀と「天皇」号」(『日本歴史』六四三、二〇〇一)。

(36) 梅村喬「天皇の呼称」(『講座前近代の天皇』4、青木書店、一九九五)。
(37) 栗原朋信「上代の日本へ対する三韓の外交形式」(『上代対外関係史の研究』吉川弘文館、一九七八、初出一九六七)、拙稿「新羅使迎接の歴史的展開」(『ヒストリア』一七〇、二〇〇〇)。
(38) 例えば津田左右吉は、薬師光背銘から「天皇」号を論じるものの、「東天皇」国書については「文字どほりに承認して差支がないかも知れぬ」とするに止めている(前掲注(1)論文)。
(39) 廣瀬憲雄「「東天皇」外交文書と書状」(『東アジアの国際秩序と古代日本』吉川弘文館、二〇一一、初出二〇〇八)。
(40) 煬帝が怒ったと解釈されることが多々あるが、増村宏氏が指摘するようにそれは拡大解釈である。増村宏「日出処天子と日没処天子」(前掲注(11)書所収)。
(41) 栗原朋信「日隋交渉の一側面」(前掲注(37)書所収、初出一九六九)。
(42) 東野治之「日出処・日本・ワークワーク」(『遣唐使と正倉院』岩波書店、一九九二、初出一九九一)。
(43) 拙稿「遣隋使の「致書」国書と仏教」(氣賀澤保規編『遣隋使がみた風景』八木書店、二〇一二)。
(44) 隋の国書形式については慰労制書を想定できる(中村裕一『唐代制勅研究』汲古書院、一九九一)。倭が中国の外交文書形式を知る契機としては、第一に開皇遣隋使が受け取ったであろう国書を挙げることができる。ただし、そこに「致書」が記されていたとは考えられず、致書形式についての知識を得ることはできない。そこで第二として書儀等による流入した典籍からの知識の獲得を想定できる。また、致書文書については突厥と高句麗の関係を念頭に置く金子修一氏の指摘もある。金子修一「隋唐交代と東アジア」(『隋唐の国際秩序と東アジア』名著刊行会、二〇〇一、初出一九九二)参照。
(45) 堀敏一前掲注(16)(31)論文。
(46) 川本芳昭前掲注(32)論文。
(47) 『大唐開元礼』巻七九　蕃主奉見。
(48) 六三三年に高表仁が来朝した際には倭国の王子と礼を争って「朝命ヲ宣ベズ」とあり、田島公氏は国書・信物の受納儀礼におけるトラブルの可能性を指摘している(田島公「外交と儀礼」、岸俊男編『日本の古代7　まつりごとの展開』中央公論社、一九八六）。外交問題が生じたことによって高表仁はその目的を達することができなかったのであり、「朝命既達」とする裴世清と対照的である。

(49) 堀敏一「唐初の日唐関係と東アジアの国際政局」（前掲注（16）書所収）では「令無歳貢」とあることから唐に封冊の意向があったかどうか疑問視するが、連年の朝貢を要求することと新王の即位によって封冊を受けることは別の位相として理解すべきであろう。

(50) 堀敏一前掲注（31）論文。

(51) 大宝遣唐使の大使であった坂合部大分は養老遣唐使とともに帰国しており、大分に与えられた国書の性質が問題となる。大宝遣唐使への国書は執節使である粟田真人に与えられ、養老遣唐使への国書は押使多治比県守に授けられたと考えられる。これに対して大分に与えられた国書はそれとは別の、おそらくはその帰国が遅延したことについての優詔であると考えておく。

(52) 鈴木靖民「百済救援の役後の日唐交渉」（坂本太郎博士古稀記念会編『続日本古代史論集』上、吉川弘文館、一九七二）では、六七一年を文書の冒頭であり熊津都督府で作成、六七二年を函の表題であり唐本国で記されたと見なす。しかし、熊津都督府が「大唐帝」と皇帝を称する文書を作成したとすると、勝手に「皇帝」を用いたことになり検討の余地がある。

(53) 松田好彦「天智朝の外交について」（『立命館文学』四一五・六・七、一九八〇）は、唐が倭国の政治的内情を知っており予め六七一年国書・六七二年国書の二通を準備していたことを示唆しているが、六七一年国書を天智宛と見なす一方、六七二年国書の宛先を王族とするものの誰宛か不明瞭である。また、王族を「倭王」と唐が呼ぶ点からすると従いがたい。直木孝次郎「近江朝末年における日唐関係」（『古代日本と朝鮮・中国』講談社、一九八八、初出一九八五）では六七一年国書の外交文書の対応に対して六七二年国書を郭務悰が大宰府において作成したと位置づけている。ただし、前者で「日本国天皇」として倭側で受け入れやすい書式であったのを、わざわざ「倭国王」と書き改めたことになり疑問が残る。

(54) 田中健夫編『善隣国宝記・続善隣国宝記』（集英社、一九九五）五三二頁補注。

(55) 『旧唐書』高宗本紀咸亨五年八月壬辰条。

(56) 坂上康俊「大宝律令制定前後における日中間の情報伝播」(池田温ほか編『日中文化交流史叢書2　法律制度』大修館書店、一九九七)。
(57) 中国と周辺諸国での称号が衝突した事例としては新羅の武烈王(金春秋)が廟号太宗を贈られ、唐の太宗の廟号と重なったために問題化したケースがある。本書第五章参照。
(58) 福山敏男「法隆寺の金石文に関する二三の問題」(『夢殿』一三、一九三五)。
(59) 宮田俊彦「天寿国繍帳銘成立私考」(『史学雑誌』四七―七、一九三六)。なお、同論考では繍帳自体の成立は推古朝であるとする。
(60) 林幹弥「上代天皇の呼名」(『史観』四五、一九五五)。
(61) 藪田嘉一郎「法隆寺雑考」(『南都仏教』一二、一九六二)、重松明久『日本浄土教成立過程の研究』(平楽寺書店、一九六四)。
(62) 飯田瑞穂「天寿国繍帳をめぐって」(『飯田瑞穂著作集1　聖徳太子伝の研究』吉川弘文館、二〇〇〇、初出一九六五)、「天寿国繍帳と飛鳥仏教」(同書、初出一九八九)。
(63) 大橋一章「天寿国繍帳の制作年代」(『天寿国繍帳の研究』吉川弘文館、一九九五、初出一九九四)。
(64) 義江明子「「娶生」系譜にみる双方的親族関係」(『日本古代系譜様式論』吉川弘文館、二〇〇〇、初出一九八九)。
(65) 東野治之「天皇号の成立年代について」(『正倉院文書と木簡の研究』塙書房、一九七七、初出一九六九)、山尾幸久「信仰的聖徳太子像の史的再吟味」(『聖徳太子の実像と幻像』大和書房、二〇〇二)。
(66) 大橋一章前掲注(63)論文。
(67) 『聖徳太子傳古今目録抄』によると「古キ舞ノ装束入タル箱途中ニ有ルヲ、押ノケテ通ラントスレハ、カラリト鈴ノナル音ス。夢見タル尼衆手ヲ打テ、夢ニ見進セシ万タラニ、鈴付タリシカ」とあり、鈴が付属していた可能性を読み取ることができる。
(68) 東野治之「天寿国繍帳の図様と銘文」(『日本古代金石文の研究』岩波書店、二〇〇四、初出二〇〇一)。
(69) 飯田瑞穂「天寿国繍帳銘の復原について」(前掲注(62)書、初出一九六六)。
(70) 参考までに『上宮聖徳法皇帝説』所引繍帳銘全文を左に掲出しておく。

斯帰斯麻宮治天下天皇、名阿米久尓意斯波留支比里尓波乃弥己等、娶巷奇大臣名伊奈米足尼女、名吉多斯比弥乃弥己等、為大后。生名多至波奈等已比乃弥己等。妹名等已弥居加斯支移比弥乃弥己等。復、娶大后弟、名乎阿尼乃弥己等、為后。生名孔部間人公主。斯帰斯麻天皇之子、名蕤奈久羅乃布等多麻斯支乃弥己等、娶庶妹名等已弥居加斯支移比弥乃弥己等、為大后。坐乎沙多宮治天下。生名尾治王。多至波奈等已比乃弥己等、娶庶妹名孔部間人公主、為大后。坐瀆辺宮治天下。生名等已刀弥々乃弥己等。娶尾治大王之女、名多至波奈大女郎、為后。歳在辛巳十二月廿一癸酉日入、孔部間人母王崩。明年二月廿二日甲戌夜半、太子崩。于時、多至波奈大女郎、悲哀嘆息、白畏天之、雖恐、懐心難止。使我大王与母王如期従遊。痛酷無比。我大王所告、世間虚仮、唯仏是真。玩味其法、謂我大王、応生於天寿国之中。而、彼国之形眼所叵看。悕因図像、欲観大王往生之状。天皇聞之、悽状一。告曰、有一我子所啓、誠以為然。勅諸采女等、造繡帷二張。画者東漢末賢・高麗加西溢、又漢奴加己利。令者椋部秦久麻。

・右在法隆寺蔵繡帳二帳縫着亀背上文字者也。更不知者之。

巷奇蘇我也。弥字或当売音也。已字或当餘音也。至字或当知音也。

白畏天之者天即少治田天皇也。太子崩者即聖王也。従遊者死也。

天寿国者猶云天耳。天皇聞之者又少治田天皇也。令者猶監也。

(71) 飯田瑞穂「「天寿国曼荼羅繡帳縁起勘点文」について」(前掲注(62)書所収、初出一九六四)によると、「大皇」とする史料は「中宮寺尼信如祈請事」所収本(九条家本)、「法隆寺東院縁起」所収本(法隆寺本)、無窮会神習文庫架蔵本、「天寿国曼荼羅起因」所収本、「斑鳩古事便覧」所収本、京都大学文学部国史研究室架蔵本、「聖徳太子伝正法輪」所収本、松下見林筆写岩瀬文庫架蔵本、山田以文旧蔵静嘉堂文庫架蔵本の九点が挙げられる。

(72) 義江明子前掲注(64)論文。

(73) 東野治之「長屋王家木簡からみた古代皇族の称号」(『長屋王家木簡の研究』塙書房、一九九六、初出一九九二)。

(74) 津田左右吉前掲注(1)論文、森田悌「天皇号と須弥山」(『天皇号と須弥山』高科書店、一九九九、初出一九九七)。

(75) 堀敏一前掲注(31)論文。

(76) オホキミと読むと明記する研究としては、栗原朋信「日本から隋へ贈った国書」(『上代日本対外関係史の研究』吉川弘文館、一九七八、初出一九六五)、角林文雄「日本古代の君主の称号について」(『日本古代の政治と経済』吉川弘文館、一九八九、初出一九七二)、山尾幸久「古代天皇制の成立」(『天皇制と民衆』東京大学出版会、一九七六)、平野邦雄「書評　森公章「「天皇」号の成立をめぐって」」(『法制史研究』、一九八四)、森公章「天皇号の成立とその意義」(『古代史研究の最前線』雄山閣、一九八六)。

(77) アメキミ説は、日本古典文学大系『日本書紀』下(岩波書店、一九六五)、森公章a「「天皇」号の成立をめぐって」(『日本歴史』四一八、一九八三)。ただし森氏はその後オホキミ説に転じている。同b「天皇号の成立をめぐって」(『古代日本の対外認識と通交』吉川弘文館、一九九八)参照、小林敏男「王・大王号と天皇号・スメラミコト考」(『古代天皇制の基礎的研究』校倉書房、一九九四)。

(78) 「阿輩雞弥」を「阿摩雞弥」の誤写としてアマキミと訓むとする(北康宏「天皇号の成立とその重層構造」『日本史研究』四七四、二〇〇二)。

(79) 森公章氏は、中国史書は原地語をかなり正確に表記しているとした上でオホキミと読んでよいとしており(森公章前掲注(77)b論文)、結論は本稿の主旨と合致する。ただし、音韻体系の異なる言語の聞き取りにおいて正確性に限界があることをふまえる必要があると考える。渡辺三男「隋書倭国伝の日本語比定」(『駒沢国文』五、一九六六)参照。

(80) かかる方法論からの考察としては、東野治之氏が『遣唐使』(岩波新書、二〇〇七)において沖縄を『唐大和上東征伝』では「阿児奈波」と記すこと等を傍証として「阿輩雞弥」をオホキミと読むべきと再説している。

(81) 「大王」(天寿国繡帳・元興寺丈六光銘・大安寺縁起)、「法大王」(『上宮記』・或書〔『天寿国曼荼羅繡帳縁起勘点文』所引、飯田瑞穂氏は『上宮記』逸文かとする〕)、「法王大王」(伊予湯岡碑)等の事例を列挙できる。

(82) 天寿国繡帳銘文に「尾治大王」とある。

(83) 『上宮記』逸文(『聖徳太子伝雑勘文』所引)に「尻大王」とある。

(84) 『日本書紀』では即位前紀において即位前の「天皇」を大王と記す事例が散見する(仁徳紀・允恭紀・雄略紀・顕宗紀・継体紀〔これのみ継体元年二月甲午条〕・舒明紀)が参考に止めておく。

(85) 熊谷公男『日本の歴史03　大王から天皇へ』(講談社、二〇〇一)、吉村武彦「古代社会と律令制国家の成立」(『日本古代の社会と国家』岩波書店、一九九六)。
(86) 井上光貞「隋書倭国伝にみえる天と日の関係」(『日本古代思想史の研究』岩波書店、一九八二、初出一九七一)。
(87) 森公章前掲注(77)b論文。
(88) 吉村武彦『古代天皇の誕生』(角川書店、一九九八)。
(89) アメタラシヒコの語義理解として、辻善之助は全く異なる視角から論じており、小野氏の始祖天帯彦国押人命の情報が混乱して『隋書』に記載されたものと推測しており(辻善之助『増訂海外交渉史話』内外書籍、一九三〇)、東野治之氏もこの見解を支持する(前掲注(80)書)。ただし、六世紀末~七世紀初頭の段階で小野氏の祖先神が確定していたかどうかは明らかではなく、その点でも慎重な検討が必要であろう。
(90) 河上麻由子「遣隋使と仏教」(『古代アジア世界の対外交渉と仏教』山川出版社、二〇一一、初出二〇〇八)、鈴木靖民「遣隋使と礼制・仏教」(『日本の古代国家形成と東アジア』吉川弘文館、二〇一一、初出二〇〇九)、拙稿前掲注(43)論文。
(91) 石上英一「古代東アジア地域と日本」(『日本の社会史』1、岩波書店、一九八七)。
(92) 保科富士男「「東天皇」国書考」(『白山史学』三三、一九九七)。
(93) 拙稿前掲注(43)論文。

第五章　天智「称制」考

問題の所在

『日本書紀』天智紀に重出や矛盾など錯簡があることは夙に知られるところである。すでに坂本太郎氏によって指摘されているように(1)、こうした錯簡が発生する理由の一つに天智朝における二つの称元紀年の混乱がある。六六二年から数え始める紀年と六六八年を元年とする紀年である。ここでは前者を『書紀』が称制期間を含めていることから称制紀年、後者を実際の即位に基くことから即位紀年と呼んでおく。これを対照させたのが表12である。この二つの紀年の混乱の例を幾つか挙げておく。

表12　天智の紀年

西暦	称制紀年	即位紀年	備　考
661			斉明死去
662	1		
663	2		白村江
664	3		
665	4		
666	5		
667	6		近江遷都
668	7	1	即　位
669	8	2	
670	9	3	
671	10	4	天智死去

まず鬼室集斯の叙位を挙げることができる。

①『日本書紀』天智四年二月是月条

是月、勘校百済国官位階級。仍以佐平福信之功、授鬼室集斯小錦下。其本位達率。復以百済百姓男女四百餘人、居于近江国神前郡。

（是月、百済国の官位の階級を勘校す。仍りて佐平福信の功を以て、鬼室集斯に小錦下を授く。其れ本の位は達率。復た百済の百姓男女四百餘人を以て、近江国神前郡に居く。）

②『日本書紀』天智十年正月是月条

是月、以大錦下授佐平餘自信・沙宅紹明法官大輔。以小錦下授鬼室集斯学職頭。以大山下授達率谷那晋首閑兵法・木素貴子閑兵法・憶礼福留閑兵法・答㶱春初閑兵法・㶱日比子賛波羅金羅金須解薬・鬼室集信解薬。以小山上授達率徳頂上解薬・吉大尚解薬・許率母明五経・角福牟閑於陰陽。以小山下授餘達率等五十餘人也。

（是の月、大錦下を以て佐平餘自信・沙宅紹明法官大輔に授く。小錦下を以て鬼室集斯学職頭に授く。大山下を以て達率谷那晋首兵法に閑えり・木素貴子兵法に閑えり・憶礼福留兵法に閑えり・答㶱春初兵法に閑えり・㶱日比子賛波羅金羅金須解薬・鬼室集信解薬に授く。小山上を以て達率徳頂上解薬・吉大尚解薬・許率母明五経・角福牟陰陽に閑えりに授く。小山下を以て餘の達率等五十餘人に授く。）

①では六六五年に鬼室集斯に小錦下の授与が記されている一方で、②にも六七一年に鬼室集斯に小錦下の授与があったとしている。このように①と②が重複していることはよく知られている。天智十年は即位紀年に換算すると四年にあたるので、『書紀』編纂の際に年記の統一をミスした結果、重出することとなってしまったのである。

第二に天武が東宮に立った年次の混乱がある。天武即位前紀では「天命開別天皇元年、立為東宮（天命開別天皇元年、立ちて東宮と為る）」とあり、『日本書紀』は天武が皇嗣となった年について称制紀年ではなく六六八年を元年とする即位紀年を用いている。天智の紀年の混乱は天智紀内部のみに止まるものではなく、天武紀にも及んでいるのである。

第三に、白村江没落兵士の帰国年次を挙げることができる。

③『日本書紀』天智十年十一月癸卯条

対馬国司遣使於筑紫大宰府言、月生二日、沙門道久・筑紫君薩野馬・韓嶋勝裟婆・布師首磐、四人、従唐来曰、唐国使人郭務悰等六百人・送使沙宅孫登等一千四百人、総合二千人、乗船卌七隻、倶泊於比知嶋、相謂之曰、今吾輩人船数衆。忽然到彼、恐彼防人、驚駭射戦。乃遣道久等、預稍披陳来朝之意。

（対馬国司、使を筑紫大宰府に遣わして言く、「月生ちて二日、沙門道久・筑紫君薩野馬・韓嶋勝裟婆・布師首磐、四人、唐より来たりて曰く、『唐国使人郭務悰等六百人・送使沙宅孫登等一千四百人、総合二千人、船卌七隻に乗りて、倶に比知嶋に泊まり、相謂いて曰く、「今吾輩が人船、数衆し。忽然として彼に到らば、恐らくは彼の防人、驚駭して射戦せん」と。乃ち道久等を遣わして、預め稍に来朝の意を披陳せん』と。」）

④『日本書紀』持統四年十月乙丑条

詔軍丁筑後国上陽咩郡人大伴部博麻曰、於天豊財重日足姫天皇七年、救百済之役、汝為唐軍見虜。洎天命開別天皇三年、土師連富杼・氷連老・筑紫君薩夜麻・弓削連元宝児四人、思欲奏聞唐人所計、縁無衣粮、憂不能達。（後略）

（軍丁筑紫国上陽咩郡人大伴部博麻に詔して曰く、「天豊財重日足姫天皇七年、百済を救う役に、汝、唐軍の為に虜とせらる。天命開別天皇三年に洎び、土師連富杼・氷連老・筑紫君薩夜麻・弓削連元宝児の四人、唐人の計る所を奏聞せんと思い欲すれども、衣粮無きに縁り、達すること能わざるを憂う。（後略）」と。）

白村江で没落した筑紫君薩野馬（薩夜麻）等の六七一年の帰国について、③では称制紀年に基くが、④持統紀には「天命開別天皇三年」と即位紀年で記す。天智即位三年は称制紀年では天智九年ということになるが、天智紀では十年にかけられており、一年のズレが生ずる。これについては③が帰国の年次、④は拘留中の年次であると見なして、そのタイムラグと考えれば特に矛盾と捉えるほどではないだろう。これは即位紀年が持統紀に記された例である。

ところが、持統紀に称制紀年によって記している事例もある。持統称制前紀では「天命開別天皇元年、生草壁皇子尊於大津宮（天命開別天皇元年、草壁皇子尊を大津宮に生む）」として、草壁の生まれた六六二年を元年としており[2]、称制紀年に則っている。

ここまで四例を挙げたが、これらの記述から『書紀』編纂の際の原資料について、六六二年を元年とする称制紀年を用いるものと、六六八年を元年とする即位紀年を用いるものが並存していたことが明らかである。すなわち天智朝に関しては『書紀』編纂以前から二つの紀年が存在していたことになる。

一般に即位年を元年として君主の在位年数をもって紀年とすることを称元制という。君主一人に対して称元紀年が二つ存在すること自体は例がないわけではない。前漢文帝は治世の途中である文帝十六年（前一六四）を以て紀年を改め、後～年という数え方をしている[3]。しかし、それは在位中の数え直しであって、即位する以前から紀年を数えるものではない。天智の称制紀年というのは即位以前より支配の年次を数える点できわめて異例である。即位以前とされる称制の時期を含めて紀年を数えることは、称元紀年の概念から逸脱しているといわざるを得ない。その理由として、前君主である斉明が六六一年に没して天智が六六八年に即位するまで例を見ない空位期間が生じており、その断絶性を隠蔽するために称制期間を含めた紀年が用いられたとするのが一般的な理解であろう。しかし、そもそも称元制ではその紀年は前君主の死と連続的に数えるものではない。史実かどうかは別として、『書紀』においても応神崩御から仁徳元年には君主不在年が存在する。『書紀』が無理に称元紀年を導入することによって紀年を連続させる必然性はない。

要するに問題点は次のようになる。もともと即位年を元年とする称元紀年において称制期間は含めるべきではない。それにも拘らず称制期間を含めて六六二年を元年とする紀年が『日本書紀』に存在している。しかもそれぞれの紀年に基く史料が持統紀にも記されている。なお、即位以前の実質統治である称制については、天智以外にも「天渟中原瀛真人天皇崩。皇后臨朝称制（天渟中原瀛真人天皇崩ず。皇后臨朝称制す）」とあるように、持統が行なったと記されている。持統の紀年にはその称制期間も含まれている。しかし、持統の場合は称制を含めた六八七年を元年とする紀年に統一されているのに対して、天智には称制紀年とは別に即位紀年が存在する。基本的に称元紀年に称制期間は含めるべきではない。かりにそれを認めるとすれば即位紀年は不要であり、持統がこの例にあたる。斯様な矛盾をはらむ、斉明崩御から天智即位に至るまでのあしかけ七年にわたる所謂「称制」とは一体いかなるものであるのか。

本章ではまず称制について検討を加える。その上で天智「称制」の問題点について指摘をして、最後に六六八年の天智即位の特質について論じる。それは七世紀後半における「天皇」号の成立を考える上での一つの手掛かりになると考えている。

Ⅰ　称制について

日本における称制は「先帝崩御の後、新帝がいまだ皇位に即かずして、かりに万機を執らせられること(4)」とする理解が最も一般的であろう。しかし、詳細は後述するがこれはあくまでも天智・持統の事例から析出された定義であり、天智の事例を再検討するにあたって拠るべき定義とするには適切ではない。そもそも称制とは中国の皇帝支配に関わる政治的概念である。そこでまず中国における称制の用例を検討し、それをふまえて日本における称制のあり方について考察を加えることとする。

1　中国の称制

中国の称制については西山徳・米田雄介両氏が日本における称制と比較しながら言及している。[5]それらによると、皇帝が幼少の際に皇太后が政を摂するという理解に落ち着いているといってよい。しかし、中国史料における「称制」について博捜すると、いささか付け加えるべきこともあるので重複を恐れずに述べておく。

漢唐間において正史に「称制」と記された人物について管見の限りにおいて分類し、これらを類型ごとに整理するとおおよそ三つに分類することができる。

第一は、先行研究が指摘するように、皇帝が幼少等のため皇太后が政務を代行する例であり、所謂「臨朝称制」として知られる。なお、この変則的形態として、皇帝が拘束されるという特殊状況において帝室の人物が即位せずに政務を視る場合がある。西晋の愍帝が前趙の侵攻によって捕らえられるに及び、建康にいた司馬睿が「是時西都不守、元帝称制江左（是の時、西都守れず、元帝、江左に称制す）[6]」とあるように称制した。そして、愍帝が殺害されると東晋元帝として即位した事例が挙げられる。

第二に、皇帝を僭称した人物の執政について「称制」と記すケースがある。たとえば後涼の太祖である呂光について「十二月、苻堅将呂光称制于河右、自号酒泉公（十二月、苻堅の将呂光、河右に称制し、自ら酒泉公と号す）[7]」と記す。後代から見て正統と位置づけられなかった皇帝に対して、皇帝に擬する行動をとったと評価するものである。

五胡の王朝の君主に対して多く見られる概念であり、これを僭称称制と呼んでおく。五胡の君主以外にも、隋末に煬帝が殺害された後に洛陽において即位した越王侗を挙げることができる。(8) 越王侗は同時期に隋に対して反旗を翻していた李淵が擁していた恭帝が唐において正統と位置づけられたため、即位していないものとしてその行動について称制と見なされたのである。

第三に、『漢書』宣帝本紀甘露三年（前五一）三月条に「上親称制臨決焉（上、親ら称制して臨決す）」とあるように、わずかながら皇帝親政を称制という用例が見える。このことは、「称制」が皇帝であるか否かに拘らず、政務を視る主体であることを意味することばであったことを示唆する。ただし用例としては少なく、例外的な用法と位置づけるべきであろう。

中国の称制概念は非皇帝執政の臨朝称制と僭称称制、皇帝称制（＝親政）に分けることができ、これまで人口に膾炙されてきた臨朝称制はあくまでも称制概念全体の一部である点は留意しなければならない。漢唐間の正史に記された称制について整理したのが表13である。例外的な第三の用法はひとまず措くとして、臨朝称制では当事者が自覚的に称制と意識しているのに対して、僭称称制は逆に後代からの評価として記されるものであって当人が自らの行為を称制と考えていたわけではない。両者にはかかる違いがあるが、それを称制という概念で共通させているのは、皇帝ではない、あるいはそう見なされた人物が皇帝に比する行動をとったとされていることであり、そこに称制という概念の本質がある。

右記のような称制概念についてさらに追究してみるために、その史料的初見について確認する。

⑤『史記』呂太后本紀第九

太子即位為帝、謁高廟。元年、号令一出太后。太后称制、議欲立諸呂為王。

表13　漢唐間の称制

王朝	称制者	立　場	後見対象	称制分類	典　拠
漢	呂　后	高祖皇后	少帝恭	臨　朝	史記巻９、漢書巻３
	趙　佗	南越武帝		僭　称	史記巻113
	王太后	景帝皇后	武　帝	臨　朝	史記巻107
	劉　長	淮南厲王		僭　称	史記巻118、漢書巻44
	宣　帝	皇　帝		親　政	漢書巻８
	王太后	元帝皇后	平　帝	臨　朝	漢書巻97下
	王　莽	摂皇帝		僭　称	漢書巻98
後漢	竇太后	章帝皇后	和　帝	臨　朝	後漢書巻56
	章　帝	皇　帝		親　政	後漢書巻３
	桓　帝	皇　帝		親　政	後漢書巻７
	鄧　后	和帝皇后	殤帝・安帝	臨　朝	後漢書巻10上
	梁　后	順帝皇后	冲帝・質帝	臨　朝	後漢書巻23
	閻太后	安帝皇后	少帝懿	臨　朝	後漢書巻52
	袁　術	仲　氏		僭　称	三国志巻７
	劉　備	蜀先主		僭　称	三国志巻32
晋	王　浚			僭　称	晋書巻94
	司馬睿	東晋元帝	愍　帝	臨　朝	晋書巻62
	庾太后	明帝皇后	成　帝	臨　朝	晋書巻７
	成　帝	皇　帝		親　政	晋書巻21
	武陵王遵			僭　称	晋書巻10
	崇徳太后	康帝皇后	穆　帝	臨　朝	晋書巻13
	妖　人			僭　称	晋書巻28
五胡	呂　光	後涼太祖		僭　称	晋書巻10
	李　雄	前蜀武帝		僭　称	晋書巻29
	段　業	北涼王		僭　称	晋書巻87
	姚　萇	後秦太祖		僭　称	晋書巻116
	慕容徳	南燕世宗		僭　称	晋書巻124
	慕容盛	後燕中宗		僭　称	晋書巻124
	慕容永	西燕皇帝		僭　称	魏書巻33補
南斉	蕭　衍			僭　称	南斉書巻20、梁書巻３
	安　后			臨　朝	南史巻11
梁	蕭　紀	梁武陵王		僭　称	周書巻42
北魏	馮太后	文成帝皇后	献文帝・孝文帝	臨　朝	魏書巻７上
	胡太后	宣武帝皇后	孝明帝	臨　朝	魏書巻９
隋	楊　侗	隋恭帝		親　政	隋書巻43
唐	則天武后	高宗皇后	中宗・睿宗	臨　朝	旧唐書巻６
	韋　后	中宗皇后	殤　帝	臨　朝	旧唐書巻７
	李輔国			僭　称	旧唐書巻112
	朱　玫		襄　王	僭　称	旧唐書巻177

（太子即位して帝と為り、高廟に謁す。元年、号令は一に太后より出づ。太后称制して、議して諸呂を立てて王と為さんと欲す。）

ここでの「太子」とは少帝恭である。前漢恵帝崩後に新帝として少帝恭が即位し、その祖母であった呂太后は少帝恭の太后として政治に強力に関与した。その政令は呂太后を通じて発布され、さらに呂一族を王にしようとする個人的恣意を制と称して果たそうとした。ここでの「称制」はその諮問が制のかたちで出されたことを指すものであり、後見としての用例ではない。この箇所について『漢書』と比較する。

⑥『漢書』巻三　高后紀

恵帝崩、太子立為皇帝。年幼、太后臨朝称制、大赦天下。師古曰、天子之言、一曰制書、二曰詔書。制書者、謂為制度之命也。非皇后所得称。今呂太后臨朝行天子事、断決万機、故称制詔。

（恵帝崩じ、太子立ちて皇帝と為る。年幼くして、太后臨朝称制し、天下に大赦す。師古曰く、天子の言、一に曰く制書、二に曰く詔書。制書は、制度の命を為すを謂う也。皇后の称するを得る所に非ず。今呂太后、臨朝して天子の事を行ない、万機を断決し、故に制詔と称す。）

称制に関する顔師古の注によると、本来制・詔を発することは皇后（太后）の行なうところではないが、それにも拘らず呂太后が皇帝に代わってこれを行なったことを「称制詔」とする。称制において重要なのは皇帝以外の人間が皇帝のみが発し得る制・詔を発するところにある。これが先蹤となり、皇帝が幼少ゆえに皇太后が後見かつ政務を代行する臨朝称制や、皇帝でないにも拘らず詔を出したと見なされて後代にその正統性を否定される僭称称制の概念が出現するのである。

表13を見ると明らかなように、これらの類型は時期によって偏りがある。呂太后が皇帝を差し置いて制・詔を発

したのが濫觴となり、皇太后が皇帝に代わって政務を執る意味の称制概念が後漢代に確立する。この臨朝称制は後漢代に多く見えるほか、西晋や北魏、唐において散見する。これに対して、五胡十六国が乱立する分裂状況下では僭称称制の用例が出現するようになる。概括すれば、王朝の安定期には臨朝称制、混乱期には僭称称制という傾向を指摘できる。

さらに注意しなければならないのは、いずれの類型においても称制をする人物とは別に皇帝は存在していることである。称制とはあくまでも皇帝がいるにも拘らず、そうでない人間が皇帝のみが発布し得るはずの制・詔を発するところにその政治的特異性が見て取れる。逆にいえば、皇帝不在の間における皇太后や皇太子の政務代行や他者による僭称という例は称制とは呼ばない。

ここまで見てきたように中国における称制とは、皇帝が存在しながらもそれ以外の人物が制詔を発する政治形態を指すのであり、従来日本史が理解してきた臨朝称制はあくまでもその類型の一つにすぎない点は強く喚起しておく。

2　日本の称制

日本史における称制に関しては西山徳・米田雄介・小林敏男三氏の研究を挙げることができる。称制の定義については先にも述べたが、それぞれの称制に対する見解を見ておく。西山氏は称制とは「在位の天皇在さざる場合」の執政形態であるが天智と持統では称制概念が相違しており、天智称制が「皇太子として政をとつたと考えられてゐた」のに対して、持統称制は「本質は皇后による称制ではあるが、事実上は天皇と見なして居た」とする(9)。また、米田氏は称制を「天皇の在位しないとき、皇族によって大政を執られるもの」と規定している(10)。持統称制の評価をめぐっていささかニュアンスを異にするが、両氏の理解はおおよそ同一と考えてよい。また、西山・米田氏は称制主体がその後即位していることについて明言していないが、その点を明確に関連づけたのが本節の冒頭で挙げた定義ということになる。現在の通念はこれに則っていると考えてよいだろう。しかし、それでは即位を前提としてそれ以前に執政したことという解釈も可能であり、西山氏の指摘する天智と持統で称制概念が異なることへの説明がつかない。この点について考察を深めたのが小林敏男氏である。[11] 小林氏は先帝が崩御してから新帝が即位するまでの空白期が異常な長期にわたった場合に『書紀』の編者が「称制」概念を適用したとする。西山・米田説では称制は同時代的な自認であるが、小林説では後代の評価ということになる。中国の称制には後代からの評価として記されることがあることは先述の通りであり、その点では小林氏の指摘に従うべきであろう。

さて、日本において称制が明記されている事例は天智と持統の二例である。この他にも米田雄介氏によると、神功皇后・飯豊青皇女・元明についても明記されていないものの称制にあてはまると指摘されている。[12] これらの事例についても論及しておく必要があろう。

このうち天智称制については、六六一年に斉明が死去した後、政権を担当したとする。

⑦『日本書紀』天智即位前紀斉明七年七月丁巳条

皇太子素服称制。

（皇太子、素服して称制す。）

天智称制の期間は六六八年に即位するまで七年近くにわたっているが、問題点も多いので節を改めて後述する。

持統については、天武の病が篤くなると「勅曰、天下之事、不問大小、悉啓于皇后及皇太子（勅して曰く、「天下の事、大小を問わず、悉く皇后及び皇太子に啓せよ」と）」[13] とあり、持統と草壁が執政を付託されている。そして「天渟中原瀛真人天皇崩。皇后臨朝称制（天渟中原瀛真人天皇崩ず。皇后、臨朝称制す）[14]」とあるように、天武が没すると称制を開始した。ここで重要なのは草壁皇子の即位がひとまず見送られたことであろう[15]。皇太子として本来即位すべきであった草壁はおそらく健康状態などのために即位に支障が生じ、そのため即位可能な状態に復するまで延期されたと考えられる。こうした状況下においてその代行者として持統は称制を行なったのである。天武の后として政治的発言力を有していた持統が実子草壁の後見となって政務を視たということになる。

このように持統の称制は即位すべき草壁の後見として解釈できる。持統称制の本来の目的が草壁後見にあるために、六八九年に草壁が死去すると称制を行なう根拠がなくなり、翌年正月に正式に即位した。要するに持統称制は草壁の存在に規制された結果であり、換言すれば草壁が即位可能であったならば持統は称制する必要はなかったといえる。後見対象が即位していないという点で中国のそれとは重大な違いを見せるが、形態的には臨朝称制と類似する。その違いは、すでに制度的に完成の域に達している中国の皇帝システムと、この段階ではいまだ形成途上にある古代天皇制の質的差異として理解しておく。

かかる持統の称制のあり方に、倭国における后の地位という問題も絡んでいることはいうまでもない。治天下王の后が、特にその死後において政治的に重要性を持つものであることはすでに指摘されている[16]。日本古代では、前王が死去しその殯が行なわれている間は君主不在の状況が生ずる。この期間は政治的にきわめて不安定になりやすいが、それを抑制する存在として前王の后が重要な役割を果たすことになる。持統はそうした歴史的前提をふまえながら従来の后よりもミコトノリの発布など政治的前面に出て積極的に関わったと評し得るのである。

ついで天智・持統以前における三例について見てみることとする。

まず神功皇后について。米田氏はこれを摂政の問題と絡めて論じている。ただし神功皇后は伝承上の人物であり、しかも称制ではなく摂政として記されている以上、それは『書紀』における「摂政」認識の問題としてまず扱われるべきであり、称制の事例として取り上げるには適当ではない。

次に飯豊青皇女について。

⑧『日本書紀』顕宗即位前紀

是月、皇太子億計王与天皇譲位。久而不処。由是天皇姉飯豊青皇女、於忍海角刺宮臨朝秉政、自称忍海飯豊青尊。

（是の月、皇太子億計王、天皇と位を譲る。久しくして処らず。是に由りて天皇の姉飯豊青皇女、忍海角刺宮に於いて臨朝秉政し、自ら忍海飯豊青尊と称す。）

仁賢と顕宗が天皇位を譲り合ったために皇位不在となり、姉の飯豊が「臨朝秉政」したと記されている。なお、『扶桑略記』では飯豊について「飯豊天皇」と記しており、即位して「臨朝秉政」したとするのを称制と見なすものである。しかし、飯豊青皇女の即位を肯定する史料は平安期以降の史料に限られる点からして事実とは認められない。称制を即位前の皇族による執政とする通念に則ってみても、即位していない飯豊青皇女は称制の例に入らないということになり矛盾を包含することになる。そもそも神功皇后と同様に伝承的要素の強い人物であり、検討にあたっては慎重であるべきであろう。少なくとも『書紀』があえて「称制」と記さず「秉政」としたことは[17]、「称制」したとされる天智・持統と明確に区別されていたと見なし得る。

最後に元明について。慶雲四年（七〇七）六月に文武が死去し、元明が同年七月に即位する。この間一ヶ月の空位期間があるが、その間の経緯として「告以依遺詔、摂万機之状（告ぐるに遺詔に依りて万機を摂するの状を以てす）[18]」とあるところから、米田氏は文武没後から即位までの一ヶ月を称制と捉える。文武の遺詔について文武紀では「天皇崩。遺詔、挙哀三日、凶服一月（天皇崩ず。遺詔すらく、「挙哀三日、凶服一月せよ」と）[19]」とのみ記し、その詳細は詳らかではない。ただし、『扶桑略記』はより具体的に遺詔を引く。

⑨『扶桑略記』慶雲四年六月十五日条

遺詔云。挙哀三日、凶服一月。朕之母儀、阿閇皇女、宜摂万機、嗣天皇位矣。

（遺詔に云く、「挙哀三日、凶服一月せよ。朕の母儀阿閇皇女、万機を摂して天皇の位を嗣ぐべし」と。）

『続日本紀』『扶桑略記』双方に記されている「摂万機」を称制と理解し得るかということが問題となる。その手がかりとなるのが、元明の即位宣命である。

⑩『続日本紀』慶雲四年七月壬子条

去年十一月尓、威加母我王朕子天皇乃詔豆羅久、朕御身労坐故、暇間得而御病欲治。此乃天豆日嗣之位者、大命尓坐世大坐坐而治可賜止譲賜命乎、受被賜坐而答曰豆羅久、朕者不堪止辞白而受不坐在間尓、遍多久日重而譲賜倍婆、労美威美、今年六月十五日尓詔命者受賜止白奈賀羅、此重位尓継坐事乎奈母天地心乎労美重美畏坐左久止詔命衆聞宣。

（去年十一月に威きかも我が王、朕が子天皇の詔りたまいつらく、「朕御身労れ坐すが故に、暇間得て御病治さんと欲す。此の天つ日嗣の位は、大命に坐せ大坐し坐して治め賜うべし」と譲り賜う命を、受け賜り坐して答えて曰しつらく、「朕は堪えず」と辞し白して受け坐さず在る間に、遍く多く日重ねて譲り賜えば、労しみ威み、今年六月十五日に「詔命は受け賜う」と白しながら、此の重位に継ぎ坐す事をなも天地の心を労しみ重しみ畏み坐さくと詔る命を衆聞きたまえと宣る。）

⑩によれば、文武は死ぬ直前に母の元明に譲位の意向を示しており、元明も文武の死去の日に即位を受諾している。すなわち空位となった一ヶ月間はすでに元明の即位を前提としている。称制とは君主以外の他者が君主の行為を行なうことにあるとすれば、元明は自らの代理として称制を行なったという矛盾を来す。このように考えると元明の

それを称制と捉えるべきではないだろう。これらを比較する限りでは「摂万機」とは、即位までの称制とするよりも元明の即位そのものを指していると考えるべきである。

ここまで称制とされるケースについて天智以外の事例を検討してきた。少なくとも神功皇后・飯豊青皇女・元明はいずれも称制の事例として理解すべきではない。これに対して持統は草壁の即位延期という状況下でその後見として政務を視ており、持統の事例のみが他者による代行という称制の原義を反映していたといえる。その用法は中国における臨朝称制のあり方に即したものであった。称制について従来のような新帝即位前における執政期間とする定義は改める必要がある。

Ⅱ　天智「称制」の特異性

前節において日中の称制の事例を通観して概念定義の再検討を行なったが、それは翻って天智の称制がいかに特殊であるか際立たせることになる。中大兄の称制は斉明の崩後に⑦のように記されているにすぎないが、わずか七文字の一文に多くの問題点が含まれている。それを列挙すると次の通りである。

第一に、当時は皇太子という地位は成立していない[20]。律令制以前の後継者選定システムとして大兄制[21]や太子制[22]が指摘されている。これらのシステムにおいて、大兄や太子の地位が君主権力を代行できるものと見なし得るかという点が問題となる。大兄制・太子制ともに後継資格者は複数存在することがあり得るとする。すなわち、これらでは後継者の一本化が定まっていないことを前提としている。そうした制度が機能している段階で、君主の代わりとなり得る地位があったとは考えがたい。斉明死去の時点で中大兄が王位継承の最有力候補であったことは疑いない

表14　次王即位までの期間※1

王	前王死去	即　位	期間※2	称元
敏達	571.4	572.4	13ヶ月	即位
用明	585.8	585.9	2ヶ月	踰年
崇峻	586.4	586.8	5ヶ月	踰年
推古	592.11	592.12	2ヶ月	踰年
舒明	628.3	629.1	11ヶ月	即位
皇極	640.10	641.1	4ヶ月	即位
孝徳	譲位	644.6	1ヶ月※3	即位
斉明	653.10	654.1	4ヶ月	即位
天智	661.7	667.1	77ヶ月	即位

※1『日本書紀』の記述による。
※2 死去の月を1ヶ月目と起算して即位月までを数える。
※3 譲位の月に即位したとする。

にしても、中大兄が皇嗣であることと、かつ皇嗣が治天下王と同じ政治的権限を有する存在と見なし得るかということは別問題である。むしろ支配について君主の人格的資質に大きく依存する七世紀段階においては、後継者の地位を君主と同等に捉えて過大に評価すべきではないだろう。

第二に素服の理解である。記事から素服と称制が関連しているように見えるが、そうだとすると称制が七年に及んだことと整合しない。六六一年に崩じた斉明の殯の期間がどの程度であったかは明らかではないが、平均値からすれば半年〜一年半程度である[23]。これを整理したのが表14である。朝鮮半島をめぐる当時の抜き差しならない国際状況に鑑みると、君主不在という不安定な期間は通常より短かいと考える方が理解しやすい。ところが天智即位までの期間が群を抜いて長い。また、称制期間を区切ってみると、服喪よりその後の称制期間の方が長いということになる。これは服喪が称制の理由ではないことを示している。

第三に、天智称制には後見すべき対象が存在しないことである。すでに述べたように称制には臨朝称制と僭称称制があるが、『書紀』が天智に対して負のイメージが強い僭称称制の概念を用いるとは考えがたい。『書紀』編纂時期の八世紀前半には天智を重要な天皇と見なす認識が成立していること[24]からもそれは確実である。すなわち『書紀』における称制の叙述は、持統の例からも明らかなように臨朝称制を下敷きにしていると考えるべきである。ところが天智称制の関係構造において中大兄は称制を執行する主体であるが、その一方で後見すべき存在がいないという問題がある。この点については間人太后の存在を重視する小林氏の見解がある[25]。それによると間人は君主に準ずる「マツリゴトキコスメス」存在であり、兄妹の血縁的紐帯を根拠として中大兄はそのもとで称制を行ない、それは持統称制と同じ体制だったとする。しかし、〈間人―中大兄〉と〈持統―草壁〉は先帝太后と後継者という関係において一致するものの、称制を行なう主体が中大兄の場合は後継者、持統の場合は先帝太后という違いを見せている。血縁的紐帯にしても天智称制では兄妹関係、持統称制では親子関係であり一定していない[26]。また間人没後も天智はすぐに即位していないことからしても[27]、天智を間人の代行として称制を行なったと見なすことは困難である。間人の役割を過度に評価すべきではない。

これらを要するにこれまでの天智称制の理解は、君主の後継者としてその権力を代行できる皇太子という制度的地位が確立していない段階で、王位継承有力候補者が自らの名でミコトノリ等を発しており、それにも拘らず可能でありながら即位しなかった、というきわめて矛盾した状態を容認している。皇位継承を固定化して古代天皇制の一翼に組み込む皇太子制が成立していない以上、有力候補者といえども治天下王の権力を代行するのは困難であろう。さらにいうなれば、即位していないということは推戴と職位承認という群臣との関係[28]を構築できていないということを意味するものでもあり、その状態で支配者層の利害を調停しかつ代表することができたとは到底考えられない。

以上のように「称制」を記す記事について三つの問題点を挙げたが、天智「称制」には疑問点が多いといわざるを得ない。

そもそも称制は、官僚制が機能していた中国の皇帝制度において制・詔の発布がシステマティックに機能するゆえに他者による代行が可能となる。ところが、君主の人格的資質に大きく左右される七世紀の倭国においてはそうした行為はきわめて困難であると考えざるを得ない。持統称制の例においてもそれは天武皇后としての政治的実績という前提をもとにして初めて成り立ち得るものであった。

『日本書紀』では、天智は孝徳・斉明朝・称制期の長きにわたって皇太子の立場で政治の実権を掌握していたとする。しかしながら近年では孝徳朝の再評価が進められ、必ずしも中大兄が政治の中心であったわけではないことが指摘されている(29)。皇太子制が成立していない段階では、いかに大兄であろうとも独自にミコトノリを発布する主体にはなりえないであろう。かりに大兄・太子という地位によらずに孝徳・斉明朝における中大兄の実権を認めるとしても、それを振るい得たのは彼の意思が治天下王である孝徳・斉明のミコトノリを通じて具現化したからである。換言すれば、孝徳や斉明の存在があってこそ中大兄はその政治的立場を保持し得た。翻って天智称制について見てみると、従来は即位することによって多くの制約を被ることを避け自由に政治活動するための手段であったといわれている。しかしそうした議論は具体性を欠くものであり論証されたものではない。むしろ中大兄の政治的立場を保証する存在・制度を欠いたまま、即位もせずに自らミコトノリを発して政治を推し進めたというのは説得力に乏しいといわざるを得ない。このような議論は律令皇太子制のイメージを七世紀後半に遡及的に適用したものにすぎない。〝皇太子の政治〟という点でいえば、たとえば「聖徳太子の摂政」が史実と認められていた時代の産物であろう。七世紀半ばの東アジアの国際関係の緊張において各国は形態に違いはあれど権力の集中を図っており、倭国もまたその例に漏れない(30)。即位による政治的制約というのは印象論の域を出るものではなく、かかる時期に称制という権力の求心核不在の構造で軍事・外交における諸問題を乗り越えることが可能であったとは思えない。

ここまで天智称制の問題点を挙げてきたが、結論としては斉明崩後に中大兄が七年間にわたって皇太子として称制を行なったと考えることは困難である。少なくとも即位せずに君主と同様の権力を行使したと考えるのは疑問とせざるを得ない。天智称制は『書紀』における潤色であったとみなすべきであろう。しかしそれは次に、『書紀』において称制と位置づけられた期間に天智は一体いかなる立場であったのかという別の問題を惹起させる。この問題については節を改めることとする。

Ⅲ　治天下王から治天下天皇へ

1　白村江直前における倭国と百済

ここまで天智には称元紀年が二つあること、そして称制概念について検討した上で天智称制の史実性に関する疑義を提示した。天智称制を歴史的事実とすることに対しては否定的にならざるを得ないとすると、所謂称制期の中大兄の立場はいかなるものであったかということが問題となる。それは当該期の中大兄の政治的動向を以て判断するべきであると考える。

所謂称制期にあたる六六二～六六七年の政治状況を見ると、最大の懸案は朝鮮半島における戦争であることは異論がないであろう。当該期の倭国の対外動向をみると二期に区分できる。前半は六六三年の白村江までである。六六〇年に滅亡した百済の復興運動が激化し、高句麗も対唐戦争の最中にあり、倭国はこうした国際環境に積極的に関与し、対外出兵も行なっている。後半は白村江以後であり、敗戦処理と対策、それに伴う唐や新羅との交渉、亡命百済人の受け入れなどが主たる案件である。

前半期で特に注目すべきは、六六一年における中大兄から百済王子豊璋への織冠の授与である。

⑪『日本書紀』天智即位前紀斉明七年九月条

皇太子御長津宮。以織冠授於百済王子豊璋。復以多臣蔣敷之妹妻之焉。乃遣大山下狭井連檳榔・小山下秦造田来津、率軍五千餘、衛送於本郷。於是豊璋入国之時、福信迎来、稽首奉国朝政、皆悉委焉。

（皇太子、長津宮に御す。織冠を以て百済王子豊璋に授く。復た多臣蔣敷の妹を以て之に妻あわす。乃ち大山下狭井連檳榔・小山下秦造田来津を遣わし、軍五千餘を率いて本郷に衛送す。是に於いて豊璋入国の時、福信迎来し、稽首して国朝の政を奉じて、皆悉く委ぬ。）

織冠授与の事例は本例の他に藤原鎌足があるのみである。織冠及びその下の繡冠は王族あるいは皇親氏族への授与にかかるものであり、王の身分的隔絶性を際立たせるという(31)。そうした冠位体系において極冠である織冠はそれ以上の昇進が見込めない点において国内に対する授与には不向きであり、一方で対外的存在である「諸侯」への授与には適合的と判断されたであろう。さらに豊璋に対する織冠授与の狙いは、豊璋個人との関係のみならずそれを百済との関係に敷衍するところにあった。翌年に豊璋を百済王に即位させていることと関連する。

⑫『日本書紀』天智元年五月条

大将軍大錦中阿曇比邏夫連等、率船師一百七十艘、送豊璋等於百済国。宣勅、以豊璋等使継其位。又予金策於福信、而撫其背、褒賜爵禄。于時豊璋等与福信、稽首受勅、衆為流涕。

（大将軍大錦中阿曇比邏夫連等、船師一百七十艘を率いて、豊璋等を百済国に送る。勅を宣りて、豊璋等を以て其の位を継がしむ。又金策を福信に予いて、其の背を撫でて、褒めて爵禄を賜う。時に豊璋等と福信と、稽首して勅を受け、衆、為に涕を流す。）

これらの記事で問題となるのが倭国と百済の関係である。国どうしの関係を考える場合、まずは倭国の君主と百済の君主の関係を考慮しなければならない。古代の外交関係において重要なのは君主間の関係であり、それが国家間の関係を象徴するものと見なされた。外交文書である国書の書出しが君主間どうしのやり取りとなっているところにそれは端的に表れている。これらの行為は当該期の倭国の君主と百済の君主の関係の問題に逢着する。先行研究では冊封に類するものと捉えられており[32]、本研究でもそれを妥当と考える。そのように考えると、倭国において君主が不在であることはきわめて不合理である。冊封は宗主国の君主が附庸国の新王に対してその王位継承を承認して官爵を授与する。具体的に見ると、倭国に滞在していた豊璋を倭国の冠位秩序に組み込み、さらには百済の王位を継承させることによって百済復興運動に介入し、百済との関係を封冊に基く君臣関係として構築することを目指したものである。それは倭国の王が百済王の上に君臨することを構造的に位置づけることでもあり、君主対君主という関係が前提となる。換言すれば、有力とはいえ一介の王族が為し得るものではなく、即位していない中大兄に豊璋に冠位を授与し王位を嗣がせることは不可能である。

六六二年には「為救百済修繕兵甲、備具船舶、儲設軍粮（百済を救わんが為に兵甲を修繕し、船舶を備具し、軍粮を儲設す）[33]」とあるように百済救援のための軍事行動を準備し始める。こうした朝鮮半島への出兵のための準備が広域的なものであったことは森公章氏が整理している通りである[34]。そして、翌六六三年に百済への派兵を実行することになる。

⑬『日本書紀』天智二年三月条
遣前将軍上毛野君稚子・間人連大蓋、中将軍巨勢神前臣訳語・三輪君根麻呂、後将軍阿倍引田臣比邏夫・大宅臣鎌柄、率二万七千人打新羅。

（前将軍上毛野君稚子・間人連大蓋、中将軍巨勢神前臣訳語・三輪君根麻呂、後将軍阿倍引田臣比邏夫・大宅臣鎌柄を遣わして、二万七千人を率いて新羅を打たしむ。）

兵力を『日本書紀』では二万七千とするが、それを実数と認めるかという点には慎重でなければならない。ただし、この時の軍事力動員は全国規模に及ぶものであったことは想像に難くない。例えば白村江での倭将廬原君臣[35]は廬原国造の係累であると見なし得る。さらに慶雲四年（七〇七）に帰国した没落兵士の記事も注目し得る。

⑭『続日本紀』慶雲四年五月癸亥条

讃岐国那賀郡錦部刀良・陸奥国信太郡生王五百足・筑後国山門郡許勢部形見等、各賜衣一襲及塩穀。初救百済也、官軍不利、刀良等被唐兵虜、没作官戸。歴卌餘年乃免。刀良、至是遇我使粟田朝臣真人等、随而帰朝。憐其勤苦有此賜也。

（讃岐国那賀郡錦部刀良・陸奥国信太郡生王五百足・筑後国山門郡許勢部形見等に、各おの衣一襲及び塩穀を賜う。初め百済を救わんとするや、官軍利あらず、刀良等唐兵に虜とせられ、没して官戸と作る。卌餘年を歴して乃ち免さる。刀良、是に至りて我が使粟田朝臣真人等に遇い、随いて帰朝す。其の勤苦を憐みて此の賜有る也。）

右によると白村江において唐に連行された兵士の出身が讃岐・陸奥・筑後と広域にわたっている。[36]兵力徴発も全国に及んでいたことは確実である。こうした全国的な軍事力の徴発は、律令制的な軍事機構が確立する以前の段階では君主の人格に大きく依拠せざるを得ない。そうすると中大兄は即位していないにも拘らず君主の専権事項ともいえる軍事・外交を掌握していたことになる。律令国家のような機構的支配が確立していない段階で諸豪族が君主でない王族からの命令でその徴発に応じるかということについても疑問視せざるを得ない。

この問題は当該期の中大兄の地位についても再考を促す。これらを念頭においてもういちど倭国と百済の関係に立ち返ると、豊璋を王に封じ、斉明死後も半島への軍事行動を継続した当該期の中大兄を王族の地位のままと見なすのは不適切である。そもそも冊封において周辺国の君主を王に任じることができるのは皇帝である。特に豊璋への封冊は倭国と百済の関係において重要な意味を持つ。これによって倭国の君主の地位が百済の君主を超越するものとして、倭国は百済の宗主国としての位置づけを名分的に獲得し得たからである。そのように考える時、中大兄が即位していない段階で豊璋への百済王封冊が可能であったかという疑念が出てくる。むしろ豊璋への封冊を行なった時にはすでに君主の地位にあったと考えた方が整合的に解釈できる。

そして、右のように考えることによって『書紀』における天智の二つの紀年を合理的に解釈できる。すなわち、『書紀』は即位紀年を称制紀年として潤色したと考え、六六二年を元年とする称制紀年とは実は天智が最初に王として即位した際の紀年であったと見なすのである。これによって斉明死後の不自然な即位先延ばしはもともとなかったものとして理解し得る。ただし、そのように見なすと、六六八年を元年とする紀年についても説明を要する。しかし、これもやはり即位紀年として捉えることができる。こうした見地に立つと、天智は六六二年と六六八年に二度即位したということになり、一見すると矛盾のように見える。そこでこの問題について、項を改めて論じる。

2　王朝建国と多重即位

一人の君主が二度即位するという行為は異様に見えるかもしれないが、東アジアレベルに視野を広げると、そうした例は中国の異民族王朝において多々見ることができる。三例挙げておく。

第一に遼の太祖である。耶律阿保機は、九〇七年に契丹の部族長に推戴された。このことは「燔柴告天、即皇帝位（柴を燔いて天に告げ、皇帝の位に即く）」と記されている。[37] ただし、実際には契丹風の尊号を受ける柴冊儀であり、この時に阿保機は契丹の君長位についたのであって皇帝位についたのではない[38]。『遼史』の記述に「皇帝ノ位ニ即ク」とあるのは、正史編纂の際に皇帝号を遡及的に援用したものである。阿保機の皇帝即位はその九年後の九一六年のことである。

⑮『遼史』巻一　太祖本紀上

神冊元年春二月丙戌朔、上在龍化州。迭烈部夷離菫耶律曷魯等、率百僚請上尊号、三表乃允。丙申、群臣及諸属国築壇州東、上尊号曰大聖大明天皇帝、后曰応天大明地皇后。大赦、建元神冊。

（神冊元年春二月丙戌朔、上、龍化州に在り。迭烈部夷離菫耶律曷魯等、百僚を率いて尊号を上ることを請い、三たび表して乃ち允す。丙申、群臣及び諸属国、壇を州の東に築き、尊号を上りて大聖大明天皇帝と曰い、后を応天大明地皇后と曰う。大赦して、神冊と建元す。）

ここに百官からの皇帝号の奉呈を受けて正式に皇帝となった。なお、それと同時に遼独自の年号として神冊が初めて建てられ、かつ都を上京臨潢府に定めた。ここに至って遼は王朝としての体裁を整えたのである。

第二の事例が金の太祖である。一一一三年に完顔阿骨打は「康宗即世、太祖襲位為都勃極烈（康宗即世し、太祖、位を襲ぎて都勃極烈と為る）」とあり、女真の族長位である都勃極烈を襲っている[39]。そして、その二年後の一一一五年に皇帝に即位する。

⑯『金史』巻二　太祖本紀

収国元年正月壬申朔、群臣奉上尊号。是日、即皇帝位。（中略）於是国号大金、改元収国。

（収国元年正月壬申朔、群臣尊号を奉上す。是の日、皇帝の位に即く。（中略）是に於いて国は大金と号し、収国と改元す。）

阿骨打も阿保機と同様に、王朝を興すまで族長位と帝位に時間差が見られる(40)。また、金でも帝位につくと同時に王朝名を定め、改元している。

第三に、遼・金がやや時代的に遅れるということであれば、遡って北魏のケースを挙げることができる。北魏においてその劃期となる皇帝は道武帝である。祖父の什翼犍の跡を継ぎ三七七年に六歳で鮮卑拓跋部を率いることになる。その後、三八六年正月に代王となり登国元年と建元して郊祀を行ない、同年四月に代王から魏王に改称する。三九六年七月に尊号が進められて天子の旌旗を建て皇始と改元、さらに三九八年（天興元）六月に国号を魏と定め王朝としての北魏が成立、この翌月に平城に遷都している(41)。道武帝は三八六年の時点では魏王を名のるに止まり皇帝ではない。道武帝の皇帝としての即位について本紀では曖昧さを残すが、参考になるのが次の記事である。

⑰『魏書』巻一四　上谷公紇羅伝

上谷公紇羅、神元皇帝之曽孫也。初、従太祖自独孤如賀蘭部、招集旧戸、得三百家。与弟建議、勧賀訥推太祖為主。及太祖登王位、紇羅常翼衛左右。又従征伐、有大功。紇羅有援立謀、特見優賞。及即帝位、与弟建同日賜爵為公。卒。

（上谷公紇羅は神元皇帝の曽孫也。初め、太祖に従いて独孤より賀蘭部に如き、旧戸を招集し三百家を得る。弟建と議して、賀訥に勧めて太祖を推して主と為す。太祖の王位に登るに及び、紇羅は常に左右に翼衛す。又征伐に従いて大功有り。紇羅、立謀を援けること有り、特に優賞せらる。帝位に即くに及び、弟建とともに同日に爵を賜り公と為る。卒す。）

右では太祖（道武帝）について「登王位」と「即帝位」を分けているように、王位についた後にさらに帝位についているので生前に皇帝位についたことは疑いない。北魏王朝の開基及び平城遷都にあわせて帝号を名のったものと考えて大過なかろう。道武帝の存命中の立場は、拓跋部族長（ただし幼少であるから周囲の補佐を受けた）、代王・魏王、魏皇帝という三段階を経るのである。

これらのように中国の周辺部族が王朝を開設するステップとして、その初代皇帝は即位以前に族長として部族を率いて活動して勢力を拡大して最終的に中国的な皇帝号を名のっている。杉山正明氏はこれについて「二段階の政治過程をふまねばならなかった」と評している[42]。そのため族長位の継承と皇帝としての即位にはタイムラグが存在する。遼の事例に明確なように、族長となる際と皇帝として即位する時はそれぞれ別の即位儀礼が行なわれている。族長位と皇帝位は質的に異なるものであり、いずれについても就位儀礼が必要となる。周辺部族が中国の影響を受けながら王朝を開くという支配体制の変革によって君主の称号も変化する。君主号の変化はそうした体制変革のイデオロギー的表出として理解すべきであり、漫然と制定されるというものではないことをこれらの事例は示している。このような政治制度の進展に伴う王権の位置づけの変化とそれによって一人の君主が地位就任儀礼をくり返すことを多重即位と位置づけて理解しておく。

3　天智の多重即位

倭国の問題に戻る。日本における君主号の変革について現在の研究では天武朝説が最も有力である。ところが、天皇号の制定やその前提となる君主の地位のイデオロギー的変革については必ず儀礼を伴うものである。前項の事例を見ても、遼は君主号と建元、金はそれに加えて王朝名の建称、北魏では様々な段階で君主号・建元・王朝名・遷都が設定されている。ところが、天武朝にはそうした施策が見出せないという問題点が存する。ここで天智のケースに戻ると、六六二年を元年とする紀年の存在は斉明が没した直後に即位したことを示唆する[43]。その時点では前代までの王権のあり方を引き継ぐものであり、具体的にいえば〝治天下王〟として即位したものであろう。しかし、豊璋を百済王として冊封するという行為によって、倭の君主がそれまでの「王」という地位を超えて百済君主よりも上位に位置する存在であることを構造的に位置づけ直す必要に逼られることになる。さらに、天智はその治世下において当時の国際環境や国内における政治的不安定性などの諸課題を克服する強力な政治体制を作り出すことも要請されたのであり、その一環として王権もまた従来とは質的に異なる形態を模索することになる。その表出として近江遷都と「天皇」号創出を必然的な施策として理解できる。

⑱『日本書紀』天智七年正月戊子条

皇太子即天皇位。或本云、六年歳次丁卯三月即位。

（皇太子、天皇の位に即く。或本云く、六年歳次丁卯三月即位す。）

天智の即位について、本注において異伝として前年の三月の即位を注記している。このような異伝が生じた理由について考えてみる。

⑲『日本書紀』天智六年三月己卯条

遷都于近江。是時天下百姓不願遷都、諷諫者多。童謡亦衆、日々夜々失火処多。

（近江に遷都す。是の時、天下の百姓、遷都を願わず、諷諫する者多し。童謡も亦衆く、日々夜々失火の処多し。）

天智六年三月という日時は近江遷都が敢行された月次であることが分かる。すなわち、或本における「即位」の注記は、遷都と「即位」が連動するものとして認識されていたことを示している。

このように六六八年における「即位」とは従前の治天下王から、百済王を封冊した実績を有する強力かつ王よりも上位の君主へと変貌したことをアピールする儀礼と見なすことが可能である。その称号として作り出されたのが

「天皇」号であり、厳密にいえば治天下天皇であったと考える。序章でも述べたように君主号研究における主眼は「天皇」にほぼ集中しているが、それに止まらず倭国の君主号はさらに包括的に捉えて律令前代の〝治天下王〟から律令制下の法的称号としての〝明神御宇天皇〟へという流れで考えなければならない。ただしそれは一挙に転換したのではなく、段階的に変化していったと理解すべきである。そして、「治天下王」と「御宇天皇」の間に介在する階梯として中間的な表記である「治天下天皇」号を想定することが可能であり、六六八年をその制定の時期として措定するものである。

「治天下天皇」については、金石文において七世紀後半に「治天下天皇」と記す史料が多々見えることもそれを裏付ける。(44) 一方、『日本書紀』には一例が見えるのみである。

⑳『日本書紀』持統三年五月甲戌条

命土師宿禰根麻呂、詔新羅弔使級湌金道那等曰、太政官卿等、奉勅奉宣、二年、遣田中朝臣法麻呂等、相告大行天皇喪。時新羅言、新羅奉勅人者元来用蘇判位。今将復爾。由是法麻呂等、不得奉宣赴告之詔。若言前事者、在昔難波宮治天下天皇崩時、遣巨勢稲持等告喪之日、翳湌金春秋奉勅。而言用蘇判奉勅、即違前事也。又於近江宮治天下天皇崩時、遣一吉湌金薩儒等奉弔。而今以級湌奉弔、亦違前事。（後略）

（土師宿禰根麻呂に命じて、新羅弔使級湌金道那等に詔して曰く、「太政官の卿等、勅を奉りて奉宣すらく、『二年、田中朝臣法麻呂等を遣わして大行天皇の喪を相告ぐ。時に新羅言く、「新羅の勅を奉る人は元来蘇判の位を用う。今復た爾せんとす。」是に由りて法麻呂等、赴げ告ぐる詔を奉宣するを得ず。若し前事を言わば、昔難波宮に在りし治天下天皇崩ずる時、巨勢稲持等を遣わして喪を告ぐる日、翳湌金春秋、勅を奉る。而るに蘇判を用て勅を奉ると言うは、即ち前事に違う也。又近江宮に治天下天皇崩ずる時、一吉湌金薩儒等を遣わして弔い奉る。而るに今級湌を以て弔い奉るは亦前事に違う。（後略）』」）

右の記事では孝徳を「在昔難波宮治天下天皇」、天智を「於近江宮治天下天皇」としている。持統紀にかかる表記が表れるということは、律令の制定される直前の時期に「治天下天皇」の称号が機能していたことを示唆する。

これらを勘案すると、治天下王→治天下天皇→御宇天皇という変化を見て取れる。六六二年に治天下王として即位した天智は治天下王より強大な権力を有する君主として在位中に転成したのである。その儀礼が六六八年正月の即位であった。そして、それによって六六八年を元年とするもう一つの紀年が出現することとなる。このように天智が六六一年の斉明没後即位していたと考えることによって称元紀年が二つ存在することは無理なく説明できる。さらに、天智が所謂称制期間に政治的主導性を発揮し得たことも当然のこととなるのである。

本節の最後に、右のように天智朝における治天下王から治天下天皇への移行と理解することで従来潤色と理解されていた史料解釈も可能となることを付言しておく。『万葉集』巻一―一六～二一番は天智代の歌を時代順に配列したと考えられているが、一七番が近江遷都の際の歌であるため、一六番はそれ以前の歌とされている。

㉑『万葉集』巻一・一六詞書

天皇詔内大臣藤原朝臣、競憐春山万花之艶秋山千葉之彩時、額田王以歌判之歌。

（天皇、内大臣藤原朝臣に詔して、春山万花の艶、秋山千葉の彩を競憐せる時、額田王、歌を以て判ずるの歌。）

本来まだ即位していない天智が「天皇」として記されている。西山氏は「近江大津宮御宇天皇」の標題のもとに集められたために「皇太子」を「天皇」と書き改めたと見なすが[45]、むしろ六六八年即位以前にすでに君主であったことを窺わせるものとして位置づけることができる。

中大兄は長期にわたる称制を行なったのではなく、当初より即位していたのではないかという仮説を提起した。それではなぜ『書紀』は即位していたものを称制というかたちに書き直したのかという問題が残るが、これは『書紀』編纂の立場から考えるべきである。『書紀』では神武以来一貫して「天皇」が存在しており、即位とは「天皇」の位を継承するものであることが自明であった。それゆえ天智もその即位は最初から天皇としての即位であらねばならない。しかし、そうすると歴史事実としての天智が天皇となる以前の治天下王としての在位期間が宙に浮き上がってしまう。それゆえ治天下王の期間は即位以前ということで天智は皇太子として設定し直され、そして即位以前の皇太子でありながら君主と同等の権力を振るい得る政治的概念として称制が持ち込まれることになった。しかしながら、天智紀の編纂が粗雑であったため紀年の統一がなされず、二つの紀年が残り、あるいは配置における錯簡として表れることになったのである。

本節では天智「称制」は編纂時の史料操作による創出であり、中大兄は六六二年に治天下王として即位したが、より強力な君主権力の必要性から六六八年に治天下天皇という新たな地位についたことを論じた。倭国の君主の地位は天智朝において治天下王から治天下天皇として古代天皇制への動きを明確にした。それは天武・持統朝に引き継がれ、文武朝にいたって御宇天皇として、さらに一段上のステージへと上がることになる。

Ⅳ　天武朝「天皇」号成立説をめぐって

前節まで『書紀』における称制の問題から「天皇」号成立を天智朝と捉えた。近年では天皇号を天武朝の成立と見なす見解が有力であるが、本研究のように理解するにあたって天武朝天皇号成立説に対する説明が求められる。この点について、大海人の即位前の地位と天武朝天皇号成立説の問題点の二点から述べておく。

1　「皇弟」について

まず天武の諱について確認しておく。

㉒『日本書紀』舒明二年正月戊寅条

立宝皇女為皇后。后生二男。（中略）三曰大海皇子。浄御原宮御宇天皇。

（宝皇女を立てて皇后と為す。后、二男を生む。（中略）三に曰く、大海皇子。浄御原宮御宇天皇なり。）

㉓『日本書紀』天武即位前紀

天渟中渟中此云農難原瀛真人天皇、天命開別天皇同母弟也。幼曰大海人皇子。

（天渟中渟中、此をばヌナと云う原瀛真人天皇、天命開別天皇の同母弟也。幼きは大海人皇子と曰う。）

これらから一般に膾炙されている天武の幼名は「大海（人）皇子」であったと見なされている。即位前の天武の地位表記について整理したのが表15である。舒明紀の皇子記事において「大海皇子」、天武即位前紀の系譜記載において「大海人皇子」とするのを除き、全て「皇弟」「大皇弟」「皇大弟」という表記になっている。これら「皇太弟」等の称号について、後継者の地位が含意されていたとする見解もあるが[46]、それに対して本間満氏は『書紀』の訓について後継者を意味するヒツギノミコ・マウケノキミではなくスメイロドと訓むべきと述べて批判している[47]。

そこで「皇太弟」とそれに類する語を検討する。まず中国における皇太弟の事例を見ると、表16のように確認できる。これらは弟を皇嗣とするものであり、「太弟」と略されることもある。日本でも時代を下らせると、神野親王[48]・大伴親王[49]・実仁親王[50]等の例がある。それでは天武の場合もそれに準じて考えてよいであろうか。それをふま

表15　即位前の天武表記

	書紀年紀	表　記	内　容
1	白雉４年是歳	皇　弟	
2	白雉５年10月癸卯朔	皇　弟	
3	天智３年２月丁亥	大皇弟	甲子宣
4	天智７年５月５日	大皇弟	遊　猟
5	天智８年５月壬午	大皇弟	遊　猟
6	天智８年10月庚申	東宮大皇弟	
7	天智10年正月甲辰	東宮太皇弟	近江令
8	天武元年５月是月	皇大弟	壬申乱
9	天武元年６月丙戌	大皇弟	壬申乱
10	天武元年６月丁亥	大皇弟	壬申乱

えて表15を見ると、その表記のほとんどが「大皇弟」であり、皇太子に準ずる意味の「皇太弟」と正確に記すケースはなく、「皇大弟」が一例あるにすぎない。君主号において「大王」の「大」字は敬称であることを想起すれば、「大皇弟」「皇大弟」における「大」もまた同様に捉えるべきであろう。皇太弟の略称である「太弟」ではなく「皇弟」とすることもそのことを裏付ける。すなわち「皇大弟」「大皇弟」は「皇弟」の敬称であり、後継者としての皇太弟と同義に捉えるべきではない。逆に皇太子と同様の名称として皇太弟を捉えるとすると、「大皇弟」のような異表記を理解することが困難である。大海人は天智朝において後継者に擬せられる有力な王族であったかもしれないが、それと皇位後継者としての地位を得ていたかどうかは別問題としなければならない。よって天武の「皇太弟」を皇嗣と見なすべきではない。

そこで「皇弟」の政治的地位について改めて考える必要がある。『書紀』では天武以外に一例のみ確認できる。

㉔『日本書紀』用明二年四月丙午条

是日、天皇得病還入於宮。群臣侍焉。天皇詔群臣曰、朕思欲帰三宝。卿等議之。群臣入朝而議。物部守屋大連与中臣勝海連、違詔議曰、何背国神敬他神也。由来不識若斯事矣。蘇我馬子宿禰大臣曰、可随詔而奉助。詎生異計。於是皇弟皇子、皇弟皇子者穴穂部皇子、即天皇庶弟。引豊国法師闕名也。入於内裏。物部守屋大連邪睨大怒。

表16　中国の「皇太弟」

王朝	名	年次		地位表記	即位
晋	司馬穎	永興元	304	太弟	×
	司馬熾	永興元	304	皇太弟	懐帝
西燕	慕容沖	太元九	384	自称皇太弟	×
成漢	劉　乂	永嘉四	310	皇太弟・領大単于・大司徒	×
前秦	苻　懿	太初元	386	皇太弟	×
唐	李　旦	神龍元	705	皇太弟	睿宗
	李重茂	景龍三	709	皇太弟	×
	朱　滔	建中四	783	皇太弟	×
	李　瀍	開成五	840	皇太弟・権勾当軍国事	武宗
	李　曄	文徳元	888	皇太弟	昭宗

（是の日、天皇、病を得て宮に還入す。群臣侍す。天皇、群臣に詔して曰く、「朕、三宝に帰さんと欲すと思う。卿等議せ」と。群臣入朝して議す。物部守屋大連と中臣勝海連、詔の議に違いて曰く、「何ぞ国神に背き他神を敬うや。由来、斯くのごとき事を識らず」と。蘇我馬子宿禰大臣曰く、「詔に随いて助け奉るべし。詎ぞ異なる計を生まん」と。是に於いて皇弟皇子、皇弟皇子てえるは穴穂部皇子、即ち天皇の庶弟なり。豊国法師名を闕せり。を引きて内裏に入る。物部守屋大連邪睨して大いに怒る。）

ここで穴穂部皇子が「皇弟皇子」と称されている。仁藤敦史氏は皇子宮の経営主体の観点から皇弟について、本来同母弟に用いられる用語であり、大兄でなくとも人格・資質に卓越した第二子以下の皇子に限って補完的に用いられたとする[51]。そこでこの定義の妥当性について検討しておく。律令制成立以前において「皇弟」と記されるのは右記の通り、穴穂部と天武のみである。穴穂部は異母弟、天武は同母弟であるため、同母を強調することはできない。それでは、穴穂部の「皇弟皇子」という表記は何に拠るのか。穴穂部にとって「皇子」（ミコ）は生来の称号であるが、「皇弟」は異母兄である用明が即位しなければ称されることはない、後天的な称号である。王族・皇族は文字表記の位相では「王」「王子」「皇子」「親王」と記されながら、口頭ではミコとして一貫していた[52]。ところが「皇弟」

は弟であることを強調する称号であり、子であることを一義とするミコという口頭呼称とは明らかに結びつきにくい。それゆえ、律令制以降に定着することがなかった不安定な名号である。通常は〝皇子〟のように親子関係が反映しているが、兄が即位することによって〝天皇の弟〟という立場を名のるものであるとすると、親子関係よりも兄弟関係を地位名称として優先していることになる。よってその意味は〝現天皇（治天下王）の弟たる皇子〟と理解できる。つまり「皇弟」とは、その当時の天皇との兄弟関係（同母・異母を問わない）を示す限定的な称号ということになる。ただし、兄弟であれば誰でもよいのではなく、政治的資質を備えた人物にのみ用いられるという点は仁藤氏の指摘する通りであろう。なお、穴穂部の頃に天皇号がなかったことはいうまでもない。もし六世紀末に同様の地位を想定するならば王弟等の称が想定されることになる。かりにこれが『書紀』の述作であるとしても、それは編纂段階の認識ということになり、天武の「皇弟」を考える上で妨げになるものではない。

さて、天武の皇弟に戻る。即位前の天武を「皇弟」と記すことは天智紀のみに止まらない。表15に掲げたように孝徳朝の白雉年間にも「皇弟」と記す記事がある。前記の通り「皇弟」とは兄弟が天皇になって初めて発生する名号である。そこでクローズアップされるのは天智との関係であり、天智の即位とともに皇弟としてその政治的位置が引き上げられたと考えるべきであろう。そうすると問題になるのが天智「称制」＝治天下王期間の大海人の地位が問題となる。例えば天智三年のこととされる甲子の宣について、天智の命で大海人が宣している。従来の理解に則り中大兄が即位以前であるとすると、同母弟の大海人は一介の王族であり、それがかかる政治的役割を担い得たかという疑念が生じる。逆に言えば、この点からもこの時点での天智即位が窺える。

もう一つ天武の「皇弟」の特徴としては、穴穂部が「皇弟皇子」と記されており、あくまでも皇子であることを前提にしているのに対して、天武は「皇弟」のみで記されており、「皇弟皇子」よりも称号化していることが挙げられる。

前節まで天智は治天下王として即位し、さらに治天下天皇となったと論じた。それに伴って君主の近親もまた皇族として再編されたであろう。

この問題について、律令法でも即位における近親の処遇変更が想定されている。
㉕養老継嗣令1皇兄弟子条
凡皇兄弟・皇子、皆為親王。女帝子亦同。以外並為諸王。自親王五世、雖得王名、不在皇親之限。

（凡そ皇兄弟・皇子、皆親王と為よ。女帝の子も亦同じ。以外は並びに諸王と為よ。親王より五世は王名を得ると雖も、皇親の限りに在らず。）

当条は、以下に問題とする部分は大宝令でも同内容と認められる(53)。この条文の最初の規定に、天皇が即位した時にその兄弟を親王とするとある。しかし、この規定は皇位継承が直系において順当に行なわれている時には不要である。なぜなら前天皇が新天皇の親であった場合は新天皇の兄弟も前天皇と親子関係にあり、皇兄弟はすでに親王だからである。それにも拘らずこの規定が存するということは、法的には皇統の移動を否定していない、むしろその可能性を想定してそれが生じた場合の対処の規定ということになる。この規定が適用された実例としては、八世紀では淳仁(54)や光仁(55)を挙げることができるだろう。

ところが親王号が成立していない七世紀後半段階においては、新たに君主が即位しても皇子は皇子のままである。例えば文武が即位しても叔父の舎人皇子や新田部皇子が新天皇である文武との関係から皇叔と称するようなことはない。これを敷衍すれば、大海人の父は舒明であるから幼少時に「王子」あるいは「王」、口頭ではミコと呼ばれていたであろう。論理的には兄の中大兄が即位しても大海人においてミコという呼称はそのままということになる。

新王の即位によって王族称号が変化することがないとすれば、天智即位によって大海人の王族称号が左右されることもない。ところが大海人は「皇弟」と記されている。すなわち、皇子と皇弟は位相が異なり、天智との関係を強調すべく用いられた称ということになる。天武の「皇弟」号は、天皇という称号が創出されたのにあわせて作り出された称号であるといえる。あくまでも「皇子」であることを前提にする穴穂部の「皇弟皇子」との違いはそこにある。

天智朝に新たに成立した天皇号を基軸として一新された王族の地位称号は皇弟に止まらない。『日本書紀』で「皇祖母」と記すのは、皇極（皇祖母尊）・吉備姫（吉備嶋皇祖母）・糠手姫（嶋皇祖母）の三名であり、天智・天武の母親乃至祖母である。また、祖父の押坂彦人大兄が皇祖と呼ばれていることも留意すべきであろう[56]。天智は六六八年に「天皇」として即位すると、その尊属には「皇祖」「皇祖母」の称号が付与されたのである。

このように天武は天智朝において「皇弟」という名号を得ていた蓋然性が高い。そして「皇弟」は天智の弟ということに特別な意味を持たせるものであり、それは天智が天皇を名のることによって、その王家の一員として〝天皇の弟〟という立場であることを表明するものであったのである。

2　天武朝における君主号

次に天武朝天皇号成立説についてふれておく。天皇号の一次資料における問題点は序章において述べた通りであるが、その下限が飛鳥池遺跡木簡の出土によって天武朝まで遡ることは疑う余地は無い。現在文献史学における天武朝天皇号成立説は最も有力な学説として評価されている。ここでは天智朝成立説の立場から天武朝成立説に対して批判を加えておく。

天皇号を考えるにあたってはやはりその語義を追究する必要があろう。津田左右吉以来「天皇」が道教の影響であるという指摘が受け入れられてきた[57]。津田自身は成立の時期を推古朝と考えたが、天皇号を道教の影響と見る考えは天武の和風諡号「天渟中原瀛真人」等との関わりから天武朝説においても道教説は支持されている[58]。ただし、近年では熊谷公男氏が神話等に道教の影響が見られないこと、太陽神である天照大神の子孫と位置づけられた天皇に北極星との関わりが皆無であることなどから呼称の借用に止まるとする見解を提示している[59]。中国の神格をそのまま称号として採用するのかという疑点の指摘は妥当であろう。支配イデオロギーやシステムの中核において道教が広汎に受け入れられていたとは考えがたい状況で、天皇号が道教の神によった称号であるとするのは慎重を期すべきと考える。

また、吉田孝氏は道教説に対して推古朝成立説の立場から『史記』の皇帝号制定記事を重視する[60]。丞相等によって三皇のうち最も貴いとされる「泰皇」の称号が提議され、それに対して「皇帝」の称号が定められたとする秦始皇本紀の記事である（史料は序章⑯34ページ参照）。この記事で言及される三皇の一つである「天皇」から天皇号が採用されたとする。しかし、その解釈には矛盾がある。「天皇」より上位の称号として「泰皇」があり、始皇帝はさらにその上位称号として「皇帝」を創出したとあり、「天皇」は「皇帝」よりも下位であることが明確である。吉田氏は推古朝成立説に拠っており、倭国と隋の対等性を強調する立場であることは第四章で論じた。ところが『史記』の記事による限りでは「皇帝」は「天皇」よりも上位であり対等ではないのであり、天皇号を採用して隋との対等性を主張したと考えることはできない。

それでは、日本古代においていかにして「天皇」の語が創り出されたか。本研究では直接の典拠を提示することはしないが、七世紀の天の概念のあり方から「天皇」の語義についてふれておく。倭国の君主においてアメを冠する名号を有するのは欽明以降多くの君主に該当するが、天智が「天命開別天皇」の号を有するように中国的な天（天命）思想と関わる君主であることは明らかである。これと同時代における中国の天に対する概念の一端として、『北堂書鈔』[61]を挙げておく。その冒頭は次の通りである。

㉖『北堂書鈔』帝王部

皇者天人之総称。帝者天号、正気為帝。帝者天下之所適、王者天下之所往也。尊無二上、士無二王。

（皇なるは天人の総称なり。帝なるは天の号にして正気もて帝と為る。帝なるは天下の適く所、王なるは天下の往く所也。尊に二上無く、士に二王無し。）

「皇」とは天人を意味し、「帝」も天から現れたものであるとする。「皇」も「帝」も天と強く関わる語であると解説されている。倭国における新たな君主号の創出にあたって中国の皇帝号を意識したであろうが、「皇」や「帝」の字義に天と結びつく意味を見出した時、支配理念としてのアメの思想と結合して「天皇」なる語が生み出された可能性を見ておきたい。

『北堂書鈔』に注目した理由はもう一つある。『北堂書鈔』の北堂とは秘書省のことであり、著者の虞世南が隋の秘書郎の時の著述である。その伝によると「大業初、累授秘書郎、遷起居舎人（大業の初、累ねて秘書郎を授かり、起居舎人に遷る）[62]」とあり、著述の時期は大業年間と見られる。問題としたいのはこれが倭国に将来された可能性である。『日本国見在書目録』にはその書名を見出すことはできない。ただし、『初学記』や『芸文類聚』を想起すると、『北堂書鈔』のみその将来を否定する必要はないだろう。将来の時期であるが六〇七・六〇八年の遣隋使の時にはまだ成立の前後であり入手が難しい。六一四年は隋末の混乱で典籍をもたらすことは困難である。それよりは七世紀半ばの孝徳朝から天智朝における遣唐使が将来したとする方が蓋然性は高い。逆に天武朝には遣唐使は派遣されていない。新たな知識の流入とそれに基いた観念の創出としては天智朝が最も理解しやすいといえる。右は『北堂書鈔』が天皇号の唯一の典拠であると強調するものではない。現存の類書は逸文を除けば『北堂書鈔』が最も古い。おそらくは『修文殿御覧』やさらに遡って『皇覧』などからも影響を受けている可能性があろう。(63) 七世紀初頭以来のアメのイデオロギーをいかにして漢語的君主号として文字に表すかという問題に直面した時に、依拠すべき知識として類書などが活用されたものと推測する。道教の影響もその限りにおいては認め得ると考える。

これまでの研究では、熊谷氏は天と日のイデオロギーが天武朝において天皇号及び日本国号として結実したと述べる。(64) また、森公章氏は天の概念や天孫氏としての自覚が醸成されて天皇号が成立したとする。(65) 天皇号の思想的背景として天下観念が大きく作用していることは本書でも論じてきたところであり、この点について異論はない。しかし、天と日のイデオロギーはすでに推古朝から表れているように七世紀を通じて形成されてきたものであり、そのイデオロギー的表出は天武朝のみに限定されるものではない。

かかるイデオロギーの中でも特に天照大神の位置づけについて関説しておく。「旦於朝明郡迹太川辺、望拝天照太神（旦に朝明郡の迹太川の辺に、天照太神を望拝す）」(66) とあるように天武が壬申の乱の折に天照大神をクローズアップさせることによって自らの権威を荘厳化したことはよく知られている。この記事は安斗智徳日記をベースにしていることから、『日本書紀』による過度の潤色を疑う必要はない。(67) これによると天武は天照大神に遥拝することで兵の士気を鼓舞している。このパフォーマンスが有効であったということは、この時点ですでに天照大神の権威が天武のみならず天武に従った人々にも浸透していたことになる。すなわち、天照大神は壬申の乱以前の段階、具体的にいえば天智朝の段階で王権にとって重要な神格としての地位を有するようになっていたということができる。(68)

要するに倭国における君主と日の関係は、六世紀末では『隋書』倭国伝に「天ヲ以テ兄ト為シ、日ヲ以テ弟ト為ス」とあるように、擬制的兄弟関係として位置づけられていた。これに対して『日本書紀』では日神として天照大神が記されているが、血統的な祖として皇祖神に位置づけられている。倭国の君主と日の関係は、兄弟という水平関係から尊属・卑属という垂直的関係へと大きく変わっており、こうした変化の劃期として想定できるのが天智・天武朝である。天武による天照大神の重視は、天照大神が天皇権力を正統化する神格として確立した時期であったことの反映といえる。ただし、遥拝記事の分析からわかるように天武即位以前に天照大神の神格はすでに形成されていたのであり、君主の弟から直系尊属たる皇祖神へという日のイデオロギーの変化は天智朝に位置づけるほうが理解しやすい。近年の動向は天皇号の思想的前提となる天や日のイデオロギーの劃期を天武に集中させる傾向を示しているが、そうした議論を相対化する必要がある。

さて、天武朝説の論拠となっている論点のうち、一般に膾炙されている道教説よりも五世紀後半以降形成されてきた倭国における天・日の思想を重視すべきこと、また天照大神の神格形成は天智朝までは遡り得るのであり天武朝に直截的に接合させるべきではないことを述べた。さらに天武朝成立説の論拠のもう一つの要である高宗の諡号の影響についても問題がある。

「天皇」号は唐高宗が「天皇」と名のったことに倣ったものであるという学説は、それ以前に倭国で天皇号が用いられているとすれば唐がそのような君主号を採用することはないという推古朝成立説批判から出たものである。[69]そもそも高宗が初めて「天皇」と名のったのは六七四年（上元元）のことである。

㉗『旧唐書』高宗本紀上元元年八月壬辰条

追尊宣簡公為宣皇帝、懿王為光皇帝、太祖武皇帝為高祖神堯皇帝、太宗文皇帝為文武聖皇帝、太穆皇后為太穆神皇后、文徳皇后為文徳聖皇后。皇帝称天皇、皇后称天后。改咸亨五年為上元元年。大赦。

（宣簡公を追尊して宣皇帝と為し、懿王を光皇帝と為し、太祖武皇帝を高祖神堯皇帝と為し、太宗文皇帝を文武聖皇帝と為し、太穆皇后を太穆神皇后と為し、文徳皇后を文徳聖皇后と為す。皇帝は天皇と称し、皇后は天后と称す。咸亨五年を改めて上元元年と為す。大赦す。）

右を見ると、皇帝・皇后の改称と同時に、父である太宗や祖父高祖を始めとした直系の祖先に対する尊号の奉呈において「皇帝」号・「皇后」号が付与されている。このことから、この時の高宗の「天皇」号への改称は、帝位の改号ではなく高宗個人に対する尊号と捉えなければならない。

また、高宗の死後に謚号を「天皇大帝」としていることからもそれは窺える(70)。

㉘『旧唐書』高宗本紀弘道元年十二月己酉条

群臣上謚曰天皇大帝、廟号高宗。文明元年八月庚寅、葬於乾陵。天宝十三載、改謚曰天皇大弘孝皇帝。

（群臣、謚を上りて天皇大帝と曰い、高宗と廟号す。文明元年八月庚寅、乾陵に葬る。天宝十三載、謚を改めて天皇大弘孝皇帝と曰う。）

なお、則天武后は高宗が崩じて中宗が即位すると「尊天后為皇太后（天后を尊びて皇太后と為す）(71)」とあるように旧来の地位称号に戻っており、唐における「天皇」「天后」が高宗・則天武后に対する個人的な尊号に限定されることは明らかである。

六七四年の改称の記事にある通り、高宗の天皇号と則天武后の天后号は一対である。かりに高宗の天皇大帝から着想を得て倭国において「天皇」号が導入されたとするならば、その后の称号も皇后ではなく天后となったであろう。高宗の天皇号や天后は特定の個人に対する尊称として贈られたものであり、継受可能な君主号として捉えるべきものではない。情報伝達の点から考えると、白村江以後の対唐関係において倭国は唐との外交を中断し天武〜持統朝は遣唐使の派遣が断絶している時期であるが、新羅との外交を通じて情報を定期的に得ていたことは間違いない。当事者である高宗や則天武后の存命中に天皇号を冒したことになれば、それは僭称として唐に倭国を攻撃する口実を与えることになりかねない。対唐外交が途絶えている時期であるが、君主号を「天皇」に改めたとすれば、新羅を通じて唐にそれが伝わる可能性は排除できない。

この問題を考える上で興味深い事件が新羅にあった。

㉙『三国史記』新羅本紀神文王十二年条

唐中宗遣使口勅曰、我太宗文皇帝、神功聖徳、超出千古。故上僊之日、廟号太宗。汝国先王金春秋、与之同号。尤為僭越、須急改称。王与群臣同議、対曰、小国先王春秋諡号、偶与聖祖廟号相犯、勅令改之。臣敢不惟命是従。然念先王春秋、頗有賢徳。況生前得良臣金庾信、同心為政、一統三韓。其為功業、不為不多。捐館之際、一国臣民不勝哀慕、追尊之号、不覚与聖祖相犯。今聞教勅、不勝恐懼。伏望使臣復命闕廷、以此上聞。後更無別勅。

（唐中宗、遣使して口勅して曰く、「我が太宗文皇帝、神功聖徳にして、千古に超出す。故に上僊の日、太宗と廟号す。汝の国の先王金春秋、之と号を同じくす。尤も僭越にして、急ぎて改称するべし」と。王、群臣と同議して、対えて曰く、「小国の先王春秋の諡号、偶ま聖祖の廟号と相犯し、勅して之を改めしむ。臣敢えて命を惟うに是従わざらんや。然れども念うに先王春秋、頗る賢徳有り。況や生前、良臣金庾信を得て、同心して政を為し、三韓を一統す。其れ功業を為すに、為さざること多からず。捐館の際、一国の臣民哀慕するに勝えず、追尊の号、聖祖と相犯すを覚らず。今教勅を聞くに、恐懼に勝えず。伏して望むらくは使臣闕廷に復命し、此を以て上聞せん」と。後更に別勅無し。）

金春秋（武烈王）の諡号である「太宗」が唐の二代皇帝李世民のそれとかち合ってしまったために新羅が唐に詰問されるという事態に至っている。結果としては新羅が唐に謝罪し、そののち唐は何も言ってこなかったという。この記事について古畑徹氏は、『三国遺事』の同内容の記事と比較して、説話的要素が強くそのまま信用することはできないとされる[72]。そのため記事全体を史実と見なすことには慎重であらねばならないが、君主の称号に関する問題として唐の皇帝と同じ称号を用いることが国際関係上において許されず、かりにそのようなことになった場合は唐からの問責がある、という通念が周辺諸国にもあったということはいえるだろう。

こうした状況をふまえると天武が高宗の天皇大帝号から天皇号を創出したと考えることは困難であるといわざるを得ない。高宗が「天皇」を名のった六七四年以後に倭国が天皇号を採用したとすれば、それは唐に対する明らかな敵対行為ととられかねないからである。そうであるとすれば、むしろその成立は六七四年以前と考えるべきであろう。また、右記の理由により六七四年以前に成立していたとしても倭国の君主号が天皇であることが唐に伝わっていたとは想定し難い。「治天下天皇」は「治天下王」号を引き継ぐ称号として国内的に用いられるものであった。第四章において漢語的君主号が出現する契機としての外交文書を指摘したが、七世紀における文字使用の進展と中国的イデオロギーの受容は国内における漢語的君主号の使用を可能にしたといえる。右の所論は蓋然性の域を出るものではないかもしれないが、少なくとも天武朝における天皇号の制定は断案とはいい難いことは指摘できるだろう。

それでは君主号の劃期として天武朝をいかに捉えるべきか。天武については、やはり壬申の乱を経て即位したそのカリスマ性に注目するべきであろう。天武が神に斉しい存在と見なされていたことは歌において賛美されていることから確認できる[73]。

㉚『万葉集』巻一九・四二六〇―四二六一

大君は神にしませば赤駒の腹這ふ田居を宮処と成しつ

大君は神にしませば水鳥のすだく水沼を宮処と成しつ

これらの「オホキミは神にしませせば」歌では天武を神として崇めている。こうした天皇を神そのものとする認識は天智朝にはなかったものである。天智の和風諡号は天命開別天皇であるが、そこに見える天命思想は天から統治を受命して執政するという構造であるので天智当人の神格化は果たされない。天智にあるのは天命によって統治を行なう人君の立場である。

一方で律令法において天皇の地位は神と同格であった。大宝公式令詔書式条では「現神御宇天皇」と規定されていたと復原されている(74)。文武の即位宣命にも参考になる。

㉛『続日本紀』文武元年八月庚辰条

詔曰、現御神止大八嶋国所知天皇大命良麻止詔大命乎、集侍皇子等・王等・百官人等・天下公民、諸聞食止詔。

（後略）

（詔して曰く、「現御神と大八嶋国知らす所の天皇大命らまと詔る大命を、集り侍る皇子等・王等・百官人等・天下公民、諸聞き食えと詔す。（後略）」と）

文武は即位にあたって「現御神」と名のっている。文武は十五歳で即位したが、異例の若さでの即位を考慮すると文武個人にこの時点で天武と同様のカリスマが具わっていたとは考えられない。換言すれば、文武即位宣命に表されている「現御神」という神格は天皇の身位の性質を示すものであるといえる。大宝令においてすでに天皇の地位は神と同様であると認識されていたのである。浄御原令の公式令詔書式条に対応する条文においてもすでに同様の規定があったと考えられ(75)、持統朝には天皇位の神格化が進んでいたといえるだろう。

天智から持統への天皇位に対する認識の変化において劃期と見なし得るのがその間にある天武朝ということになる。ただし、天武朝における神格化は天皇位ではなく天武個人に対するものであろう。壬申の乱によって実力で大友を排除して即位した天武に対してはその個人的資質が神格化の対象であった。つまり、この間の神格化の推移としては次のようになる。天智は天命を受ける客体であり王権神授という形式で神格性が担保されるが、天智自身は神格化しているとはいい難い。次いで壬申の乱を経て即位し、カリスマを備えた天武個人に対する神格認識が形成される。この天武＝神認識と天皇位が結合した時に天皇位そのものの神格化が始まった。そして持統朝において浄御原令で法規定として身位の神格化が果たされ、大宝令に引き継がれることになるのである。

このように天武個人の神格化が天皇位に転化する契機として「神代」の叙述形成を想定しておく。

㉜『日本書紀』天武十年三月丙戌条

天皇御于大極殿。以詔川嶋皇子・忍壁皇子・広瀬王・竹田王・桑田王・三野王・大錦下上毛野君三千・小錦中忌部連首・小錦下阿曇連稲敷・難波連大形・大山上中臣連大嶋・大山下平群臣子首、令記定帝紀及上古諸事。大嶋・子首親執筆以録焉。

（天皇、大極殿に御す。川嶋皇子・忍壁皇子・広瀬王・竹田王・桑田王・三野王・大錦下上毛野君三千・小錦中忌部連首・小錦下阿曇連稲敷・難波連大形・大山上中臣連大嶋・大山下平群臣子首に詔して、帝紀及び上古諸事を記し定めしむ。大嶋・子首親ら筆を執りて以て録す。）

天武朝に修史事業が始まったことはよく知られるところである。右の㉜が現存の『古事記』『日本書紀』に直結するかどうか別にして、その原形をなすものであったことは間違いない。それは神話にも該当する。天孫降臨神話では天が神勅によって天皇が天下を治めることを命じている。皇統に連なる天皇による天下支配の発端の根拠として位置づけられるものであり、支配の対象となる天下世界を作り出した天（アマツカミ）と天皇の血統的同一化が図られることになる。それは代替わりごとにリセットされる擬制的血縁関係と即位による関係の再構築という作業からの脱却を意味する。

ここで天照大神について付言しておく。大日孁貴とも呼ばれる天照は元来日神であった。ところが『書紀』における天照はもう一つ皇祖神としての性格も有する。壬申の乱時の天武の遥拝は朝に行なわれており、日神としての天照に対する行為であった。ただし、この時点では天照が必ずしも皇祖神であるとは断定し難い。権力主体を保証する権威による君主支配の正当性の付与と、権威と権力の関係を血統的連続に求めることは別問題だからである。天照が最終的に皇祖神となるのは天武朝における神話の再編成の時によると考えるべきであろう。これによって天皇位は天照大神の血統を汲む神格として転成することになる。天孫降臨神話の形成は七世紀末から八世紀初頭といわれているが[76]、それは天皇の神格化という観点からしても劃期といえる。

本節では大海人の皇弟号と高宗の天皇号影響説から天武朝天皇号成立説について批判的検討を加えた。その上で天武朝には天皇位の神格化が進められた時期であると論じた。それは天智朝における天皇号成立を承けたものであり、なおかつ浄御原令や大宝律令におけるアキツミカミの前提として位置づくのである。

結　言

以上、本章では中大兄の「称制」を再検討してその叙述の作為性を明らかにし、天智は治天下王として即位していたのではないかと推測した。さらに豊璋を王に封じるという百済との新たな関係から王の上位に立つ君主としての地位が要請され、近江遷都をふまえて治天下天皇へと転成した可能性を指摘した。これまで「天皇」号で注目されてきた天武朝は、むしろ律令における「現神」「明神」につながる君主位の神格化への第一歩だったのである。

天智朝における君主号は「治天下天皇」であり、それまでの「治天下王」に基いて創出された称号であった。その称号は天智の和風諡号である天命開別尊に象徴されるように中国的な天命思想に基いて作り上げられたものだった。これに対して壬申の乱を勝ち抜いた天武はそのカリスマ性から神として崇められた。天武朝には伊勢神宮がその社格を確立するが、それは乱を契機とした天照の皇祖神化を背景としたものであろう。ここにおいて治天下天皇の地位は神性を帯びることとなり、律令法においてそれを明示するアキツミカミの語が加えられ、「現神」「明神」を冠することになる。

注

(1) 坂本太郎「天智紀の史料批判」(『日本古代史の基礎的研究』上、東京大学出版会、一九六四)。
(2) 直木孝次郎『持統天皇』(吉川弘文館、一九六〇)。
(3)『漢書』巻四　文帝本紀。なお、張晏注によると吉祥の奏上による改元であったが、後に詐りであったことが発覚、奏言した新垣平は処刑されている。
(4)『皇室制度史料　摂政一』(吉川弘文館、一九八一)。
(5) 西山徳「日本書紀の撰修に関する一考察―称制について―」(『徳島大学学芸紀要　社会科学』三、一九五三)、米田雄介「摂政制の源流」(『日本書紀研究』一一、塙書房、一九七九)。
(6)『晋書』巻六一　劉琨伝。
(7)『晋書』巻九　孝武帝本紀太元九年条。
(8) 宮崎市定「隋恭帝兄弟考」(『宮崎市定全集7　六朝』岩波書店、一九九二、初出一九七八)。
(9) 西山徳前掲注(5)論文。
(10) 米田雄介前掲注(5)論文。
(11) 小林敏男「称制について」(『鹿児島短期大学研究紀要』二九、一九八二)。

(12) 米田雄介前掲注（5）論文、同「践祚と称制」（『続日本紀研究』二〇〇、一九七八）。
(13) 『日本書紀』朱鳥元年七月癸丑条。
(14) 『日本書紀』持統即位前紀朱鳥元年九月丙午条。
(15) 直木孝次郎氏は草壁即位が遅れた理由について、健康上の理由と天武の葬儀が終わるのを待っていたという二つの可能性を示唆している（前掲注（2）書）。このうち後者については、天武崩年のうちに誄の申上を行なっており、草壁即位を見送る理由としては弱い。即位についてその人の人格的資質に大きく依存する当該期の状況を想起すれば、健康に問題があり政務に堪えられないと判断されたことが即位遅延の最大の理由と見なすべきであろう。
(16) 岸俊男「光明立后の史的意義」（『日本古代政治史研究』塙書房、一九六六）。
(17) 坂口彩夏「「臨朝」による称制の検討」（『文学研究論集（明治大学）』三六、二〇一二）。
(18) 『続日本紀』元明即位前紀慶雲四年六月庚寅条。
(19) 『続日本紀』慶雲四年六月辛巳条。
(20) 荒木敏夫『日本古代の皇太子』（吉川弘文館、一九八五）。
(21) 井上光貞「古代の皇太子」（『日本古代国家の研究』岩波書店、一九六五）。
(22) 吉村武彦「古代の王位継承と群臣」（『日本古代の社会と国家』岩波書店、一九九六、初出一九八九）、篠川賢「六・七世紀の王権と王統」（『日本古代の王権と王統』吉川弘文館、二〇〇一）。
(23) 和田萃「殯の基礎的考察」（『日本古代の儀礼と祭祀・信仰』上、塙書房、一九九五）。
(24) 藤堂かほる「天智陵の営造と律令国家の先帝意識」（『日本歴史』六〇二、一九九八）。
(25) 小林敏男前掲注（11）論文。
(26) 小林氏の血縁的紐帯の理解に対しては大平聡氏も別の視角から批判を加えている。同「歴史研究と南島」（『宮城学院女子大学キリスト教文化研究所　沖縄研究ノート』一、一九九二）参照。
(27) 間人は六六五年二月没であり、六六八年正月の「即位」までさらに三年弱の期間がある。
(28) 吉村武彦前掲注（22）論文。
(29) 遠山美都男「東国国司の構成と孝徳政権」（『古代王権と大化改新』雄山閣、一九九九）、森公章「倭国から日本へ』（森公章編『日本の時代史3　倭国から日本へ』吉川弘文館、二〇〇二）。
(30) 鈴木靖民「七世紀東アジアの争乱と変革」（『日本の古代国家形成と東アジア』吉川弘文館、二〇一一、初出一九九二）。
(31) 若月義小『冠位制の成立と官人組織』（吉川弘文館、一九九八）。
(32) 筧敏生「百済王姓の成立と日本古代帝国」（『古代王権と律令国家』校倉書房、二〇〇二、初出一九八九）、中野高行「天智朝の帝国性」（『日本歴史』七四七、二〇一〇）。
(33) 『日本書紀』天智元年是歳条。
(34) 森公章『「白村江」以後』（講談社、一九九八）。
(35) 『日本書紀』天智二年八月甲午条。
(36) 行政区分としての陸奥国の初見は、天武五年正月甲子条の「詔曰、凡任国司者、除畿内及陸奥・長門国、以外皆任大山位以下人（詔して曰く、「凡そ国司に任ずるは、畿内及び陸奥・長門国を除き、以外は皆大山位より以下の人を任ぜよ」）」であり、斉明～天智朝の段階で兵力を徴発できるような実体があったか不明である。或いは生王五百足は陸奥に一族が移配されたために本貫が変更されたか。
(37) 『遼史』巻一　太祖本紀上。
(38) 島田正郎「契丹の祭祀」（『遼朝史の研究』創文社、一九七九）、川本芳昭『中国史のなかの諸民族』（山川出版社、二〇〇四）。
(39) 『金史』巻二　太祖本紀。都勃極烈は「金国語解」（『金史』八所収、中華書局、一九七五）によると「都勃極烈。総治官名。猶漢云冢宰（都勃極烈は総治の官名なり。猶お漢に云う冢宰なり）」とある。
(40) 『金史』巻二　太祖本紀では一一一四年を「二年」と記しており、族長位の紀年の存在を窺わせる。
(41) 『魏書』巻二　太祖本紀。
(42) 杉山正明『中国の歴史08　疾駆する草原の征服者』（講談社、二〇〇五）。
(43) 『日本書紀』では六六二年を天智元年とする。これは即位称元の場合は六六二年の即位だが、踰年称元と見た場合は六六一年にすでに即位していた可能性がある。

(44) 例えば薬師仏造像記の「池辺大宮治天下天皇」、小野毛人墓誌の「飛鳥浄御原治天下天皇」などを挙げることができる。本書第三章表6（145ページ）参照。
(45) 西山徳前掲注（5）論文。
(46) 亀田隆之『壬申の乱』（至文堂、一九六一）。なお、直木孝次郎氏は「皇太弟」について、追記の可能性が大きいとしながらも事実上後継者の地位にあったとされる（『壬申の乱　増補版』塙書房、一九九二、初版一九六一）。
(47) 本間満「大海人皇子の皇太弟について」（『政治経済史学』一七一、一九八〇）。
(48) 『日本後紀』大同元年五月壬午条。
(49) 『日本後紀』弘仁元年九月庚戌条。
(50) 『百錬抄』延久四年十二月八日条に「是日、立実仁親王為皇太弟（是の日、実仁親王を立てて皇太弟と為す）」とある。ただし、『為房卿記』応徳二年十一月八日条には、

今日寅刻皇太弟冊命為太子云々。薨給。春秋十五。後三条院第二親王、母故参議源基平卿女基子、女御也。延久四年十二月八日為太弟。

（今日寅刻、皇太弟、冊命して太子と為すと云々。薨じ給う。春秋十五。後三条院第二親王、母故参議源基平卿女基子、女御也。延久四年十二月八日太弟と為る。）

とあり、冊命においては「太子」であった可能性がある。
(51) 仁藤敦史「皇子宮の経営」（『古代王権と都城』吉川弘文館、一九九八、初出一九九三）。
(52) 東野治之「長屋王家木簡の文体と用語」（『長屋王家木簡の研究』塙書房、一九九六、初出一九九一）。
(53) 当条の大宝令復原は、中村友一「大宝継嗣令考」（『日本古代の氏姓制』八木書店、二〇〇九、初出二〇〇三）に従う。
(54) 『続日本紀』天平宝字三年六月庚戌条。
(55) 『続日本紀』宝亀元年十一月甲子条。
(56) 本書第六章参照。
(57) 津田左右吉「天皇考」（『津田左右吉著作集』第三巻、岩波書店、一九六三、初出一九二〇）。
(58) 東野治之「「大王」号の成立と「天皇」号」（『ゼミナール日本古代史』下、光文社、一九八〇）。

(59) 熊谷公男『日本の歴史03　大王から天皇へ』（講談社、二〇〇一）。
(60) 吉田孝「『史記』秦始皇本紀と「天皇」号」（『日本歴史』六四三、二〇〇〇）。
(61) 虞世南著。現存の『北堂書鈔』は明代に陳禹謨が修補したものである。そのため『新唐書』巻五九　芸文志では一七三巻とするが、現存は一六〇巻に止まる。
(62) 『旧唐書』巻七二　虞世南伝。
(63) 『修文殿御覧』は北斉の祖孝徴の編、三六〇巻。『皇覧』は曹魏・文帝の時の成立。
(64) 熊谷公男前掲注（59）書。
(65) 森公章「天皇号の成立をめぐって」（『古代日本の対外認識と通交』吉川弘文館、一九九八、初出一九八三）。
(66) 『日本書紀』天武元年六月丙戌条。直木孝次郎氏は壬申の乱を契機に伊勢神宮の地位が確立したとする（「天照大神と伊勢神宮の起源」『日本古代の氏族と天皇』塙書房、一九六四、初出一九五一）。
(67) 『釈日本紀』所引私記の安斗智徳日記にも望拝の記事があり、その場に安斗智徳が付き従っていたことが確認できる。このことから天武の望拝は後代の付加記事ではないと見なしてよい。
(68) 壬申の乱におけるもう一つの伝承の確立として、神武東征を挙げることができる。天武元年七月壬子条に「乃顕之曰、於神日本磐余彦天皇之陵、奉馬及種々兵器（乃ち顕して曰く、「神日本磐余彦天皇の陵に、馬及び種々の兵器を奉れ」と）」とあり、神武がクローズアップされている。これについて関晃氏は鴨氏等に伝えられていた伝承が乱後に大きく浮かび上がり『日本書紀』に記されたと述べている（「日本古代史と神武天皇」『関晃著作集』第五巻、吉川弘文館、一九九七、初出一九五九）。直木孝次郎氏はさらに壬申の乱の経過が取り入れられて神武伝説が成立したと論じており（直木孝次郎前掲注（46）書）、山本幸司氏も同様のことを述べている（『天武の時代』朝日新聞社、一九九五）。
(69) 渡辺茂「古代君主の称号に関する二、三の試論」（『史流』八、一九六七）。
(70) 坂上康俊「大宝律令制定前後における日中間の情報伝播」（池田温・劉俊文編『日中文化交流史叢書2　法律制度』大修館書店、一九九七）。
(71) 『旧唐書』則天皇后本紀弘道元年十二月丁巳条。

(72)　古畑徹「七世紀末から八世紀初にかけての新羅・唐関係」(『朝鮮学報』一〇七、一九八三)。
(73)　和歌における天皇神格化の問題については、遠山一郎「「大君は神にしませば」を共有する歌」(『天皇神話の形成と万葉集』塙書房、一九九八、初出一九九一)参照。
(74)　小林敏男「詔書式と宣命」(『古代天皇制の基礎的研究』校倉書房、一九九四、初出一九八一)、大平聡「奈良時代の詔書と宣命」(土田直鎮先生還暦記念会編『奈良平安時代史論集』上、吉川弘文館、一九八四)。
(75)　東野治之「『続日本紀』の「大略以浄御原朝庭為准正」」(『日本歴史』四五三、一九八六)、同「再び「大略以浄御原朝庭為准正」について」(『日本歴史』四六七、一九八七)、荊木美行「大宝律令の編纂と浄御原律令」(『初期律令官制の研究』和泉書院、一九九一、初出一九八六)。
(76)　直木孝次郎「建国神話の形成」(『日本神話と古代国家』講談社、一九九〇、初出一九六八)、榎村寛之「神話と伝承」(『歴史評論』六三〇、二〇〇二)。

〔コラム〕日本国号

「日本」という国号は様々な問題をはらんでいる。成立時期と語義がその最たるものである。こうした根本的な部分が不明瞭である理由は、第一に日本史料に明確な記事がないこと、第二に中国・朝鮮史料は伝聞記事もしくはその二次的な改変であり内容の信頼性に疑問が残ることによる。文献の国号関連記事はいずれにおいても慎重な史料批判を要する。

さらに現存する文献史料の多くは書写によるため、それ自体を直接的に同時代のものとして扱うことはできない点も注意しなければならない。たとえば書名に「日本」を冠する『日本書紀』の最古の写本は岩崎本の推古紀・皇極紀の二巻であるが、これとても平安後期の書写にかかる。河村秀根は『日本書紀』の撰進当時の正式書名は『書紀』と考え、自らの注釈書から「日本」の二字を外して『書紀集解』と名づけた。現在では秀根の見解が支持されることはほとんどないが、文献の原本の復元をめぐる研究史的な意義をそこに認めることはできるだろう。

そうしたなかで一次資料としての出土文字資料に注目が集まるのは必然的な趨勢であるといえる。現在実見できる出土文字資料で「日本」と記す最古のものは「井真成」墓誌である。「公姓井字真成、国号日本（公、姓は井、字は真成、国は日本と号す）」と書き出すこの墓誌は開元二十二年（七三四）の年記を有する。

さらに葉国良氏が紹介した先天二年（七一三）の年記を持つ「杜嗣先」墓誌にも、長安二年（七〇二）のこととして「遠被日本来庭（遠く日本の来庭を被り）」と刻まれており、中国文献の国号関連記事とも整合する。ただし、現物の所在が不明であるという点において憾みが残る。

近年では「祢軍」墓誌が注目を浴びている。祢軍は白村江後の唐・倭国・新羅の交渉に携わった人物である。墓誌は儀鳳三年（六七八）の年記を持ち、顕慶五年（六六〇）以後のこととして「于時日本餘噍拠扶桑以逋誅（時に日本の餘《よ》噍《しょう》、扶桑に拠り以て誅を逋《のが》る）」と記す。この「日本」が、倭国が改称した国号なのか、百済の残党を指すのか、今のところ両案が提起されている状況である。

右のような一次資料は国号の成立自体に言及するものではない点に限界を持つ。そこで見方を変えてみる。文字表記として「日本」という国号を定めるにあたって、それが用いられる場が想定されなければならない。国号を文字に記すということは、文書に記載することを念頭に置いていたことになる。そして、そうした文書としてまず想起されるのが外交文書である。

この点は律令においても確認できる。律令において「日本」について規定するのは公式令詔書式条であり、「明神御宇日本天皇」として詔書において用いることを定めている。大宝令注釈書の古記では「明神御宇日本天皇」は対外的に使用される称号として考えられていた。また、注釈に拠らずとも、『日本書紀』大化元年七月戊辰条に、高句麗と百済の使者に対して「明神御宇日本天皇詔旨」と宣べる詔を発したと記していることからも確認できる。もとより大化の段階で公式令的な書式が整っていたとは考え難く、書紀編纂段階において大宝令の規定を遡及的に潤色したものと見なすべきであろう。

国号は外部と向き合った際の国家の自己認識として最も端的に自覚される。それゆえ国際的な君主間の意思疎通において発露する。国号が君主号の構成要素となるのは必然的な帰結であった。

国号の成立時期については見解の分かれるところであり、ここで所見を示すことはしない。確認すべきは、国号が対外関係において名のる際に必須の要件であったということである。

参考文献

拙稿「日本国号の由来と来歴」（『歴史地理教育』七三五、二〇〇八）。

第六章　令制君主号の史的前提
―「天子」号を中心に―

問題の所在

日本古代における君主号が「天皇」号に止まるものではないことは、序章から始めてここまで繰り返し論じてきた。そして、七世紀初頭における「天子」号が最初の漢語的君主号として注目すべきであることを第四章で指摘した。すなわち、隋との外交関係において君主としての地位を漢語的称号で表す段階に到達しているのであり、そこで用いられた君主号が「天子」であった。しかし、この「天子」号は煬帝の不興を買い撤回することになる。それは漢語的君主号の導入という観点からすれば、後退のようにも見えるだろう。しかし、当該期の全体的な政治的動向を見渡すと、古代国家の構築へ向けた倭国の動きは止むことはなく、その後も七世紀を通じて様々な政治的変革が試みられることになる。そこで目指された古代国家とは、周辺を従えて世界の中心に君臨し、中国と伍する古代帝国であった。(1)しかし、もとより中国に比べ後発的な文明の展開にも拘らず、中国と同様の専制的で強力な権力を構築しようとする性急な指向性は破綻を来すことになる。その象徴的な事象として白村江の敗戦を位置づけられよう。白村江後は中央集権的な体制の構築が課題となり、その法体系として律令制を導入して律令国家を作り上げた。そこでは必然的に中国的な帝国秩序を模倣することになるが、中国に対しては朝貢しながら新羅や蝦夷等に君臨す

るというダブルスタンダードを内包することにならざるを得なかったのである。(2)

さて、そこで本書のテーマにおいて問題とすべきは、そうした国家形成過程における君主の地位の変容の様相である。中国的な帝国秩序の導入とその決着点としての律令国家の成立とは、倭国の君主を前代的な治天下王のレベルに止まることを許さず、中国的な帝王の性質を兼ね備えた君主たることを要請するものであっただろう。このように考えることが可能ならば、律令国家において確立した古代天皇制における君主とは、律令法にこそその性質が表れていると見なすべきである。日本古代において君主号がはじめて法的に確定したのも律令法であり、それは一つの劃期と捉えてよい。そして、それを称号の面から考察する際に手がかりとなるのが儀制令や公式令に規定されている諸条文である。

律令国家とは中国の律令を継受して国家システムを作り上げられた国家であるが、日本律令は唐律令の単なる引き写しではない。そこで律令制の導入という法継受による変化とともに、それ以前の君主の性質からの変化も併せて追う必要が認められる。前者の検討には日中の法の一致点と相違点について追究する手法が有効であろう。それをふまえた上で中国的な法あるいはその前提たる礼の受容の成果と限界を考慮しなければならない。そして、そこから遡及的に七世紀の君主の性質の変容過程を論じる。

ただし、称号に限ってもその全てを論じることは困難であり、ここでは特に焦点をしぼって述べることとする。漢語的君主号の導入はすでに七世紀初頭に果たされているが、七世紀初頭と律令制成立の八世紀初頭に現れる君主号の歴史的意義はいかに理解すべきか。そこにつながりを全く認めず断絶的に捉える考え方も可能であろう。それとも両者を一定の思想的背景のもとに基いて連続するものと見なし得るであろうか。いずれにせよ律令制君主号が持つ意味自体は日本独自の課題として追究する必要がある。

要するに、唐の律令を改変した日本律令に規定された君主号は、いかなるイデオロギーを背景に持つ称号として理解できるのか、そしてそれは七世紀の国家形成過程とどのように関連させて位置づけるべきか、以上の二点が本章の課題である。

Ⅰ　日唐律令法の比較

本節では日唐律令法における称号のあり方を比較し、日本律令における君主号の特質を析出する。まず日本の律令法における称号の規定について取り上げておく。養老律令における君主称号に関連する規定として、儀制令1天子条と公式令1詔書式条、同23～37平出条、同38闕字条を挙げることができる[3]。各条文が具体的に定めるところを確認しておく。

①養老儀制令1天子条

天子。祭祀所称。

天皇。詔書所称。

皇帝。華夷所称。

陛下。上表所称。太上天皇。譲位帝所称。乗輿。服御所称。車駕。行幸所称。

（天子。祭祀に称する所なり。／天皇。詔書に称する所なり。／皇帝。華夷に称する所なり。／陛下。上表に称する所なり。太上天皇。譲位の帝に称する所なり。乗輿。服御に称する所なり。車駕。行幸に称する所なり。）

本条は律令制における君主号について中核を成す規定であり、君主号の用法を定めるものである。君主の称号として「天子」「天皇」「皇帝」「陛下」「太上天皇」「乗輿」「車駕」の七つを確認できる。

②養老公式令1詔書式条

詔書式

明神御宇日本天皇詔旨云云。咸聞。

明神御宇天皇詔旨云云。咸聞。

明神御大八州天皇詔旨云云。咸聞。

天皇詔旨云云。咸聞。

詔旨云云。咸聞。

年月御画日。

(後略)(4)

(詔書式／明神と御宇らす日本の天皇が詔旨らまと云云。咸くに聞きたまえ。／明神と御宇らす天皇が詔旨らまと云云。咸くに聞きたまえ。／明神と大八州に御す天皇が詔旨らまと云云。咸くに聞きたまえ。／天皇が詔旨らまと云云。咸くに聞きたまえ。／詔旨らまと云云。咸くに聞きたまえ。／年月御画日。(後略))

本条は天皇の勅命を発布する際の文書様式の規定である。その冒頭に天皇の勅命であることを示すための称号として、内容に応じて「明神御宇日本天皇」「明神御宇天皇」「明神御大八州天皇」「天皇」の四種と名のらない場合の五つのパターンが示されている。

③養老公式令23〜37平出条

皇祖／皇祖妣／皇考／皇妣／先帝／天子／天皇／皇帝／陛下／至尊／太上天皇／天皇諡／太皇太后太皇太妃・太

皇太夫人同。／皇太后皇太妃・皇太夫人同。／皇后

右皆平出。

（皇祖／皇祖妣／皇考／皇妣／先帝／天子／天皇／皇帝／陛下／至尊／太上天皇／天皇諡／太皇太后太皇太妃・太皇太夫人も同じ。／皇太后皇太妃・皇太夫人も同じ。／皇后／　右、皆平出す。）

本条は文書上において尊貴の語が記された場合にそれを示すために改行して行頭に書することを定めた規定である。都合十五の語があるが、君主号だけではなく王権にとって最重要とされる語が含まれる。君主号としては「天子」「天皇」「皇帝」「陛下」「至尊」「太上天皇」を数えることができる。なお、③平出条における「天子」～「太上天皇」の配列は①天子条と一致しており、両条の相即性が見て取れる。

④養老公式令38闕字条

大社　陵号　乗輿　車駕　詔書　勅旨　明詔　聖化　天恩　慈旨　中宮　御　謂、斥　至尊。闕庭　朝庭　東宮

皇太子　殿下

右如此之類、並闕字。

（大社　陵号　乗輿　車駕　詔書　勅旨　明詔　聖化　天恩　慈旨　中宮　御　謂は、至尊を斥す。闕庭　朝庭　東宮

皇太子　殿下／右、此の如きの類は、並びに闕字す。）

本条は③平出条で扱われた語に準ずる尊貴の語について、その語の前に一字分の空格を設けることで尊崇を示すことを定める。都合十七の語がある。このうち君主号としては「乗輿」「車駕」が規定されている。

これらに規定された君主の称号について整理すると、別人格の「太上天皇」は措くとして、漢語的君主号は「天皇」「天子」「皇帝」「陛下」「乗輿」「車駕」が挙げられ、前四者は平出、後二者は闕字である。また、「天皇」は①

表17　公式令義解詔書式条の論理

	称号				用件	事例
a	明神	御宇	日　本	天皇	以大事宣於蕃国使之辞	
b	明神	御宇		天皇	以次事宣蕃国使之辞	
c	明神	御	大八州	天皇	用於朝庭大事之辞	即立皇后・皇太子及元日受朝之類
d				天皇	用於中事之辞	即任右大臣以上之類
e					用於小事之辞	即授五位以上之類

で「詔書所称」と定められているが、詔書の規定である②では、a「明神御宇日本天皇」、b「明神御宇天皇」、c「明神御大八州天皇」、d「天皇」、eなし、という区別がある。a～eの区別について『令義解』の注釈を整理したのが表17である。これに基くと、対外関係では「明神御宇」は必須であり、[5]大事には「日本」を付す。国内関係では、大事は対外関係に匹敵する名のりを行なうが、中事では「天皇」のみ、小事ではそもそも名のらないということになる。「天皇」はそれ単体では漢語的君主号であるが、用件によってはその君臨する世界（日本・大八州）とそこに対する統治主体であることを明示するのであり、前代の「治天下王」の系譜にも連なるということになる。

　これらに定められた君主号が用いられる具体的な場とはどのようなものであろうか。①については注釈がそれを端的に解説する。

⑤『令集解』儀制令1天子条「祭祀所称」部

　謂、告于神祇、称名天子。凡自天子至車駕、皆是書記所用。至風俗所称、別不依文字。仮如、皇御孫命及須明楽美御徳之類也。釈云、天子是告神之称。俗語云、皇御孫命。古記云、天子祭祀所称、謂祭書将記字、謂之天子也。辞称須売弥麻乃美己等耳也。跡云、天子以下七号、俗語同辞。但為注書之時、設此名耳。朱云、天子以下諸名注書也。

（謂は、神祇に告ぐるに、名を天子と称す。凡そ天子より車駕に至るまで、皆な是れ書記に用いる所なり。風俗に称する所に至りては、別に文字に依らず。仮如、皇御孫命及び須明楽美御徳の類也。釈に云く、天子は是れ神に告ぐるの称なり。俗語に云く、皇御孫命と。古記に云く、天子祭祀所称、謂は祭書に記さんとする字、之を天子と謂う也。辞は須売弥麻乃美己等と称する耳也。跡に云く、天子以下七号、俗語も同辞なり。但し書に注す時の為に、此の名を設ける耳。朱に云く、天子以下の諸名は書に注する也。）

⑤では義解はいずれの称号も「書記」のみの用語であり、「風俗」すなわち社会一般に臨む際には音声としてのスメミマノミコトやスメラミコトを否定するものではないとする。他の注釈書もほぼ同じである。②は文書様式であり、③・④も文書上での用法の規定である。このように律令の君主号規定はあくまでも公的な行政文書について定めたものである。

その枠内で①～④を比較すると、君主号の位置づけに差があることが分かる。①で挙げられている七つの称号のうち、③平出にあるのが「天子」「天皇」「皇帝」「陛下」「太上天皇」であり、④闕字にあるのが「乗輿」「車駕」である。後者は君主に関わる物実に仮託して君主を指す語であり、正規の称号とはいい難い。それゆえ平出より軽い闕字の扱いとなったと推定される。「太上天皇」は譲位後の天皇であり君主とは別人格ながら、同等の権力を有するものとして位置づけられている。なお、③には「至尊」の語がある。これは後掲⑥を見れば明らかなように、唐儀制令では規定されているが①では削除された語である。また、君主に関わる称号として④に「先帝」「天皇諡」が見えるが、①には規定されていない。①は存命中の君主を対象としたものであり、没後については対象から外しているこ とになる。このように整理すると「天子」「天皇」「皇帝」「陛下」が、律令が基本的に定めている君主号であるといえる。

そこで次に問題となるのが、①～④は養老令の条文であるがその前段階として大宝令ではこれらの条文において称号をどの程度復元できるのか、ということである。[6] 唐令との比較に入る前に概観しておく。

まず儀制令天子条から見ておく。天子条については⑤の古記より「天子祭祀所称」の字句を復元することができる。他にも『令集解』同条所引古記から「上表」「乗輿」「服御所称」は確実に存したであろう。「上表」の語が認められることから「陛下上表所称」も推定される。大宝公式令詔書式条の存在が確認できることから「天皇詔書所称」も概ね認めてよい。「皇帝」も儀制令7太陽虧条において復元できること[7]から敷衍すると天子条における規定を認めてよい。実例としては元正即位詔[8]を挙げることができるだろう。ただし、若干問題を含むのが「華夷所称」の文言である。太陽虧条における「皇帝」が周辺との関係としての「華夷」に対するものと断定できるか、留意すべきである。

公式令1詔書式条では、古記から先述aの「御宇日本天皇」及びcの「御大八州」が認められる。すなわち同条における君主号a～dのうちa・cはその規定があったことが確実視できる。問題点は、第一にa～cにおける「明神」あるいは「現神」[9]の存否[10]、第二にa・cの存在を以てb・dの字句も自明とし得るかということである。

『令集解』公式令平出条所引古記では、「天子」「天皇」「皇帝」「陛下」について特に言及していない。しかし、配列上の前後にあたる「皇考」「皇妣」「先帝」と「天皇謚」「太皇太后太皇太妃・太皇太夫人」「皇太后皇太妃・皇太夫人」は大宝令への復元が可能である。平出に関する規定があったのであるから、最も重視される君主の称号がこれから外されることはあり得ない。すなわち、「天子」～「陛下」について古記は自明のこととしてあえて言及しなかったものと見なすべきであろう。先述のように大宝天子条において「天子」「天皇」「皇帝」「陛下」はいずれも復元可能であり、それを敷衍すれば大宝平出条にもこれらの称号があったと見なして大過ないだろう。

公式令38闕字条では同条が存在していたことは判明しているが、その中で「乗輿」「車駕」の存否は確認できない。ただし、『令集解』儀制令天子条所引古記から「乗輿」はあったものと推定できる。後述のように天子条における唐令との比較において「乗輿」「車駕」は最も改変が少ないところであり、大宝令で削除して養老令で復活させるという込み入った手続きを取るような規定とも考え難い。「車駕」も明確な根拠は提示できないが存したと見なして構わないだろう。

このように見ると、大宝令における君主号は養老令と大きな変動はなかったものとして大過ないといえる。

さて、①・③・④を継受元の唐令と比較する。なお、②に対応する唐復旧公式令制書式には君主号に関する復元が為されていないため掲出は省略する。[11] まず儀制令から見ておく。

⑥唐復旧儀制令第一条〈開元七・二十五年〉

皇帝・天子。夷・夏通称之。陛下。対敭咫尺、上表通称之。至尊。臣下内外通称之。乗輿。服御所称。車駕。行幸所称。

〈皇帝・天子。夷・夏に之を通称す。陛下。対敭咫尺し、上表するに之を通称す。至尊。臣下の内外に之を通称す。乗輿。服御に称する所。車駕。行幸に称する所。〉

唐令では都合六つの称号が規定されている。[12] これを①と比較すると、⑥から①への令文継受において大きな組み換えが発生していることが明らかになる。第一に「天皇」号の追加、第二に「皇帝・天子」規定の分化と再定義、第三に「陛下」規定の簡略化、第四に「至尊」の削除、である。

第一の点について唐令からの継受において、日本律令成立に先行してすでに存在していた「天皇」号の大宝儀制令第一条への組み込みは必須の課題であっただろう。問題はその際の定義である。先述のように古代日本において音声による君主号の呼称は規制されていない。それゆえ儀制令第一条はあくまでも文字表記上の規定として定められることになった。これに対して唐令では、「至尊」規定において内外における臣下の君主への呼び方を「至尊」

に統一化しようとしている。ここから当条における唐令と日本令の相違点と継受の際の変質化を明らかにできる。唐令では文字表記に限らず君主号の一般的用法として定められていたが、日本令では文字表記における規定として条文の意義を限定したのである。そのため「天皇」号は行政における文字表記で最も重要な文書である詔書に対して用いる称号として定義されたのであろう。そして、文字表記に限定した条文であれば、口頭を含めた呼び方を定めた「至尊」規定は不要になる。そのため削除されたものと考える。すなわち、第一点と第四点は条文継受の際の変質化において連動するものであったといえる。なお、このように考えた場合、③平出条における「至尊」規定も本来不要なことは明らかである。少なくとも八世紀に「至尊」の実際の用例を確認することはできず[13]、通用していた称号であるとはいい難い。平出条の「至尊」は公式令編纂時に削除しそびれたか、あるいは文字表記に限定した上で残したものといえる。

第二点について、唐令と日本令のいずれもあるものの大きく変化しているのが「天子」「皇帝」の規定であり、その差異は看過しがたい。⑥唐令では「皇帝」と「天子」は両方とも「夷夏」、すなわち華夷秩序に関する称号である。ところが①日本令では華夷秩序＝「華夷」に対する称号は「皇帝」のみである。⑥「天子」は「皇帝」と同じく「夷夏」に通用するものであるが、①「天子」はそれとは別に「祭祀」に関する機能に基く称号と規定されている。「皇帝」号については字句上の変更のみといえるが、これに対して「天子」は大きく変化している。ここから析出される問題点は二つある。第一に「皇帝」について変更しなかったということ自体が検討の対象となる。第二に、「祭祀」という概念によって新たな規定された「天子」の意義と、第四章で見たようにすでに倭国において用いられていた「天子」号との関連性である。

第三点については、唐令で「対敭咫尺、上表通称之」とあるのを日本令では「上表所称」と簡略化している。ここで問題となるのが規定前半部の「対敭咫尺」である。「対敭咫尺」とは、接近して対面することを意味する。すなわち、唐皇帝に対して面前での呼び方として「陛下」と定めているのであり、これも音声上の問題である。これに対して日本令では前述のように文書上の表記に限定しているため「対敭咫尺」の規定は不要ということになる。なお、⑥唐令では「皇帝・天子」「陛下」「至尊」までの用法規定において「通称之」と記すが、「乗輿」「車駕」では「所称」とする。後掲⑦と⑧において「皇帝」「天子」「陛下」「至尊」と「乗輿」「車駕」は扱いが別であるが、唐儀制令でも前者と後者の間には差が見られるということになる。

このように日唐の儀制令を比較すると、唐では口頭・文書双方に用いられる称号として第一条が規定されているが、日本では文書使用に限定するという相違点が明確になる。それゆえ⑤のように音声上の呼び方は別に存するということを記しているといえる。律令制による本格的な文書行政の導入によって音声の君主呼称と文字表記の君主号の摺り合わせという課題が出現し、それに対して諸注釈も明確な結論は出せていないといえる。

次に公式令について見ておく。

⑦唐復旧公式令第一四条〈開元七・二十五年〉

昊天／后土／天神／地祇／上帝／天帝／廟号／祧／皇祖／皇祖妣曽高同／皇考／皇妣／先帝／先后／皇帝／天子／陛下／至尊／太皇太后／皇太后／皇后／皇太子

皆平出。

（昊天／后土／天神／地祇／上帝／天帝／廟号／祧／皇祖／皇祖妣曽・高同じ／皇考／皇妣／先帝／先后／皇帝／天子／陛下／至尊／太皇太后／皇太后／皇后／皇太子／　皆平出す。）

⑧唐復旧公式令第一五条〈開元七・二十五年〉

宗廟・社稷・太稷・神主・山陵・陵号・乗輿・車駕・制書・勅旨・明制・聖化・天恩・慈旨・中宮・御前・闕廷・朝廷之類、並闕字。宗廟中・陵中・行陵・陵中樹木・待制・車中馬・皇太子舎人・挙陵廟名為官、如此之類、皆不闕字。

（宗廟・社稷・太稷・神主・山陵・陵号・乗輿・車駕・制書・勅旨・明制・聖化・天恩・慈旨・中宮・御前・闕廷・朝廷の類、並びに闕字す。宗廟中・陵中・行陵・陵中樹木・待制・車中馬・皇太子舎人・挙陵廟名の官と為す、此の如きの類は皆な闕字せず。）

平出・闕字規定について、これらの条文構成を比較することで日唐の特質の差を明らかにし得る。⑦唐令の平出語句の全体配列を分析すると、「昊天」～「天帝」が郊祀に祭る神、「廟号」「祧」は宗廟祭祀、「皇祖」～「皇妣」が直系尊属、「先帝」「先后」は帝位継承、「皇帝」～「至尊」は君主本人、「太皇太后」～「皇太子」は帝室の適用者と区分することができる。⑧では、「宗廟」～「陵号」が宗廟祭祀、「乗輿」「車駕」が君主号、「制書」～「慈旨」が君主の比喩的表現、「中宮」が帝室適用者、「御前」～「朝廷」が公権となる。

これに対して養老令の特徴を挙げておく。③平出条では、第一に、郊祀・宗廟祭祀における称号が一切排除されている。④闕字条では「大社」が規定されているが伊勢神宮を指すと考えられ、直系尊属の頂点にあたる皇祖神という特殊な位置づけになる。これらのことから日本では律令制定当初から郊祀・宗廟を継受しないという意図が明確であったことが判明する。

第二に、直系尊属の対象範囲が異なることを指摘できる。⑦唐令では「皇祖妣」に注として「曽・高同じ」とある。これが曽祖母・高祖母のみで曽祖父・高祖父は祭らないとするのは中国の家父長制的なあり方とは矛盾するので、唐令の注は「皇祖」「皇祖妣」双方を含むものとして理解すべきである。このように唐では曽祖父母・高祖父母も平出の対象であったが、日本ではこの注を削除している。それを明確に示すのが次の注釈である。

⑨『令集解』公式令平出条「皇祖」部

謂、不及曽・高也。釈云、唐令云、皇祖・皇祖妣者。曽・高同者、此令除而不取。即知、曽・高不可平出。朱云、曽・高不見文者。令釈、不平闕也。穴云、皇祖・皇祖妣等、只於皇帝祖父・祖母是也。其於曽・高不見文。与唐令殊。臨時合勘也。

（謂は、曽・高に及ばざる也。釈に云く、唐令に云く「皇祖・皇祖妣」てえり。「曽・高同じ」てえるは、此の令除きて取らず。即ち知れるに、曽・高は平出すべからず。朱に云く、曽・高は文に見えずてえり。令釈、平闕せざる也。穴に云く、皇祖・皇祖妣等、只皇帝に於いては祖父・祖母が是也。其れ曽・高に於いては文に見えず。唐令と殊なれり。臨時に勘すべき也。）

義解・令釈・穴記では平出は祖父母までであり曽高祖父母には及ばないということで一致している。この解釈では「皇祖」は祖父ということになる。ところが、成清弘和氏は「皇祖」について皇祖神を意味すると見なして「昊天」～「祧」と対応すると述べる(14)。しかし、大宝令では祖父にあたる「皇祖考」を復原できることからすると、日本令においても皇祖父母が想定されていることは明らかである。前述のように「昊大」～「祧」は一括して排除されたと考えるべきであり、成清氏の理解に与することはできない。むしろ成清氏のいう皇祖神に該当する規定は、前述のように闕字規定の「大社」がこれにあたると見なすべきであろう。

第三に、帝位継承に関連して「先后」が削除されている。当該期の双系的な系譜意識とは齟齬しているが、八世紀後半以降男系優位の系譜意識が表れるようになる過程での先駆的な現象と捉えておく。

第四に、君主の称号に関する規定として「天皇謚」が創出されている。一見すると「廟号」規定の改変のようにも見えるが、「廟号」が宗廟制と大きく関わるのに対して「天皇諡」は死後の尊号として汎用性が高い。そして、「太上天皇」と「太皇太后」の間という配列は「天皇諡」が唐令の規定に全く対応しないが、宗廟制を継受しなかった故に天皇本人に関する規定の次に「天皇諡」が組み込まれたものと考える。

第五に、「皇太子」の削除が挙げられる。養老令では「皇太子」は闕字条に規定されており、皇太子の地位は唐ほど確立したものではなかったことを示している。

このように日唐の平出・闕字対象の相違は、称号をとりまくイデオロギーの性質の違いをも浮き彫りにする。平出する皇族の範囲が唐令に比べて日本令では縮小されている点や王権を構成する地位に対する未整備は、日本古代における王権の未熟さを端的に示すものである。そして、その最たるものが、唐で正統性を確保するための最大の手段である郊祀と宗廟を日本では全く継受しようとしなかった点である。皇祖神を祀る「大社」が平出ではなく闕字規定であり、かつ皇祖神そのものを平出規定にしないという点で、日本古代の王権イデオロギーと文書行政との相関性はいまだ不十分なものであった。

なお、②について付言しておく。②養老公式令1詔書式条に対応するものとされている唐復旧公式令第一条制書式条には君主号はないことは前述の通りであるが、関連する規定として慰労制書式を挙げられる[15]。

⑩唐復旧公式令補一慰労制書式条

皇帝［敬］問某、云云。

年月日御画日

中書令具官封臣姓名　宣

中書侍郎具官封臣姓名　奉

中書舎人具官封臣姓名　行

（皇帝、［敬みて］某に問う、云々。（後略））

慰労制書が唐から夷狄への外交文書に用いられるものであったことは贅言を要さない。慰労制書では「皇帝」と記しており、これは⑥における「皇帝」号が「夷夏」に称するという規定と合致する。日本ではこれを慰労詔書として改変している。[16]

⑪『延喜式』巻一二　中務省

慰労詔書式

天皇敬問云々。大蕃国云天皇敬問。小蕃国云天皇問。

年　月御画日

中務卿位臣姓名　宣

中務大輔位臣姓名　奉

中務少輔位臣姓名　行

（慰労詔書式／天皇、敬みて問う云々。大蕃国に「天皇、敬みて問う」と云う。小蕃国に「天皇、問う」と云う。（後略））

唐では「皇帝」を記していたが、日本では慰労詔書に「天皇」を用いる。[17]これは一見すると、①における詔書での「天皇」という規定と華夷秩序における「皇帝」という規定の衝突のように見える。その場合、文書行政が華夷秩序に優越したということになる。ただし、留意しなければならないのが日本における華夷秩序の範囲である。日本律令国家における華夷秩序とは、日本を中華として蝦夷・蝦狄・隼人・南島を夷狄と措定するものであった。[18]こうした理解を敷衍すれば蕃国たる新羅・渤海は、華夷秩序という枠組みとは異なる存在ということになり矛盾は生じない。これと結びつくのが②の注釈である。

⑫『令集解』公式令1詔書式条「明神御宇日本天皇詔旨」部

謂、以大事宣於蕃国使之辞。釈云、宣蕃国大事辞。古記云、御宇日本天皇詔旨、対隣国及蕃国而詔之辞。問、隣国与蕃国何其別。答、隣国者大唐、蕃国者新羅也。（後略）

（謂は、大事を以て蕃国使に宣するの辞なり。釈に云く、蕃国に大事を宣するの辞なり。古記に云く、御宇日本天皇詔旨、隣国及び蕃国に対して詔るの辞なり。問う、隣国と蕃国と其の別は何。答う、隣国は大唐、蕃国は新羅也。（後略））

いずれの注釈も隣国・蕃国について論じるものの夷狄について言及はない。このことは夷狄と蕃国を文書行政における法的処理として区別していたことを意味する。

本節では律令において君主号を規定する条文について、日唐令の比較からその特色を導き出した。日本令の条文はあくまでも文書に記すための規定であり、そのため継受元である唐令から大幅な改変が施されたことを論証した。儀制令1天子条の諸君主号について、「天皇」「陛下」「至尊」は文書に記すということを前提にした規定の創出・改変であったことが容易に窺える。「皇帝」は唐令をそのまま踏襲している。しかし、「天子」についてはいささか趣が異なる。①における「天子。祭祀所称」は⑤では「祭書将記字」とある通り、他と同様に文書における称号として定められている。しかし、なぜ祭祀に対する称号が「天子」なのかという問いに対する説明はない。「天子」号は律令法が初見ではなく、そのことからすれば推古朝「天子」号との関連性の問題が横たわっている。律令「天子」号はそれを前提として、唐令とは異なる規定を創出している点において日本古代の歴史的特色を示していると考えられる。それゆえ儀制令1天子条諸称号の中でも「天子」の称号的論理の解明が要請されるのであり、「天子」

について節を改めて論じることとする。

Ⅱ　律令「天子」の称号的論理

本節では「天子」号について、まず前節に倣って律令法における「天子」号の規定について考察を加える。[19] 律令において「天子」がいかなる意味を有するものとされていたのかという点から検討することとする。律令における「天子」については前節で検討した条文以外にも養老令に「天子」は規定されている。その日唐の違いについて述べるところから始める。

⑬養老公式令40天子神璽条

天子神璽。謂、践祚之日寿璽。宝而不用。内印。方三寸。五位以上位記及下諸国公文、則印。外印。方二寸半。六位以下位記及太政官文案、則印。諸司印。方二寸二分。上官公文及案・移・牒、則印。諸国印。方二寸。上京公文及案・調物、則印。

（天子神璽。謂は、践祚の日の寿璽なり。宝として用いず。内印。方三寸。五位以上の位記及び諸国に下す公文に、則ち印せ。外印。方二寸半。六位以下の位記及び太政官文案に、則ち印せ。諸司の印。方二寸二分。官に上る公文及び案・移・牒に、則ち印せ。諸国の印。方二寸。京に上る公文及び案・調物に、則ち印せ。）

本条は律令国家が用いる印璽に関して定めたものである。天皇が保有する璽に対して「天子」の語を用いる。内印以下の規定から分かるように文書に押す印の大きさ・用途についての規定であるが、「天子神璽」については不使用規定となっており、そのレガリアとしての性質を示している。[20] なお、天子神璽条の復元は弥永貞三氏の研究があり、大宝令と養老令で大きな違いはなかったものと推定できる。[21]

さて、公式令40天子神璽条に対応する唐令によってその違いを確認しておく。

⑭唐復旧公式令第一八条〈開元七・二十五年〉

神寶、宝而不用。受命寶、封禅則用之。皇帝行寶、報王公以下書則用之。皇帝之寶、慰労王公以下書則用之。皇帝信寶、徴召王公以下書則用之。天子行寶、報蕃国書則用之。天子之寶、慰労蕃国書則用之。天子信寶、徴召蕃国兵馬則用之。皆以白玉為之。

（神寶、宝として用いず。受命寶、封禅すれば則ち之を用う。皇帝行寶、王公以下に報ずるの書、則ち之を用う。皇帝之寶、王公以下を慰労せる書、則ち之を用う。皇帝信寶、王公以下を徴召せる書、則ち之を用う。天子行寶、蕃国に報ずるの書、則ち之を用う。天子之寶、蕃国を慰労せる書、則ち之を用う。天子信寶、蕃国の兵馬を徴召するに則ち之を用う。皆、白玉を以て之を為る。）

唐令に規定された寶は神寶・受命寶・皇帝寶・天子寶の四種があり、それぞれ用いる対象が異なる。[22]神寶と受命寶は、前者が南北朝時代に、後者が後漢に作成され、王朝を越えて代々伝えられたものであり、所謂「伝国璽」である。いずれも歴代の王朝の正統性を象徴するという性質であり、それゆえに神寶は使用しないことが定められており、また受命寶は封禅という特殊儀礼のみに用いられることになっていた。一方、皇帝寶と天子寶は実際の行政において用いられていた。両者は用いる対象が異なり、皇帝寶ではそれが「王公以下」であるのに対して、天子寶では「蕃国」とされる。すなわち、中華帝国内部の行政文書では「皇帝」と名のり、帝国外部との交流では「天子」と称したことになる。[23]このように⑭神寶条の規定自体は印璽に関するものであるが、その背後にある君主の称号の有する機能が体現されている。⑥唐復旧儀制令第一条において「夷・夏通称之」と一括された「皇帝」と「天子」

の差異はここにある。「皇帝」「天子」は現実の行政において用いられる称号であり、それは唐における君主の意思表示としての機能を持っていたといえるのであり、その点日本令で「天皇」の機能として定められた「詔書」に対置され得る面を有する。

要するに、唐令では君主号の機能が理念的な華夷秩序と現実の行政上の君臣関係において重層的に、かつ時として重複して構成されている。これに対して日本令では君主号一つにつき機能一つとして設定されている。一見すると唐令より整理されているように見えるが、むしろ継受の際に中国の君主号に内在する複雑な構成を単純化したと理解すべきである。中国ではこれらの君主号は唐令以前よりそれぞれ異なる経緯を経て形成されたのであり、唐令では天子条において各称号の成立する歴史的背景をもとに各称号の機能が法的に規定されたのであろう。一方、日本令ではこれらの称号は複雑な歴史的経緯を有していない。唐令を継受する段階でそこに規定されている複数の君主号を一括して継受しようとしたことによって、それぞれの称号の用途を限定的に再定義せざるを得なかったのであり、中には「至尊」のように削除された称号も存した。

さて日本における「天子」に立ち返ると、日本令では唐令には見えない「祭祀」という機能を有していることが問題となる。「祭祀ニ称スル所」とはいかなる概念なのか。この問題を追究するにあたって、改めて⑬天子神璽条に注目してみたい。

天子神璽条では「天子神璽」の本注として「践祚ノ日ノ寿璽ナリ。宝トシテ用イズ」と記すように、「天子神璽」は即位の象徴であり使用されることはなかった。この「践祚之日寿璽」という一文は唐令では見えないものである。唐令と比較すると、「宝而不用」の規定が一致する神寶が天子神璽に対応する。一方、唐において「天子」を冠する印璽としては天子行寶・天子之寶・天子信寶があるが、これらについてはその機能が日本の天子神璽に集約的に含まれているとは考えられない。唐の神寶は既述のように伝国璽として伝えられるものである。断代的な王朝を超えて受け継がれるものであり、前王朝からの正統性を示すものであるといえる。また、唐令では「天子」を冠する天子寶は現実の行政において用いられるものであるが、日本令では前述のように神寶に対応する。つまり、日本令の「天子」は、唐の「天子」のように現実の行政において機能することを想定していない。「践祚」という語句が具体的にあらわしているように即位に関連する称号として捉えられていたのであり、むしろ受命寶との相関性も想定される。唐では別個である神寶と受命寶を日本では結合させており、ここに天子神璽条の日本的特質を看取し得るであろう(24)。

このように⑬天子神璽条では「天子」を即位、あるいはその正統性を示すための称号として用いている。それでは実例はこれに沿っているであろうか。まず法的に見ると、①天子条で規定する「祭祀」の内実が問われる。その法解釈である⑤『令集解』儀制令天子条所引古記ではそれを「祭書」とする。古記が八世紀半ばの実態をある程度反映しているとする見解(25)に従えば、祭書において記す称号が「天子」であった。

祭書の実例としては桓武朝における昊天祭祀の「祭文」を想起できる(26)。延暦六年（七八七）における昊天祭祀の祭文を挙げておく。

⑮『続日本紀』延暦六年十一月甲寅条

祀天神於交野。其祭文曰、維延暦六年歳次丁卯十一月庚戌朔甲寅、嗣天子臣謹遣従二位行大納言兼民部卿造東大寺司長官藤原朝臣継縄、敢昭告于昊天上帝。（後略）

（天神を交野に祀る。其の祭文に曰く、「維れ延暦六年歳次丁卯十一月庚戌朔甲寅、嗣天子臣、謹みて従二位行大納言兼民部卿造東大寺司長官藤原朝臣継縄を遣わし、敢えて昊天上帝に昭告す（後略）」と。）

昊天祭祀は平安初期に集中的に行なわれており、中国の郊祀を継受したものである。その儀式で読み上げ、天帝に奉る祭文において天皇を「天子」と記している。この祭文は『大唐開元礼』からの引き写しである。関氏は昊天祭祀の祭文における「天子」と天子条に規定されている「天子」とは区別すべきと述べており[27]、大宝律令制定あるいは天平期の古記執筆から延暦六年までの時間的懸隔を考慮するとその指摘は妥当というべきであろう。ただ付言すれば、日本令における「天子」号は祭祀に用いるものという規定が影響して昊天祭祀の祭文に「天子」が用いられることがよりスムースになったとみることもできよう。

また、同様に唐から継受した儀礼である釈奠の祝文にも「天子」と記されている[28]。

⑯『延喜式』巻二〇　大学寮

東面跪読祝文曰、維某年歳次月朔日子、天子謹遣大学頭位姓名、敢昭告于先聖文宣王。惟王、固天攸縦、誕降生知。経緯礼楽、闡揚文教。餘烈遺風、千載是仰、俾茲末学、依仁遊芸。謹以制幣犠斎、粢盛庶品。祇奉旧章、式陳明薦、以先師顔子等配。尚饗。

（東面して跪きて祝文を読みて曰く、「維れ某年歳次月朔日子、天子謹みて大学頭位姓名を遣わし、敢えて先聖文宣王に昭告す。惟れ王、固より天は縦を攸し、誕降するに生知たり。礼楽を経緯し、文教を闡揚す。餘烈の遺風、千載是仰ぎ、茲に末学を俾み、仁に依りて遊芸す。謹みて以て幣を制して犠斎し、庶品に粢盛す。祇みて旧章を奉じ、式て明薦を陳べ、以て先師顔子等配す。尚くば饗せよ」と。）

日本における釈奠の本格的な継受は天平七年（七三五）の吉備真備の帰国以降である。また、祝文中の「文宣王」に着目すると、唐において孔子が文宣王と称されるようになるのは次の史料のように開元二十七年（七三九）以降である。

⑰『旧唐書』玄宗本紀開元二十七年八月甲申条
制、追贈孔宣父為文宣王、顔回為兗国公、餘十哲皆為侯、夾坐。後嗣褒聖侯、改封為文宣公。
（制すらく、孔宣父に追贈して文宣王と為し、顔回を兗国公と為し、餘の十哲を皆侯と為し、夾坐す。後嗣褒聖侯、改封して文宣公と為す。）

すなわち、釈奠は真備によって日本にもたらされたが、文宣王と改称されるようになるのはその後のことであり、神護景雲二年（七六八）七月三十日格によってである。⑯の『延喜式』祝文の成立はそれより後のことである。これらの経緯に鑑みれば、釈奠で用いられている「天子」を律令制当初まで短絡的に遡らせることはできないことはいうまでもない。

これらのように中国から取り入れた儀式における祭文の中に「天子」の語を見ることができる。昊天祭祀や釈奠の例は祝文＝祭文において使用されているという点において前述の『令集解』儀制令天子条古記における解釈と一致するように見える。しかし、これら唐風儀式が継受されるのは八世紀後半であり、律令成立当初まで遡及させて考えるべきではない。律令国家成立当初の段階では「天子」と記されている「祭書」の事例を確認することはできない。

そこで「祭書」に拘らず律令制下における「天子」の他の事例を見ておくと二つのパターンが看取される。第一は漢籍・経典の引用などによるものである。一般論としての天子を意味するものであり特定の人物を指すものではない。一例としては『孝経援神契』に「天子孝、則天龍降、地亀出（天子が孝なれば、則ち天龍降り、地亀出づ）」[29]等とあるのを挙げることができる。なお、このケースで注意したいのが、「天子」に仏教的イメージが強く付加されていることである。漢訳仏典において「天子」という語が多用されており、それが日本にも影響している。用例を二つ挙げておく。

⑱『続日本紀』天平宝字二年八月丁巳条

如聞、摩訶般若波羅密多者、是諸仏之母也。四句偈等、受持読誦、得福徳聚、不可思量。是以天子念、則兵革災害、不入国裏。庶人念、則疾疫癘鬼、不入家中。断悪獲祥、莫過於此。

（聞くならく、「摩訶般若波羅密多は是れ諸仏の母也。四句の偈等、受持し読誦すれば、福徳の聚ることを得て、思い量るべからず」と。是を以て天子念ずれば、則ち兵革災害は国裏に入らず。庶人念ずれば、則ち疾疫癘鬼は家中に入らず。悪を断ちて祥を獲るに、此れに過ぐる莫し。）

右では淳仁が勅において宣べているように、摩訶般若波羅密多経と災異思想、そして「天子」号が結合している。[30]

さらに、聖武が崩じて仏儀に則って葬られる際の儀式具の中に「天子座」が見える。

⑲『続日本紀』天平勝宝八歳五月壬申条

奉葬太上天皇於佐保山陵。御葬之儀、如奉仏。供具、有師子座香・天子座金輪幢・大小宝幢・香幢・花縵・蓋繖之類。在路令笛人奏行道之曲。

（太上天皇を佐保山陵に葬り奉る。御葬の儀、仏に奉るが如し。供具、師子座の香・天子の座の金輪の幢・大小の宝幢・香幢・花縵・蓋繖の類有り。路に在りて笛人をして行道の曲を奏せしむ。）

このように八世紀において「天子」という語は仏教的イメージを多分に含むものであった。

第二に、唐の皇帝を呼ぶ時に基本的に「天子」と記しているケースを挙げ得る。遣唐使の基調報告等では唐の皇帝のことを徹底して「天子」と呼んでいる。例外としては則天武后が即位して「聖神皇帝」と名のったこと[31]、安史の乱において安禄山が「大燕聖武皇帝」と名のり、かつ粛宗が「皇帝位」についたことなどの記事において見える[32]

程度である。こうした例外は日本が彼等を皇帝と呼んだのではなく、唐での尊号として客観的に紹介しているものである。粛宗が「皇帝位」についたという記述も安禄山が「大燕聖武皇帝」と名のったことと対比させるものとしてかかる理解に沿うものである。

逆に地の文では「皇帝」と記すことはほとんどない。なぜ日本では唐の君主を「皇帝」と称することを避けたのか。そこには「皇帝」号の背後にある世界観の問題が絡んでいる。「皇帝」とは日唐ともに華夷秩序における称号である。すなわち日本が唐の君主を皇帝と呼ぶことは、唐が中華であり日本が夷狄という関係を認めることになる。華夷秩序とは中心対周縁という関係を理念化したものであり、中心が二つ存在することは論理的にはありえないからである。これに対して「天子」号はそうした矛盾を表面的には回避できる。日本は中華思想の継受によって独自の華夷秩序を構築したが、唐と向き合う際にはそれを隠蔽せざるを得なかった。そうした状況が唐の君主の呼び方にも反映したといえるのである。これはきわめて意図的な作為であったといえる。

このように律令に定められているにも拘らず、律令制下において「天子」号は積極的に用いられていたとはいい難い。「天子。祭祀所称」という規定が作られた時に想定された「祭祀」とは何か。そこで⑤に「天子」の和訓として「須売弥麻乃美己等」つまりスメミマノミコトと訓んでいたことに注目したい。その漢字表記は、同じく所引するところの義解や令釈によると「皇御孫（命）」である。スメミマノミコトとは、〈皇御《スメミ》生命《ウマミコト》〉の約であり、意味としては「皇統に生まれた神たる人」と解釈されている。[33]君主の和語としてスメラミコトとスメミマノミコトがあるが、「天子」がスメミマノミコトであるのに対して「天皇」はスメラミコトと称された。スメラが「天皇」を意味するという指摘に則れば、[34]君主の称としてのスメミマとスメラの相違は、スメラが君主そのものであることを示すことばであるのに対して、スメミマはスメ（皇）の子孫であるとする性格を強調した呼称であるとすることができる。かかる意味を持つスメミマノミコトは祝詞等で多く用いられている。個々の祝詞の成立はそれぞれ個別の検討を要するが、八世紀初頭に確認できる祭祀については律令制成立期まで遡らせてよいだろう[35]。すなわち、皇祖神の子孫たる君主がそれを正当化し強調するために執り行なう祭祀においてスメミマノミコトと自称したのであり、⑤古記の解釈はこのことを示していると推測される。天子条の規定もそれを念頭に置いていたのであろう。なお、⑤跡記は「天子以下七号、俗語同辞」とするが、それは九世紀以降の明法家による法論理優先の解釈であり過大評価することは慎むべきであろう。

以上の点を要するに、律令法における「天子」号とは君主としての正統性に強く関わる称号であった。その「祭祀」とは天子神璽条の分析から考えるに、皇位継承など天皇の正統性を強調するための儀礼であったといえる。また、それのみならず唐皇帝を「天子」と見なす用法を勘案すると、天皇の世界秩序を維持する祭祀において「天子」号が称されることが想定されていたのであり、「隣国」として日本の政治的秩序から切り離された唐に対しては日本とは別の正統が存在するものとして唐皇帝をも「天子」と称したのであろう。すなわち、律令制における「天子」とは天下的世界観を背景としてそれを支配する正統性を意味する称号であったのである。そのことは唐における皇帝祭祀の体系との比較によって一層明瞭となる。

中国の皇帝祭祀において最も重要なのは郊祀と宗廟である[36]。郊祀とは南郊において天を祀る祭祀であり、宗廟は祖先祭祀である。郊祀と宗廟は開元礼では大祀と規定されており、その祭文において君主は「天子臣某」「皇帝臣某」と称した。この両者が重視されたのは天命思想に基いている。郊祀は、君主が天から受命していることを公的に明示する儀礼である。君主が徳を有している故に天子として君臨し得るという論理であり、その確認のための作業であるともいえよう。しかし、これは同族内における帝位継承を保証しない。徳を有さない者が皇帝になった場合、天がそれを否定して新たな有徳者に受命することも有り得るのであり、易姓革命となる。一方、同族内継承を行なうための論理として宗廟がある。即位した君主は、受命者であるその王朝の創始者と歴代皇帝の廟を祀ることで、天命そのものを家産化する[37]。君主は「皇帝」として即位した後、郊祀によって「天子」となる[38]。このような即位の二重性は「皇帝」と「天子」の成立が次元を異にすることによるものである。

さて、行政上における「皇帝」と「天子」の差異は先述したが、さらに理念面においては次のように整理できる。「天子」は基本的に天と君主の個別的な関係に基いている。そのため受命者としての君主は恒常的に郊祀を執り行なう必要があり、唐代にその傾向はピークを迎える。易姓革命の論理も、結局は皇帝個人の徳の破綻を王朝の責任に拡大したものであり、王朝の徳を全て否定するものではない。一方、「皇帝」は逆に同姓間における家産としての帝位の継承を強調している。退位した皇帝を「太上皇帝」と称しても「太上天子」とはいわないのも、これと関連するものと考える[39]。それは祭祀における君主の自称とも連動するのであり、郊祀において「天子臣某」、宗廟には「皇帝臣某」と称する。そして、この二つをつなぐのが感生帝の観念であった。

こうした中国における「天子」号とは別の正当化の論理として、日本では①のように「天子」号が定められた。八世紀半ば以降所謂唐風化が進み中国思想の理解が深まる中で、中国的な「天子」理解も受容・導入されることはあった[40]。先述のように昊天祭祀として桓武が二度、文徳が一度行なっている。しかし、それ以前に行なわれた形跡はなく、律令国家による恒常的な祭祀としての郊祀を認めることはできない。また、宗廟祭祀も桓武朝に導入されたが定着しなかったと考えられる[41]。なお、日本の律令制下における「廟」としては香椎廟を見ることができるが、その祭神は神功皇后や住吉神であり、中国的な祖先祭祀とは全く違っている[42]。宗廟の概念は日本にも流入したが、王権祭祀としては受け入れられなかったのである。王権支配の史的展開が異なる以上それは当然のことであり、王権の正統性に関わる祭祀の非継受は律令に最も端的に表れているといえる。そして、それは「天子」号が律令法の継受によって中国的な規定へと容易には切り替えられる性質の君主号として捉えられていなかったことを暗示する。それでは「天子。祭祀所称」の一文が成立するための歴史的前提はどのようなものであったのか、という課題が次に生起する。

Ⅲ　天孫から皇孫へ

ここまで律令法に規定された「天子」号の位置づけと、律令制下におけるその実例について見渡してきた。本節では律令制における「天子」号は推古朝の「天子」号といかなる連関性を有するのかという課題を検討する。両者は表記が同一であっても、それぞれに付与された意味はその時代背景に基いて異なるものである可能性がある。そして、両者の間には約一世紀近くの懸隔があるが、もし関係するとすればそれをいかに考えるべきか。本節ではこの点について考察を加えることとする。

七世紀もしくはそれ以前の「天子」について見ておくと、管見の限りでは金石文関係では「天子」が用いられた例はなく文献史料に限られている。まず編纂史料から見てみると、『日本書紀』において五例確認できる。これらの記事はいずれも時間軸にして六世紀以前の記事であるが、六世紀以前に漢語的君主号が成立していないであろうことは繰り返し述べてきたところであり、『日本書紀』の用例は文飾の可能性が高いことを念頭におく必要がある。

まず律令による潤色が明確なものを挙げておく。

⑳『日本書紀』顕宗即位前紀

十二月、百官大会。皇太子億計、取天子之璽、置之天皇之坐。再拝従諸臣之位曰、此天子之位、有功者可以処之。（後略）

（十二月、百官大いに会す。皇太子億計、天子の璽を取り、之を天皇の坐に置く。再拝して諸臣の位に従いて曰く、「此の天子の位は、功有る者、以て処るべし。（後略）」と。）

㉑『日本書紀』継体元年二月甲午条

大伴金村大連、乃跪上天子鏡・剱璽符再拝。（後略）

（大伴金村大連、乃ち跪きて天子の鏡・剱の璽符を上りて再拝す。（後略））

⑳では「天子之璽」とするが、これは⑬天子神璽条の「天子神璽」に基くものであることは容易に想定できる。また㉑では「天子鏡・剱璽符」とするが、これも律令条文との関連を指摘できる。

㉒養老神祇令13践祚条

凡践祚之日、中臣奏天神之寿詞、忌部上神璽之鏡・剱。

（凡そ践祚の日、中臣は天神の寿詞を奏し、忌部は神璽の鏡・剱を上る。）

㉑は⑬天子神璽条に加え㉒践祚条の「神璽之鏡・剱」の概念が結合した表記と捉えて大過なかろう。記事自体は当時の王位継承の際の具体的な行為を示す可能性も残すが[43]、それを「天子」と表記することについては律令による潤色であることは明らかである。

他に『日本書紀』において「天子」を記すのは三箇所を数える。

㉓『日本書紀』履中五年十月甲子条

葬皇妃。既而天皇、悔之不治神祟、而亡皇妃、更求其咎。或者曰、車持君行於筑紫国、而悉校車持部、兼取充

神者。必是罪矣。天皇則喚車持君、以推問之。事既得実焉。因以、数之曰、爾雖車持君、縦検校天子之百姓。罪一也。（後略）

（皇妃を葬る。既にして天皇、神の祟を治めずして皇妃を亡くすことを悔いて、更に其の咎を求む。或者曰く、「車持君、筑紫国に行きて悉く車持部を校し、兼ねて充神者を取る。必ず是の罪ならん」と。天皇則ち車持君を喚し、以て推問す。事既に実を得るなり。因りて以て、之を数めて曰く、「爾、車持君と雖も、縦に天子の百姓を検校す。罪の一也。（後略）」と。）

㉓では車持部を「天子之百姓」と称し、それを横領した車持君を糾弾している。車持部は単なる部民ではなく「充神者」であり、それを伴造が徴発したことが問題となっている。「天子」との関わりでは、この「充神者」という表現が儀制令天子条の「祭祀」との関連を想起させる。この記事の「充神者」は宗像社に付属する者であるが、宗像社は単なる在地の神祇ではなく王権を守護する直属の王権神であったという指摘がある(44)。それをふまえると、そうした性格の神祇ゆえ王権の祭祀と密接に関わっていると認識され、その守護を被る君主のことを「天子」と記載したのであろう。「天子之百姓」という表現は君主の正統性に関わる王権祭祀に充てられた民という律令的認識に基くものであると推測できる。

㉔『日本書紀』顕宗二年八月己未条

（前略）夫匹夫之子、居父母之讎、寝苫枕干不仕。不与共国。遇諸市朝、不反兵而便闘。況吾立為天子、二年于今矣。願壊其陵、摧骨投散。今以此報、不亦孝乎。（後略）

（（前略）夫れ匹夫の子、父母の讎に居りて、苫に寝て干を枕にして仕えず。国を与共にせず。諸の市朝に遇えば、兵を反さずして便ち闘う。況んや吾、立ちて天子と為り、今に二年。其の陵を壊ち、骨を摧さて投げ散ずることを願う。

今、此を以て報いなば、亦孝ならずや。(後略))

㉔顕宗二年紀は、天皇(顕宗)と先帝(雄略)の関係に焦点があり、特に顕宗の実父である市辺押磐を殺した雄略の山陵の扱いをめぐる記事である。父の仇である雄略の陵を破壊するかどうかという問題について顕宗と太子億計の間で問答が交わされている。これは血統を超えた王位の継承をめぐる正統性と関連する内容である。雄略―清寧という王統から君主の地位を引き継いだ顕宗が雄略を否定するという行為について、その正統性を強調する内容ゆえに「天子」が用いられたものと考えられる。

㉕『日本書紀』安閑元年七月辛巳条

詔曰、皇后雖体同天子、而内外之名殊隔。亦可以充屯倉之地、式樹椒庭、後代遺迹。(後略)

(詔して曰く、「皇后、体、天子と同じと雖も、内外の名、殊に隔る。亦以て屯倉の地を充てて、式て椒庭を樹てて、後代に迹を遺すべし」と。(後略))

㉕安閑紀の当該部は『書紀集解』ですでに指摘されているように、『後漢書』皇后紀の論に基いた潤色である。[45] ただし『後漢書』では「体同天王」とあり、『日本書紀』はこれを「天子」と改変している。記事の内容は名代の設置であるが、この部分は王権内における君主と皇后の対比である。それゆえ修飾が加えられたのであろう。[46]

このように『日本書紀』における「天子」はいずれも律令制的な概念に基いて用いられており、律令制以前における実際の用例であったとは見なしがたい。なお五例に共通していえることは、地位の表現として「天子」が用いられるということである。『日本書紀』において「天皇」とある場合、それは人格的な個人として置換可能な表記であることが圧倒的に多いのに比べて、きわめて特徴的であるといえよう。換言すれば、「天皇」が主として人格的存在表現であるのに対して、「天子」は機構的存在としてのニュアンスを強く持つものとして編纂段階で認識されていたということができる。

それでは律令制以前の「天子」号についていかに理解するべきか。第四章で論じた推古朝「天子」号に内在する意味について振り返っておく。中国において「天児」と理解された天と君主の関係は親子と見なされるものであり、それは「以天為兄、以日為弟（天を以て兄と為し、日を以て弟と為す）(47)」とする兄弟関係からの変化を看取できる。しかし、そこでは君主とその地位を保証する天との関係は両者の直接的関係として把握されるべきものであり、それを血縁的擬制として位置づけるところに限界があることに変わりはない。換言するならば、君主位は機構的に安定したものではなく、君主の人格的資質が天との関係を維持するための必要条件として位置づけられており、その君臨に際して重視される段階であったといえる。天と君主の関係は、六世紀の兄弟関係から七世紀初頭には親子関係へと転換したが、いまだ君主が断代的に関係を構築しなければならない個別的な要件であった。

この段階で君主の地位はそれに即く者の人格的資質に大きく依存せざるを得ないという点で変化はなく、君主位自体はその不安定性から脱却するのは困難である。その克服のためには、天と君主の関係を君主個人の力量から切り離して、君主の地位を再定義する必要が生じる。君主として即位する条件を個人としての人格によらないところで一定の条件の下に固定化することによって、その継承を安定化させることが王権にとって急務であったといえる。その条件こそが、天と君主の関係を系譜的関係というアプリオリなものとして位置づける血統関係の構築であったと考える。ここにおいて君主に即位する者の条件として、血統的な〝天の子孫〟＝天孫認識が生じることになる。

こうした〝天の子孫〟という認識の七世紀における展開について関連すると思しい記事として蘇我入鹿暗殺の部分が注目される。

㉖『日本書紀』皇極四年六月戊申条

（前略）入鹿転就御座、叩頭曰、当居嗣位、天之子也。臣不知罪。乞垂審察。天皇大驚、詔中大兄曰、不知、所作、有何事耶。中大兄、伏地奏曰、鞍作、尽滅天宗、将傾日位。豈以天孫代鞍作乎。（後略）

（（前略）入鹿、御座に転び就き、叩頭して曰く、「嗣位に居るべきは、天之子也。臣、罪を知らず。乞うらくは審察を垂れんことを」と。天皇大いに驚きて中大兄に詔して曰く、「知らず、作す所、何事か有るや」と。中大兄、地に伏して奏して曰く、「鞍作、尽く天宗を滅ぼして日の位を傾けんとす。豈に天孫を以て鞍作に代えんや」と。（後略））

右によると入鹿の発言として、君主たるべきは「天之子」であるとする。その一方で中大兄は「日位」にあるべきは「天宗」「天孫」であると述べている。この記事では「天之子」＝「天孫」として君主の条件を示している。この叙述を当時のものと捉えるならば、前述のような推古朝における「天児」＝〝天の子〟であった君主観は、七世紀半ば頃に「天孫」として整備されたことになる。もとより乙巳の変の時にこうしたやりとりがそのままあったものではないだろう。そこで本記事の史料性が問題となる。『日本書紀』より四十年ほど遅れて成立した『藤氏家伝』と比較してみる。

㉗『藤氏家伝』鎌足伝

（前略）入鹿起就御座、叩頭曰、臣不知罪。乞垂審察。天皇大驚、詔中大兄曰、不知、所作、有何事耶。中大兄、伏地奏曰、鞍作、尽滅王宗、将傾天位。豈以帝子代鞍作乎。（後略）

（（前略）入鹿起ちて御座に就き、叩頭して曰く、「臣、罪を知らず。乞うらくは審察を垂れんことを」と。天皇大いに驚きて中大兄に詔して曰く、「知らず、作す所、何事か有るや」と。中大兄、地に伏して奏して曰く、「鞍作、尽く王宗を滅ぼして天の位を傾けんとす。豈に帝子を以て鞍作に代へんや」と。（後略））

㉖『書紀』と㉗『家伝』は文章がきわめて一致性が高く、両史料の成立の年代を考慮すると『家伝』が『書紀』を

参観したものと断定して大過ないだろう(48)。しかしながら両書で異なる部分もある。㉖の「天之子」は削除され「天孫」も「帝子」と変更されている。「帝子」とは君主の子が位を継承するという認識の表れであり、即位の条件が先帝の子であるという思考である。つまり、君主の即位の要件として㉗では天との関係についてふれなくなっているということを指摘できる。これに連動するのか、中大兄の発言の中の「天宗」「日位」が「王宗」「天位」と改変されている。特に㉖における天と日の並記は「以天為兄、以日為弟」との関連を想起させるものであり、皇極紀の叙述は七世紀の君主観を残存させている可能性が大きい。当該部が鎌足の顕彰とは特に関わらないことからすると、『家伝』における字句の改変は律令制的な君主観に基いてなされたものであると推測できる。君主と天の関係について削除・変更されているのも同様の事情によるのであろう。律令における「天子」＝スメミマノミコトは、音声の上では天との関係が表面的には見えにくくなっており、それが『家伝』の叙述に影響したとも考えられる。かくすれば㉗『家伝』の表現こそ律令制的な認識であり、㉖『書紀』はそれよりは遡る表現であるということになる。すなわち、七世紀初頭「天児」→七世紀後半「天孫」→八世紀「帝子」という君主のイデオロギー的位置づけの変遷を見通すことができる。

一方、律令制「天子」の訓みとしてのスメミマノミコトは、スメミマノミコト＝皇孫を媒介として、「天子」＝皇孫と理解することが可能である。「天子」という表記とスメミマノミコトという訓読が一致しないということは、それぞれ別の経緯で成立したものが結合したことを意味する。表記と訓読はそれぞれ別の語としてあったのであり、その結合がいかにして果たされたかということが次の課題となる。かかる問題に向かうにあたって次の二点が問題となる。一つは、スメミマノミコトという呼称の成立時期の問題であり、もう一つは「天子」とスメミマノミコトの結合の時期についてである。

図4「皇」統譜

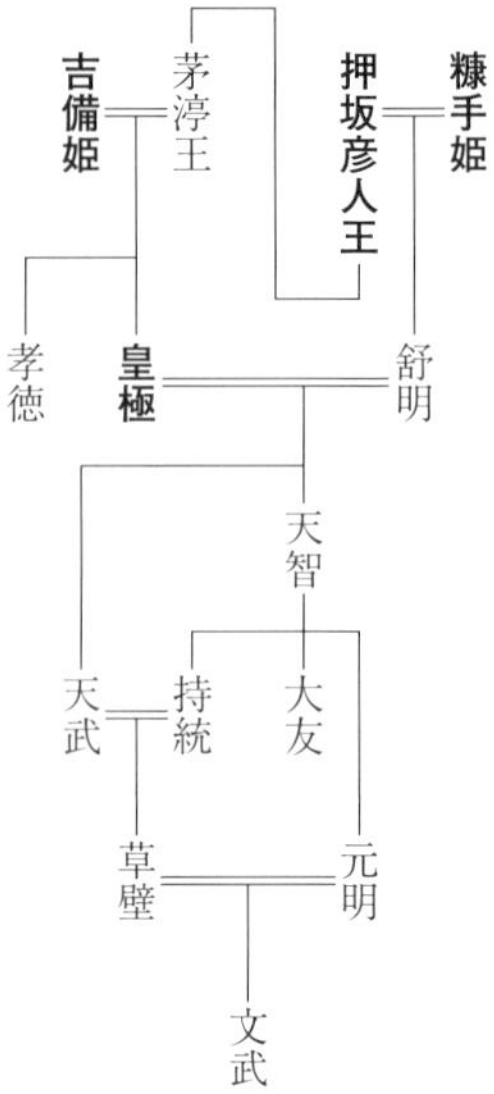

※ゴシックがスメミオヤ

第一に、スメミマノミコトの成立についてその検討にあたって注意したいのは、スメミマノミコトが「皇」の子孫たることを意味する呼称であるとすれば、「皇」＝スメの観念の成立を問う必要がある。そこでスメに関わるもう一つの称号として、「皇」の祖先たることを示すスメミオヤノミコトということばが想起される。スメミマについて考えるにはスメミオヤとの対応関係が手がかりとなる。

スメミオヤ＝「皇祖」について検討を加えると、『書紀』の用例としてはa 個人、b 歴代天皇の総称、c アマテラスなどの天神、の三つに分類できる。まずaから見ておく。『書紀』において、実在人物でスメミオヤと記されている者は四名いる。[49] 皇極・吉備姫王[50]・押坂彦人大兄皇子[51]・糠手姫皇女[52]である。スメミオヤについては、皇極譲位におけるヤマト王権の王位継承論理の変化が表層上の呼称の変化にも表れたものとして、初の生前譲位にともなって成立した称号とする見解がある。[53] しかし、スメミオヤが単なる譲位した君主への尊称でないことは、皇極以外の三者は誰も即位していないことからも明らかである。皇極についていえば、弟の孝徳に対して直系尊属を示すスメミオヤを用いる蓋然性は低いと思われる。[54] そこでこの四者の関係を整理すると、押坂彦人と糠手姫は舒明の父母、吉備姫は皇極の母である。図4によって明らかなように天智・天武の祖父母までの直系尊属がスメミオヤとされている。[55] これをふまえると、四人のスメミオヤの血統が収斂される天智・天武の頃にスメミオヤの概念が成立したと考える方が穏当であろう。[56] スメラミコトの称号と連動して、その直系尊属をスメミオヤと称するようになり、かつその直系子孫たることを強調して君主の立場としてのスメミマが自覚されたのである。このように見なすと、スメミオヤとスメミマの観念の形成は同時期であったと推測できる。押坂彦人大兄の世代から舒明・皇極を経て天智・天武に至る、祖父母―父母―子という狭い範囲での系譜的な皇統認識が七世紀後半に成立したと考える。スメミオヤの尊称が成立した時期は天智もしくは天武朝ということになるが、あえて限定するならば、特に前章で見たように天智が治天下天皇として即位した時にその劃期を見出すものである。

そして、それが神話と結合して記・紀のような系譜が形成され、拡大使用されるようになったのがｂ・ｃの用例であろう。押坂彦人～天智・天武という皇統認識は、その後遡及的に敷衍されることになる。

ｂ歴代天皇の呼称については次の記事が注目される。

㉘『日本書紀』持統二年十一月乙丑条

布勢朝臣御主人・大伴宿禰御行、遞進而誄。直広肆当麻真人智徳、奉誄皇祖等之騰極次第。礼也、古云日嗣也。畢葬于大内陵。

（布勢朝臣御主人・大伴宿禰御行、遞に進みて誄す。直広肆当麻真人智徳、皇祖等の騰極次第を誄奉る。礼也、古に日嗣と云う也。畢りて大内陵に葬る。）

右のように天武の葬儀に際しては歴代の君主が「皇祖等之騰極次第」として読み上げられており、「皇祖」と一括されている。この他にも「代々之我皇祖等[57]」という表現もあり、歴代君主の系譜を意味する用例を確認できる。こうした用例は王位の継承におけるオヤ―コの直系関係を前提とするものであり、天と君主の関係を兄弟関係に求める六世紀以前に遡らせることはできない。

一方でｃ天神のケースについて考えると、神代紀における「皇祖」はａ・ｂとは様相が異なる。

㉙『日本書紀』神代下第九段本文

天照大神之子、正哉吾勝勝速日天忍穂耳尊、娶高皇産霊尊之女栲幡千千姫、生天津彦彦火瓊瓊杵尊。故皇祖高皇産霊尊、特鍾憐愛、以崇養焉。遂欲立皇孫天津彦彦火瓊瓊杵尊、以為葦原中国之主。

（天照大神の子、正哉吾勝勝速日天忍穂耳尊、高皇産霊尊の女栲幡千千姫を娶り、天津彦彦火瓊瓊杵尊を生む。故に皇祖高皇産霊尊、特に憐愛を鍾め、以て崇養す。遂に皇孫天津彦彦火瓊瓊杵尊を立てて、以て葦原中国の主と為さんと欲す。）

㉙では、高皇産霊尊のように天神で「皇祖」と称される神が現れている。「皇祖」とは子孫が祖先に対して有する視角から生じる語であり、君主が天孫であるという自覚があってこそ、その系譜において遡及的に「皇祖」を位置づけていく作業がなされることになる。「天孫」「皇孫」意識と系譜が結合し、その遡及が極限まで到達する時に「皇祖」としての神祇の用例が成立すると想定できる。直木孝次郎氏によれば、伊勢神宮に対する皇祖神信仰の成立は大化以降とする[58]。従うべき見解であり、さらにいうなればそれがクローズアップするのは前章でふれたように天智・天武朝と見なすべきであろう。なぜならば、それ以前では王権の支配の正統性を唯一的なものとして整備されていない面が見て取れるからである。たとえば孝徳朝において倭国は高句麗王権を「神子」として認めており[59]、また倭国は隋に対して六〇七年の国書で彼我の君主号に「天子」を同時に用いている。これらのことからすると、倭国に支配の正当性を保証する天＝神が存在するのとは別に隋唐や高句麗においてもそれらの王権を正当化する天や神があるという認識を持っていたのである[60]。大化以前において倭王権のみが天・神との関係において唯一的に正統であり得るとする認識には至っていない。それは、皇祖

表18　天孫意識の展開

時　期	天との関係		スメミオヤ
6世紀	兄弟	天弟	—
7世紀前半	親子	天児	—
天智・天武	子孫	天孫	a近い直系
持統		皇孫	b遠い直系
律令制		天子	c天神

神を起点とした血統関係によって君主の正統性が示される律令制下の皇統認識はこの時点では成立していないことを示唆する。こうした展開を整理したのが表18である。

もう一つ注目したいのが「皇」の観念である。「皇」に基く系譜意識は君主位の継承の系譜を〝皇統〟として血統的に論理化する発端でもあったと評価できる。それは、天と君主の関係を擬制的なオヤ―コ関係として位置づける天孫意識から、祖先としての皇祖神に連なる血統であることを強調する皇孫意識へと転換させることになった。スメミマという音声の呼称は、皇祖から連綿と続くという皇位の継承者として意識されるようになる。故にスメミマは皇統の流れを軸とする神話的世界観と連動していると考えられ、それが祝詞等の祭文に表れることとなるのであろう。そして、そうした皇統意識の形成過程において「皇」の意識に応じて「天皇」のみならず王権を構成する他の地位称号も作り出されていくことになる。

天皇の配偶者の地位については、旧来は皇后の前段階として大后が想定されていた[61]。近年では仁藤敦史氏が、現君主・前君主を限らずキサキとして扱われ、そのなかで最も有力なキサキがオホキサキ（大后）であったと指摘している[62]。これらの研究で特に注目したいのが、『日本書紀』では天皇の配偶者を「皇后」でほぼ統一するが、天智紀のみ「大后」の表記が見えることである[63]。天智紀には錯簡が多く見られることはすでによく知られるところであり[64]、前章でふれたように、天智紀で「大后」を「皇后」に書き換える際の粗漏があった可能性も考えられる。そうであるとすれば天智朝までは皇后制は確立していなかったという推定が導き出されるのである。

天皇の子女についても見ておく。「皇子」の成立について、虎尾達哉氏は天武三年（六七四）以降と述べている[65]。これを成立の下限として、これより遡らせることが可能か否か、天智の息子である建皇子と大友皇子について検討してみる。両皇子は天智の子女記載においては「建皇子」「生伊賀皇子。復字曰大友皇子（伊賀皇子を生む。復の字を大友皇子と曰う[66]」とする。ところが建皇子は他の箇所では、「皇孫建王、年八歳薨（皇孫建王、年八歳にて薨ず[67]）」、「天皇憶皇孫建王、愴爾悲泣（天皇、皇孫建王を憶い、愴爾み悲泣す[68]）」として「王」表記である。大友皇子は『日本書紀』では概ね「皇子」表記であるが、天智十年十月庚辰条のみ「請奉洪業付属大后、令大友王奉宣諸政（請うらくは、洪業を奉じて大后に付属し、大友王をして諸政を奉宣せしむ）」として、やはり「王」表記が確認できる。『日本書紀』における潤色の論理として、「王」を「皇子」に書き換えることは容易に予想できるが、その逆はあり得るだろうか。このように考えると「皇子」という王族称号の成立は天智末年から天武朝にかけての時期が妥当ということになる。

なお、「皇后」「皇子」の称号が天智末年から天武朝にかけて成立したという想定は、前章における「天皇」の称号が天智朝を以て出現したという結論と矛盾するものではない。スメラ認識の中核に位置する「天皇」がまず成立し、政治的関係から「皇弟」も出現する。そして、その後の王権の機構的整備化のなかで「皇后」「皇子」も登場したと捉えるべきである。一時に全ての称号が一斉に定められたと考えなければならない根拠はないのであり、天智・天武朝の一定期間において段階的に出現し、あるいは消えていったのであろう。なお、こうした流れの中で「皇」の諸称号が出現したとすると、推古朝における「天皇」号は時期的に突出している観が否めず、やはり慎重を期すべきであろう。

このように皇統という血統の成立とそれを保証する儀礼こそが儀制令天子条における「祭祀」規定、すなわち日本における君主を正統化する祭祀へとつながる。七世紀初頭に倭王権は、その王位継承のイデオロギー面での安定化のために天との関係を系譜化する。それを明示するために用いられた称号が「天子」であった。ここにおいて倭国の君主は実際に天の子孫として君臨することになり、君主による祖先祭祀はそのまま天への祭祀となり得る。七

表19　日中の王権祭祀の比較

中国	天　―　天子	擬制的父子関係	郊祀
	高祖…先帝―皇帝	同姓関係	宗廟
日本	皇祖…先皇―天子	系譜関係	伊勢／陵墓／国忌

世紀後半にその系譜は〝皇〟という血統として形成されるのである。こうした祭祀は倭固有の論理であるがゆえに中国的な儀礼形態を模倣することが困難であり、郊祀・宗廟などの継受というかたちはとらなかった。むしろ最終的に皇祖の起点として位置づけられたアマテラス・伊勢神宮への祭祀として顕在化するのであり、さらには皇統に連なる者への措置としての陵墓制度・祭祀が整備されると思われる[69]。律令制下になるとそれは整備され、君主に近い皇統関係者への対処として国忌などが見られるようになる。以上のような中国と日本の祭祀を対比すると表19のように図示できる。

これを要するに、律令制下の「天子」とは、王権系譜に基いた祖先（天を含む）祭祀を中心に、君主の立場を保障するための儀礼体系を念頭に規定された称号である。日本律令の「天子」が中国の天命思想に基くのではなく神話に関連した称号であると指摘されてきたが[70]、さらにいうなればそれは七世紀初頭の天孫意識をベースにしながらも、七世紀後半に形成されたより唯一性の強い皇統意識によっていたのである。

「天子」とは本来天下を統べるということと密接に関わった君主号である[71]。⑥唐令を見ても「皇帝・天子。夷・夏通称之」とあるように、華夷世界における唯一の君主であることに重点がある。それは「天無二日、土無二王」という意識ともリンクする。こうした華夷秩序を包摂したキーワードが「天下」であった。ところが、第三章でみたように日本における「治天下」は、日本的華夷秩序とは別個に、支配主体を明示するタームとして用いられていた。日本における「天下」とは基本的には支配の対象であり、倭王権の支配を保証する固有の権威があった。かかる観念は倭国のみならず隋唐や高句麗にも適用されたのであり、六〇七年の国書のように「天子」を並記するという本来ならばありえない独特の用法が出現したのである。中国のような広大無辺の天下ではなく[72]、理念的にも限界を有するものであった。それが倭国の世界観の限界であり、日本律令制における矮小化につながるものと評し得る。

結　言

本章のはじめに課題を二点設定しておいた。一つは推古朝「天子」号と律令制「天子」号の関連性であり、もう一つは日本独自の「祭祀」規定を有する律令制「天子」号のイデオロギー的バックボーンである。これに対する結論は次のようになる。

「天子」号は、推古朝において初めて漢語的君主号として用いられた称号であったことは第四章で論じた。この段階において君主号は、君主の人格的資質を前提として天と君主の関係性を明示するための手段であり、君主による支配のイデオロギー的な正当性は天によって保証されていたといえる。それを自覚する場として対隋外交が劃期となったのである。その擬制的オヤコ観念は天孫として整備され、さらに祖たる天が皇祖として確定することによって皇孫認識が成立する。文字表記としては「天子」で一貫しても、それが意味する「天」との関係性については音声に端的に表れるようにアメノコからスメミマへと大きく変化している。君主の立場は天児→天孫→皇孫というかたちで展開していき、日本律令における儀制令1天子条に至るのである。それは日本の君主位における系譜的原理の形成過程として評価できよう。「天子」号は六〇七年の国書に単発的に用いられるもののその後律令法まで文献上には現れないが、君主を保証する存在との関係という点においてそれは結びついていたといえる。

そして、それが律令法において「天子。祭祀所称」と規定化されたのであり、君主の正統性を保証するというイデオロギー装置として「祭祀」は理解されていたといえる。ただし、律令制当初はその「祭祀」は抽象的であり、かつそれを具象化する封禅のような儀礼がなかったゆえに八世紀前半は空文と化していた。八世紀後半に儀礼の唐風化によって文献上に見えるようになるのである。

注

(1) 中野高行「天智朝の帝国性」（『日本歴史』七四七、二〇一〇）。
(2) 拙稿「唐から見たエミシ」（『東アジア交流史のなかの遣唐使』汲古書院、二〇一三、初出二〇〇四）。
(3) 君主以外の皇族称号については継嗣令1皇兄弟子条、儀制令3皇后条に規定が見える。
(4) 全文は序章掲出史料⑬参照。
(5) ただし、『続日本紀』宝亀八年四月癸卯条では、渤海使に対する詔で「現神止大八洲所知須天皇（現神と大八洲知らしめす天皇）」と名のっており、cを対外関係に適用していることから、八世紀後半になるとこの規定は形骸化する様子が窺える。
(6) 各条文の大宝令の復元の全体像については、「唐日両令対照一覧」（仁井田陞著・池田温責任編集『唐令拾遺補』東京大学出版会、一九九七）参照。
(7) 『令集解』儀制令同条古記に「問。皇帝三等親」とあり、「皇帝」の語句が推定できる。
(8) 『続日本紀』霊亀元年九月庚辰条に「一品氷高内親王、早叶祥符、夙彰徳音。天縦寛仁、沈静婉孌、華夏載佇、謳訟知帰。今伝皇帝位於内親王（一品氷高内親王、早く祥符に叶い、夙に徳音を彰かにす。天の縦せる寛仁、沈静婉孌にして、華夏載佇し、謳訟帰すところを知る。今皇帝の位を内親王に伝う）」としており、皇帝位が「華夏載佇」と対応している。
(9) たとえば『続日本紀』文武元年八月庚辰条に「現御神止大八島国所知天皇大命」とあることによる。

(10)「唐日両令対照一覧」（前掲注（6）書）では、否定説として石母田正『日本の古代国家』（岩波書店、一九七一）・神野志隆光「神と人」（『国語と国文学』九〇―一一、一九九〇）、肯定説として小林敏男「詔書式と宣命」（『古代天皇制の基礎的研究』校倉書房、一九九四、初出一九八一）・大平聡「奈良時代の詔書と宣命」（土田直鎮先生還暦記念会編『奈良平安時代史論集』上、吉川弘文館、一九八四）を挙げる。

(11) 唐儀制令・公式令については天聖令において当該令が発見されていないため、仁井田陞『唐令拾遺』（東京大学出版会、一九三三）及び仁井田陞・池田温責任編集『唐令拾遺補』（前掲注（6）書）に拠る。

(12) 唐復旧儀制令第一条における諸称号については、金子修一「中国古代の皇帝制度の諸問題」（『古代中国と皇帝祭祀』汲古書院、二〇〇一、初出一九九七）参照。

(13)『日本後紀』逸文（『日本紀略』弘仁十四年四月己酉条）に「皇太后殿下、正位宮壼、同体至尊（皇太后殿下、位を宮壼に正し、体を至尊に同じくす）」とあるのが初例である。

(14) 公式令平出条に関する研究としては、成清弘和「令規定における皇族称号について」（『日本古代の王位継承と親族』岩田書院、一九九九、初出一九九三）参照。

(15) 中村裕一「慰労制書（慰労詔書）」（『唐代制勅研究』汲古書院、一九九一、初出一九八六）。

(16) 慰労詔書については、中野高行「慰労詔書に関する基礎的研究」（『日本古代の外交制度史』岩田書院、二〇〇八、初出一九八四）、同「慰労詔書の結語の変遷」（同上所収、初出一九八五）、「慰労詔書と「対蕃使詔」の関係」（同上所収、初出一九八七）、丸山裕美子「慰労詔書・論事勅書の受容について」（『延喜式研究』一〇、一九九五）、廣瀬憲雄「慰労詔書・論事勅書の形式とその継受」（『東アジアの国際秩序と古代日本』吉川弘文館、二〇一一）参照。

(17) その実例としては、新羅に対しては『続日本紀』慶雲三年正月丁亥条、渤海に対しては『続日本紀』神亀五年四月壬午条を初見として散見する。

(18) 本書第七章参照。

(19) 律令制君主号としての「天子」に言及する研究としては、関晃「中国的君主観と天皇観」（『関晃著作集』第四巻、吉川弘文館、一九九七、初出一九七七）、大津透「古代天皇制論」（『岩波講座日本通史4　古代3』岩波書店、一九九四）参照。

(20) 天子神璽条に論及する研究としては、大津透「天日嗣高御座の業と五位以上官人」(『古代の天皇制』岩波書店、一九九九、初出一九九四) 参照。
(21) 弥永貞三「大宝令逸文一条」(『史学雑誌』六〇―七、一九五一)。
(22) 唐において皇帝の印は当初璽と称したが、則天武后の延載元年 (六九四)～中宗即位の神龍元年 (七〇五) の間と開元六年 (七一八) 以降に宝と呼ぶようになった (『大唐六典』符寶郎条、『新唐書』車服志)。中村裕一「八璽」(『唐代制勅研究』汲古書院、一九九一、初出一九八一) 参照。ここでは便宜上唐代の印璽は全て「寶」と一括する。
(23) 西嶋定生「皇帝支配の成立」(『中国古代国家と東アジア世界』東京大学出版会、一九八三、初出一九七〇)、金子修一「中国古代皇帝制の特質」(前掲注 (12) 書所収、初出一九九五)。
(24) 日本令では唐における神寶と受命寶を統合させながらも神寶に比重を置いて神璽を創出したのは、受命寶の背景にある易姓革命による王朝交代の思想を排除したためであり、それに関わる国家儀礼としての封禅を継受しなかったためであると考える。この点に関しては拙稿「天皇と皇帝」(歴史科学協議会編、木村茂光・山田朗監修『天皇制をよむ』東京大学出版会、二〇〇八) で若干言及した。
(25) 青木和夫「古記の作者」(『日本古代の政治と人物』吉川弘文館、一九七七、初出一九六六)。
(26) この祭文の分析については、拙稿「日本古代における昊天祭祀の再検討」(『古代文化』五二―一、二〇〇〇) 参照。
(27) 関晃前掲注 (19) 論文。
(28) 弥永貞三「古代の釈奠について」(『日本古代の政治と史料』高科書店、一九八八、初出一九七二)。
(29) 『続日本紀』養老七年十月乙卯条。
(30) 『続日本紀』宝亀五年四月己卯条にも同様の文言が用いられている。
(31) 『続日本紀』慶雲元年七月甲申朔条。
(32) 『続日本紀』天平宝字二年十二月戊申条。なお当条における遣唐使情報と事実の齟齬については、拙稿「東アジアにおける安史の乱の影響と新羅征討計画」(『日本歴史』五六一、一九九五) 参照。
(33) 日本古典文学大系『日本書紀』下 (岩波書店、一九六五) 補注16―一。
(34) 大平聡「「中皇命」と「仲天皇」」(吉田晶編『日本古代の国家と村落』塙書房、一九九八)。

(35) 三宅和朗「『延喜式』祝詞の成立」(『古代国家の神祇と祭祀』吉川弘文館、一九九五、初出一九八六)。
(36) 中国の皇帝親祭については金子修一「唐代の大祀・中祀・小祀について」(『高知大学学術研究報告人文科学二五、一九七六)、同『古代中国と皇帝祭祀』(前掲注(12)書)参照。
(37) 尾形勇「自称形式よりみたる君臣関係」(『中国古代の「家」と国家─皇帝支配下の秩序構造─』岩波書店、一九七九)。
(38) ただし、王朝の開祖のみは「天子」として受命して後に「皇帝」に即位するという順序を経る。金子修一前掲注(23)論文参照。
(39) 小島毅「天子と皇帝」(松原正毅編『王権の位相』弘文堂、一九九一)。
(40) 瀧川政次郎「唐礼と日本令」(『律令の研究』刀江書院、一九三一)、坂本太郎「儀式と唐礼」(『坂本太郎著作集』第七巻、吉川弘文館、一九八九、初出一九四一)、古瀬奈津子「儀式における唐礼の継受」(『日本古代王権と儀式』吉川弘文館、一九九八、初出一九九二)。
(41) 桓武朝における宗廟認識については、林陸朗「桓武朝の政治思想」(山中裕編『平安時代の歴史と文学』吉川弘文館、一九八一)、黒須利夫「七寺・七廟考」(あたらしい古代史の会編『王権と信仰の古代史』吉川弘文館、二〇〇五)。
(42) 香椎廟については、塚口義信「香椎廟の創建年代について」(『神功皇后伝説の研究』創元社、一九八〇、初出一九七七)。
(43) 岡田精司「大王就任儀礼の原形とその展開」(『古代祭祀の史的研究』塙書房、一九九二、初出一九八三)、吉村武彦「古代の王位継承と群臣」(『日本古代の社会と国家』岩波書店、一九九六)。ただし、関晃前掲注(19)論文では編纂期の反映と見る。
(44) 大関邦男「官社制の再検討」(『歴史学研究』七〇二、一九九七)。
(45) 『後漢書』皇后紀の論賛は『文選』『芸文類聚』にも収録されており、『日本書紀』編纂においてそれらを二次的に引用した可能性も含めて考えるべきであろう。小島憲之「漢籍の伝来」(『上代日本文学と中国文学』上、塙書房、一九六二)参照。

(46)『日本書紀』敏達六年二月条には「詔置日祀部・私部」という記事がある。日祀部と后の名代が併記されており、日のイデオロギーと王権が関連するものとして記事が配置されていた可能性を看取できる。
(47)『隋書』巻八一　倭国伝。
(48)矢嶋泉「家伝の資料性」（佐藤信ほか編『藤氏家伝　注釈と研究』吉川弘文館、一九九九）。
(49)『日本書紀』孝徳即位前紀乙巳年六月十四日条を初見として十一例ある。
(50)『日本書紀』皇極二年九月丁亥条、同月癸巳条、同月乙未条、同月丙午条、大化二年三月辛巳条。なお、皇極紀二年九月丁亥条が王族称号としての「皇祖母（皇祖）」の初見である。
(51)『日本書紀』大化二年三月壬午条に「皇祖大兄」とある。当該条は名代の献上記事であり、仁藤敦史氏は「皇祖宮」の存在とこのとき献上された名代がその経済的基盤であったと指摘する。「律令制成立期における太上天皇と天皇」（『古代王権と官僚制』臨川書店、二〇〇〇、初出一九九〇）。
(52)『日本書紀』天智三年六月条。
(53)吉村武彦『古代天皇の誕生』（角川書店、一九九八）、仁藤敦史前掲注（51）論文、同「太上天皇制の展開」（前掲注（51）書所収、初出一九九六）。
(54)田中卓「中天皇をめぐる諸問題」（『田中卓著作集』第五巻、国書刊行会、一九八五、初出一九五一）では皇極と孝徳の関係は皇位継承において母子関係と見なされたとする。一方、岸俊男「光明立后の史的意義」（『日本古代政治史研究』塙書房、一九六六、初出一九五七）では皇極と中大兄の関係を考慮する。
(55)仁藤敦史前掲注（51）論文、成清弘和前掲注（14）論文参照。なお、皇極の父の茅渟王は『書紀』では皇極の系譜記載にのみ名を残して不明な点が多く、スメミオヤと称されたかどうか分からない。ただし、茅渟王の父が押坂彦人であることは留意する必要があろう。
(56)難波宮跡西北部出土9号木簡に「王母□□□□」と記す。この「王母」がスメミオヤ成立以前の治天下王の母に対する名号であった可能性がある。木簡の釈文については、栄原永遠男「難波宮跡西北部出土木簡の諸問題」（『大阪の歴史』五五、二〇〇〇）に拠った。
(57)『日本書紀』大化二年三月甲子条。

(58) 直木孝次郎「天照大神と伊勢神宮の起源」(『日本古代の氏族と天皇』塙書房、一九六四、初出一九五一)。
(59) 『日本書紀』大化元年七月丙子条。
(60) 石井正敏「日本・渤海交渉と渤海高句麗継承国意識」(『日本渤海関係史の研究』吉川弘文館、二〇〇一、初出一九七四)、森公章「天皇号の成立をめぐって」(『古代日本の対外認識と通交』吉川弘文館、一九九八、初出一九八三)。
(61) 岸俊男前掲注(54)論文。
(62) 仁藤敦史「古代女帝の成立」(『古代王権と支配構造』吉川弘文館、二〇一二、初出二〇〇三)。
(63) 正確には雄略二十年冬条と継体六年十二月条にも見えるが、前者は『百済記』の引用、後者は神功皇后を指す特殊例であり、一般化することは適切ではない。
(64) 坂本太郎「天智紀の史料批判」(『日本古代史の基礎的研究』上、東京大学出版会、一九六四)、本書第五章。
(65) 虎尾達哉「律令国家と皇親」(『律令官人社会の研究』塙書房、二〇〇六、初出一九八八)。
(66) 『日本書紀』天智七年二月戊寅条。
(67) 『日本書紀』斉明四年五月条。なお、この記事の「皇孫」は〝天皇(斉明)の孫〟というほどの意味であり、ここで検討の対象としているスメミマとは異なる。
(68) 『日本書紀』斉明四年十月甲子条。
(69) 陵墓制については、北康宏「律令国家陵墓制度の基礎的研究」(『史林』七九—四、一九九六)、服藤早苗「山陵祭祀より見た家の成立過程」(『家成立史の研究』校倉書房、一九九一、初出一九八七)、田中聡「「陵墓」にみる「天皇」の形成と変質」(日本史研究会・京都民科歴史部会編『「陵墓」からみた日本史』青木書店、一九九五)。
(70) 関晃前掲注(19)論文、大津透前掲注(20)論文。
(71) 山田統「天下と天子」(『山田統著作集』第一巻、明治書院、一九八一、初出一九六二)、西嶋定生前掲注(23)論文、尾形勇「古代帝国の秩序構造と皇帝支配」(前掲注(37)書)。
(72) 西嶋定生前掲注(23)論文、堀敏一『中国と古代東アジア世界』(岩波書店、一九九三)。ただし、渡辺信一郎「「天下」のイデオロギー構造」(『中国古代の王権と天下秩序—日中比較史の視点から—』校倉書房、二〇〇三)では中国の天下も実効的支配領域として限界を有するものと捉える。

第七章　華夷秩序の形成と方位認識

問題の所在

第六章で、日本古代において「皇帝」称号が法理念上は唐令の規定を継受して華夷秩序に機能するということに言及した。そこで課題となるのが、律令制的な華夷秩序がいかにして構築されたかということである。本章ではこの課題設定を承けて、日本における「華夷」概念の受容と変容、その具体的内実について検討する。

日本古代における「華夷」秩序とは、中国における華夷思想を前提とする。そもそも中国において戦国時代から前漢にかけて形成された華夷思想は、冊封体制の理念的根拠として古代東アジア地域においても大きな影響力を持っていた。日本古代においても、例えば倭王武の上表文に「毛人」「衆夷」と記されているように、五世紀の段階で華夷思想が流入していたことが確認できる[1]。ただし、五世紀における倭国の華夷思想は中国王朝（劉宋）を中心とした秩序であり、倭国はその一部であることを自認していたにすぎない[2]。華夷思想が倭国の主体的なイデオロギーとして機能するようになるのは、古代国家形成への動きが本格化する七世紀まで待たなければならない[3]。その過程において華夷思想は列島内外の関係を秩序づける思想的バックボーンとしての役割を担うこととなった。そして、それが最終的に確立するのは律令国家の成立である。

かかる日本古代における華夷秩序の特質を理解するためには、本来の華夷秩序がいかなるものであったか知る必要がある。その上で継受に際して特化された特徴と捨象された側面を比較・検討することによってのみそれを明らかにすることが可能となる。

まず中国における華夷思想の成立と展開について概観しておく。(4)中国では春秋時代頃から黄河流域を中心とする地域で文化的連帯感を持ち始めるようになる。それは古くは「夏」と呼称された。この自己認識は時代を経るにつれ「中国」「華夏」「中夏」「中土」「中原」「中朝」「諸夏」など多様な語で表されるようになった。こうした自己認識はそれのみで形成されたものではなく、通交関係を持っていた文化的に異質な外部集団との対比によって促されるものであった。その過程で他集団を文化的に劣るものと差別するようになり、中華―夷狄の関係として整理されていく。夷狄という概念は、その最初期には「夏」との交通領域の限界点やその向こう側として捉えられ、死者の領域とも考えられた。この点は、中国古代における平面的世界認識としての他界観の一種と評価すべきであろう。この段階では異質な他集団としての夷狄は、接点のない、もしくは関係を持たない存在であった。そこには夷狄を禽獣・刑人と同一視することで不完全な人間と見なす意識も看取できる。

こうした周辺に対する差蔑は体系的な世界観の形成とともに新たな様相を帯びるようになるが、それは「天下」ということばに象徴されている。中華と夷狄を含みこむ観念としての「天下」が成立することによって、中心（中華）―周辺（夷狄）という理念構造上の抽象化が進行することになる。(5)その最たるものが夷狄を東西南北の方位によって分類する四夷という認識である（図5）。そもそも「夷」とは夷狄を総括する語であり、東夷のみを指し示す語ではなかった。夷狄総体を意味する広義の「夷」から、夷狄が方位認識によって夷・狄・蛮・戎に細分化されることによって狭義の「夷」が出現した。

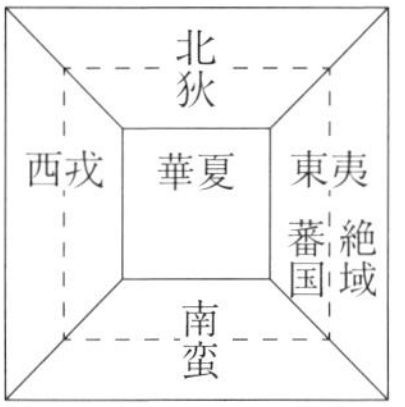

図５　中華思想の理念的世界観

このような中華―夷狄の理念構造は二つの指向性を持つことが指摘されている。一つは中華から見て夷狄を差蔑・排除する傾向であり、もう一つは教化・受容する方向性である。元来、中華との文化的な対比による異質な集団が夷狄として認識されたのであるから、前者の方が原初的な意識であった。後者は前漢における儒教の徳治思想の普及や公羊学派の進歩的歴史観によって理論化された後発的な意識である。その背景には秦漢帝国の出現による、皇帝の支配する領域としての天下の創出を見ることができる(6)。中華の領域的膨張について教化という観念でその行為を正当化したということができよう。かかる漢代における教化の段階について、栗原朋信氏は徳・礼・法の普及という三区分によって朝貢国・外臣・内臣と区別し、夷狄は朝貢国と外臣にあたると論じた(7)。この問題について従来注目を集めていたのが①である。

①『唐会要』巻一〇〇　雑録

聖暦三年三月六日勅。東至高麗国、南至真臘国、西至波斯・吐蕃及堅昆都督府、北至契丹・突厥・靺鞨、並為人番、以外為絶域。其使応給料各依式。

（聖暦三年三月六日勅、東は高麗国に至るまで、南は真臘国に至るまで、西は波斯・吐蕃及び堅昆都督府に至るまで、北は契丹・突厥・靺鞨に至るまで、並びに人番と為す。以外は絶域と為す。其の使は料を給うべくんば各おの式に依れ。）

仁井田陞氏は隋唐代の夷狄について蕃域と絶域に区分されていると述べ(8)、羈縻支配に組み込まれた異民族を前者、そうでないものを後者と位置づけた。特に羈縻については中国の対外関係を考える上で重視すべき概念であることを強調したのが堀敏一氏である。(9)近年では中国王朝における国際序列の問題や異民族支配のあり方についてさらに精緻化している。(10)石見清裕氏は、①をあくまでも使人の程糧の規定であり天下の理念的構造を示すものではないとしており、(11)かかる視角から捉え直す必要もある。このように論じられてきた華夷思想の秩序構造モデルは、中華を中心として夷狄がその周辺を取り巻く同心方状(12)をなしており、両者の接点は支配が完全には及んでいないがある程度臣属化している領域としてフレキシブルな状態にあった。それを中国から夷狄への使者派遣の際の程糧規定として具体化したのが①であるといえるだろう。

さて、かかる中国における華夷思想のあり方について留意しながら、日本古代の華夷思想の問題点について考えてみる。まず注意しなければならないのは、華夷思想に関する概念定義が曖昧なままに進められた研究が存外に多いことである。日本古代史研究では従来「中華思想」と述べられてきたが、そこで気をつけなければならないのが普遍的な自民族中心意識であるエスノセントリズムと中国思想としての華夷思想の区別である。

そもそも「華夷思想」の特色は、中国におけるエスノセントリズムが高度なまでに抽象化されることによって思想へと昇華し、それゆえ周辺諸国にも継受が可能になったところにある。また、華夷思想は中国の社会規範である礼と密接な関わりを有していたため、西晋以降において律令制の思想的背景としてあり続けた。かくして華夷思想の礼的秩序は、日本が律令法を継受することで国家を構築しようとした際に体制・秩序の根幹として否応なく組込まれるに至った。それは、自民族中心意識の思考様式を他国のそれに依拠するという点で矛盾に満ちており、結果としてきわめて擬制的にならざるを得ない。そのため日本における中華意識の検討では、単なる自己中心的な意識としてのみではなく政治構造としての華夷秩序について追究する必要がある。

また、華夷思想が機能した場について主に対外関係と見なされることが多い点にも気をつけなければならない。

自己中心意識は自他を弁別する対外関係の場において発現しやすいものであり、それは華夷思想的用語で修飾されやすい。史料の記述が政治的な構造に根拠を持つものであるのか、それとも単なる文飾であるのか見極めなければならない。

以上の点をふまえて、本章では日本古代における華夷思想に関する概念を再検討する。日本古代における華夷思想がいかなる意図の下に導入・継受されたのか、その理念的構造を明らかにすることに主たる狙いとする。華夷思想における理念形態が日本律令国家における華夷秩序の具体的構造としてどのように変質したのかという問題点を考察することによって、中国の律令制をモデルとした日本古代国家の特質と限界性の一端を垣間見ることができると考えるものである。

I　夷狄認識の体系化

古代において周辺の外部集団を差別的に弁別すること自体は古くから確認できるが、それを「夷狄」として位置づけるようになるのは七世紀である。特に七世紀中葉にヤマト政権の領域的膨張という指向性からエミシに対する夷狄視が発生した[13]。ただし、それはヤマト政権とエミシの個別的関係の中における夷狄視に止まっており、体系的な華夷秩序の構築には至っていない。本節では列島の外部集団に対する夷狄視がいつ頃生じたのか個別に考察を加え、理念的な華夷秩序の「夷狄」としていかに位置づけられるようになったのか見通す。

律令制下においてその支配が貫徹する地域は化内、外側は化外と認識されていた。化外について石母田正氏は夷狄・諸蕃・隣国の三つに分類し[14]、現在までこれが通説として理解されている。これに対して今泉隆雄氏は夷狄と蕃が法理念上異なる存在であることを指摘している[15]。先に見た①聖歴三年三月六日勅において明らかなように、本来蕃は夷狄の下位概念である。日本では両者は位相の異なる存在として位置づけられるべきであり、今泉氏の指摘は妥当であろう。それでは、日本において「夷狄」はいかにして措定されたのであろうか。本節では日本古代における「夷狄」体系の創出に焦点をしぼってその特質を考えることとする。

七世紀半ばには列島周辺の外部集団を夷狄と認識する傾向をすでに看取できる。ただし、それは外部集団を個別的に夷狄と見なしているにすぎない。華夷秩序における夷狄とは単なる辺境の集団ではなく、理念的には中華に対比されるべき存在であり、かつ中華の中心性を強調するために四方に存在すると考えられた。そうした四方の夷狄を四夷という[16]。

中国王朝は地理的に四方に外部集団が存在したゆえに東夷・西戎・南蛮・北狄という外部集団の観念が成立したが、列島においては地理的制約により外部集団は東北と南西に偏在していた。そのため日本古代に華夷秩序を継受して四夷を設定する場合には、いきおい擬制的にならざるを得ない。そして、これを具体的にどのように充てるかということについては研究者によって見解が一定していないのが現状である。個別の比定としては、鈴木靖民氏が東夷＝蝦夷、北狄＝蝦狄、南蛮＝南島、西戎＝新羅と論じている[17]。しかし、先述のように日本において「蕃」と「夷狄」は位相を異にする概念であることからすると、新羅を夷狄の次元で捉えるべきではない。

こうした個別的な比定に対して、そもそも中華対四夷という理念構造自体がなかったと考える学説もある。早川庄八氏は四夷のうち西戎・南蛮が存在しないと述べ[18]、伊藤循氏は夷狄身分が西戎を除いて創出されたとする[19]。かかる見解では日本の華夷秩序は四夷を備えていない不完全なものであったということになる。しかし、周辺の不完全性は中心としての中華の正当性を成り立たせなくするものであり、こうした見解による限り古代日本は中華たり得なくなる。ゆえにそうした見解には与しがたい。

そこで四夷である「東夷」「北狄」「南蛮」「西戎」の表記に関わる史料からそれらがいかに捉えられていたのか検討を加え、日本の夷狄認識を明らかにする。

まず東夷について見ておく。最も早期の夷狄認識として挙げられるのが②である。

②『宋書』巻九七　夷蛮伝倭国条

封国偏遠、作藩于外。自昔祖禰、躬擐甲冑、跋渉山川、不遑寧処。東征毛人五十五国、西服衆夷六十六国、渡平海北九十五国。王道融泰、廓土遐畿。累葉朝宗、不愆于歳。

（封国は偏遠にして、藩を外に作る。昔より祖禰、躬は甲冑を擐き、山川を跋渉し、寧処に遑ず。東は毛人を征すること五十五国、西は衆夷を服すること六十六国、渡りて海北を平らぐること九十五国。王道は融泰にして、土を廓して畿を遐かにす。累葉朝宗すること、歳を愆たず。）

ヤマト政権が外部集団を夷狄と見なす認識は、右のように五世紀段階ですでに表れている。ただし、武の上表文においては自らを「中華」と認識していない。南朝の宋が中華であり、倭国は藩国、毛人・衆夷が夷狄である。倭国は自らを中華の末端にある「藩」と位置づけることによって毛人・衆夷との差異を表そうとする意図を看取できる。毛人は『山海経』の「毛民国」の影響が指摘されている(20)。その一方で「毛人」は七・八世紀においても蔑視の意味を含むものではなく(21)、華夷思想的な文化的差別の論理とは異なる面を有していることにも注意を払うべきである。五世紀には華夷思想の受容があったものの、それはヤマト政権を主体とする支配思想の中枢に位置づくものではなく、自律的な秩序を構築するための理念ではなかったと評し得る。

これに対して『日本書紀』では③〜⑥のように「東夷」の語が景行紀に集中して出現する。

③『日本書紀』景行二十七年二月壬子条

武内宿禰自東国還之奏言、東夷之中、有日高見国。其国人、男女並椎結文身、為人勇悍。是総曰蝦夷。亦土地沃壌而曠之。撃可取也。

（武内宿禰、東国より還りて奏言すらく、「東夷の中、日高見国有り。其の国人、男女並びに椎結して文身し、為人は勇悍なり。是を総じて蝦夷と曰う。亦土地は沃壌にして曠し。撃ちて取るべき也」と。）

④『日本書紀』景行四十年六月条

東夷多叛、辺境騒動。

（東夷多く叛きて、辺境騒動す。）

⑤『日本書紀』景行四十年七月戊戌条

於是、日本武尊雄誥之曰、熊襲既平、未経幾年、今更東夷叛之。何日逮于大平矣。臣雖労之、頓平其乱。則天皇、持斧鉞以授日本武尊曰、朕聞、其東夷也、識性暴強、凌犯為宗。村之無長、邑之勿首。各貪封堺、並相盗略。亦山有邪神、郊有姦鬼。遮衢塞径、多令苦人。其東夷之中、蝦夷是尤強焉。男女交居、父子無別。冬則宿穴、夏則住樔。衣毛飲血、昆弟相疑。登山如飛禽、行草如走獣。承恩則忘、見怨必報。是以箭蔵頭髻、刀佩衣中。或聚党類而犯辺界、或伺農桑以略人民。撃則隠草、追則入山。故往古以来、未染王化。

（是に於いて日本武尊雄誥して曰く、「熊襲既に平ぎて、幾年を経ずして、今更に東夷叛く。何れの日か大平に逮らん。臣労すると雖も、頓りに其の乱を平らげん」と。則ち天皇、斧鉞を持して以て日本武尊に授けて曰く、「朕聞く、其れ東夷は、識性は暴強にして、凌ぎ犯すことを宗と為す。村に長無く、邑に首勿し。各おの封堺を貪りて、並びに相盗略す。亦山に邪神有り、郊に姦鬼有り。衢を遮り径を塞ぎ、多く人を苦しめしむ。其の東夷の中、蝦夷は是尤も強し。男女交居して、父子は別無し。冬は則ち穴に宿り、夏は則ち樔に住む。毛を衣し血を飲み、昆弟相疑う。山を登ること飛禽の如く、草を行くこと走獣の如し。恩を承けては則ち忘れ、怨を見ては必ず報ゆ。是を以て箭を頭髻に蔵し、刀を衣中に佩く。或いは党類を聚めて辺界を犯し、或いは農桑を伺い以て人民を略す。撃ちては則ち草に隠れ、追えば則ち山に入る。故に往古以来、王化に染まらず。）

⑥『日本書紀』景行四十年是歳条

臣受命天朝、遠征東夷。則被神恩、頼皇威、而叛者伏罪、荒神自調。是以巻甲戢戈、愷悌還之。冀曷日、曷時、復命天朝。然天命忽至、隙駟難停。是以独臥曠野、無誰語之。豈惜身亡。唯愁不面。既而崩于能褒野。時年卅。天皇聞之、寝不安席、食不甘味。昼夜喉咽、泣悲摽擗。因以大歎之曰、我子小碓王、昔熊襲叛之日、未及総角、久煩征伐、既而恒在左右、補朕不及。然東夷騒動、勿使討者、忍愛以入賊境。一日之無不顧。是以朝夕進退、佇待還日。何禍兮、何罪兮、不意之間、倏亡我子。自今以後、与誰人之、経綸鴻業耶。

（「臣、命を天朝に受けて、遠く東夷を征す。則ち神恩を被り、皇威に頼り、而して叛く者は罪に伏し、荒神は自づから調う。是を以て甲を巻き戈を戢めて、愷悌して還る。冀わくば曷の日、曷の時にか天朝に復命せん。然るに天命忽ち至り、隙駟停まり難し。是を以て独り曠野に臥し、誰にも語ること無し。豈に身の亡するを惜しまんや。唯面せざることを愁う」と。既にして能褒野に崩ず。時に年卅。天皇之を聞き、寝、席安からず、食、味甘からず。昼夜喉咽びて、泣き悲しみ摽擗す。因りて以て大いに歎きて曰く、「我が子小碓王は、昔熊襲の叛く日に、総角に及ばざるも久しく征伐に煩い、既にして恒に左右に在りて、朕の及ばざるを補う。然るに東夷騒動して討たしむる者勿ければ、愛を忍びて以て賊境に入る。一日として顧みざるは無し。是を以て朝夕進退して還る日を佇み待つ。何れの禍をか、何れの罪をか、不意の間、我子を倏亡す。自今以後、誰人と鴻業を経綸せんや」と。）

これらの記事では蝦夷を東夷と記しているが、それは『書紀』編纂期の潤色によるものであり史実ではないことはいうまでもない。しかし逆にいえば、この記事内容を検討することによって律令国家の東夷観を析出することができる。蝦夷に対する夷狄視で興味深いのが、「夷狄」である蝦夷には村邑に首長がいないとする⑤の記事である。これと対置すべき記述が『書紀』の中にある。

⑦『日本書紀』成務四年二月丙寅朔条

今朕嗣践宝祚、夙夜兢惕。然黎元蠢爾、不悛野心。是国郡無君長、県邑無首渠者焉。自今以後、国郡立長、県邑置首。即取当国之幹了者、任其国郡之首長。是為中区之蕃屏也。

（今朕嗣ぎて宝祚を践み、夙夜兢惕す。然るに黎元は蠢爾にして、野心を悛めず。是国郡に君長無く、県邑に首渠無ければなり。自今以後、国郡に長を立て、県邑に首を置かん。即ち当国の幹了なる者を取りて、其の国郡の首長を任ぜん。是れ中区の蕃屏と為す也。）

⑦は国造任命の記事であるが、国造を「中区ノ蕃屏」と位置づけている。その「蕃」について「国郡ニ長ヲ立テ、県邑ニ首ヲ置カン」と記している。村邑に首長がいないとする夷狄とは対照的である。これは「蕃」たる国造がヤマト政権から政治的編成を受けているのに対して、「夷狄」は受けるものでないという認識があったことを示している。

また、文化的なイメージについても潤色を見て取れる。③「文身」や⑤「男女交居シテ、父子別無シ」は明らかに漢籍の引用である。ここから蝦夷の習俗を見出す向きもあるが(22)、景行紀の記述は蝦夷に「夷狄」のイメージを投影させるための叙述と捉えるべきであろう。かくも強力に「夷狄」として設定されたところに律令国家が蝦夷に負わせた役割を看取できる。

ところが『日本書紀』でも景行紀より以降は「東夷」という語は用いられなくなる。

⑧『日本書紀』応神三年十月癸酉条

東蝦夷悉朝貢。即役蝦夷而作廏坂道。

（東の蝦夷悉く朝貢す。即ち蝦夷を役して廏坂道を作る。）

⑨『日本書紀』斉明元年七月己卯条

於難波朝、饗北北越蝦夷九十九人・東東陸奥蝦夷九十五人。并設百済調使一百五十人。仍授柵養蝦夷九人・津刈蝦夷六人、冠各二階。

（難波朝に、北北は越蝦夷九十九人・東東は陸奥蝦夷九十五人を饗す。并せて百済の調使一百五十人に設く。仍りて柵養蝦夷九人・津刈蝦夷六人に冠各二階を授く。）

⑧・⑨では「東夷」に代わって「東蝦夷」という表記が見える。なお、⑨ではそれ以外に「柵養蝦夷」「津刈蝦夷」という表現もある。特に津刈蝦夷についてはもう一例を挙げることができる。

⑩『日本書紀』斉明五年七月戊寅条

天子問曰、此等蝦夷国有何方。使人謹答、国有東北。天子問曰、蝦夷幾種。使人謹答、類有三種。遠者名都加留、次者名麁蝦夷、近者名熟蝦夷。今此熟蝦夷。毎歳入貢本国之朝。

（天子問いて曰く、「此等の蝦夷の国は何方に有りや」と。使人謹みて答う、「国は東北に有り」と。天子問いて曰く、「蝦夷は幾種なりや」と。使人謹みて答う、「類は三種有り。遠きは都加留と名づけ、次は麁蝦夷と名づけ、近きは熟蝦夷と名づく。今此は熟蝦夷なり。歳毎に本国の朝に入貢す」と。）

⑩では蝦夷をヤマト政権から遠い順に都加留・麁蝦夷・熟蝦夷としており、都加留は津刈蝦夷と同一実体であろう。七世紀半ばの段階でヤマト政権は蝦夷を、関係の親疎もしくは地名で呼んでいる。⑧でも本注に東＝陸奥と記しており、「東蝦夷」とは陸奥蝦夷と置換可能である。また、斉明紀には〈地名＋蝦夷〉の表記が頻出していることも

注目される[23]。

右のように『日本書紀』では〈東夷〉→〈東蝦夷〉→〈地名＋蝦夷〉と、時期が新しくなるほどに具体性を帯びた表記になっていく傾向が見て取れるのであり、記録としての信頼性を増している。〈地名＋蝦夷〉型の表記はその内容の具体性から何らかの記録に依拠していると見なしてよい。しかし、「東蝦夷」の表記は記事が伝承レベルに止まり歴史事実としては信用性が落ちる。さらに「東夷」は漢籍による知識であり信頼すべき根拠を示していない。景行紀における蝦夷記事の集中から、景行が蝦夷に関する何らかの伝承を有していた可能性がないとはいえないが、個々の記事は漢籍の引用に負っており歴史事実を抽出することは困難である。

これを整理すると、ヤマト政権が蝦夷を「夷狄」として華夷秩序の枠組みに当てはめようとするのは接触が頻発化する斉明朝に一つの劃期を置くべきである。律令国家形成への趨勢が本格化する七世紀後半に外部集団を「夷狄」と見なす華夷秩序構築への指向が顕在化したと評価できる。

さて、蝦夷が華夷秩序において担った役割は「東夷」のみではない。北方の夷狄としても位置づけられた[24]。蝦夷が太平洋側と日本海側に区分されてそれぞれ東・北と称されたことは⑨の注からも明らかであろう。皇極紀元年九月癸酉条には「越辺蝦夷」という表記があり、〈地名＋蝦夷〉が北方認識より先行していた傾向を見て取れる。こうした方位認識と関わるのが次の史料である。

⑪『日本書紀』崇峻二年七月壬辰条

遣近江臣満於東山道使、観蝦夷国境。遣完人臣鴈於東海道使、観東方浜海諸国境。遣阿倍臣於北陸道使、観越等諸国境。

〈近江臣満を東山道の使に遣わし、蝦夷の国の境を観しむ。完人臣鴈を東海道の使に遣わし、東方の海に浜する諸国の境を観しむ。阿倍臣を北陸道の使に遣わし、越等諸国の境を観しむ。）

ここでは使者を派遣して「蝦夷国」「東方浜海諸国」「越等諸国」の国境を観たとする。ここでは北陸道の境を「越」と具体的に捉えている点に着目したい。「北陸道使」の表記は令制の七道制に基く潤色であるが、⑧においても越が北と明記されており、遡って崇神紀に北陸道に派遣されたとする大彦命も崇神記では高志道と記されている。越方面が北と認識されていたことは確実である。それが北という方位観念に置き換えられるのは早くても斉明朝の頃であろう。ヤマト政権は北方をコシと具体的に把握する古い地域区分がまずあり、それが斉明朝の頃の夷狄認識の形成と連動して北蝦夷と称されたものと考える。このように考えると、七世紀半ばに成立した「蝦夷」表記の「夷」とは東夷の意味ではなく夷狄という広い意味であったことがわかる。

それがさらに四夷観念と結合するようになるのは律令国家の成立まで待たねばならない。北の夷狄を意味する「狄」の語の初見は『続日本紀』文武元年十二月庚辰条の「賜越後蝦狄物各有差（越後の蝦狄に物を賜うこと各差有り）」という記事であり、これ以後出羽方面の蝦夷を「狄」とする記事が頻出する。[25]それはまさに律令国家の出現と軌を一にしており、北狄の出現が律令国家の成立によるものであったことを示している。

なお付言すれば、右で述べたことは陸奥の蝦夷と出羽の蝦狄が実態として異なる存在であったか否かという問題に左右されない。実態はどうあれ、東と北にそれぞれ夷狄を設定することがイデオロギー的に重要なのであり、蝦夷集団における文化・風俗の実態はそれとは別問題だからである。七世紀には「都加留」「越辺蝦夷」のようにエミシ集団を多様な名称で呼んでいたのが、八世紀になると「蝦狄」という呼称に一括される。[26]日本における夷狄観が実体の多様性を無視して北方集団＝狄という観念を集約的に適用した結果である。[27]ここに日本古代国家のイデオロギー的擬制・矮小性が表れている。

次に西の夷狄について。律令国家がその華夷秩序において日本＝中華と対比される存在として四夷を必要としたということはすでに述べた。華夷思想では西戎と称されるが、日本の華夷秩序での具体的比定については意見が分かれるのは先述の通りである。

まず『日本書紀』で西の夷狄に関すると思しい記事を挙げておく。

⑫『日本書紀』継体二十一年六月甲午条

於是筑紫国造磐井陰謨叛逆、猶預経年。恐事難成、恒伺間隙。新羅知是、密行貨賂于磐井所、而勧防遏毛野臣軍。於是磐井掩拠火・豊二国、勿使修職。（中略）天皇詔大伴大連金村・物部大連麁鹿火・許勢大臣男人等曰、筑紫磐井反掩、有西戎之地。今誰可将者。大伴大連等僉曰、正直仁勇通於兵事、今無出於麁鹿火右。天皇曰可。

（是に於いて筑紫国造磐井、陰に叛逆することを謨り、猶預して年を経る。事の成り難きを恐れて恒に間隙を伺う。新羅、是を知りて密かに貨賂を磐井の所に行い、毛野臣の軍を防遏することを勧む。是に於いて磐井、火・豊二国に掩い拠りて使修職らず。（中略）天皇、大伴大連金村・物部大連麁鹿火・許勢大臣男人等に詔して曰く、「筑紫磐井反き掩い、西戎の地を有す。今誰か将たるべき者は」と。大伴大連等僉曰く、「正直仁勇にして兵事に通ぜるは、今麁鹿火の右に出るは無し」と。天皇曰く「可」と。）

⑬『日本書紀』継体二十一年八月辛卯朔条

詔曰、咨大連、惟茲磐井弗率。汝徂征。物部麁鹿火大連再拝言、嗟夫磐井西戎之奸猾。負川阻而不庭。憑山峻而称乱。敗徳反道、侮嫚自賢。

（詔して曰く、「咨、大連、惟茲の磐井率わず。汝徂きて征て」と。物部麁鹿火大連再拝して言わく、「嗟、夫れ磐井は西戎の奸猾なり。川の阻を負いて庭せず、山の峻なるに憑みて乱を称す。徳を敗り道に反き、侮り嫚り自ら賢とす（後略）」と。）

⑫と⑬は磐井の乱に関する記事である。その反乱の地域を⑫では「西戎之地」と記す。これは同記事中の「掩拠火・豊二国、勿使修職」と対応しており、「西戎之地」＝火・豊二国となる。また⑬では磐井を「西戎之奸猾」と呼んでいる。記事自体は東夷と同様に『書紀』編纂期の潤色を含んでいる可能性を考えなければならない。潤色を具体的に見ると、⑬は『芸文類聚』からの引用が多い(28)。該当部分は魏楊脩出征賦の「呉之小夷」という文言を「磐井西戎之奸猾」に変えている。すなわち「西戎」への書き換えは日本側の認識であり、律令国家の西戎認識を直接的に反映している。

次に律令国家期について見ておく。

⑭『続日本紀』養老四年六月戊戌条

詔曰、蛮夷為害、自古有之。漢命五将、驕胡臣服。周労再駕、荒俗来王。今西隅等賊、怙乱逆化、屢害良民。

（詔して曰く、「蛮夷、害を為すこと、古より之有り。漢、五将に命じ、驕胡は臣服す。周、再駕を労い、荒俗は来王す。今西隅等の賊、乱を怙み化に逆らい、屢ば良民を害す」と。）

⑭の記事は大隅隼人の反乱に対する詔であるが、隼人を夷狄に准えており、かつ大隅が「西隅」として捉えられている。隼人が西方の存在として位置づけられていることが明らかであろう。

これらから九州地方の外部集団が西戎と見なされていたと推測できるが、そのことは法制的にも裏付けられる。

⑮養老軍防令65縁辺諸郡人居条

凡縁東辺・北辺・西辺諸郡人居、皆於城堡内安置。其営田之所、唯置庄舎。至農時、堪営作者、出就庄田。収斂訖勒還。其城堡崩頽者、役当処居戸、随閑修理。

（凡そ東辺・北辺・西辺に縁れる諸郡の人居は、皆城堡内に安置せよ。其れ営田の所、唯庄舎を置け。農時に至りて営作に堪えれば、出でて庄田に就け。収斂し訖らば勒して還せ。其れ城堡崩頽せば、当処の居戸を役して、閑に随いて修理せよ。）

この規定では律令国家は東・北とともに西辺を明確に設定している。西の辺境領域に対する規定は、実体的な脅威としての西の夷狄が存在していたことを示す。もしこれが理念先行の規定であれば、南辺に類する文言も加えられて然るべきである。そして、その具体的な記事として⑭が挙げられる。西の夷狄を欠落と捉える見解はこうした点からも従いがたい。なお、南辺が記されていないのは古代日本における南方認識の成立の遅れを端的に表していると考える。この点は後述する。

⑯『令集解』賦役令10辺遠国条「夷人雑類」部

謂、夷者夷狄也。雑類者、亦夷之種類也。釈云、夷、東夷也。挙東而示餘。推可知。雑類、謂夷人之雑類耳。古記云、夷人雑類、謂毛人・肥人・阿麻弥人等類。問。夷人雑類一歟二歟。答。本一末二。仮令、隼人・毛人、本土謂之夷人也。此等雑居華夏、謂之雑類也。一云、一種無別。

（謂は、夷は夷狄也。雑類は亦夷の種類也。釈に云く、夷は東夷也。東を挙げて餘を示す。推して知るべし。雑類、夷人の雑類耳。古記に云く、夷人雑類、謂は毛人・肥人・阿麻弥人等類なり。問う。夷人雑類とは一か、二か。答う。本は一にして末は二なり。仮令、隼人・毛人、本土は之を夷人と謂う也。此等華夏に雑居するは、之を雑類と謂う也。一に云く、一種別無し。）

大宝令の注釈書である古記において夷人として毛人・肥人・隼人・阿麻弥人が記されている。四夷と対比させると、毛人＝蝦夷（東夷）・蝦狄（北狄）、阿麻弥人＝南島（南蛮）となり、肥人・隼人が西戎に当たると見なして大過ないであろう。このうち肥人は⑫・⑬の磐井の記事と対応し[29]、隼人は⑭の令制下の夷狄認識と整合する。

このように日本古代における中華に対する西の辺境は西海道周辺であり、「西戎」は肥人・隼人であった。これに対して隼人を南方の異民族と見なす見解もあるが(30)、以上に述べてきたことからやはり西方の夷狄として把握されていたと見なすべきであろう。一方、隼人を夷狄とは見なさない研究もある。伊藤循氏は蝦夷・南島の儀礼と比較した上で、調物貢進、風俗歌舞の奏上、上京勤務などから隼人を夷狄と見なすべきではないと論じている(31)。隼人の実態的考察として伊藤氏の指摘は重要であるが、理念的側面は実体とは別の位相であることに留意しなければならない。永山修一氏は八世紀前半に南九州に国郡制支配が形式的にではあるが達成されたことが隼人認識に変化をもたらしたことを指摘している(32)。八世紀において律令国家の華夷秩序の構想は、すでにその当初の段階で変質していたという問題を抱えていたのである。

最後に南の夷狄について見ておく。『日本書紀』では神功紀に「南蛮」の語が見える。

⑰『日本書紀』神功皇后摂政四十九年三月条

即命木羅斤資・沙々奴跪是二人不知其姓人也。但木羅斤資者、百済将也。領精兵、与沙白・蓋盧共遣之。倶集于卓淳、撃新羅而破之。因以平定比自㶱・南加羅・喙国・安羅・多羅・卓淳・加羅七国。仍移兵、西廻至古奚津、屠南蛮忱弥多礼、以賜百済。

（即ち木羅斤資・沙々奴跪是の二人は其の姓を知らざる人也。但し木羅斤資は百済の将也。に命じて精兵を領し、沙白・蓋盧と共に之を遣わす。倶に卓淳に集まりて、新羅を撃ちて之を破る。因りて以て比自㶱・南加羅・喙国・安羅・多羅・卓淳・加羅の七国を平定す。仍りて兵を移して、西に廻りて古奚津に至り、南蛮の忱弥多礼を屠り、以て百済に賜う。）

この記事は日本史料において「南蛮」と明記する唯一のものである。しかし、これを日本の南方意識と結びつけるべきではない。ここでは耽羅＝済州島が「南蛮」と記されているが、地理的に耽羅が日本の南であるとはいい難い。

朝鮮半島は、新羅を「西蕃」とするように西か、「海北」とするように北のイメージであった。そこで注目されるのが継体紀の「南海中耽羅、初通百済国（南の海中の耽羅、初めて百済国に通づ）」という記事である。これは日本が直接的に関わらない記事であり、百済系史料によるものと推定できる。すなわち、耽羅は百済にとって南方と認識されていたことになる。⑰は百済における華夷思想の存在を示すものといえるであろう。[34]

それでは日本古代の南方意識はいかに表れるか。七世紀前半の推古～舒明朝において南島ヤクの来朝が頻繁に記録されている。[35]ただし、それはあくまでもヤクの到来という偶発的な結果を承けての受動的な対処であった。舒明元年には田部連をヤクに派遣するものの、[36]舒明三年（六三一）のヤク来朝をもって交渉は途絶える。あくまでも単発的な政策であり、恒常的な関係を作り上げるには至らなかった。

南島との関係が本格的に再構築されるのは天武朝である。[37]天武六年（六七七）二月に多褹嶋人の来朝が記録され、天武八年には倭馬飼部連造等が多褹に派遣されている。注目すべきはその帰国の記事である。

⑱『日本書紀』天武十年八月丙戌条

遣多禰嶋使人等、貢多禰国図。其国去京五千餘里、居筑紫南海中。切髪草裳。粳稲常豊、一殖両収。土毛支子・莞子及種々海物等多。

（多禰嶋に遣わす使人等、多禰国図を貢す。其の国、京を去ること五千餘里にして、筑紫の南海中に居り。髪を切りて草の裳たり。粳稲は常に豊かにして、一たび殖えて両たび収む。土毛は支子・莞子及び種々海物等多し。）

倭国の方から積極的に南島の多褹に使者を派遣し、その国図を作り、その地理・風俗・産物を調査している。地理や産物への関心は、律令国家形成の最終段階において南島を支配秩序に組み込もうとする指向性の表れといえよう。こうした倭国の能動的な姿勢は持統・文武朝にも確認できる。

⑲『日本書紀』持統九年三月庚午条

遣務広弐文忌寸博勢・進広参下訳語諸田等於多禰、求蛮所居。

（務広弐文忌寸博勢・進広参下訳語諸田等を多禰に遣わして、蛮の居る所を求めしむ。）

⑳『続日本紀』文武二年四月壬寅条

遣務広弐文忌寸博士等八人于南嶋覓国。因給戎器。

（務広弐文忌寸博士等八人を南嶋に遣わして国を覓めしむ。因りて戎器を給う。）

持統・文武朝には文忌寸博士が南島覓国使として繰り返し派遣されている。[38] ここでも南島に対する積極性が看取できる。こうした倭国の行動は七世紀後半の律令国家の形成過程で周辺集団を夷狄と位置づける動きが明確化し、天武朝以降南島の習俗等に対する関心が生じたことを示す。かかる外部集団の調査は使節の派遣を前提としており、外部集団に対する律令国家の能動性を指摘できる。天武～文武朝頃に律令国家形成に伴う対外的膨張と華夷秩序構築において推古朝の頃から接触のあった南島の調査を行なう政策が推進されたものであろう。

こうした天武～文武朝における南島政策の進展において南島に対する認識も変化している。天武朝では、⑱のように多褹に対して南蛮ではなく「南海中」としている。この時点では南島に対する夷狄視はまだ確立していないといえる。ところが持統朝の⑲では「蛮」と明記しており、多褹＝南蛮という理解が七世紀末には形成されていた。

㉑『続日本紀』文武三年七月辛未条

多褹・夜久・菴美・度感等人、従朝宰而来貢方物。授位賜物各有差。其度感嶋通中国、於是始矣。

（多褹・夜久・菴美・度感等人、朝宰に従いて来りて方物を貢す。位を授けて物を賜うこと各おの差有り。其れ度感嶋、中国に通ずること、是に始れり。）

㉑では南島が「中国」に到来したとある。律令国家成立直前の倭国を夷狄に対比される中華に相当する「中国」と称していることは、南島の夷狄視がゆるぎないものとなっていたことを示している。南島＝南蛮の位置づけは持統・文武朝にできあがったといえる。

ところで天武朝における地理・風俗調査は律令法の継受とも関わる。日本令では外部集団の調査を次のように規定する。

㉒養老公式令89遠方殊俗条

凡遠方殊俗人、来入朝者、所在官司、各造図。画其容状・衣服、具序名号・処所并風俗。随訖奏聞。

（凡そ遠方の殊俗人、来たりて入朝すれば、所在の官司、各おの図を造れ。其の容状・衣服を画き、具に名号・処所并せて風俗を序でよ。訖るに随いて奏聞せよ。）

同条に対応する唐令は次の通りである。

㉓唐復旧公式令[39]補遺二〔開七〕

凡蕃客至、鴻臚訊其国土山川風土、為図奏之、副上於職方。殊俗入朝者、図其容状・衣服以聞。

（凡そ蕃客至らば、鴻臚、其の国の山川風土を訊ね、図を為りて之を奏し、職方に副え上れ。殊俗入朝する者は、其の容状・衣服を図き以て聞せよ。）

日唐両令を比較すると、文章は大幅に組み替えられているものの、内容はいずれも夷狄来朝の際にその国の地理や風俗を問い質すことを規定するものであり、日本令は唐令の影響を大きく受けて成立している。これとほぼ同じ行為が⑱天武十年（六八一）に為されているということは、浄御原令以前から唐令の一部の条文が先行的に継受・施行されていた可能性を窺わせる。

一方、⑱天武十年・㉒日本令・㉓唐令の相違は来朝主体である。唐令では蕃客が主要な対象であり殊俗は附帯条項にすぎない。天武十年段階ではまだ南島は夷狄視が確立していない外部集団である。これに対して日本令では「遠方殊俗人」が規定の対象となっている。唐令との相違は夷狄・蕃の意味づけに基くものである。特に注目したいのが日本令で「遠方殊俗」としたことの意味である。そこで「遠方殊俗」についての明法家の解釈を見てみる。

㉔『令集解』公式令89遠方殊俗条「遠方殊俗人」部

釈云、文宜連読。跡云、殊俗、謂非常来隣国人而異奇色耳。穴云、殊俗人、謂非常参蕃人也。

（釈に云く、文は連読するを宜きとす。跡に云く、殊俗、謂は非常に来たれる隣国の人にして異奇の色耳。穴に云く、殊俗人、謂は非常に参る蕃人也。）

令釈や穴記によると殊俗とは「隣国人」や「蕃人」であり、夷狄ではない。天武十年段階では南島は夷狄として確立してはいないが持統朝には蛮と称されていることからすると夷狄に類するものとして扱われていたであろう。後述するように饗応の場が飛鳥寺西広場であったこともそれを示唆する。そうであるとすると、なぜこのような齟齬が生じるのか。令の注釈書としての跡記や穴記は机上の論理であって必ずしも実態を反映したものではないということを顧慮するとしても、やはり説明を要する。

この問題は華夷秩序の構築と関わる。七世紀後半に外部集団を夷狄として位置づける政策が採られた。覓国使派遣や、北方における阿倍比羅夫の遠征はそうしたイデオロギー的営為の一環でもあった。律令国家形成にあたって夷狄が必要となったので外部に求めていったというのが七世紀末までの倭国の行動原理であった。これに対して律令国家が成立して恒常的に接触のあった外部集団を華夷秩序に組み込む作業がひとまず終了すると、日本にとって「夷狄」として取り込むべき外部集団はなくなることになる。ただし、七世紀にも堕羅・舎衛等のように、ごくまれに遠方からの非恒常的な一回性の強い到来の可能性は残る。そこでそのような異国人への対処の規定として再規定されたのが㉒遠方殊俗条であった。南島は天武朝には領域外の存在であったが、持統・文武朝に華夷秩序への包摂によって夷狄へと組み込まれたのであり、その結果遠方殊俗条の適用対象も変化した。そして、平安期になると「殊俗」とは法論理上では華夷秩序の外部の存在ということになり、「夷狄」とは異なる存在と見なされた。それゆえ明法家は「隣国人」「蕃人」と解釈したのである。「殊俗」は跡記と穴記では「非常」という点で一致しており、恒常性がないということに力点が置かれている概念である。この点について伊藤循氏は『類聚国史』に見える風俗部と殊俗部の違いについて天皇の教化の対象になるか否かであると指摘しており[40]、従うべき見解である。

かくして律令国家において南島は南蛮と位置づけられた。一方、九州南部や南島側はそうした律令国家の取り込みに抵抗しており、それが結果として大宝二年の薩摩・多褹に対する征討と在地所司の設置へとつながる[41]。そして、和銅七年に多褹に印が支給されて多褹嶋として国郡制支配に組み込まれると、多褹は夷狄の範疇から脱却して内民化する。これ以後は夷狄としての南島は多褹を除いた諸島となり、代わって⑯にあるように阿麻弥人が南島の代表的存在として認識されるようになるのである。

南方に対する認識の形成は、蝦夷等に対する東・北への認識に比べると遅れて表面化したものであり、先掲⑮養老軍防令65縁辺諸郡人居条においても南辺のみ規定されていないように、現実的には南に対する意識がそれほど働いていないことを示している。それゆえに理念的な華夷秩序の創出を最も端的に表しているといえる。

このように日本古代における「夷狄」のあり様からすると、華夷秩序の体系的完成は四夷を擬制的に措定することが完了した律令国家成立を劃期として位置づけられる。蝦夷への対応のように、「夷狄」認識自体は斉明朝の頃から表れつつあるが、律令国家成立時に日本海側の蝦夷が蝦狄、南島が南蛮として位置づけられることによって日本＝「中華」に対する四方の夷狄として理念的に整備された。かかる「夷狄」の措定については明確な基準があるわけではない。蝦夷と隼人を比べると実態的には様々な差異がある。擬制的に設定された四夷の中でも西に対する認識は曖昧であることは否めない。最も早くからヤマト政権への服属が推し進められており、華夷秩序を形成する過程においてすでに単なる外部集団ではなかったことによるものであろう。また、蝦夷と隼人は華夷思想における二面性を表している可能性もある。先述のように夷狄に対する中華の対応は排除と受容という二面性を持つ。夷狄には国家・王権は存在しないものとして捉えられた(42)。文化的差別と教化による取り込みという二側面を持つ対夷狄認識は日本の歴史的経緯から自成したものではないため、実態と相違する部分では虚構をもってその闕を補わなければならなかった。もともと理念先行の継授過程において思想的未熟さゆえにその発現は困難だった華夷思想における排除と受容の図式は、教化の対象でありながら同時に差蔑され続けた蝦夷(43)と、衛門府に隼人司が置かれて内民化の一面を持つ隼人として振り分けることで象徴的に示された。このため特に隼人は理念と実態の間で矛盾した存在となったのである。なお南島は、朝貢儀礼においては蝦夷に類似しており、一方で多褹嶋として律令国家の行政的地域区分に取り込まれるように隼人との近似性も持つ。時期的に遅れて出現した南蛮たる南島諸島は、蝦夷と隼人の中間的形態として扱われたのである。このように違いはあるものの、いずれの集団も「中華」たる日本との異質性が前面に押し出されることによって一括して「夷狄」として強調された。ヤマト政権や律令国家の周辺に対する関係の構築において、蝦夷・南島・隼人がそれぞれ異なる歴史的経緯を経ていることは当然である。倭国と外部集団との関係について田中聡氏は「夷人」的関係として捉え、それは本来的には個別的関係であったと指摘している(44)。そうした個別的関係においてそれぞれの夷狄視が図られ、それが日本律令国家の華夷秩序において東夷―蝦夷、北狄―蝦狄、西戎―隼人、南蛮―南島という四夷として列島の周囲に体系的にあるかの如く措定したことが国家の形成であったといえる。律令国家が華夷秩序を構築するにあたっては四夷の存在が要請されるため、本来多様であった外部集団との個別的関係を各々の歴史的特質を一定程度捨象した上で夷狄として設定したところにその擬制性を見るべきであろう。隼人・肥人・蝦夷・南島は服属の形態が異なるにも拘らず夷狄として同列に扱われており、律令国家の外部集団に対する抑圧のあり方を示している。多様な支配関係や差別のあり方を華夷秩序という枠組みに収斂させる観念的装置として日本古代における華夷思想はその役割を果したのである。

なお、四夷が基本的にそれぞれ一集団に限定されるのは、中華―四夷という理念が先にあり、それに合わせて辺境集団を夷狄として措定したことの表れである。換言すれば律令国家の成立にとって、実体としての周辺集団の有無に拘らず四夷を創出することが要請されていた。それだからこそ律令制下でも⑯のように陸奥の毛人＝東夷、出羽の毛人＝北狄、肥人＝西戎、阿麻弥人＝南蛮として列記されることになる。日本は自己のエスノセントリズムを中国の華夷思想を外被としながら示そうとしたのであり、それは具体的で可視的に把握できるものでなければならなかった。その意味で律令国家による四夷の編成はきわめて計画的なものであったといえる。

日本における華夷秩序は周辺を夷狄と位置づけるところから現象化したのであり、四夷が備わって初めて日本は自らを「中華」とする自己認識が可能になった。倭国のエスノセントリズムは七世紀に接触した外部集団を「夷狄」と見なすことで華夷思想として具象化し得たといえる。かかる華夷認識のもとに周辺を「夷狄」視した日本はいつから中心たる「中華」となったのであろうか。次節ではこの問題を取り上げる。

Ⅱ　「中華」意識の発現

日本における「中華」認識は日本古代において自らを世界の中心として認識するエスノセントリズムとどのように対応するのであろうか。日本が対外関係においてどこまで自己を世界の中心として主張し得たかという視点に立つ時、それはきわめて困難であったことに気付く。対中国関係では隋に対して「日出処」―「日没処」という相対的な位置関係を述べるに止まり、[45]また唐に対しては朝貢国として自覚している。[46]古代において倭国／日本が中国に対して自己を「中華」として主張することは不可能であった。朝鮮諸国に対しても律令制以前において「大国」と称することはあっても、[47]それは儒教的秩序に基く自称でありそこに中心と周辺という関係は見出せない。

まず史料用語として表れる「中華」あるいはそれに類する語句をめぐる認識から考察を加える。

㉕『日本書紀』神武即位前紀己未年三月丁卯条

下令曰、自我東征於茲六年矣。頼以皇天之威、凶徒就戮。雖辺土未清、餘妖尚梗、而中洲之地、無復風塵。誠宜恢廓皇都、規摹大壮。(後略)

(令を下して曰く、「我東征より茲に六年なり。頼るに皇天の威を以てし、凶徒は戮に就く。辺土清まらず、餘妖尚お梗れたりと雖も、中洲の地、復た風塵無し。誠に皇都を恢廓して、大壮を規摹すべし(後略)」と。)

㉖『日本書紀』景行五十一年八月壬子条

於是所献神宮蝦夷等、昼夜喧譁、出入無礼。時倭姫命曰、是蝦夷等不可近於神宮。則進上於朝庭。仍令安置御諸山傍。未経幾時、悉伐神山樹、叫呼隣里而脅人民。天皇聞之、詔群卿曰、其置神山傍之蝦夷、是本有獣心、難住中国。故随其情願、令班邦畿之外。是今播磨・讃岐・伊予・安芸・阿波、凡五国佐伯部之祖也。

(是に於いて神宮に献ずる所の蝦夷等、昼夜喧り譁くし、出入礼無し。時に倭姫命曰く、「是の蝦夷等は神宮に近づくべからず」と。則ち朝庭に進上す。仍りて御諸山の傍に安置せしむ。幾時を経ずして悉く神山の樹を伐り、隣里に叫呼して人民を脅かす。天皇之を聞き、群卿に詔して曰く、「其れ神山の傍に置く蝦夷は、是れ本より獣心有りて、中国に住み難し。故に其の情願に随いて、邦畿の外に班せしめよ」と。是今、播磨・讃岐・伊予・安芸・阿波、凡そ五国の佐伯部の祖也。）

㉗『日本書紀』雄略七年是歳条

田狭既之任所。聞天皇之幸其婦、思欲求援而入新羅。于時、新羅不事中国。天皇詔田狭臣子弟君与吉備海部直赤尾曰、汝宜往罰新羅。

（田狭既に任所に之く。天皇の、其の婦に幸するを聞きて、援を求めて新羅に入らんと思い欲す。時に新羅、中国に事えず。天皇、田狭臣の子の弟君と吉備海部直赤尾とに詔して曰く、「汝往きて新羅を罰すべし」と。）

㉘『日本書紀』雄略八年二月条

自天皇即位至于是歳、新羅国背誕、苞苴不入、於今八年。而大懼中国之心、脩好於高麗。由是高麗王遣精兵一百人、守新羅。

（天皇の即位より是歳に至るまで、新羅国背き誕りて苞苴入らざること、今まで八年なり。大いに中国の心を懼れ、高麗に脩好す。是に由りて高麗王、精兵一百人を遣わして新羅を守る。）

㉙『日本書紀』雄略二十三年八月丙子条

天皇疾弥甚。与百寮辞訣、並握手歔欷。崩于大殿。遺詔於大伴室屋大連与東漢掬直曰、方今区宇一家、煙火万里。百姓乂安、四夷賓服。此又天意、欲寧区夏。所以小心励己、日慎一日、蓋為百姓故也。

（天皇の疾弥よ甚し。百寮と辞訣して、並びに手を握りて歔欷す。大殿に崩ず。大伴室屋大連と東漢掬直とに遺詔して曰く、「方今区宇一家にして煙火万里す。百姓乂り安くして四夷賓服す。此又天意に、区夏を寧らかにせんと欲するなり。所以に心を小さくして己を励まし、日に一日を慎むは蓋し百姓の為の故也」と。）

㉚
『日本書紀』顕宗二年八月己未朔条
大泊瀬天皇、正統万機、臨照天下。華夷欣仰、天皇之身也。吾父先王、雖是天皇之子、遘遇迍邅、不登天位。以此観之、尊卑惟別。而忍壊陵墓、誰人主以奉天之霊。其不可毀、一也。又天皇与億計、曽不蒙遇白髪天皇厚寵殊恩、豈臨宝位。大泊瀬天皇、白髪天皇之父也。億計聞諸老賢、老賢曰。言無不讎、徳無不報。有恩不報、敗俗之深者也。陛下饗国、徳行広聞於天下。而毀陵、翻見於華裔、億計恐、其不可以莅国子民也。其不可毀、二也。
（大泊瀬天皇、万機を正統して天下に照臨す。華夷欣仰せるは天皇の身也。吾が父の先王は是天皇の子と雖も、迍邅に遘遇して天位に登らず。此れを以て之を観るに、尊卑惟れ別なり。而るに忍びて陵墓を壊さば、誰を人主として以て天の霊に奉ぜん。其の毀つべからざるの一也。又天皇と億計と、曽て白髪天皇の厚寵殊恩に遇うを蒙らざれば、豈に宝位に臨まん。大泊瀬天皇は白髪天皇の父也。億計、諸老賢に聞くに、老賢曰く、「言、讎いざるは無く、徳、報えざる無し。恩有りて報えざれば、俗を敗ること深き也」と。陛下、国を饗して、徳行は広く天下に聞ゆ。而れども陵を毀ち翻りて華裔に見しめば、億計恐るらくは、其れ以て国に莅み民を子とするべからざる也。其の毀つべからざるの二也。）

㉛
『続日本紀』養老六年閏四月乙丑条
太政官奏曰、廼者、辺郡人民、暴被寇賊、遂適東西、流離分散。若不加矜恤、恐貽後患。是以聖王立制、亦務実辺者、蓋以安中国也。
（太政官奏して曰く、「廼者、辺郡の人民、暴かに寇賊を被り、遂に東西に適きて、流離分散す。若し矜恤を加えざれば、恐らくは後患を貽さん。是を以て聖王制を立て、亦務めて辺を実すは、蓋し中国を安んずるを以て也」と。）

表20　文献における「中華」とその類語

史料	時系列	用例	訓　読	対比領域	対比対象	備　考
㉕	神武紀	中洲	ウチツクニ	辺　土	餘　妖	
㉖	景行紀	中国	ウチツクニ	邦畿之外	蝦　夷	
⑦	成務紀	中区	ウチツクニ	国郡・県邑	国郡之首長	蕃塀と対比
㉗	雄略紀	中国	ナカツクニ	新　羅	新　羅	
㉘	雄略紀	中国	ナカツクニ	新羅国	新　羅	
㉙	雄略紀	区夏	クニノウチ	四　夷	四　夷	ヒナ
㉚	顕宗紀	華	ミヤコ	夷	夷	ヒナ
		華	ミヤコ	裔	裔	ヒナ
㉑	文　武	中国		多褹～度感	南　島	
㉛	養　老	中国		蝦　夷	辺　郡	
㉜	養　老	華夏		辺遠国	夷　人	大宝令同じか
㉝	養　老	華		夷	夷　狄	大宝令同じか
㉞	天　平	中国		境　外		毛人

㉜養老賦役令10辺遠国条
凡辺遠国、有夷人雑類之所、応輸調役者、随事斟量。不必同華夏。

（凡そ辺遠国、夷人雑類有るの所、調役を輸すべきは、事に随いて斟量す。必ずしも華夏と同じくせず。）

㉝養老儀制令1天子条
天子。祭祀所称。

天皇。詔書所称。

皇帝。華夷所称。

陛下。上表所称。太上天皇。譲位帝所称。乗輿。服御所称。

車駕。行幸所称。

㉞『令集解』公式令50国有瑞条「境外消息」部古記
問。境外消息。答。知境外有欲襲中国之志者、馳駅也。境外、謂毛人消息亦同。

（問う。境外消息とは。答う。境外、中国を襲わんと欲するの志有るを知れば、馳駅する也。境外、謂は毛人の消息も亦同じ。）


これに前掲の⑦・㉑を加えた十三例が日本の中華意識に関

わる史料である。史料を通覧すると、中華に類する用語が表れる時は、外部に類する用語がそれに対比されていることに気付く。そこで中華に類する用語がいかに位置づけられているかということをまとめたのが表20である。

まず表20に整理したような中華関連用語とそれに対比される対象の構造について見てみる。⑦中区―国郡・県邑、㉑中国―南島、㉕中洲―辺土、㉖中国―邦畿之外、㉗・㉘中国―新羅、㉙区夏―四夷、㉚華―夷・裔、㉛中国―辺郡・蝦夷、㉜華夏―辺遠国、㉝華―夷、㉞中国―境外、となる。こうした傾向は、日本において中心性は外部との対比によって初めて強調されるということを如実に表している。

そしてもう一つ注目すべきが、外部として措定されている対比領域は二つの類型に分類できることである。a日本に属しており、かつ外部と接触・対峙する領域、b日本の外部として位置づけられた地域・集団である。aに該当するのが⑦国郡・県邑、㉕辺土、㉖邦畿之外、㉚夷・裔、㉛辺郡、㉜辺遠国であり、bが㉑南島、㉙四夷、㉛蝦夷、㉝夷、㉞境外となる。対比領域を通じて中華に対比される対象は、妖・夷・国造・新羅・蝦夷・南島・辺郡といったカテゴリーである。このうち抽象的な表現であり実体的なイメージを持たない妖・夷を除くと、具体的な対象として措定されるのは、aに関連するのが国造・辺郡、bの射程に入る蝦夷・南島となる。このうち前者は、⑦で「中区之蕃屏」と記していることが目を惹く。国造は「首長」として国郡に仕じられており、地方行政官であると同時に王権を外部から守る防壁である蕃屏の役割を担うものと認識されている。それは律令制下において「辺」の概念に置き換えられる。㉛の太政官奏では辺郡が蝦夷の被害を被った時に「辺」の安定が中華の安定であると述べており、中華と「辺」は同質性が強調されている。㉜ではさらに明白であり、華夷の接触する地域を「辺遠」という緩衝地帯として設定している。このように「辺」は国家の内外を区切る上で重要な領域であり、それは機構化された藩塀ということができる。これを律令の日唐比較からも見ておく。

㉟天聖令賦役令

諸辺遠州、有夷獠［雑］類之所、応有輸［課］役者、随事斟量。不必同華夏。

（諸れ辺遠の州、夷獠雑類有るの所、課役を輸すこと有るべき者は、事に随いて斟量す。必ずしも華夏と同じからず。）

天聖令から推定される当該条の唐令と日本令を比較すると、唐令「夷獠」を日本令「夷人」とするなど若干の語句の修正はあるものの、ほぼ同文であったことが確認できる。「辺遠」の概念も唐から継受したものであったことが分かる。

「辺」の概念に付随して辺要という概念にも注目したい(49)。辺要とは中華と夷狄の接する地域で、夷狄を教化し支配領域を拡大する役割を持っていた。弘仁二年正月二十九日格に「陸奥・出羽両国為体、北方蕃屛、勢居辺要、人物是須（陸奥・出羽両国の体たらく、北方の蕃屛にして、勢は辺要に居し、人・物是に須つ）(50)」とあるように、陸奥や出羽は蝦夷・蝦狄と相対する「蕃屛」でありかつ辺要であった。辺にせよ蕃にせよ、夷狄と直接的に向かい合って中華を守る障壁であり、一方で領域を拡大する際にはその拠点と位置づけられていたのである。中華の外郭として君臣関係によって結合するのが蕃であり、それを空間的に示す語が辺であったと考える。

一方でbは夷狄の範疇に属する存在であり、ここから〈中華―夷狄〉の対立構造を読み取れる。なお、ここにおいて問題となるのが新羅である。新羅は夷狄と同様に国家の外部的存在でありながら、㉗で「事エズ」とあるように倭王権との君臣関係が強調されている。大宝令段階では蕃国と解釈されており(51)、やはり「蕃」＝藩塀として位置づけられていた。実体としては国造と新羅を同様の存在と見なすことができないことはいうまでもないが、観念的には倭国の君主に奉仕することを前提とした存在として位置づけられていた。

このように見ると、日本古代における「中華」とは本質的には列島の周辺集団たる「夷狄」との対比を射程に入

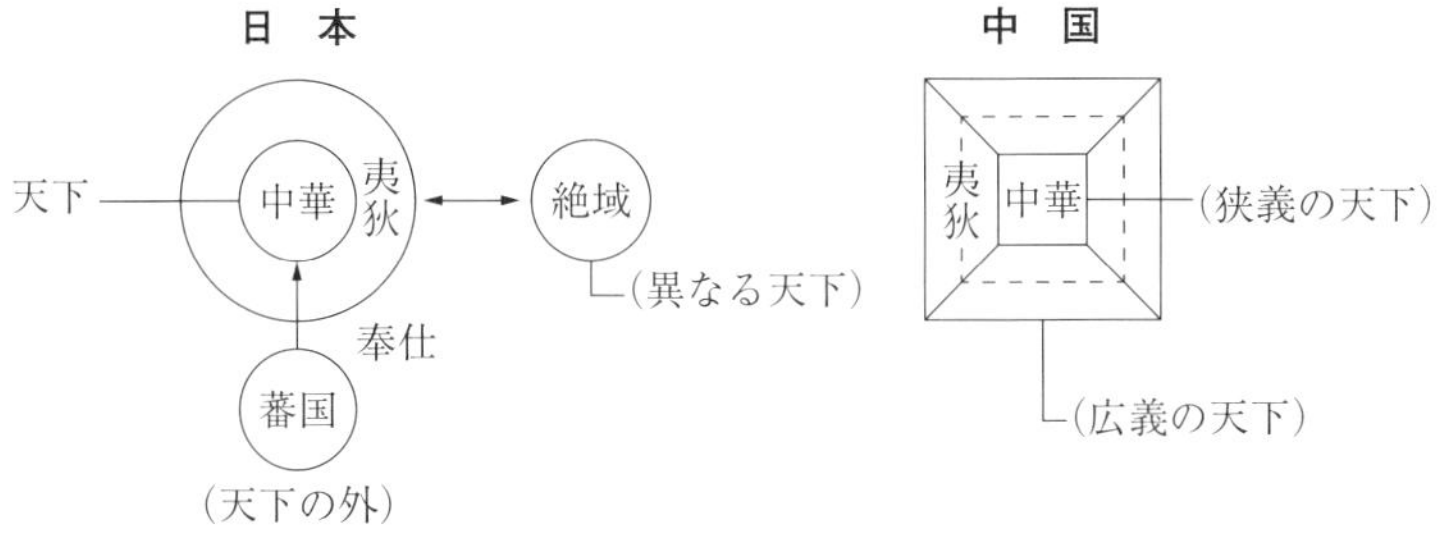

図６　日中華夷構造の比較

れたものであったと指摘できる。それ以外の外部である中国王朝や朝鮮諸国は基本的にはその対象とならなかった。新羅については「蕃」として位置づけられたが、これは国造に対する用法からも判明するように君臣関係に比重がおかれた概念であり、中心―周辺の構造として把握すべきではない。

要するに中華をめぐって、ａ〈中華―藩塀〉という関係とｂ〈中華―夷狄〉という関係があった。その違いをまとめると、〈中華―藩塀〉では仕奉関係を基軸としており、観念的には支配秩序内に組み込まれているという共同性を有している。これに対して中国的な華夷思想を適用して文化的な差異に基準を置き、未服属として対立関係で捉えるのが〈中華―夷狄〉であるということになる。本来中国では夷狄の下位概念として君臣関係のある蕃域とその外側の絶域という分類であったが、日本では夷狄と蕃は重なるところがない。そして、この二つの関係を統合すると〈中華―藩塀―夷狄〉という構造を析出できる。国家は外部である夷狄と対峙しながら、その内部において中心の中華とそれを外部から遮断する藩塀に分節される。これを前述の中国における華夷構造と比較しながら図式化すると図６のようになる。

それでは「中華」という自己認識とそれに付随する観念的華夷秩序はいつ頃成立したものであろうか。夷狄の設定についての詳細は前節で見た通りであるが、時期的には律令国家形成が本格化する七世紀半ば頃から交流のあった外部集団に対して個別に夷狄と位置づけていき、それが体系的に四夷として編成されるのが律令国家の完成する文武朝であった。夷狄認識と対置される中華認識も段階的に形成されたものであり、劃期としては律令国家成立を見ることができる。表20（378ページ）を見れば明らかであるが、自己認識としての「中華」の類語は『書紀』では顕宗紀以前に集中しており仁賢紀以降には表れない。『書紀』における顕宗紀以前の記事は編纂時の潤色であり、史料的に信用し得るのは文武朝以降の記事である。まさに律令国家が成立する直前から使用され始めている。古代国家形成にとって最も重要な七世紀後半に「中華」の用例が全く見られず、ここに日本の中華意識が律令国家成立と連動するものであったことを看取できる。文武二年（六九八）の時点で「中国」という自意識が現れることからすると、浄御原令制下において日本＝中華として措定されるようになったものと推測する。華夷思想に基いて自らを自覚的に「中華」と位置づけるのは律令国家の成立を待たなければならなかったのである。

ところで顕宗紀以前の「中華」が潤色であるとすれば、それはいかなる観念に対する修飾であったのか、「中華」やその類語に付された訓の視点からふれておきたい[52]。大野晋氏によると奈良時代に『書紀』全文の訓読が行なわれたのか不明であり[53]、そのため訓が八世紀以前の認識に直結させせられるかという問題もあるので参考として述べておく。表20ではウチツクニに「中洲」「中国」「中区」の字を当てている。ウチツクニに対するのはトツクニである。ウチツクニ―トツクニという構造であり、律令制下の畿内―畿外に対応する。一方、ミヤコ・ヒナという構造も看取され、「華夷」「華裔」と記される。また類似する構造としてクニノウチを「区夏」と記し、ヒナ（「四夷」）を対応させている。この他にナカツクニの訓があるが、これは新羅に対する自己認識として用いられている。これらの記事は時系列的にきわめて古いところに置かれており、かえって内容や表現が律令制下の認識の影響を大きく被っていることを示唆する。特にヤマト政権に服属していない領域・集団に対する自己認識の表現として表れる。すなわち、実質的に中華意識が成立したのは律令制においてであるが、『日本書紀』ではそれ以前から華夷秩序があるかの如く潤色するためウチツクニ・クニノウチ・ミヤコの語に対して中華の類語を用いた表記を施した可能性を見て取れる。そのため『書紀』では「中華」が夷狄に相対する概念として確立していない。前述の通り夷狄認識が七世紀に形成されたものであり、それ以前の世界観において夷狄概念はない。それを八世紀の華夷思想を基準とした世界観に基いて表記しようとした時にズレが発生したのであり、『日本書紀』の表記と訓の齟齬はそのためであろう。(54)

このような中華意識が出現する前提として、二つの観点からそれ以前の世界観についてふれておく必要性がある。第一に「中華」の類語がウチツクニ・クニノウチ・ミヤコと結びついたことについて、第二に華夷秩序成立以前における世界の中心性の問題である。

第一の問題について考える時、ウチツクニ・クニノウチ・ミヤコに対比されるヒナの概念に着目することが必要である。この世界観は三重采女天語歌に最も具体的に示されている。

㊱『古事記』雄略段

又天皇、坐長谷之百枝槻下、為豊楽之時、伊勢国之三重婇、指挙大御盞以献。爾、其百枝槻葉、落浮於大御盞。其婇不知落葉浮於盞、猶献大御酒。天皇、看行其浮盞之葉、打伏其婇、以刀刺充其頸、将斬之時、其婇白天皇曰、莫殺吾身。有応白事。即歌曰、

麻岐牟久能、比志呂乃美夜波、阿佐比能、比伝流美夜。由布比能、比賀気流美夜。多気能泥能、泥陀流美夜。許能泥能、泥婆布美夜。夜本爾餘志、伊岐豆岐能美夜。麻紀佐久、比能美加度、爾比那閉夜爾、淤斐陀弖流、毛毛陀流、都紀賀延波、本都延波、阿米袁淤弊理。那加都延波、阿豆麻袁淤弊理。志豆延波、比那袁淤弊理。本都延能、延能宇良婆波、那加都延爾、淤知布良婆閇。那加都延能、延能宇良婆波、斯毛都延爾、淤知布良

婆閇。斯豆延能、延能宇良婆波、阿理岐奴能、美弊能古賀、佐佐賀世流、美豆多麻宇岐爾、宇岐志阿夫良、淤知那豆佐比、美那許袁呂許袁呂爾、許斯母、阿夜爾加志古志。多加比加流、比能美古。許登能、加多理碁登母、許袁婆。

（又天皇、長谷の百枝槻の下に坐して、豊楽を為すの時、伊勢国の三重婇、大御盞を指し挙げて献りき。爾に、其の百枝槻の葉、落ちて大御盞に浮かぶ。其の婇、落葉の盞に浮かべるを知らずして、猶大御酒を献りき。天皇、其の盞に浮かべる葉を看行わして、其の婇を打ち伏せ、刀を其の頸に刺し充てて、斬らんとせし時、其の婇、天皇に白して曰く、「吾が身を莫殺したまいそ。白すべき事有り」と。即ち歌いて曰く、

纏向の　日代の宮は　朝日の　日照る宮　夕日の　日がける宮　竹の根の　根垂る宮　木の根の　根蔓う宮　八百土よし　い築きの宮　真木さく　檜の御門　新嘗屋に　生い立てる　百足る　槻が枝は　上つ枝は　天を覆えり　中つ枝は　東を覆えり　下つ枝は　鄙を覆えり　上つ枝の　枝の末葉は　中つ枝に　落ち触らばえ　中つ枝の枝の末葉は　下つ枝に　落ち触らばえ　下つ枝の　枝の末葉は　ありき衣の　三重の子が　指挙せる　瑞玉盞に　浮きし脂　落ちなづさい　水こをろこをろに　是しも　あやに恐し　高光る　日の御子　事の　語言も　是をば）

この歌では槻の上中下の枝がそれぞれアメ・アヅマ・ヒナを覆っており、〈アメ―アヅマ―ヒナ〉の三層構造の世界観が提示されている。平野邦雄氏は、ヒナの観念について五世紀以後大化前代の伝統的な観念であると述べた。(55)その解釈をさらに深化させたのが吉村武彦氏であり、氏は三層が体系的に関連するものであることを指摘する。(56)両氏は「天離る鄙」等の用法からヒナを夷狄ではなくトツクニであると位置づける。ひとまずアヅマを措くとして、アメ―ヒナという対立構造がある。㉚ではミヤコ―ヒナという対置構造が示されており、㉚のミヤコと㊱のアメはヒナに対置されるという点で同質ということになる。事実、㊱の歌では纏向の日代の宮が歌われており、君主の宮の所在地であるミヤコと槻の歌に示されるアメは概念的に一体的なものであるといえる。そして、ヒナとトツクニ

が意味するところが同じとすれば、トツクニと対置される概念であるウチツクニはアメ・ミヤコと同質ということになる。

それは理念的にはいかなる空間として理解できるか。ウチツクニについては畿内制との関連が想起される。鬼頭清明氏は畿内を都城のヒンターランドとして捉えたが(57)、その原型としてミヤコのヒンターランドたるウチツクニという構造を捉えることが可能である。それが大化期に四至畿内制が制定されて以降、畿内制に収斂されていくのであろう(58)。

このようにアメとヒナがこの世界観における基本的な対応関係にあるが、歌ではその他にアヅマが表れている。東国＝アヅマはトツクニと同じ位相にするが、他のトツクニとは異なり王権に直結する地域として掌握されていたために特に歌われたのであろう(59)。

これに外部集団であるエミシ等を加えて整理したのが図7である。

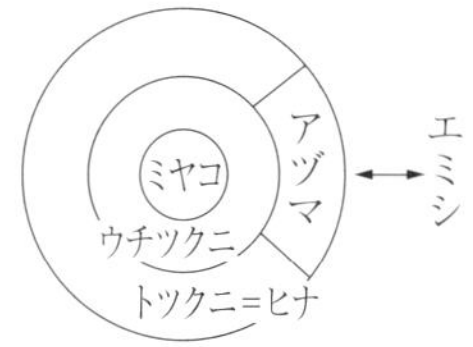

図7　三層世界観の構造

『古事記』の三層世界観は図のような支配領域内の内部編成を土台として、ヤマト政権の中枢であるミヤコとの関わり合いの度合いを示す世界観であったと見なし得る。

一方、ナカツクニの訓は新羅に対して表出するものであり、律令国家成立以前の朝鮮諸国に対するエスノセントリズムが問題となる。朝鮮諸国との対比における自己認識として確実なのは「新羅・百済皆以倭為大国多珍物、並敬仰之、恒通使往来（新羅・百済、皆倭を以て大国にして珍しき物多しと為し、並びに之を敬仰し、恒に使を通わして往来す）(60)」とする礼に基く大国意識である。一方、『書紀』では編纂時の潤色に留意しなければならないが、百済・新羅に対してはこれらを西方とする認識が、高句麗に対しては自国と南北で対比する認識が読み取れる。これらからは朝鮮諸国に対して自らを中心と位置づける意識は確認できない。

なおナカツクニに関しては、記・紀の神話に現れる「葦原中国」（アシハラナカツクニ）も併せて検討する必要がある。『古事記』においては、上巻の「葦原中国」と中・下巻の「天下」（アメノシタ）が対応関係にあることが指摘されている。(61) その差異は、「葦原中国」が高天原によって保証されている領域であり、アマツカミとの直接的関係が重視される。これに対して「天下」は天孫降臨後の天皇の支配空間として認識されていることである。つまり、「葦原中国」と「天下」は空間としては同一であるが、そこを支配する主体が高天原の神々から天皇に移行したことによって名称が変化したということになる。すなわち、ナカツクニとは「天下」を意味するのであり、これを敷衍すると、ナカツクニに対比される新羅とは「天下」に含まれない外部として理解できる。

古代の支配イデオロギーの基幹的タームであるアメノシタの概念は、アメ（天）の観念が先行して存在してそこからアメノシタの観念が発生したのではなく、中国の天下概念を継受したことによって出現したという指摘があることを第三章で紹介した。アメノシタと同一であるナカツクニについても、同じように漢語の「中国」から成立した可能性を想定し得る。日本古代における「中華」意識の成立が文武朝頃であることからすると、これと同時期の記・紀の神話形成において創出された概念であろう。(62)

第二の問題点の、日本における「中華」意識成立以前の世界における中心性についてふれておく。七世紀に仏教がイデオロギーとして重視されるようになるとそれに基いた世界観が顕在化する。特に仏教的世界観として須弥山を中心とする世界観が注目される。(63)

㊲『日本書紀』推古二十年是歳条

自百済国有化来者。其面・身皆斑白。若有白癩者乎。悪其異於人、欲棄海中嶋。然其人曰、若悪臣之斑皮者、白斑牛馬不可畜於国中。亦臣有小才。能構山岳之形。其留臣而用、則為国有利。何空之棄海嶋耶。於是、聴其辞以不棄。仍令構須弥山形及呉橋於南庭。時人号其人曰路子工。亦名芝耆摩呂。

（百済国より化来する者有り。其の面・身皆斑白なり。若しくは白癩有る者か。其の人に異なれるを悪みて、海中の嶋に棄てんと欲す。然るに其の人曰く、「若し臣の斑皮を悪めば、白斑の牛馬は国中に畜うべからず。亦臣、小才有り。能く山岳の形を構う。其れ臣を留めて用うれば、則ち国の為に利有り。何ぞ空しく海の嶋に棄てんや」と。是に於いて其の辞を聴き以て棄てず。仍りて須弥山の形及び呉橋を南庭に構えしむ。時人、其の人を号して路子工と曰う。亦の名は芝耆摩呂。）

右は推古朝における百済人による造園記事でありその一部として須弥山が造成されている。ただし、この記事は倭国が須弥山を知る契機を記すものであり、その中心性が何らかの外部集団に向けられたものではない。推古朝段階では須弥山世界観がエスノセントリズムの発露として機能しているとはいい難い。須弥山世界観がイデオロギーとして機能するようになるのは七世紀中葉である。飛鳥寺西広場・甘檮丘東川上・石上池などに作られ、覩貨邏・蝦夷・粛慎・隼人を饗宴している。倭国に到来した外部集団に対して、須弥山石の所在＝世界の中心という優越意識を象徴するものとして理解できる。

この須弥山世界観からエスノセントリズムと関説して二点を指摘できる。第一に、七世紀前半から中葉にかけての時期のエスノセントリズムは仏教という外皮をまとうことによってようやく表現可能になったことである。この時点で仏教に依存しているということは、華夷思想に基いたエスノセントリズムの表徴はいまだ成立していないということを示唆する。第二に、倭国のエスノセントリズム自体の思想的未熟性である。そもそも仏教的世界観の詳細を述べている『倶舎論』によると、須弥山の四方に大きな洲があり、人の居住するのは南方の贍部洲の東側であり、倭国はその中の小島にすぎない。つまり仏教的世界観としての須弥山世界においては人界自体が周辺なのであり、華夷思想と相容れないものである。そして、倭国はそのまた周辺であるという二重の辺境性を抱えることになる。七世紀前半から中葉における、須弥山＝世界の中心＝倭国という思考は安易で短絡的といわざるを得ない。倭国の須弥山世界観は、七世紀前半においてようやくエスノセントリズムが形成され始めた、その端緒的形態として位置づけられる。

　これに対して中国では、仏教的世界観と華夷思想の認識上の齟齬がすでに四・五世紀の段階で端的に表面化している。僧侶が皇帝に敬礼すべきか否かをめぐって三四〇年（咸康六）と四〇二年（元興元）の二度にわたって礼敬論争が発生した。特に第二次論争では慧遠によって『沙門不敬王者論』が著されている。皇帝権力が華夷秩序に君臨するものであることからすれば、この論争の背景には仏教と華夷思想の衝突の一面を見出すことも可能であろう。その後も同様の論争は続き、南朝で道教と仏教が衝突して夷夏論争が起こっている[64]。この論争は南斉の時に顧歓が著した『夷夏論』より始まったものである。その争点は中国と天竺の風俗のあり方をめぐるものであったが、文化・習俗の違いを強調する道教とそれを超えた普遍的な論理を重視する仏教の立場の違いが引き起こしたものであり、中国における教化と風俗の認容をめぐって激しいやり取りがなされた。論争の過程で老子が西方に去ったという説話から、老子が西方において仏教を起こしたと見なすことによって中国の自尊意識を強調する議論まで出ている。また、北朝でも四四六年（太平神君七）に太武帝によって「仏生西域、寄伝東夏。其尋風教、殊乖中国（仏は西域より生じ、東夏に寄伝す。其れ風教を尋ねるに、殊に中国に乖く）」という詔が発せられ[65]、周武法難が起こっている[66]。いずれも中国における急激な仏教の受容と法勢拡大によって生じた反撥という時代認識を反映したものであろう。唐代においても仏教者は仏教と華夷思想の間で葛藤している。玄奘は贍部洲を四つに分け、東方を人主が治める処、西方は宝主、北方は馬主、南方が象主として区分した[67]。このうち西方は仏法の興った場所として「宝」と特別視さ

表21　『日本書紀』に見える周辺集団に対する饗応

年　記	象徴物	場	対　象
斉明３・７	須弥山	飛鳥寺西	覩貨邏人・堕羅人
斉明５・３	須弥山	甘檮丘東之川上	陸奥与越蝦夷
斉明６・５	須弥山	石上池辺	粛慎
天武６・２	槻	飛鳥寺西	多禰嶋人
天武９・７	槻	飛鳥寺西	
天武10・９		飛鳥寺西河辺	多禰嶋人
天武11・７		明日香寺西	隼人
持統２・12	槻	飛鳥寺西	蝦夷
持統９・５	槻	(飛鳥寺)西	隼人

れたが、他の地域においては東方（中国）が「人」の礼が存在する地域として「馬」の北や「象」の南より優越するものと位置づけており、これによって矛盾を解決しようとしている。

両国のエスノセントリズムを比較すると、かかる中国の思想的展開に比して、日本では須弥山＝中心という素朴な認識に止まっている。日本においてこの問題に対する思想的深化が見られるようになるのは、辺土意識や本地垂迹説が出現する平安後期まで待たねばならない(68)。七世紀における倭国のエスノセントリズムはこうした矛盾を思想的課題として処理する段階に至っておらず、その中心意識は擬制的かつ未熟なものであった。七世紀末には須弥山世界観は政治上の表面から後退し、それにかわって律令制と連動して中国的な華夷秩序が前面に出てくるのである。

このように七世紀中葉まで槻に象徴されるアメ―ヒナの世界観と仏教における須弥山世界観という二つの世界観が、華夷秩序の歴史的前提として存在していた。それが列島周辺に対する夷狄認識と結びついた時に、日本において中華意識が発現したのである。

律令国家成立が華夷秩序成立のメルクマールであるとすると、それ以前における外部集団に対する応対がいかなる世界観に基づくかということが問題となる。七世紀半ば頃から蝦夷・隼人・南島の来朝の際に行なわれた儀礼の場についてまとめると表21のようになる。これらの外部集団への饗応において象徴物として重視されたのが斉明朝の須弥山と天武・

持統朝の槻であった。ヤマト政権は国家的専制を確立していない段階で彼等を服属させるために仏教・神祇に頼らざるを得なかったことが指摘されている(69)。

倭国は須弥山によって自らを世界の中心と位置づけることでようやく外部集団の夷狄視を可能とした。しかし須弥山は斉明朝で姿を消し、その後は槻が迎接の場に現れる。蝦夷・隼人・南島への饗応儀礼に槻が重視されたのは、外部集団が夷狄と見なされるなかで支配空間に対する全くの外部的存在から、教化による取り込みが可能な存在へと位置づけが変化したことによろう。すなわち、ヒナの外郭に接する集団としての外部集団は槻を媒介として統合が可能化された。須弥山と槻はいずれも服属儀礼に活用されたとする指摘があるが(70)、外部集団をヤマト政権の世界観に位置づける効力を期待されていたといえる。

ところで須弥山と槻の相違点として重視すべきは、それが設置される場所である。前者では固定的ではない。これは饗応する側である倭国と饗応を受ける側の外部集団の関係が流動的であったことを示す。覩貨邏人・堕羅人や粛慎に明らかなように、この段階では恒常的な服属関係を構築していなかった。それゆえ散発的に来朝してきた際に個別に対応せざるを得ず、それが場の流動性に反映した。これに対して天武・持統朝では周辺諸集団への応接は飛鳥寺の西広場に限定されている。場の固定化は関係の安定化を意味するものであり、中心─周辺の関係が恒常的になりつつあったといえる。饗応される集団も蝦夷・隼人・多褹（南島）等律令的華夷秩序の四夷と一致しており、律令国家が外部集団を四夷と位置づける直前の状況を窺うことができる。

七世紀半ばから後半にかけて生じた須弥山から槻への変化は、仏教的世界観への一方的依存からの脱却として評価できる。仏教的世界観は、倭国が中国を中心とした華夷秩序から離脱して中国との関係を相対化する役割を果したのであり、遣隋使のあり方にそれは顕著である(71)。しかし、それは倭国が優越的立場にあるべき外部集団との関係をも相対化する危険性を有していた。一方で倭国＝須弥山という同一化は自らを世界の中心と認識する自己中心意識を形成したのであり、それは華夷思想を読み替えて倭国的エスノセントリズムに基く「中華」的世界を構築する基盤となる。すなわち、律令制を形成するにあたって必然的に継受することになる華夷思想の土台を、仏教的世界観は作り上げたといえよう。

本節では華夷思想としてのエスノセントリズムの発現の様相について見通した。ヤマト政権は七世紀後半から外部集団を個々に「夷狄」と位置づけた上で、律令国家成立期に自らを「中華」とする華夷秩序を作り上げた。それは周辺に対する夷狄視よりも遅れるものであり、夷狄視の体系化が図られたことと密接に関係すると見なさなければならない。中華意識は四夷の体系化と連動して形成されたものであり、その逆ではないのである。

Ⅲ　華夷秩序以前の方位認識

前節まで夷狄認識の体系化と中華の成立について論じた。特に四方に夷狄が不足なく配置されることによって華夷秩序が完成するものであり、その劃期は律令国家成立である。こうした四夷の措定は四方という方位認識の問題でもある。これに即して律令制以前の地域区分として遡及的に想起される問題に、四方国制の議論がある。

四方国制を令制以前の制度として最初に論じたのは石母田正氏である[72]。石母田氏は四方国制を大化改新期における畿内制の成立とリンクすると考えた。百済の五方制に範をとる「方」という行政的領域区分によって軍事的編成を行なったとするものである。これに対して川副武胤氏は、倭国以外の全国を四方国とする事例、畿外諸国を指す事例など用例を整理した上で、流動的な概念であるとして制度的に考えることに反論している[73]。また、長山泰孝氏は地理的に全国を四分割することは不可能であったこと、畿内制の軍事的意味を疑問視して百済との制度的関係を否定することによって、四方国は単に諸国を意味するにすぎないとした(74)。

　このように四方国の問題は当初大化畿内制の意義をめぐって議論が交わされたが、四方国制をさらに遡らせて国造制との関連で肯定的に捉える研究も現れるようになる。大津透氏は畿内制と国造制の問題を結びつけて、国造は畿外に存在するものであり、畿外＝四方国として大化の四至畿内制に対応する概念であると論じている(75)。前田晴人氏も大和を中心とした同心円状の境界配置から領域概念としての「四道」―四方国制を想定し、国造制において発生する地方有力首長層の利害調整のために設けられた制度であり、六世紀半ば頃の支配システムとする(76)。ただし、篠川賢氏は国造制研究の立場から、当該期における広域的地域区分としての四方国制に対して疑問を呈している(77)。

　これら四方国の研究史を整理するとその論点は、第一に「四方」とはいかなる意味であるか、第二に領域区分のシステムとして機能していたか、第三に「四方」が畿内制における畿外に対応するか、ということに集約できる。

　第一点から検討すると、四方国における「方」について石母田説のように百済五方制の影響を見ることは難しいと考える。百済の五方は、正確には五部五方であり王都を五部として五つに区分し、地方も五つに区分する制度である。

㊳『括地志(78)』

又有五方。若中夏之都督方。皆建（達）率領之。毎方管郡、多者至十、小者六七。郡将、皆恩率為之。郡県置道使、亦城名主。

（又五方有り。中夏の都督の方の若し。皆達率之を領す。方毎に郡を管すること、多きは十に至り、小さきは六七。郡将、皆恩率もて之と為す。郡県は道使を置き、亦城は主と名づく。）

武田幸男氏はここから五方制の広域性・形式性・軍事性を見出している[79]。特に広域性については「中夏ノ都督ノ方ノ若シ」と記されていることからも明らかであろう。こうした単位的地域区分に広域的にまたがる制度は、七世紀もしくはそれ以前の倭国では大宰を措いて他には考えがたい。石母田氏の所論は大国造とも結びつくものであろうが、大国造についても現在の研究は否定的であり[80]、四方国に百済の五方制の影響を見ることはできないであろう。

それではもう一つの論点である四道―四方国についてはどうか。これを論ずるにあたってしばしば論及されるのが崇神紀の四道将軍説話である。

㊴『日本書紀』崇神十年七月己酉条

詔群卿曰、導民之本、在於教化也。今既礼神祇、災害皆耗。然遠荒人等、猶不受正朔。是未習王化耳。其選群卿、遣于四方、令知朕憲。

（群卿に詔して曰く、「民を導くの本は教化に在り。今既に神祇を礼し、災害皆耗す。然れども遠荒の人等、猶正朔を受けず。是王化を習わざれば耳。其れ群卿を選び、四方に遣わして、朕が憲を知らしめよ」と。）

㊵『日本書紀』崇神十年九月甲午条

以大彦命遣北陸、武渟川別遣東海、吉備津彦遣西道、丹波道主命遣丹波。因以詔之曰、若有不受教者、乃挙兵伐之。既而共授印綬為将軍。

（大彦命を以て北陸に遣わし、武渟川別を東海に遣わし、吉備津彦を西道に遣わし、丹波道主命を丹波に遣わす。因りて以て詔して曰く、「若し教を受けざる者有らば、乃ち兵を挙げて之を伐て」と。既にして共に印綬を授けて将軍と為す。）

㊶『日本書紀』崇神十年十月条

乙卯朔。詔群臣曰、今反者悉伏誅。畿内無事。唯海外荒俗、騒動未止。其四道将軍等、今急発之。丙子。将軍等共発路。

（乙卯朔。群臣に詔して曰く、「今反きし者は悉く誅に伏す。畿内事無し。唯海外荒俗、騒動止まず。其れ四道将軍等、今急に発せよ」と。丙子。将軍等共に路を発す。）

㊷『日本書紀』崇神十一年条

四月壬子朔己卯。四道将軍、以平戎夷之状奏焉。是歳。異俗多帰、国内安寧。

（四月壬子朔、己卯。四道将軍、戎夷を平らぐる状を以て奏す。是歳。異俗多く帰し、国内安寧なり。）

四道将軍が派遣された地域を具体的に見ると、㊵に北陸・東海・西道・丹波と記している。この点について前田晴人氏は、領域区分としての四方国制が実施された時期の地方首長の抵抗に対して派遣された将軍が四道将軍であると述べている[81]。

しかし、四道将軍から「四方」を想定することは困難であろう。一つには『古事記』においては四方ではないことが挙げられる。

㊸『古事記』崇神段

又此之御世、大毘古命者、遣高志道、其子建沼河別命者、遣東方十二道而、令和平其麻津漏波奴自麻以下五字以音。人等。又日子坐王者、遣旦波国、令殺玖賀耳之御笠。

（又此の御世、大毘古命を高志道に遣わし、其の子建沼河別命を東方十二道に遣わして、其のまつろわぬ人等を和平せしめたまいき。麻より以下の五字は音を以てす。又日子坐王を旦波国に遣わして、玖賀耳之御笠を殺さしめたまいき。）

その派遣は高志・東方十二道・旦波であり、『書紀』の「西道」に対応する箇所がない。『古事記』では吉備津彦の派遣は孝霊記に記されており、もともとは別の説話であった可能性が高い。『日本書紀』における「西道」という表記は、「高志」「旦波」といった具体的な地名や、⑪「東方浜海諸国」（362ページ）と対応する「東方十二道」に比べて抽象的であり、後発の知識である可能性が高い。西のみならず、「旦波」についてもこれを南方と理解することは難しい。これらのことは四道将軍伝承が本来的には「四道」「四方」とは無関係であったことを示唆する。崇神紀に配置されているこの説話が、四方国という制度の歴史的事実を反映したものであると見なすことはきわめて困難であるといわざるを得ない。

それよりも『書紀』編纂時の認識という観点から四道将軍説話について考えるべきであろう。この観点から注目されるのが、㊴「遠荒人」、㊶「海外荒俗」、㊷「戎夷」等、四道将軍派遣の対象に華夷思想の語が多用されていることである。「戎夷」の訓がヒナであることから、ウチツクニ―ヒナの概念が修飾されたものである可能性が高い。これらは蝦夷・隼人・南島を指すものではないことから、律令制下における実体的な「夷狄」と同一視はできない。四道将軍説話はハツクニシラススメラミコトと位置づけられた崇神紀に、朝廷の支配秩序が及んでいなかったヒナの服属の起源として配置された記事であり、緻密に考えられた内容構成である。これを四方国と結び付けて考えるべきではない。

要するに律令制以前の地域区分の一環として四方国制なる制度を想定することはできない。当時の方位認識に四方を体系的に把握する観念はないというべきである。そうすると次に、それ以前の方位認識を軸とした世界観はいかなるものであったかという課題が浮上する。そこで提起したいのが、東西の二方向で世界が構成されるとする観念の存在である(82)。幾つか例証を挙げる。

第一。②武の上表文にあるように、五世紀の倭王権は列島の周囲について東＝「毛人」、西＝「衆夷」が存在すると捉えていた。一方朝鮮半島については「海北」と記しており、夷狄的な表現をとっていない[83]。上表文の世界観における東西と北は論理を異にする。なお、「海北」という表現は『日本書紀』にも二例を見ることができる。

㊹『日本書紀』神代上第六段一書第三

即以日神所生三女神者、使降居于葦原中国之宇佐嶋矣。今在海北道中。号曰道主貴。此筑紫水沼君等祭神是也。

（即ち日神の生む所の三女神を以ては、葦原中国の宇佐嶋に降り居らしむ。今、海北道中に在り。号して道主貴と曰う。此れ筑紫の水沼君等が祭る神、是れ也。）

㊺『日本書紀』欽明十五年十二月条

百済遣下部杆率汶斯干奴、上表曰、百済王臣明、及在安羅諸倭臣等、任那諸国旱岐等奏、以斯羅無道、不畏天皇、与狛同心、欲残滅海北弥移居。臣等共議、遣有至臣等、仰乞軍士、征伐斯羅（後略）。

（百済、下部杆率汶斯干奴を遣わして上表して曰く、「百済王臣明、及び安羅に在る諸倭臣等、任那諸国の旱岐等奏さく、『以るに、斯羅無道にして天皇を畏れず、狛と同心して、海北の弥移居を残滅せんと欲す。臣等共に議して、有至臣等を遣わして、仰ぎて軍士を乞い、斯羅を征伐せん』と。（後略）」）

㊹・㊺ではいずれも「海北」は朝鮮半島を指している。『書紀』では律令制的な蕃国の概念を適用して朝鮮半島を「西蕃」と位置づけて西方として把握しているが、それよりも古い方位認識の残滓を看取できる。こうした北方認識は倭国を中心とするものではない。

㊻『日本書紀』天智元年四月条

鼠産於馬尾。釈道顕占曰、北国之人将附南国。蓋高麗破而属日本乎。

（鼠、馬の尾に産む。釈道顕占いて曰く、「北国の人、南国に附かんとす。蓋し高麗の破れて日本に属するか」と。）

この記事では高句麗＝北国、倭国＝南国という相対的な位置関係が示されている。その関係は中心―周辺という構造ではない。律令制以前における朝鮮半島との位置認識は相対的なものであった。

このように見た時、武の上表文における東西の毛人・衆夷と海北は論理を異にしているというべきであり、五世紀の列島における方位認識は東西二方向の区分であったことが確認できる。これを整理して図化したのが図８である。

第二。すでに述べたように、『日本書紀』の記載ではその潤色性を念頭においても、四夷の出現は東・西が南・北よりも格段に古く記されている。東夷が景行紀、西戎が継体紀（熊襲を含むとさらに遡る）であるのに対して、北狄は七世紀中頃から八世紀初頭、南蛮はさらに遅れて七世紀後半から八世紀初頭である。列島の周縁に対する方位意識において南北の方位への意識は律令国家成立期にようやく成立したことがわかる。それ以前の段階ではこうした南北の意識は希薄であり、東西を主軸とした世界観が主流であったと推定できる。

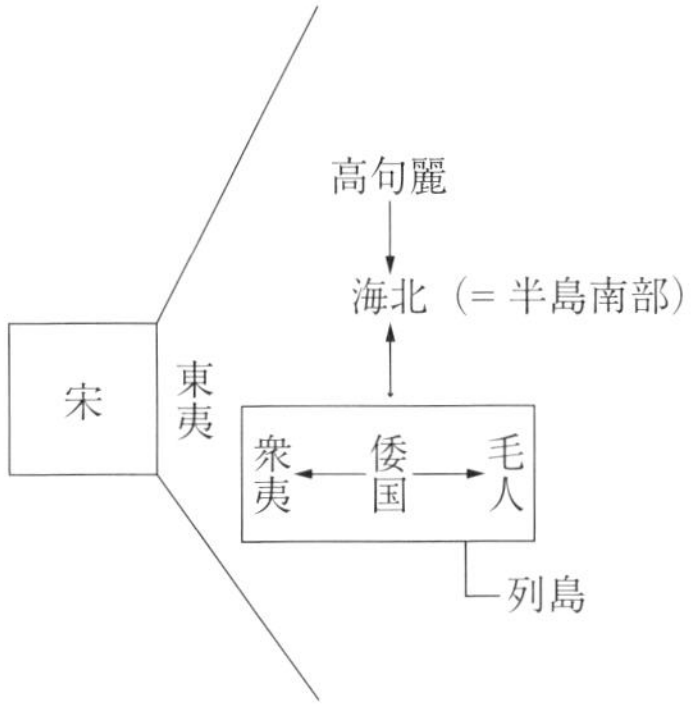

図８　５世紀倭国の世界観

第三。東西の対比構造は氏族名にも表れる。東漢氏と西漢氏は出自や渡来伝承、トモの編成において共通している部分が少なくない。渡来時期も両氏とも五世紀末頃と推定され、六世紀半ばには王権に奉仕する体制が整っていた(84)。この両漢氏のウヂ名は東と西で区別されている。ヤマトノアヤ氏とカワチノアヤ（フミ）氏はそれぞれヤマト・カワチという地名を冠している。居住地による氏族名称が東西という表記で表されるのは、東西による物事の対比・把握が一般的であったことを推測できる。

第四。マクロな世界観においても東西的世界観は機能している。推古十六年国書では「東天皇敬白西皇帝」とあり、倭国と隋が東西対比される。それよりも遡る大業三年国書でも「日出処天子致書日没処天子」とある。東野治之氏が指摘するように仏典を典拠とするものである。(85)

㊼『大智度論』巻一〇

如経中説、日出処是東方、日没処是西方、日行処是南方、日不行処是北方。日有三分合。若前合、若今合、若後合。随方日分、初合是東方、南方・西方亦如是。日不行処是無分。

（経中に説くが如くんば、日出づる処は是れ東方、日没する処は是れ西方、日の行く処は是れ南方、日の行かざる処は是れ北方なり。日、三分の合有り。若しくは前合、若しくは今合、若しくは後合なり。方に随い日は分し、初合は是れ東方、南方・西方もまた斯くの如し。日の行かざる処は是れ分無し。）

『大智度論』では東西南北の四方を表す表現から、倭国と隋の二国関係において東＝倭国と西＝隋という東西の方位で関係を対比させている。仏教的「天子」として対等を示すこととともに、世界を西の隋の「天下」と東の倭国の「天下」に区分する思惟が看取される。

第五。国造の設置とそれに伴う領域区分における表現のあり方からも窺うことができる。

㊽『日本書紀』成務五年九月条

令諸国、以国郡立造長、県邑置稲置、並賜盾・矛以為表。則隔山河而分国県、随阡陌以定邑里。因以東西為日縦、南北為日横、山陽曰影面、山陰曰背面。是以百姓安居、天下無事焉。

（諸国に令して、国郡を以て造長を立て、県邑に稲置を置き、並びに楯・矛を賜い以て表と為す。則ち山河を隔てて国県を分け、阡陌に随いて以て邑里を定む。因りて東西を以て日縦と為し、南北を日横と為し、山陽を影面と曰い、山陰を背面と曰う。是を以て百姓安居し、天下事無し。）

ここでは東西を「日縦」、南北を「日横」、山陽を「影面」、山陰を「背面」としており、令制七道の影響を受けた記述であることが分かる。ところが『本朝月令』所引の『高橋氏文』では当該箇所について違った記述を見せる。

㊾『高橋氏文』

又此行事者、大伴立双天応仕奉物止在止勅天、日立・日横・陰面・背面乃諸国人乎割抄天、大伴部止号天賜磐鹿六獦命。

（又此の行事は、「大伴立ち双びて仕え奉るべき物と在れ」と勅して、日立・日横・陰面・背面の諸国人を割かち抄きて、大伴部と号して磐鹿六獦命に賜う。）

『高橋氏文』では日立＝東、日横＝西、陰面＝南、背面＝北となる。『書紀』と異なりそれぞれが四方位に対応している。『書紀』の記述では山陰・山陽という地域区分に言及していることから七道制に基づく潤色を施しているものと推定できる。すなわち、伴信友が『高橋氏文考註』で指摘するように[86]、『高橋氏文』のほうが古い方位認識が残っていると考えるべきであろう。その方位認識ではまとまった方位体系として東西が南北よりも先行して整理された概念であったといえる[87]。

五点から律令制以前における倭国の方位的世界観について、東西の二方向で構成されるものであることを想定した。かかる世界観の大きな特徴として、中心が存在しないことを指摘できる。例えば第一点では、一見すると中心は倭国王のように見えるが、真の中心は宋皇帝であり東夷である倭国はその東の周辺としての藩塀にすぎず、毛人・衆夷はその中でのさらに周縁ということになる。第三点ではヤマト―カワチが東西に擬せられているが、そこに中心を見出すことはできない。第四点でも倭国と隋の間に中心が存在するとは見なし難い。『高句麗僧慧慈の国書作成への関与を想定した上で高句麗を中心として位置づける見解があるが[88]、その場合高句麗が隋や倭国の君主のことを

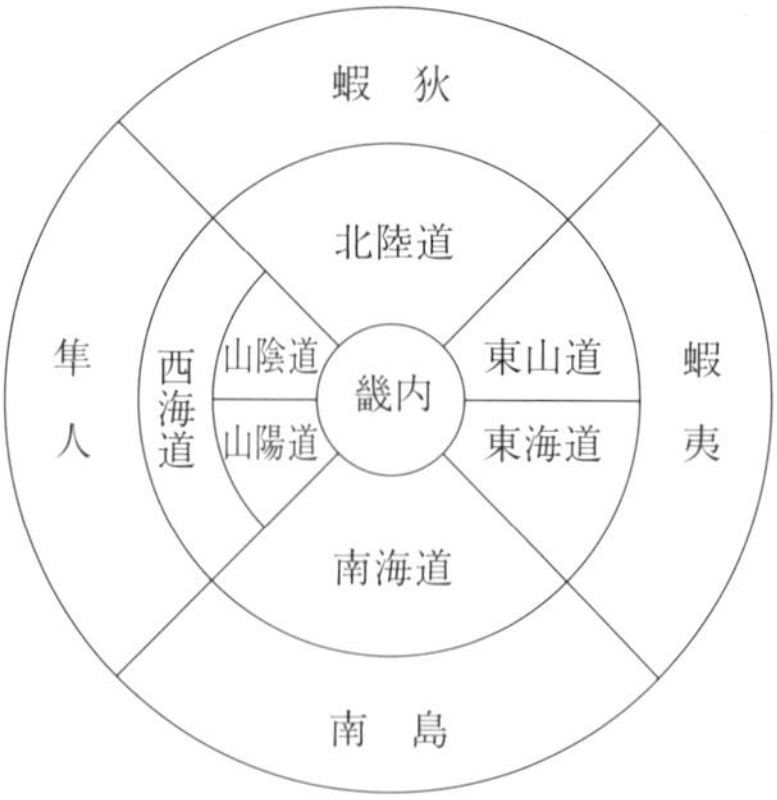

図９　律令制下の空間的理念

「天子」としたことになり、そのような表現が可能かという点で疑問が残る。

以上のように中心―周辺構造を前提とする四方的世界観成立以前に、東西二方向で相対的に世界を捉える見方があったと推測される。この認識は絶対的な中心を設定しない点において、エスノセントリズムとしては未成熟であった。なお、このように対比される東と西に優劣の価値観が含まれていたとは考えがたく、東が西より上位であるという議論には従えない(89)。

こうした世界観は、七世紀前半の須弥山世界観と中葉以降の華夷秩序構築によって〈中心―四方の周辺〉とする世界観へと転換した。前者はそれまでの倭国・朝鮮諸国・中国王朝という東アジアのみならず天竺をも含む広域的世界、さらにはそれすらも周辺にすぎないとする巨大な宇宙観を受け入れることとなった。一方、七世紀は外部集団との実体的接触も頻発化するようになる。かくして理念と実体の両方のレベルにおいて倭国の世界観が拡大する契機となった(90)。これらの前提の上に律令制成立と連動して華夷秩序が形成されたのである。

ところで、東西の相対的世界観においても外部集団に対する優越意識は存在していた。それは武の上表文からも読み取れる。しかし、いまだ倭国が自らを「中華」として位置づけ、周辺をそれに対置される「夷狄」という役割を負わせるものではない。外部集団それぞれへの個別的関係における認識に止まるものであり、外部集団を総体的に同一の次元で総括する体系的な秩序として機能するものではなかった。それは律令国家による華夷秩序として完成まで待たなければならず、七道制など国内の領域編成と相関しながら理念的に成立するのである（図9）。

結　言

本章で述べたことを整理しておく。あらゆる民族・国家において出現するエスノセントリズム（自己中心意識）が、儒教的な礼の規範意識と結びついて成立した中国的形態が華夷思想であり、その中華と夷狄の関係を政治的に作り上げたのが華夷秩序であった。

ところが六世紀以前の倭国の政治的世界観においては中心性というものが強調されない。むしろ東西に相対的に区分する二方向把握の傾向を顕著に示している。また、ミヤコ―ヒナの関係は、一見すると中央―辺境のようにも受け取れるが、槻の歌がそれを上下で区分するように垂直的な関係であり、君主のいるところを表すミヤコにおいて中心性はそれほど明確ではない。すなわち、六世紀の段階で自己を中心とする政治的秩序への指向は希薄である。

中心性が政治的秩序において欠かすことのできない要素として意識されるようになるのは、七世紀に入って須弥山世界観が導入されたことによる。こうした世界観における中心性とは、倭国においては仏教によって初めて取り入れられた要素であり、日本古代の政治イデオロギーにおいて内発的に生じたものではなかった。七世紀半ばに中心性がイデオロギー的課題となった背景には、列島周辺の外部集団を夷狄と位置づけて関係を再構成しようとする、国家形成へ向けて本格的に動き出したヤマト政権の思惑が影響している。一方で須弥山世界観では人間界自体が辺土であり、世界の中心を主張するには矛盾が生じる。須弥山世界観が七世紀後半には放棄される理由の一つはそうした矛盾点にあると考える。ただし、七世紀において中心性と表裏の関係にある辺境意識は未熟であった。当時の夷狄認識は外部集団との個別的関係に基いており、それを総括する体系性はなかった。律令国家の成立によってようやくそれらを東夷・北狄・西戎・南蛮と位置づけて四夷として体系性を持った世界観を政治的に作り出したのである。ここにおいて日本は自らを「中華」とする華夷秩序の構築を果たしたのである。

ここで注意すべきことは、日本における華夷秩序は隋唐や朝鮮諸国への対外意識において基本的に機能していないということである。華夷秩序において「夷狄」とは中国においては周辺の諸外国・民族を指すものであるが、倭国においては列島縁辺・外縁の外部集団には適用可能であっても他国に対してそれを主張することはできなかった。そこに日本律令国家の華夷思想受容における矮小化の問題が先鋭的に表出している。理念を現実の状況にあてはめるにあたって前者を優先させた結果、その世界観はきわめて平板的かつ矛盾を抱えたものとならざるを得なかった。そのため本来同じ外部的存在としてあるはずの列島周辺集団と中国・朝鮮が、華夷秩序に含まれる夷狄とそこに組み込めなかった質的に異なる存在としての隣国・蕃国として区別される秩序構造にならざるを得ず、重なり合う概念であるはずの夷狄と蕃国が峻別されることになった。それを外部的存在として統合した理念が日本における「化外」であった。それゆえ、所謂化外の三区分という概念把握は「対外的」という一点においてのみ有効であるが、本質的に同じカテゴリーで理解すべきではない。

斯くして果たされた律令国家成立に基く華夷秩序の出現を、『書紀』の叙述では古くからの歴史的経緯を経て成立したものとして再構成している[91]。それはきわめて整理された展開であり、崇神紀の四道将軍説話によってヤマト政権のヒナ征討・領域拡大の濫觴を述べる。以後、垂仁紀で新羅が登場、景行紀で蝦夷を服属させ（夷狄の出現）、成務紀で国造を編成（藩塀の成立）、神功皇后紀で三韓服属（蕃の成立）という歴史的過程を経たことになっている。こうした流れの終着点を律令制的な華夷秩序として位置付けたのである。

列島において多様であった「辺境」の異集団との交流関係は、中国の華夷秩序を範にとり文化的に差別する構造として再構築された。ただしそれ以前の列島内における、支配の質に基くアメ・クニやアメ・アヅマ・ヒナとして区分される理念構造と断絶するものではない。華夷関係の「夷」をヒナと訓ませることもあり、それぞれの世界観は重なりを持つものであった。倭国独自の世界観に中国の思想的外皮を被せることによって、律令制下の政治的秩序として確立したのである。そのような「華夷」に君臨する称号が「皇帝」であった。換言すれば、唐・新羅は華夷秩序とは別の存在であり、日本は外交において「皇帝」を名のることはなかった。法論理の上からもそれは理解されていたのであり、それゆえ外交文書において名のるべき称号は詔書で用いるとされた「天皇」であったのである。

注

（1）酒寄雅志「古代東アジア諸国の国際意識」（『歴史学研究別冊特集　東アジア世界の再編と民衆意識』一九八三）、同「華夷思想の諸相」（『渤海と古代の日本』校倉書房、二〇〇一、初出一九九二）、西嶋定生『日本歴史の国際環境』（東京大学出版会、一九八五）、吉村武彦『日本の歴史4　古代王権の展開』（集英社、一九九一）。

（2）本書第一章。

（3）その一端については、拙稿「唐から見たエミシ」（『東アジア交流史のなかの遣唐使』汲古書院、二〇一三、初出二〇〇四）参照。

（4）那波利貞「中華思想」（『岩波講座東洋思潮』岩波書店、一九三六）、山田統「天下という観念と国家の形成」（『山田統著作集』第一巻、明治書院、一九八一、初出一九四九）、同「天下と天子」（同書所収、初出一九六三）、小倉芳彦「裔夷の俘」（『中国古代政治思想研究』青木書店、一九七〇、初出一九六五）、同「華夷思想の形成」（同書所収、初出一九六六）、堀敏一『中国と古代東アジア世界』（岩波書店、一九九三）。

（5）堀敏一前掲注（4）書。ただし、渡辺信一郎氏は「天下」を限定的な空間であると捉えている（『中国古代の王権と天下秩序』校倉書房、二〇〇三）。渡辺氏の理解に対しては書評において見解を述べた。拙稿「書評・渡辺信一郎著『中国古代の王権と天下秩序』」（『歴史評論』六六九、二〇〇六）。
（6）西嶋定生「皇帝支配の成立」（『中国古代国家と東アジア世界』東京大学出版会、一九八三、初出一九七〇）。
（7）栗原朋信「漢の内臣・外臣と客臣」（『秦漢史の研究』吉川弘文館、一九六〇）。
（8）仁井田陞「東アジア諸国の固有法と継受法」（『中国法制史研究四　法と慣習・法と道徳』東京大学出版会、一九六四）。
（9）堀敏一『中国と古代東アジア世界』（岩波書店、一九九三）。なお、堀氏の羈縻概念に対する論評としては、金子修一「古代東アジア研究の課題」（『専修大学東アジア世界史研究センター年報』一、二〇〇八）参照。
（10）金子修一「中国皇帝と周辺諸国の秩序」（『隋唐の国際秩序と東アジア』名著刊行会、二〇〇一、初出一九九二）、石見清裕「唐代の国家と「異民族」」（『歴史学研究』六九〇、一九九六）。
（11）石見清裕「唐代内附民族対象規定の再検討」（『東洋史研究』六八―一、二〇〇九）。
（12）渡辺信一郎前掲注（5）書。
（13）拙稿前掲注（3）論文。
（14）石母田正「天皇と諸蕃」（『石母田正著作集』第四巻、岩波書店、一九八九、初出一九六三）。
（15）今泉隆雄「律令における化外人・外蕃人と夷狄」（羽下徳彦編『中世の政治と宗教』吉川弘文館、一九九四）。
（16）たとえば『通典』巻一八五　辺防一　序　東夷上に「凡蛮・夷・戎・狄総名四夷者、猶公・侯・伯・子・男皆号諸侯云（凡そ蛮・夷・戎・狄の総じて四夷と名づくるは、猶お公・侯・伯・子・男を皆な諸侯と号するごとしと云う）」とある。
（17）鈴木靖民「日本律令国家の成立・展開と対外関係」（『古代対外関係史の研究』吉川弘文館、一九八五）。
（18）早川庄八『日本の歴史4　律令国家』（小学館、一九七四）。
（19）伊藤循「古代王権と異民族」（『歴史学研究』六六五、一九九四）。
（20）石上英一「古代東アジア地域と日本」（朝尾直弘ほか編『日本の社会史』1、岩波書店、一九八七）。

(21) 佐伯有清「古代蝦夷史についての一考察」(『北方文化研究』一七、一九八五)。
(22) 新野直吉「山夷と田夷」(大林太良編『蝦夷』社会思想社、一九七九)。
(23) 他に「飽田・渟代二郡蝦夷」「津軽郡蝦夷」(『日本書紀』斉明五年三月条)、「渡嶋蝦夷」(『日本書紀』斉明六年三月条) 等が確認できる。
(24) 伊藤循「律令制と蝦夷支配」(田名網宏編『古代国家の支配と構造』東京堂出版、一九八六)、熊田亮介「蝦夷と蝦狄」(『古代国家と東北』吉川弘文館、二〇〇三、初出一九八六)、関口明『蝦夷と古代国家』(吉川弘文館、一九九二)。
(25) 関口明前掲注(24)書所載の表(一二～一三頁)参照。
(26) 熊田亮介前掲注(24)論文。
(27)『日本書紀』崇神六十五年七月条に「任那者(中略)北阻海以在鶏林之西南(任那は(中略)、北は海を阻て以て鶏林の西南に在り)」とあり、朝鮮半島に対する北方認識が窺える。ただし、かかる北方認識は九州から見たものであり、近畿地方との地理的関係では西とする見解もある(吉村武彦前掲注(1)書)。
(28) 日本古典文学大系『日本書紀』下(岩波書店、一九六五)補注17―一三、山尾幸久「文献からみた磐井の乱」(『日本古代の国家形成』大和書房、一九八六)。
(29)「肥人」については、中村明蔵「肥人をめぐる諸問題」(『熊襲・隼人の社会史的研究』名著出版、一九八六、初出一九八三・八四)。
(30) 隼人の研究史についての総括的な論考としては、中村明蔵「隼人の名義をめぐる諸問題」(『隼人と律令国家』名著出版、一九九三、初出一九八八)参照。なお隼人の字義が四神に基くとする考えがあるが、井上辰雄氏が指摘するように(井上辰雄『隼人と大和政権』学生社、一九七四)、東・北・南の夷狄である蝦夷・蝦狄・南島と四神が合致しないことから認容しがたい。
(31) 伊藤循「蝦夷と隼人はどこが違うか」(吉村武彦ほか編『争点日本の歴史』3、新人物往来社、一九九一)、同前掲注(19)論文。
(32) 永山修一「隼人の戦いと国郡制」(『隼人と古代日本』同成社、二〇〇九)。

(33)『日本書紀』継体二年十二月条。
(34)百済の華夷思想については、酒寄雅志前掲注（1）論文。
(35)ヤクは『日本書紀』推古二十四年三月条を初見として八例、覩貨邏は白雉五年四月条を初見として六例を確認できる。
(36)『日本書紀』舒明二年四月辛未朔条。
(37)鈴木靖民「南島人の来朝をめぐる基礎的考察」（田村圓澄先生古稀記念会編『東アジアと日本』歴史篇、吉川弘文館、一九八七）。
(38)山里純一「南島覓国使の派遣と南島人の来朝」（『古代日本と南島の交流』吉川弘文館、一九九九、初出一九九一）。
(39)仁井田陞著・池田温編集代表『唐令拾遺補』（東京大学出版会、一九九七）。
(40)伊藤循前掲注（19）論文。
(41)永山修一「天長元年の多褹嶋停廃をめぐって」（『史学論叢』一一、一九八五）中村明蔵「古代多褹嶋の成立とその性格」（前掲注（30）書所収、初出一九八九）、山里純一「古代の多褹嶋」（前掲注（37）書所収、初出一九九六）。
(42)石母田正前掲注（14）論文、今泉隆雄前掲注（15）論文。ただし伊藤循氏はそうした理解を恣意的な拡大解釈として批判している（伊藤循前掲注（19）論文）。
(43)伊藤循前掲注（19）論文、熊田亮介「古代国家と蝦夷・隼人」（前掲注（24）書所収、初出一九九四）。
(44)田中聡「夷人論─律令国家形成期の自他認識─」（『日本史研究』四七五、二〇〇二）。田中説に対する私見は拙稿「田中報告、特に「夷人」的関係という概念をめぐって」（『日本史研究』四七七、二〇〇二）参照。
(45)森公章「古代日本における対唐観の研究」（『古代日本の対外認識と通交』吉川弘文館、一九九八、初出一九八八）、東野治之『遣唐使船』（朝日新聞社、一九九九）。
(46)東野治之「日出処・日本・ワークワーク」（『遣唐使と正倉院』岩波書店、一九九二、初出一九九一）。
(47)黒田裕一「推古朝における「大国」意識」（『国史学』一六五、一九九八）。
(48)『天一閣蔵明鈔本天聖令校証』（中華書局、二〇〇六）。
(49)宮原武夫「律令国家と辺要」（前掲注（24）田名網宏編書所収）、中村明蔵「古代における辺遠国と辺要」（前掲

注（30）書所収、初出一九八九）。
(50)『類聚三代格』巻一五　墾田幷佃事。
(51)『令集解』儀制令天子条所引古記に、「蕃国者新羅也」とある。
(52)訓読については日本古典文学大系『日本書紀』（岩波書店、上・一九六七、下・一九六五）に拠った。
(53)大野晋「解説　三　訓読」（前掲注（52）書上巻）。
(54)『書紀集解』では出典として、「中国」については『毛詩』大雅、「中区」については『文選』蜀都賦を挙げている。
(55)平野邦雄「古代ヤマトの世界観」（『史論』三九、一九八六）。
(56)吉村武彦「都と夷（ひな）・東国」（『万葉集研究』二一、塙書房、一九九七）。
(57)鬼頭清明「王畿論」（荒野泰典ほか編『アジアのなかの日本史』Ⅳ、東京大学出版会、一九九二）。
(58)西本昌弘「畿内制の基礎的考察」（『日本古代儀礼成立史の研究』塙書房、一九九七、初出一九八四）、鬼頭清明前掲注（57）論文、大津透『律令国家支配構造の研究』第一部（岩波書店、一九九三）。
(59)井上光貞「大化改新と東国」（『井上光貞著作集』第一巻、岩波書店、一九八五、初出一九五四）。
(60)『隋書』倭国伝。
(61)戸谷高明「天の思想と表現」（『早稲田大学教育学部学術研究』二四、一九七五）、同「大の下の意味」（同誌二六、一九七七）、遠山一郎「天皇の世界」（『天皇神話の形成と万葉集』塙書房、一九九八、初出一九八二）、神野志隆光「天下」（『古事記の世界観』吉川弘文館、一九八六、初出一九七九）。
(62)記紀神話が王権の権威を担保する目的で作り上げられたとする政治性については、直木孝次郎『神話と歴史』（吉川弘文館、一九七一）、岡田精司「記紀神話の成立」（『岩波講座日本歴史2　古代2』岩波書店、一九七五）。
(63)定方晟『須弥山と極楽』（講談社現代新書、一九七三）、同『インド宇宙誌』（春秋社、一九八五）。
(64)吉川忠夫「中土辺土の論争」「夷夏論争」（『六朝精神史研究』同朋舎出版、一九八四）、中嶋隆蔵「華夏と夷狄」（『六朝思想の研究』平楽寺書店、一九八五）、末木文美士「仏教的世界観とエスノセントリズム」（荒野泰典ほか編『アジアのなかの日本史』Ⅴ、東京大学出版会、一九九三）。

(65)『広弘明集』巻一〇。
(66)野村耀昌『周武法難の研究』(東出版、一九六八)。
(67)『大唐西域記』巻一。
(68)成沢光「〈辺土小国〉の日本」(『政治のことば』平凡社、一九八四)
(69)今泉隆雄「蝦夷の朝貢と饗給」(高橋富雄編『東北古代史の研究』吉川弘文館、一九八六)、伊藤循「古代国家の蝦夷支配」(鈴木靖民編『古代王権と交流』1、名著出版、一九九六)。
(70)今泉隆雄「飛鳥の須弥山と斎槻」(『古代宮都の研究』吉川弘文館、一九九三、初出一九九二)。
(71)拙稿「遣隋使の「致書」国書と仏教」(氣賀澤保規編『遣隋使がみた風景』八木書店、二〇一二)。
(72)石母田正『日本の古代国家』第三章(岩波書店、一九七一)。
(73)川副武胤「四方国考」(『日本古典の研究』吉川弘文館、一九八三、初出一九八〇)。
(74)長山泰孝「改新詔と畿内制の成立」(『古代国家と王権』吉川弘文館、一九九二、初出一九八〇)。
(75)大津透「律令国家と畿内」(前掲注(58)書所収、初出一九八五)。
(76)前田晴人a「古代国家の境界祭祀とその地域性」(『日本古代の道と衢』吉川弘文館、一九九六、初出一九八一)、同b「「四方国」制の実態と性格」(同書、初出一九八三)、同c「「四方国＝四道」制の構造」(同書、初出一九八四)。
(77)篠川賢「国造制の成立過程」(『日本古代国造制の研究』吉川弘文館、一九九六)。
(78)本条は『翰苑』所引の逸文であるが、『括地志輯校』(中華書局、一九八〇)には収載されていない。ここでは竹内理三校訂・解説『翰苑』(吉川弘文館、一九七七)に拠った。ただし、釈読では「巠」を竹内氏は「巫」としているが意味が通らない。武田幸男氏は「至」と読んでおり、こちらに従う。
(79)武田幸男「六世紀における朝鮮三国の国家体制」(井上光貞ほか編『東アジア世界における日本古代史講座』4、学生社、一九八〇)。
(80)大国造については、石母田正前掲注(72)書、その批判については山尾幸久『日本国家の形成』(岩波書店、一九七七)、篠川賢「記紀の国造関係記事の検討」(『日本古代国造制の研究』吉川弘文館、一九九六)。

(81) 前田晴人前掲注(76)b論文。
(82) 鬼頭清明前掲注(57)論文、佐々木虔一「古代東国の地域性と交通」(『古代東国社会と交通』校倉書房、一九九五)。
(83) 森公章「「海北」から「西」へ」(『遣唐使と古代日本の対外政策』吉川弘文館、二〇〇八)。
(84) 加藤謙吉「東漢氏の氏族組織の成立」(『大和政権と古代氏族』吉川弘文館、一九九一)。
(85) 東野治之「日出処・日本・ワークワーク」(『遣唐使と正倉院』岩波書店、一九九二、初出一九九一)。
(86) 『高橋氏文』本文については、上代文献を読む会編『高橋氏文注釈』(翰林書房、二〇〇六)及び佐藤信ほか編『古代氏文集』(山川出版社、二〇一二)、伴信友『高橋氏文考註』については安田尚道・秋本吉徳校註『古語拾遺・高橋氏文』(現代思潮社、一九七六)参照。
(87) 『万葉集』巻一―五二の藤原宮御井歌にも「日経」「日緯」「背面」「影面」とする方位認識が見られる。
(88) 李成市「高句麗と日隋外交」(『古代東アジアの民族と国家』岩波書店、一九九八、初出一九九〇)。
(89) 東の優位性を説く見解としては、西郷信綱「ヒムカシと「日本」と」(『週刊朝日百科　日本の歴史42　原始・古代2』朝日新聞社、一九八九)、網野善彦「「日本」という国号」(『日本論の視座』小学館、一九九〇)等がある。
(90) 応地利明「絵地図に現れた世界像」(朝尾直弘ほか編『日本の社会史』7、岩波書店、一九八七)、同『絵地図の世界像』(岩波新書、一九九六)。
(91) 山尾幸久「『日本書紀』の国家史の構想」(『日本思想史学』二八、一九九六)。

〔コラム〕日常の名称

公的に用いられる称号とは別に、天皇は日常的にはどのように呼ばれ、史料ではどのように記されていたのか。日常であるがゆえにそのあり方も多様だが、ここではその代表的なものをいくつか紹介したい。

古代であれば「我が君」「大王《おおきみ》」などがこれに該当する。『万葉集』には、枕詞「やすみしし」に係る「わご大王」という呼びかけから始まる歌が多数収録されている。歌によっては、そうした呼称は君主ではなく有力皇族を指す場合もあるが、それは第二部でふれたように君主と王族の分化が律令制によって截然と区別される以前の作歌であったことを示すものであろう。

中世において真っ先に思い浮かべるのが、元弘元年（一三三一）に元弘の乱が発覚した時の一言である。「今月廿三日、自京都早馬参テ候、当今御謀叛之由、其聞候（今月廿三日、京都より早馬参りて候、当今御謀叛の由、其れ聞こえ候）」（越前藤島神社文書、『鎌倉遺文』三七、二八八三五号文書）と鎌倉に伝えられ、ここでは後醍醐が「当今《とうぎん》」と呼ばれている。緊急性の高い文書に記されたこの語は日用的な用法として捉えてよい。

もともと「当今」とは「今の」程度の意味であり、初期の用例としては和銅四年（七一一）十月甲子の詔に「当今百姓」と用いられている。平安期に入ると当代という意味での用例が目につくようになるが、君主個人への呼び名といえるかどうか判別しづらい用例が多い。

天皇の呼び名として確実なのは、長保三年（一〇〇一）に勝蓮華院に阿闍梨を置くことを願う延暦寺座主覚慶の奏状に「件院者叡岳之霊崛、当今之御願也（件の院は叡岳《えいがく》の霊崛《れいくつ》、当今の御願也）」と記した例である（平松文書）。このような先駆的な用例を積み重ねながら、院政期頃に「当今」は呼び名として確立する。

類例としては「今上《きんじょう》」がある。こちらは元慶元年（八七七）十二月九日太政官符に「当　今上降誕之日剃頭得度（今上降誕の日に当りて剃頭得度す）」（『類聚三代格』巻二）とあるのが早期の事例として挙げられる。この官符では「今上」の文字の上には闕字が施されており、公式令に定められていないもののそれと同等の語として意識されていたことが窺える。

「当今」に対してもう少し早くから用いられていた呼び名が「主上《しゅじょう》」である。君主個人に対して「主上」と記すケースは奈良時代から見える。神護景雲二年（七六八）に孔子へ追尊した時に、「時有国子学生程賢、告大丘曰、今主上大崇儒範、追改為王（時に国子学生程賢なるもの有り、大丘に告げて曰く、「今主上大いに儒範を崇め、追して改めて王と為す」）」とある（『続日本紀』同年七月辛丑条）。ここでの「主上」は玄宗を指すものであり、唐国内で皇帝を主上と呼んでいたことが窺える。

中国における「主上」の用例を遡ると、『史記』に「高曰、今者主上興於姦、飾於邪臣、好小善、聴讒賊、擅変更律令、侵奪諸侯之地、徴求滋多、誅罰良善、日以益甚（高〔応高〕曰く、「今、主上は姦を興し、邪臣を飾り、小善を好み、讒賊を聴き、擅《ほしいまま》に律令を変更し、諸侯の地を侵奪し、徴求すること滋《ますま》す多く、誅罰良や善く、日に以て益《ますま》す甚し）」とある（呉王濞列伝第四十六）。すでに前漢に皇帝を主上と呼ぶ例が見える。

翻って日本において天皇のことを主上と呼ぶ例は、九世紀中頃から散見するようになる。一例として嘉祥元年（八四八）の太政官符「応修灌頂事（応に灌頂を修すべき事）」（『類聚三代格』巻二）を挙げることができる。そこに引用されている円仁の上表に「覚悟主上（主上に覚悟す）」「延暦廿四年帰朝復命。主上歓悦、詔所司令写新渡天台法門（延暦廿四年、帰朝復命す。主上歓悦し、詔して所司をして新渡の天台法門を写せしむ）」とある。ここでの「主上」は桓武を指す。文中の延暦二十四年（八〇五）時点まで「主上」の用例を遡らせ得るかという点は慎重であるべきだが、官符の年代である九世紀半ばには一般化しつつあったと見てよいだろう。すなわち、八世紀頃に君主を「主上」と呼ぶ慣習が唐から日本に伝わり、それが九世紀に入って広まり一般化した様子が見て取れる。

「主上」の類例には「聖上」がある。『続日本後紀』承和二年（八三五）十二月庚寅条に「聖上始於清涼殿、限三夜裏、礼拝仏名経（聖上、清涼殿に於いて、三夜の裏を限り、仏名経を礼拝することを始む）」とあるのが日本での初見であるが、中国ではやはり『漢書』にその用例を見ることができる。

以後、「主上」は近代に至るまで、最も一般的な呼び名としてあり続けた。慶応四年（一八六八）の万機親裁の太政官布告には「主上御幼年ニ被為在（主上、御幼年に在らせられ）」と記されており（『太政官日誌』慶応四年閏四月二十二日）、「主上」が布告において最も通りの良い呼び名であったことが見て取れる。

呼び名のあり方は法的に規定された称号以上に多様性を有していた。そのなかでも「当今」「主上」は、中世以降の古記録において多く見ることができるのであり、支配者階層を中心に日用的に用いられた名称であった。

終章　大宝律令の成立と遣唐使派遣

総　括

本書では七章にわたって古代の倭国／日本における君主号の生成、歴史的展開と質的変化について検討を加えた。その分析視角として序章において君主号研究における課題を設定した。第一に君主号の多様性、第二に政治史とのリンク、第三に称号の表現形態への考慮、第四に君主号の変化における連続性と変質性、第五に実名との関連性、である。これらの課題全てを論じ尽くしたとはいえないが、これをふまえながら、ここまで論じてきたことを整理すると次のようになる。

五世紀に倭国の君主は、対外的には中国（宋）に対して、国名を姓に、実名の仮借表記の一字を取って名とした。これは高句麗や百済と同じ名のり方であり、その影響を受けていると考えられる。一方、宋からは使持節都督諸軍事、安東将軍、倭国王を授けられた。すなわち、宋から封冊を受けて中国の華夷秩序の枠内にあったのであり、倭国では君主の称号は倭国王であった。この時期の出土文字資料である稲荷台一号墳出土鉄剣銘には「王」とのみ記されており、国内では「王」を名のっていた様子が窺える。これは宋から授けられた「倭国王」号に基くものであった可能性も推定される。なお、王族も倭姓を名のっており氏姓制度成立以前のこの段階では君主と王族の間に大きな格差は認められない。

宋の滅亡を契機として中国の名分的秩序から離脱した倭国は、中国に依拠しない政治秩序の構築の必要性に迫られ、中国の天下思想を導入しながら六世紀にアメを、支配を保証する権威として措定する独自の「天下」的世界観を作り上げ、君主は治天下王としてそこに君臨した。この段階でも君主は「王」を名のっているが、王族もまた「王」を名のる点でその関係に大きな変化は見られない。君主は他の王族との差異化を図り、自らが権力を集中させる立場にあることを明示するためにその称号に「治天下」を付した。そして、即位にあたっては権力を保証する天との間にその弟としての関係を構築し得るという資質を有することを諸王族・豪族に認めさせることによって君主の地位を確保したと考えられる。この段階までは文字表記は政治においても一般的な行為とはいえず、支配の正当性に関わる特殊な場において君主の名のりは記されたものであろう。

六世紀末に隋が中国を統一し東アジアに積極的に介入するようになると、倭国は朝鮮諸国のみならず隋を含めた東アジアの国際関係に再参入する。当初はそれまでの外交姿勢のままに外交文書としての国書も持たず口頭で名のり、天の弟と称することを憚らなかった。しかし、これが隋から訓令を受ける結果を招き、さらなる隋との本格的な外交に臨むために外交形式としての文書外交を導入する。そのため国書において君主の名のりが必要となり、漢語的君主号として「天の児」であることを含意する「天子」号が出現するのである。この称号の採用は単に中国的な称号というだけではない。仏教的天下思想を強く反映したものであり、それによって隋との華夷的関係を相対化する狙いを有していた。この時期の国内においても仏教的世界観をベースにした儀礼の場が整備されていることもそうした動向を裏付けるものであろう。しかし、そのような外交姿勢は隋の容れるところとはならず、「天子」号は撤回せざるを得ず、かえって隋の封冊を受け入れなければならない事態に至った可能性を見て取れる。

推古朝の「天子」号は一回的な出現に止まったものの、隋・唐の東アジアへの関与が激しくなり流動化する状況で倭国はより高度な権力機構の構築を迫られる。その過程で蘇我氏権力の強大化や大化改新という事象が政治的に展開する。この過程で倭国は周縁地域への積極的介入を試み、なおかつ華夷思想を導入して周辺集団を「夷狄」と位置づけ、中国的な帝国的権力の構築を目指すようになる。特に六六〇年の百済滅亡は、当時の政権にとって朝鮮半島を含めた帝国秩序の構築を実現する好機と捉えられ、これまでの君主号よりも上位の称号を創出する契機となる。それが天智朝における「治天下王」から「治天下天皇」への称号的転回である。それは「皇（スメ）」という血統による支配の正統化を図るものであった。これによって王族の地位呼称も段階的に整備され、「皇祖母」「皇弟」「皇后」「皇子」といった地位名称が成立する。天武朝には壬申の乱という内乱を勝ち抜くことによって獲得した天武の人格的カリスマを根拠として、天皇の神格化が始まる。それは八世紀になると「明神（現神）」という君主号の付随表記として確立する。

こうした政治的変革の過程と並行して統治機構も整備される。すなわち唐律令を継受し、独自の律令を編纂するという法的支配の導入である。文書行政という法的支配の具体的手段において、君主の称号を法的に定めることが必須となる。七世紀の国家形成という歴史的前提をふまえて、周縁を従属させるべきという理念によって構築した華夷秩序の称号として「皇帝」、君主の正統性を保証するスメの観念に基く称号である「天子」、前代の「治天下王」による天下的支配を引き継ぎ律令的支配において中核に位置づけられる「天皇」といった多様な称号が出揃うことになる。そして倭国から日本へと国号が改称され、天下的支配の正当性を示す「治天下」は「御宇」へと変わることとなる。これによって公式令詔書式条における「明神御宇日本天皇」という称号が成立するのである。

右のように「倭国王」に任命されることによって始まった君主号は、その後「治天下王」から「治天下天皇」という過程を経て「明神御宇日本天皇」という変遷を辿った。さらに「天皇」のみならず「皇帝」「天子」の称号をも具備することによって律令国家におけるその地位を多面的に正当化したのである。五世紀までの他律的称号から六世紀に自律的称号を作り上げ、七世紀に国家形成と連動させながら君主号をも整備した。それを法的に確立させたという点において、律令制はきわめて大きな劃期として評価されなければならない。そして、こうした君主号の史的展開は対外関係と大きく関わるものであったことが明白である。外交あるいは対外交流における他者との接触は、裏を返せば自己認識の形成に他ならない。対外関係を通じて自己を取り巻く世界を理解することによって世界を統治する君主の位置づけも定まるのであり、その音声あるいは文字による表現として君主号は存在したのである。

さて、大宝律令の制定を以て律令国家は成立したと位置づけられる。君主号というテーマにおいて大宝律令が劃期であることは前述の通りである。ここにおいて注目すべきが白村江の戦後処理以後途絶えていた遣唐使の派遣再開である。律令制において独自の支配イデオロギーを確立した日本において、遣唐使派遣は重要な劃期として位置づけられる。特に律令制下における最初の遣唐使である大宝遣唐使は様々な問題を含むものであるが、最後に大宝律令の成立と遣唐使の派遣との関連性を論じて本書の締め括りとする。

Ⅰ　大宝律令携行問題をめぐって

大宝元年（七〇一）正月に執節使粟田朝臣真人以下遣唐使が任命された。これは天智八年（六六九）に派遣された河内鯨以来およそ三十年ぶりのことであった。それのみならず、この遣唐使は浄御原令を含めて、日本の律令制下において初めての遣唐使として対外関係を見通す上で重要な意義を持つことは明らかである。

八世紀の遣唐使は、古くは唐からの文化の摂取を主要な目的としていたと論じられており、大宝遣唐使もその範疇の中で捉えられてきたにすぎなかった。[1] しかし、石母田正氏はこの問題について、粟田真人が大宝律令の編纂に関わっていたことを念頭に置きながら「新律令の紹介」という見解を打ち出したのを嚆矢として、[2] 大宝遣唐使に政治的目的を認める考えが通説となりつつあった。[3] しかし、こうした見解に対して森公章・新蔵正道氏等によって反論が提出されている。[4] 大宝律令の制定を契機とする日本律令国家の成立と大宝年間の遣唐使派遣がいかなる関連性を持つのか再検討する必要に迫られているといえるだろう。

まず唐に大宝律令を持って行ったとする律令携行説について検討する。最初の提唱者である石母田正氏の携行説の背景には、所謂「東夷の小帝国」論によって遣唐使の政治的役割を重視する考えがある。[5] 大宝遣唐使の目的は、唐に対して日本が独自に律令を編纂・制定した国家であることを誇示することであったとする。そしてそうした行動をとった国際的背景として、日本が新羅との関係において被朝貢国としての国家体制を樹立し、かつ唐に承認（あるいは黙認）されることによって東アジア地域における日本の優越的立場を確立しようとする指向があったと見なすものである。さらに唐と「隣好ヲ結ブ」地位をかち取る、すなわち日唐間において対等な国家関係を目指すものであったと位置づける。このように、携行説では大宝律令制定前後の国家意識の高揚が対外関係にも及んでいたとして位置づける。律令携行説は、単に唐に日本の新律令を持って行ったということのみならず、日本が唐の国際秩序に組み込まれない世界観を対外的に主張するという政治目的がその根柢にあったとして重視する点に特色がある。

これに対して、このような携行説への批判としては次のようなものである。古畑徹氏は、古代国家の理念的側面から、律令制定による小帝国体系の成立やそれに伴う唐に対して「隣国」であるという主張は日本側の意識の問題にすぎず、実質的な唐による小帝国承認とは無関係であると指摘する。[6] また、森公章氏は八世紀における唐の対日認識は数度の遣唐使派遣にも拘らず不明瞭である点から、古畑氏と同じく唐の承認はありえないと論じる。そして、律令を携行しなかった具体的な証明として、唐が調布の存在をいぶかしんだことから大宝戸令の存在を知らなかったことを挙げている。(7) 筆者もこうした見解に左袒するものである。(8) 以下、その論拠を述べておく。

まず律令携行問題に即していえば、森氏の挙げる戸令の他にも、儀制令や公式令を遣唐使が持って行ったとは考えがたい。なぜならば大宝律令の語句の中には、唐に律令を持って行ったとする場合に唐の中華思想と衝突する危険をはらむものが散見する。そもそも中国における律令はその思想的基盤として礼や中華思想と密接に関連している。それゆえに唐律令を参照して作られた日本の律令においても中華思想は如実に反映している。(9) その傾向は、律令の篇目の中でも中華思想が最も前面に表れる、儀式に関する規定を総括する儀制令や書式等を具体的に定めた公式令において顕著である。君主号に着目して唐令と日本令を比較すると、第六章で考察したように大宝令において「天子」「乗輿」が確実に復元でき、「皇帝」「陛下」についても規定されていた可能性が大きい。もし大宝遣唐使が新律令を携行したとして、このような君主号が唐の朝廷の目にふれたとすると粟田真人が糾弾されるであろうことは火を見るより明らかである。例えば大業三年（六〇七）に派遣された遣隋使の国書における「日出処天子致書日没処天子。無恙云々（日出づる処の天子、書を日没する処の天子に致す。恙無きや云々）(10)」という文言に端を発する衝突を想起すれば十分であろう。ところが、そのような事態があったことを示唆する史料は一切見当たらず、粟田真人達は在唐中大過なく過ごしたらしい。

また、「天皇」の語一つをとっても八世紀初頭の時期に唐において使用することは難しかったと考える。弘道元年（六八三）に崩じた高宗の謚号は「天皇大帝」であり、遣唐使が派遣された時期はその皇后であった則天武后が皇帝として在位していた時期にぶつかる。もし日本の君主が「天皇」を自称すれば問題化したことは疑いない。第五章で論じたように、高宗が自ら「天皇」と称したのは上元元年（六七四）八月のことである。当時はすでに唐と倭国の公的な交渉は途絶えていた。倭国が唐との直接交渉で高宗の改称を知る術はないが、新羅を通じて間接的に情報を入手した可能性は残る。その場合、二種類の伝達ルートを想定できる。一つは新羅との外交において直接情報を得たと見なすものであり、もう一つは新羅経由で帰国した留学生・僧からもたらされたと考えるものである。いずれにせよ天皇号成立に高宗の改称が影響を与えたと見なす見解ではこの情報がもたらされていたとする。[11] しかし、そうであるとすると高宗個人の称号を君主号として転用したということになる。しかも大宝儀制令天子条で養老令のように天皇号が詔書に使用すると規定されていたとすると、当然のことながら国書等の外交文書に天皇号を用いると自覚していたことになる。ところが実際には天皇号の唐に対する使用は回避されているのである。

この間の日羅関係で注目すべき記事として留学生の帰国がある。

①『日本書紀』天武十三年十二月癸未条

大唐学生土師宿禰甥・白猪史宝然、及百済役時没大唐者、猪使連子首・筑紫三宅連得許、伝新羅至。則新羅、遣大那末金物儒、送甥等於筑紫。

（大唐学生土師宿禰甥・白猪史宝然、及び百済の役の時に大唐に没する者、猪使連子首・筑紫三宅連得許、新羅に伝い至る。則ち新羅、大那末金物儒を遣わし、甥等を筑紫に送る。）

この記事によれば天武朝の終わり頃に土師甥と白猪宝然が新羅経由で唐から帰国している。彼らはその後、官僚として仕えている。

②『続日本紀』文武四年六月甲午条

勅浄大参刑部親王・直広壱藤原朝臣不比等（中略）勤広参土部宿禰甥・勤大肆坂合部宿禰唐・務大壱白猪史骨

（中略）撰定律令。賜禄有差。

（浄大参刑部親王・直広壱藤原朝臣不比等（中略）勤広参土部宿禰甥・勤大肆坂合部宿禰唐・務大壱白猪史骨（中略）に勅し、律令を撰定せしむ。禄を賜うこと差有り。）

右のように彼等は文武四年（七〇〇）の時点で大宝律令撰定の功績として禄を賜っている。甥や宝然が高宗の天皇号を知っていたことはほぼ疑いない。律令法等の先進学問を学びに行っていた彼らにとって、日本が唐に対して天皇号を名のった場合、唐と日本の二つの天皇号が衝突することの意味とそのもたらす危険性は容易に想定し得るものであった。類例としては新羅の武烈王金春秋の諡号「太宗」が唐の太宗李世民のそれを犯すとして、新羅が唐から難詰された事件を挙げることができる[12]。たとえ大宝遣唐使が新律令を一括して携行しようとしても、そうした行為は確実に彼等の反対にあったであろう。新羅の場合は唐皇帝の諡号と新羅王の諡号、日本の場合は皇帝の諡号と日本の君主号という違いがあるが、日本が君主号として「天皇」を用いると三十年ぶりの関係修復のために派遣される遣唐使が好ましくない状況に陥るであろうことは当時すでに十分想定できたはずである。

なお、当該期の国際情報の収集について付言しておく。中国史上唯一の女帝として即位した則天武后は載初元年（六九〇）に唐から周へと国号の改称を行なっている。

③『旧唐書』則天皇后本紀載初元年

九月九日壬午、革唐命、改国号為周。改元為天授、大赦天下、賜酺七日。乙酉、加尊号曰聖神皇帝、降皇帝為皇嗣。

（九月九日壬午、唐命を革め、国号を改めて周と為す。改元して天授と為し、天下に大赦し、賜酺七日。乙酉、尊号を加えて聖神皇帝と曰い、皇帝を降して皇嗣と為す。）

まさにこの年の同月に日本の入唐僧が帰国している。

④『日本書紀』持統四年九月丁酉条

大唐学問僧智宗・義徳・浄願、軍丁筑紫国上陽咩郡大伴部博麻、従新羅送使大奈末金高訓等、還至筑紫。

（大唐学問僧智宗・義徳・浄願、軍丁筑紫国上陽咩郡大伴部博麻、新羅の送使大奈末金高訓等に従い、還りて筑紫に至る。）

時間的経過を考えれば智宗等は唐から周への改号は知らなかったであろう。これ以後留学生・僧の帰国記事は見えない。そして、大宝遣唐使が唐に到着した際に、王朝名の改称に関する問答を交わしている。

⑤『続日本紀』慶雲元年四月甲申条

更問。先是大唐、今称大周。国号縁何改称。答曰、永淳二年天皇太帝崩。皇太后登位、称号聖神皇帝、国号大周。

（更めて問う。「是より先、大唐、今、大周と称す。国号、何に縁りて改称するか」と。答えて曰く、「永淳二年天皇太帝崩ず。皇太后登位し、称して聖神皇帝と号し、国号は大周なり」と。）

遣唐使はこの時まで王朝名の変化を知らなかった。つまり六九〇年九月以後、七〇二年の大宝遣唐使派遣までの間は日本は唐に関する情報を入手していないと見て差し支えないであろう。すなわち、唐・周の王朝交替による諡号・避諱等の解消を遣唐使が意識することはなかったといえる。

このように儀制令天子条の一条だけをとっても、大宝律令をそのまま唐に示すことは危険であると認識されていたであろうことは疑いない。そして大宝遣唐使は唐において比較的高い評価を得ており、外交上の問題が発生した形跡は見られない。すなわち、日本は遣唐使派遣において「天皇」号を用いる意図はなかったのである。それは大宝遣唐使に限らず、以後の派遣においても同様であったと考えられる。[13] かくして律令携行説は成り立ち難いといわざるを得ない。

これに対して儀制令・公式令のような唐の中華思想と衝突すると想定される部分を除いて持って行ったと考える向きがあるかもしれない。後述するように事実としてその可能性は想定し得るが、そのように捉える場合には律令制定など国家機構の整備による新羅への優越を主張したとする「東夷の小帝国」論は成立し得ない。何となれば、律令の各篇目あるいはそれを構成する各条文は単なる単行法ではなく、相互が密接な有機的関係を有していることにも意味がある。だからこそ日本律令の編纂者は唐律令を継受する際に、日本の実情に適さなかったり、不要であると考えられた条文すらも含めて全体系を取り入れざるを得なかったのである。[14] 日本が律令の制定によって独自の世界秩序を構築したということを唐に対して承認させるためには、律は名例律から断獄律まで、令は官位令から雑令までの全てを携行する必要があった。換言すれば、不都合な部分を除いて持って行くということは、「小帝国」秩序を主張する目的を有していたと考える場合、意味をなさないのである。「東夷の小帝国」の承認という目的を想定した携行説が成立しないことはここからも明らかである。

ただし、それは先述の通り大宝律令を全く持って行かなかったということを意味するものではなく、部分的に携行した可能性はある。ここで注目されるのが奝然の渡宋記事である。

⑥『宋史』巻四九一　日本伝

雍熙元年、日本国僧奝然、与其徒五六人浮海而至。献銅器十餘事并本国職員令・王年代紀各一巻。

（雍熙元年、日本国僧奝然、其の徒五六人と海に浮かびて至る。銅器十餘事并せて本国職員令・王年代紀各一巻を献ず。）

これによると奝然は宋に渡航して当時の皇帝太宗に謁見する際に養老職員令と王年代紀の二つを献上している。これらは奝然がたまたま持って行ったというのではなく、宋の皇帝に謁見するということを当初から想定していたゆえに持参したものであった[15]。中国に来朝した外国使節はその本国について説明するという手続きを経る。奝然の持参した職員令と王年代紀は明らかにこれに沿ったものであり、奝然の準公的な使節としての性格を見ることができよう[16]。

律令携行の問題に立ち返ると、奝然が国家機構や制度の説明のために職員令を持って行ったように、大宝遣唐使も官位令や官員令を携行した可能性自体は十分に存するといえる。ただし、それはあくまでも日本の国家統治機構がいかなる制度的形態をとっていたかということを説明するためのものであり、東アジアにおける日本の小帝国的立場を唐に承認させるという理念的目的があったと考えるわけにはいかない。

なお、奝然は王年代紀も携行しているが、これは王権や地理情報を含むものであり、それらを説明するためのものであった[17]。大宝遣唐使はそれらの情報についてはいかに対処したであろうか。地理については唐公式令の条文に規定されている。

⑦唐復旧公式令補遺二[18]〔開七〕

凡蕃客至、鴻臚訊其国山川風土、為図奏之、副上於職方。殊俗入朝者、図其容状・衣服以聞。

（凡そ蕃客至らば、鴻臚、其の国の山川風土を訊ね、図を為り之を奏し、職方に副え上れ。殊俗の入朝する者は、其の容状・衣服を図き以聞せよ。）

これによれば鴻臚寺が地理の確認を行なうものであり、この時の遣唐使も例外ではなかった。その際の様子と思しいのが次である。

⑧『旧唐書』巻一九九上　日本伝

其人入朝者、多自矜大、不以実対。故中国疑焉。又云、其国界東西南北各数千里。西界・南界咸至大海、東界・北界有大山為限。山外即毛人之国。

（其の人入朝する者、多く自ら大を矜り、実を以て対えず。故に中国疑う。又云く、「其の国界は東西南北各おの数千里。西界・南界咸く大海に至り、東界・北界は大山有りて限りと為す。山外は即ち毛人の国なり」と。）

遣唐使が国土の大なるを誇り、かえって唐に疑われている。[19]この使節こそ大宝遣唐使であり、地理説明を行なっていることがわかる。一方、王権については倭国から日本に国号を改めたことと王権の連続性が唐側に全く理解されていない。大宝遣唐使は王権に関する説明は意図的に避けた可能性が高い。

以上のように、大宝遣唐使は唐において地理についての説明は確実に行なっており、国家制度についても同様であった可能性を見ることができる。数ある遣唐使の中で特に大宝遣唐使の情報がピックアップされた理由については、日本国号の通告が影響していると考える。倭国から日本へと改号したことによって唐側も積極的に情報収集を行なったのではないだろうか。王権に関する説明がないということについては不明であるが、白村江の敗戦国としての倭国のイメージを払拭し、ことさら不利な立場にならないようにするためであったかもしれない。

Ⅱ　節刀の成立

大宝遣唐使の記事を検討する中で特に注目されるのが節刀の出現である。[20]節刀は遣唐使節としての任務を表し、使者の象徴ともいうべきものである。ただし、その機能は使節であることの表象に止まらない。大使・大将軍に授けられるものであり、所部の監督という性質も併せ持つものである。節刀という形態の持つ意味とその機能について検討することとする。

まず律令制における節刀の位置づけから見ておく。

⑨養老軍防令18大将出征条

凡大将出征、皆授節刀。辞訖、不得反宿於家。其家在京者、毎月一遣内舎人存問。若有疾病者、給医薬。凱旋之日、奏遣使郊労。

（凡そ大将出征せば、皆節刀を授く。辞訖りなば、反りて家に宿ることを得ず。其の家、京に在らば、毎月一たび内舎人を遣わし存問す。若し疾病有らば、医薬を給う。凱旋の日、奏して使を遣わし郊労す。）

右では、節刀は大将軍の出征に際して授けられるものとして規定されている。基本的には軍事の行使において用いられるべきものと想定されていたのである。ただし、律令制下においては軍事以外にも遣唐使派遣の際に節刀が授与されているのは周知の通りであり、唐との外交にも用いられていた。むしろ「入唐使粟田朝臣真人授節刀（入唐使粟田朝臣真人に節刀を授く）」という記事[21]が節刀の初見であることを鑑みると、律令には規定されていないが節刀の外交における役割が大宝律令制定当初から考えられていたということになる。

かかる節刀は唐制ではどのように規定されていたか。

⑩唐復旧軍防令第十一条〔開元七〕

諸大将出征、皆告廟、授斧鉞、辞斉太公廟。辞訖、不反宿於家。元帥凱旋之日、天子遣使郊労、有司先遣捷於太廟。又告斉太公廟。

（諸れ大将出征せば、皆廟に告げ、斧鉞を授け、斉太公廟に辞す。辞訖りなば、反りて家に宿らず。元帥凱旋の日、天子は使を遣わして郊労し、有司先ず捷を太廟に遣わす。又斉太公廟に告ぐ。）

唐では日本のような刀ではなく斧鉞を授けた。しかし、中国で節といえば節旄を指し旗印という意味である。[22]旄が天命の所在を示すものであるのに対して、斧鉞は易姓革命における放伐の象徴という違いがあった。[23]日本ではそうした差異を捨象して節刀という一物に統合させている。王権の所在と移動に関わる象徴物が分化されていないところに日本古代の特質を見出すことができる。[24]

とはいえ、「斧鉞」に関する概念が日本古代になかったわけではない。『日本書紀』に四例を見ることができる。

⑪『日本書紀』景行四十年七月戊戌条

則天皇持斧鉞、以授日本武尊曰、（中略）於是、日本武尊乃受斧鉞、以再拝奏之曰。（後略）

（則ち天皇斧鉞を持し、以て日本武尊に授けて曰く、（中略）。是に於いて日本武尊乃ち斧鉞を受け、以て再拝して奏して曰く、（後略）。）

⑫『日本書紀』神功皇后摂政前紀仲哀九年九月

爰卜吉日、而臨発有日。時皇后、親執斧鉞、令三軍曰、金鼓無節、旌旗錯乱、則士卒不整。（後略）

（爰に吉日を卜ないて、臨発すること日有り。時に皇后、親ら斧鉞を執りて、三軍に令して曰く、「金鼓節無く、旌旗錯乱すれば、則ち士卒整わず（後略）」と。）

⑬『日本書紀』継体二十一年八月辛卯条

天皇、親操斧鉞、授大連曰、長門以東朕制之。筑紫以西汝制之。専行賞罰、勿煩頻奏。

（天皇、親ら斧鉞を操り、大連に授けて曰く、「長門以東は朕、之を制す。筑紫以西は汝、之を制せよ。専ら賞罰を行ない、頻りに奏することに煩うこと勿れ」と。）

⑭『日本書紀』天武元年七月辛卯条

是時、近江将軍羽田公矢国・其子大人等、率己族来降。因授斧鉞拝将軍。即北入越。

（是の時、近江将軍羽田公矢国・其の子大人等、己族を率いて来降す。因りて斧鉞を授け将軍に拝す。即ち北のかた越に入らしむ。）

⑪〜⑭の全てを史実と見ることはできない。継体紀の記述が潤色であることはすでに指摘されており[25]、それ以前の二例も何らかの修飾を被っている可能性が高い。ただし、天武紀については実録性が高いこともあり、事実として捉えてもよいと考える。天武紀の「斧鉞」についても将軍の任命に関する象徴的な修辞として理解する見解があるが[26]、天武は壬申の乱において様々なパフォーマンスで兵の士気を鼓舞したように、漢籍に通暁していた天武が唐律令に即した行為をすることで象徴的な効果を狙ったということは十分にあり得る[27]。斧鉞の授与についてもこれを執り行なうことで自らの正統性を従う者たちにアピールしたと評価できる。こうした推察が妥当であるとすれば、天武即位以前の段階で斧鉞に関する知識が流入しており、しかも効果的に活用されることがあったといえる。

また、「節」についても『日本書紀』に五例確認できる[28]。しかし、これについては全て継体紀の以前の記事であり、旗印としての節という形態が日本に定着しないことを考慮すると、いずれも潤色と見なすのが妥当であろう。

かかる「斧鉞」に関する理解のあり方は、節刀がいつの段階で成立したかという問題と関わってくる。瀧川政次郎氏は節刀の成立を天智朝に求めた。その当否について考えると、将軍に斧鉞を授けることが軍事力行使の象徴的行為であるという認識が七世紀後半にあった可能性が高い。ただし、四例の「斧鉞」が全て軍事力発動の象徴として記されているように、それはあくまでも軍事に限定されるものであり、節刀の外交上の機能にまで拡大解釈されるべきではない。そもそも日本において斧に対する評価は異なる。

⑮『令集解』僧尼令26布施条所引古記

兵器。謂大斧・小斧・刀子・針之類者非也。

（兵器。謂は大斧・小斧・刀子・針の類は非也。）

⑮によれば、斧は武器には含まれず(29)、むしろ生活の道具と見なされていた(30)。天武紀も軍事に全権を持つ大将軍の任命というよりは部将の任命として捉えるべきであり、決して唐のあり方を全面的に模倣して運用しているわけではない。「斧鉞」における唯一の実例と思しい⑭天武紀は特殊な孤例として位置づけるべきであろう(31)。その意味では中国的な「斧鉞」の観念は、日本では壬申の乱という特殊状況下で具現化することはあったが、根本的には継受されなかったといえる。そして、特例ではあるが斧鉞が出現するこの時点では、斧鉞と節の機能が統合した節刀が成立しているとは考えられない。壬申の乱以前の成立は認め難い。天武持統朝において節刀が出現するような軍事・外交上の案件は発生しておらず、大宝令において初めて規定され遣唐使派遣がその初見となるものであり、現状ではそれ以前に確証を見出すのは困難であろう。

次に節刀の機能についてみておく。若干時期が下るが遣唐使への節刀授与の詔に注目したい。

⑯『続日本紀』宝亀七年四月壬申条

御前殿賜遣唐使節刀。詔曰、天皇我大命良麻等遣唐国使人尓詔大命乎聞食止宣。今詔、佐伯今毛人宿禰・大伴宿禰益立二人、今汝等二人乎遣唐国者、今始弖遣物尓波不在。本与利自朝使其国尓遣之、其国与利進渡祁里。依此弖使次止遣物曽。悟此意弖其人等乃和美安美応為久相言部。驚呂之岐事行奈世曽。亦所遣使人判官已下死罪已下有犯者順罪弖行止之弖節刀給久止詔大命乎聞食止宣。

（前殿に御し遣唐使に節刀を賜う。詔して曰く、「天皇が大命らまと唐国に遣わす使人に詔る大命を聞食せと宣る。今詔る、佐伯今毛人宿禰・大伴宿禰益立二人、今汝等二人を唐国に遣わすは、今始めて遣わす物には在らず。本より朝より使、其の国に遣わし、其の国より進み渡しけり。此に依りて使の次と遣わす物ぞ。此の意を悟りて其の人等の和み安み為すべく相言え。驚ろしき事、行なせそ。亦遣わす所の使人、判官已下の死罪已下を犯すこと有らば罪に順じて行なえとして節刀給わくと詔る大命を聞食せと宣る。）

この詔では節刀における刑罰権の委譲が宣べられている。[32] 大宝遣唐使への節刀授与の際にも同様の宣命があったであろう。[33] 天皇大権と称される君主の権能を一時的にであれ別人に付託するということは権力の一時的な委譲において危険を伴うものであり、[34] ゆえにひとたび受け取ると帰宅すら認められないことは前掲⑨の通りである。それを実現化するには君主の権能の機構的整備が不可欠である。それは一つには天皇の地位の安定化であり、もう一つは節刀を受けた者への監督という法的確立が要求される。そこで挙げることができるのが次の二つの条文である。

⑰職制律41用関契事訖条

凡用関契、事訖応輸納、而稽留者、一日杖一百、一日加一等。十日遠流。其節刀・駅鈴者、一日笞五十、二日加一等。十日徒一年。伝符減三等。

（凡そ関契を用いて、事訖りて輸納すべくに、而るに稽留せば、一日杖一百、一日に一等を加う。十日にして遠流。其れ節刀・駅鈴は、一日に笞五十、二日に一等を加う。十日にして徒一年。伝符は三等を減ず。）

⑱賊盗律27盗節刀条

凡盗節刀者、徒三年。宮殿門、庫蔵及倉廩、筑紫城等鑰、徒一年。国郡倉庫、陸奥・越後・出羽等柵及三関門鑰亦同。宮城・京城及官厨鑰、杖一百。公廨及国厨等鑰、杖六十。諸門鑰、笞五十。

（凡そ節刀を盗めば、徒三年。宮殿門、庫蔵及び倉廩、筑紫城等の鑰は、徒一年。国郡の倉庫、陸奥・越後・出羽等柵及び三関門の鑰も亦同じ。宮城・京城及び官厨の鑰は、杖一百。公廨及び国厨等の鑰は、杖六十。諸門の鑰は、笞五十。）

前者は節刀を受けた者が使命を終えて戻った時に故なくして返却を遅らせた場合の、後者は節刀を盗んだ者に対する罰則規定である。これらの条文から、節刀の管理と用途について指定された目的以外のことに使用することを厳しく制限している。節刀のようなレガリアは所持する者に一定の権限を保証する。権力の源泉の一種としての機能を持つものである以上、その存在は王権の管理下から離れた場合には逆に王権にとって危険性を帯びるものにもなり得る。それを抑制するために法的制約を設けたのであり、これによって節刀による権力の代行が可能となったのである。瀧川氏は法的保証による節刀の成立を近江令に求めている。しかし、節刀はその恣意的な利用を制限することが法に求められるのであり、律による規制を伴って成立したと考えるべきである。すなわち律と令が備わって成立した大宝律令で初めて節刀が出現したと考える方が蓋然性があり、そこに天皇権力における一つの劃期を見ることができる。

節刀の授与は天皇権力を一部であれ一時的に委譲するものであり、それを可能にするためには王権の権能及びその制度的運用の整備が前提となる。それは大宝律令の成立によって果たされたのであり、まさにそれと同時に任命された遣唐使に対して節刀が授与された。これは節刀を媒介として大宝律令と遣唐使派遣が密接に関連していることを示唆する。そこで次節において大宝遣唐使派遣の意義についてふれることとする。

Ⅲ　大宝遣唐使派遣の意義

まず大宝遣唐使の任命と大宝律令施行の日程を一瞥しておく。表22に明らかなように、遣唐使発遣と大宝律令施行は時期的にほとんど重なっている。両者が関連性を有していると見なすことは全く故のないこととはいえないだろう。ただし、Ⅰで論じたように律令全てを携行するというかたちで行なわれたものではないことは強く喚起しておきたい。

それでは両者の関係はいかに捉えるべきか。そこで注目すべきが節刀である。節刀の授与が天皇の権能の一部委譲であるとすれば、その法的確立の問題と関わってくることは前述した。この問題について見通しを示した研究は石母田正氏を措いて他にはない。氏によってそれは「天皇大権」として六つに分類されている。官制権・官吏任命権・軍事権・刑罰権・外交権・王位継承権である。これらの権能が大宝遣唐使の派遣といかに結びついているのか逐次検討したい。

表22　大宝元年における律令施行と遣唐使派遣の日程

月日	律令関係	遣唐使関係
1/1	律令的儀式による元日朝賀	
1/23		遣唐使任命
3/21	新令による官名・位号改制	
4/7	新令講説	
4/12		遣唐使拝朝
5/7		遣唐使に節刀授与
6/8	新令による為政宣言	

官制権は、臨時の使職として遣唐使を任命しその派遣を発動すること自体がその具象化として捉えることができる。もしこの遣唐使が大宝官位令・官員令を持って行ったとすれば、天皇の官制権の対外的な誇示をも含むものと評価することが可能となろう。ただし、その場合の誇示は唐に対する行為として考えるべきではない。遣唐使が官制権に関わる律令を持参したとして、それのみで唐が日本律令国家の官制全体を承認するとは限らないからである。むしろ天皇が唐との外交のために遣唐使を任命することを通じて、官制権が天皇の下にあることを国内に知らしめることに意味があったといえる。すなわち、誇示の対象は日本律令国家の官人層なのである。官位令・官員令のみの携行という憶測が正しければ、それによって官制権が一段と確立したことになる。

官吏任命権については官制権と同様、遣唐使任命において行使される。浄御原令制の官司からの持ち上がりではなく、新たな役職に任命するということは官人たちに任命権の所在の自覚化を促したであろう。

軍事権はここでは直接的な関係を有さない。ただし、遣唐使に付与される節刀が軍防令に規定されているように、節刀そのものは軍事と外交の両面を持つものである。その意味では先述したように、日本における軍事と外交の統合が問題となる。

刑罰権は、前節でふれたように節刀の直接的な機能に関わる。節刀授与詔で具体的に述べられている事項は刑罰権についてであり、委譲される天皇の権能のうち最も明確に意識されている。また、石母田氏はふれないがこれと対応する権能として行賞権も想定できる。瀧川氏は刑罰権のみが節刀に付与され行賞権は認められなかったことを指摘しており、従うべき見解と考える。

外交権に関しては、遣唐使を派遣する際に行使される最も直接的な権限であり、節刀そのものが外交権の象徴として天皇の代理であることを保証するものであると捉えられる。その職能は、具体的には相手国との交渉や賓礼を受けることである。

王位継承権も軍事権と同じくここでは関係しない。ただし、奝然が宋に携行した王年代紀のように、王権の系譜関係が外交上要請される可能性は存する。

石母田氏の区分に即して天皇の権能が大宝遣唐使派遣とどのように関わるかふれてみた。なお、これらの区分は厳密に分離しているわけではない。石母田氏自身も官制大権と官吏任命権・軍事大権は相互に結びついて行使されると述べている。遣唐使に引き付けていえば、外交権によって唐との外交交渉が決定され、官制権によって遣唐使という臨時の使職が設置され、官吏任命権の行使によって使節が任命される。そして、節刀授与において使節の監督の権限として刑罰権が委譲されることが宣られる。こうした君主の権能は相互に有機的に関連しあっており、その区分はあくまでも便宜的なものとして把握すべきである。天皇の権能が律令の成立によって機構的に整備されても、それぞれが独自に機能していたのではなく、君主の権力として一体的に構成されていた。

ところで、大宝遣唐使の派遣は律令制下で初めてであるという点においてそれ以前の遣隋使・遣唐使と一線を画している。それを最も端的に表すのが遣唐使派遣の際の儀礼である。大宝遣唐使が任命された年の正月元日には「文物之儀、於是備矣（文物の儀、是に於いて備われり）」[35]と記されているように、儀礼制度が一応の完成を見た。古代の対外交渉において儀礼はそれ自体で一つの意味を有しており、使節の任命や派遣に関する儀式もそのように捉えるべきであろう。任命儀礼と交渉儀礼の違いは使節の送り手の主催か応対側の執行によるかということである。大宝時の派遣儀礼についていかなる意味を見出すかとすれば、君主の権能の象徴物の一つである節刀授与の初例という点にある。換言すれば、律令の制定とともに確立した君主の権能を官人層に対して可視的に認識させる手段として遣唐使派遣が利用されたのである。

むろん、これは遣唐使派遣の際の一側面にすぎない。大宝元年の元日朝賀において「蕃・夷使者陳列左右（蕃・夷の使者、左右に陳列す）」[36]とあるように、同時期に新羅使や蝦夷・隼人が入京しており、彼等が遣唐使任命儀式に参列した可能性は高い[37]。それは諸蕃・夷狄を従属させるという帝国的秩序を備えた天皇制国家としての日本の象徴化でもあった。ただし、あくまでも遣唐使の送り手としての日本において行なわれることであって、応対する側の唐朝の場において日本の帝国的秩序認識を主張しうるかどうかは別問題である。

それは使人の選定とも関わっている。そもそも日本と唐の国家交渉は百済の役や高句麗征討を中心とする朝鮮半島の動乱の戦後処理の過程で途絶えている。友好的な状況で中断しているとは決していい難く、大宝遣唐使派遣による再開も日本側の事情によるものである。それゆえこの時派遣された使人は唐との交渉において慎重な行動が求められたのであり、その人選もそうした基準によるところが大きい。粟田真人等が「今看使人、儀容大浄（今使人を看るに、儀容大いに浄し）」[38]「容止温雅」[39]と唐から評されているのも、日本の国際的地位を高めるという狙いとともに、唐との間に極力問題を起こすような人選は避けたものであろう。誤解を恐れずにいえば、大伴古麻呂のように唐で問題を起こしかねない人物は選定の際に使人として不適切と見なされ回避されたのではないだろうか。

なお、遣唐執節使として粟田真人が選ばれたのは、律令国家として統治機構を完成させ、かつ倭国から日本へと国号を変えたことを唐に対していかに穏便に説明できるかということに主眼が置かれた人選ではないだろうか。「東夷の小帝国」論に基く律令携行説は成り立たないが、そうでないにせよ新たな国家体制に詳しい人物が必要であり、編纂に関与していた粟田真人は適任であると判断されたと推定される。

唐との交渉再開の理由についてはこれまでの研究に付け加えることはない。新羅との関係からいえば、唐との直接的外交関係の樹立によって対新羅外交の価値を相対的に低下させ、日本の帝国秩序の外交的側面における根拠の確立を目指した[40]。他にも律令編纂の際に表面化した法技術的な問題の解決も存するであろう。大宝遣唐使に伴って留学僧の道慈等が唐に赴いていることからもそれは容易に想定できる。ただし、根本的には律令制の確立の中で唐との関係を復活させることが不可欠になったことに起因することはいうまでもない。

このように大宝律令の制定と同時期になされた遣唐使派遣とは密接な関係がある。しかし、それは従来の律令携行説のように、唐に対して日本を「東夷の小帝国」と承認させるためのものではなかった。日本律令国家の帝国秩序はあくまでも日本国内においてのみ有効に機能し得たのであり、大宝期の遣唐使派遣もこの例にもれない。すなわち、遣唐使派遣の際の儀礼において律令の制定とリンクさせ、天皇権力の確立を官人層に対して可視的に示したのである。それは一面において、律令に規定された君主号を国内で名のる示威的なデモンストレーションと位置づけることができる。

一方でひとたび唐に到着すれば、遣唐使は自重した行動が求められた。東野治之氏が指摘するように日唐間に二国間関係において日本は唐に対して朝貢使以上の行動はとらなかったのである(41)。唐も同様に日本を朝貢国として扱い、他の国とは違う特別扱いすることはなかった。粟田真人等に対する好意的な評価も、中華から見た夷狄という枠の中でなされたものにすぎない。八世紀初頭の東アジア地域における強大な唐の勢威の中で、日本の対唐姿勢も規制されざるを得なかったのである。

森公章氏は八世紀の日本の対外認識における自尊意識と事大意識の並存を指摘したが(42)、大宝遣唐使はその矛盾を最も端的なかたちで内包していたといえる。この矛盾は律令国家の対外関係において存在し続け、八世紀後半からその矛盾を隠蔽できなくなりつつあった。そして、九世紀前半には律令国家の成立と軌を一にして作り上げられたイデオロギー的秩序は崩壊を迎えることになる。その時に大宝律令で法的に確立した君主号もさらに変容するようになるのである。

展　望

本書ではこれまでともすれば「天皇」号のみに注目が集まってきた日本古代の君主号について、その課題を析出した上で「天皇」号に限定せずに多角的に検討することを目指した。そして、五世紀の冊封段階から八世紀初頭の大宝律令成立までのその歴史的展開を追ったが、詳細は本章冒頭の総括において要約した通りである。しかし、君主号の問題の全てを論じきれたわけではなく、残された課題も多々ある。君主号とそれに関連する研究の論点を展望して本書を終えることとしたい。

君主号そのものとしては「治天下」観念の更なる追究が要請される。特に倭国の「天下」の範囲について朝鮮諸国を含むか否かという問題は、本書でも第三章で論及したが研究者間の見解の相違が大きい。「治天下王」という君主号が有効に機能する政治的秩序の解明が求められる。それに関連して、対外関係と称号の相互承認という問題も浮上する。外交において他国の君主号をいかなる要件を以て正当と認めるのかということは、国際世界の政治的連関を考える上で必要な課題である。具体的にいえば、例えば中国王朝からの一方向的な冊封体制が機能しているレベルにおいては、中国が規定する称号秩序がそのまま国際世界に反映されることになる。しかし、その周辺国家が独自の外交論理を構築するようになると双方向的な承認が必要になる。「勅日本国王書」によれば八世紀の日本は唐に「天皇」を主張し得なかったと見なし得るが、多元的な称号秩序における調整のあり方が問われるのである。

これに関連して外交と称号という問題では、朝鮮諸国との関係において慰労詔書成立以前の意思疎通における名のりの問題も検討課題である。文書外交が成立した倭国と隋唐の関係に対して、倭国と百済や新羅との関係は文字ではなく音声を基準としていた[43]。そのような場において用いられる君主の称号も重要な論点であると考える。

また、七世紀までの「治天下」観念は、八世紀になると「御宇」と称されることになる。両者ともこれをアメノシタシラシメシシ（アメノシタオサメタマイシ）と訓む点において音声的には同一の観念を共有している。しかし、文字表記上はそこに差異が生じている。「治天下」と「御宇」の相違については、栗原朋信氏が「治天下」は王に付随する観念であるのに対して、「御宇」は皇帝に即した観念であるとする[44]。両者を身分的位相の違いで捉える見解であるが、七世紀において隋唐に対抗しながら「治天下」を用い続けているという点において、中国的な論理のみで倭国の称号を理解すべきではないように思われる。

君主の称号というと漢語的称号を想起しがちであり、本書でも君主号の多様性といいながら内実は複数の漢語的称号の検討に止まるものであった。しかし、和風称号もまた君主号の一つとして検討課題である。和風称号は漢語的称号よりも先行して成立していたと考えられ、その成立は倭国における称号の出現を考える上で重要な手がかりである。なお、それは特に個人に対して贈られるものであり、機構的な地位に対する名称と区別して考えるべきであろう。この分野で最も研究が厚いのは和風諡号であり、その成立と機能についての考察が求められる。個人への称号ということでは中国では廟号が挙げられ、そうした制度に対する比較史的にアプローチするのも一つの方法であろう。一方、諡号のみならず生前の尊号という論点もある。この課題はあまり論じられることがないが、諡号と実名の名のりとの間を取り結ぶものとしてその存否を含め見落としてはならない。

本書コラム（303ページ）で多少言及したが、国号も君主号と切り離せない課題である。「明神御宇日本天皇」という称号は「日本」という国号を含んでいる。すなわち、国号もまた君主号を構成する要素としての性質を持っている。これは「治天下王」における「天下」が称号の一環であることと同一線上で理解できるのであり、君主が支配する空間への名づけが君主号として作用しているといえる。近年その成立時期をめぐって議論が喧しいところであるが、君主号的観点からの検討によって国号研究に新たな進展をもたらすことが期待できる。

右記のように思いつくだけでも論ずるべき課題はいまだ少なくない。君主号研究は王権論・国家論に直接的に連動する重要なテーマであり、それをふまえて新たな論点を提示する研究の出現が望まれる。その時に本書が批判的検討の対象になるのであれば、本書を世に問う目的は達せられたといえる。

注

（1）遣唐使の研究史については、田島公「遣唐使はなぜ派遣されたか」（吉村武彦ほか編『争点日本の歴史3　古代編Ⅱ』新人物往来社、一九九一）参照。
（2）石母田正「天皇と諸蕃」（『石母田正著作集』第四巻、岩波書店、一九八九、初出一九六三）。
（3）山尾幸久「遣唐使」（井上光貞ほか編『東アジア世界における日本古代史講座』6、学生社、一九八二）。
（4）森公章「古代日本における対唐観の研究」（『古代日本の対外認識と通交』吉川弘文館、一九九八、初出一九八八）。新蔵正道「大宝の遣唐使派遣の背景」（『続日本紀研究』二九三、一九九五）。
（5）石母田正「日本古代における国際意識について」（前掲注（2）書所収、初出一九六二）。
（6）古畑徹「七世紀末から八世紀初にかけての新羅・唐関係」（『朝鮮学報』一〇七、一九八三）。
（7）森公章前掲注（4）論文。
（8）新蔵氏は粟田真人の進徳冠を浄御原令制と捉え大宝律令非携行の根拠とする。氏は進徳冠を日本の冠位として理解する（新蔵正道前掲注（4）論文）。進徳冠は『旧唐書』巻四五輿服志に「進徳冠、九琪、加金飾其常服及白練裙襦通著之（進徳冠、九琪、金飾りを其の常服及び白練の裙襦に加え之を通著す）」、『通典』巻五七　嘉礼に「大唐制。九琪、加金飾。皇太子侍従皇帝祭祀及謁見・加元服・納妃、則服之（大唐制。九琪、金飾を加う。皇太子、皇帝に侍従し祭祀及び謁見・加元服・納妃、則ち之を服す）」とある。唐で進徳冠は皇太子の服として規定されている点に解釈の余地を残すが、浄御原冠制をそのまま名のると無礼とされる可能性が高く、唐朝において授けられた冠であると見るべきであろう。なお、遣唐使発遣は表22の通り発遣以前に位階の改正が行なわれており、また帰国直後の使節の位階が大宝令制であることからして大宝律令の位階で唐に赴いたのである。
（9）酒寄雅志「古代東アジア諸国の国際意識」（『歴史学研究別冊特集　東アジア世界の再編と民衆意識』、一九八三）。
（10）『隋書』巻八一　倭国伝。
（11）天皇号の成立について高宗の天皇号の影響を考える主な研究は次の通り。渡辺茂「古代君主の称号に関する二、三の試論」（『史流』八、一九六七）、東野治之「天皇号の成立年代について」（『正倉院文書と木簡の研究』塙書房、一九七七）、本位田菊士「古代日本の君主号と中国の君主号」（『史学雑誌』九〇—一二、一九八一）、森公章「天皇号の成立をめぐって」（前掲注（4）書所収、初出一九八四）。

(12) 本書第五章Ⅳ節2項参照。

(13) 例えば八世紀半ばでは、日本への国書には「勅日本国王主明楽美御徳」とある。日本の君主の位置づけは「国王」であり、君主名が「主明楽美御徳」であった。すなわち、日本の君主号が「天皇」乃至スメラミコトとして認識されていないのであり、唐に対する天皇号の使用は認められない。西嶋定生「遣唐使と国書」（『倭国の出現』東京大学出版会、一九九九、初出一九八七）参照。

(14) 石母田正「官僚制国家と人民」（『石母田正著作集』第三巻、岩波書店、一九八九、初出一九七三）。

(15) 拙稿「『王年代紀』の史料論」（『東アジア交流史のなかの遣唐使』汲古書院、二〇一三、初出二〇〇七）。

(16) 石上英一「日本古代十世紀の外交」（井上光貞ほか編『東アジア世界における日本古代史講座』7、学生社、一九八二）、石井正敏「入唐巡礼僧」（荒野泰典ほか編『アジアのなかの日本史』Ⅴ、東京大学出版会、一九九三）。

(17) この問題については、拙稿「『新唐書』日本伝の成立」（前掲注（15）書所収、初出二〇〇四）参照。

(18) 仁井田陞著・池田温編集代表『唐令拾遺補』（東京大学出版会、一九九七）による。

(19) 増村宏「矜大、以不実対について」（『遣唐使の研究』同朋舎出版、一九八八、初出一九七九）。

(20) 瀧川政次郎「節刀考」（『国学院大学政経論叢』五―一、一九五六）。以下、瀧川氏の所論は全てこれによる。

(21) 『続日本紀』大宝元年五月戊己条。

(22) 石見清裕「唐代外国使の皇帝謁見儀式復元」（『唐の北方問題と国際秩序』汲古書院、一九九八）によると、唐皇帝の蕃主奉見儀礼には柄のない斧を縫い取りした衝立（御幄）があり、皇帝の威厳を示すと同時に外国使節に対して敵意のないことを表す。この御幄も節と斧鉞の結合の一形態と考える。

(23) 大原良通「中国における王権の確立とその象徴」（『王権の確立と授受』汲古書院、二〇〇三）。

(24) 日本の君主の権能が唐と比較した場合整然と区別して認識されていないということは、唐よりも後進的であったためである可能性を見ておく。

(25) 『日本書紀通証』が『六韜』立将第二十一に「君親操鉞、持首、授将其柄曰（君親ら鉞を操り、首を持し、将に其の柄を授けて曰く）」とあることを指摘する。なお、『六韜』同条には「卜吉日、斎三日、至太廟以授斧鉞（吉日を卜し、斎すること三日、太廟に至り以て斧鉞を授く）」とあり、⑫にも『六韜』の翻案が認められる。
(26) 日本古典文学大系『日本書紀』下（岩波書店、一九六五）同条頭注。
(27)『日本書紀』天武元年六月甲申条には陰陽道で、六月丁亥条では祈誓で、同七月壬子条では託宣によって挙兵を正当化、あるいは行軍を促している。なお、壬申紀の「斧鉞」について直木孝次郎氏は事実と認めてよいとする（『壬申の乱　増補版』塙書房、一九九二）。また、倉本一宏氏は降将の羽田矢国を取り立てたことによって傍観勢力を取り込むためのパフォーマンスとしており（『壬申の乱』吉川弘文館、二〇〇七）、そうであるとすれば斧鉞授与という儀礼的行為が周囲に天武の狙いを訴求したと評価できる。
(28)『日本書紀』における「節」の用例は、清寧二年十一月条、同三年正月条、顕宗即位前紀、仁賢即位前紀、継体元年正月条の五例である。なお、類語として「旌旗」が挙げられる。
(29) 当該箇所は軍防令7備戎具条に規定されている諸道具の中で大斧などが兵器でないことを注釈したものである。これにより大宝軍防令備戎具条の若干の復元が可能であろう。
(30) 斧使用の実態については、吉川金次「斧の世紀」（『斧・鑿・鉋』法政大学出版局、一九八四）参照。
(31) 管見の限りでは七・八世紀の史料で実例としての「斧鉞」の用例を見ることはできなかった。なお、『太平記』に「義貞今臣たる道を尽さん為に斧鉞を把って敵陣に臨む」という叙述があるが、軍事力行使の象徴的表現以上に捉えることはできないだろう。
(32) 山尾幸久前掲注（3）論文。
(33) ただし、節刀の授与対象については節刀専当官→大使のみ→大使・副使という変遷を経る。拙稿「律令制下における遣唐使の組織構成」（前掲注（15）書所収）。
(34) 石母田正は天皇大権について、天皇のみに掌握された独立の政治権力と位置づける（『日本の古代国家』岩波書店、一九七一）。ただし、天皇大権という用語には問題があるので本稿では君主の権能とするにとどめておく。拙稿「古代史研究における天皇大権」（『歴史学研究月報』四八八、二〇〇〇）。
(35)『続日本紀』大宝元年正月乙亥条。
(36)『続日本紀』大宝元年正月乙亥条。

(37) 平野邦雄「〝帰化〟〝外蕃〟の概念」(『大化前代政治過程の研究』吉川弘文館、一九八五、初出一九八〇)。
(38) 『続日本紀』慶雲元年七月甲申条。
(39) 『旧唐書』日本伝。
(40) 鈴木靖民「奈良初期の対新羅関係」(『古代対外関係史の研究』吉川弘文館、一九八五、初出一九六七)、「対新羅関係と遣唐使」(同書所収、初出一九七〇)。
(41) 東野治之「遣唐使の朝貢年期」(『遣唐使と正倉院』岩波書店、一九九二、初出一九九〇)、同『遣唐使船』(朝日新聞社、一九九九)。
(42) 森公章前掲注(4)論文。
(43) 拙稿「新羅使迎接の歴史的展開」(『ヒストリア』一七〇、二〇〇〇)。
(44) 栗原朋信「東アジア史からみた「天皇」号の成立」(『上代日本対外関係の研究』吉川弘文館、一九七八、初出一九七六)。

あとがき

本書は『東アジア交流史のなかの遣唐使』（汲古書院、二〇一三）に続く、著者二冊目の単著である。本書の目指すところをひとことで述べるならば、日本古代における王権・国家の展開を、対外関係における他者との接点としての称号から論じようと試みたもの、ということができる。それゆえ本書の基盤は対外関係史をテーマとしていることをまずは申し添えておきたい。

本書はきわめて個人的な経験を出発点としている。本文のなかで若干ふれたが、名前とは個人のアイデンティティの根幹を成す。それでは、それは文字なのか、発音なのか。古代において名前の表記は多様であったことからすれば、発音がその中核となろうか。ところが自分の体験に引きつけると、それが成り立たなくなる。「河」「内」「春」「人」の字はいずれも簡単な字であるが、これをつなげた姓名を初対面で「（戸籍登録的な意味で）正確に」読めた人は今までで二人だけである（正解は奥付参照）。まず名字で「かわち」と引っかかり、これを読めても名前を「はると」と呼んでしまう人がほとんどであった。難読ではないが「正しく」読みにくいのである。特に「かわち」はくり返し間違えられることもある。もはや気にしても仕様がないので、「かわち」と呼ばれても訂正はしないで返事をしている。その点で名前に対する私のアイデンティティはきわめてルーズである。ただし、このルーズさは思考における一つの武器だと思っている。

話を戻すと、自分の認識する「正しい」名前と他人が認識する名前の間にはズレが生じていることになり、そのため他者との関係における名前の意味という問題には敏感になった。他者にどのように名のるか、あるいは他者からどのように呼ばれるのか、そこにどのような意味を持たせるのか。前著では遣唐使が唐へ行った時にどのように名のるかというテーマにつなげたが、本書では対外関係のなかで君主が相手国に対して、あるいは対外的影響を受けながら国内でいかに名のるかということが思考の土台にある。

ところで、日本人以外の研究者と親しく接する機会が増えた中で気づいたが、彼らは私の名前を「はるひと」と「正しく」読むことが多い。要するに現代の日本人名において「人」を「と」と発音するという暗黙のコードがあり、そこから外れる私の名前に対して日本人こそが引っかかってしまっている。このような暗黙のうちに存在するコードはいつの時代にもあったことであろう。長い間、天下国家というものに文字通り取り組んできたが、それだけでなく暗黙のコードを浮かび上がらせることが歴史学の役割の一つであるということを最近強く感じている。

本書の内容については読んでくださった方の評価にお任せしたい。ただ、日本古代史においては「天皇号の成立」というテーマは比較的メジャーな論点であり、それゆえに膨大な厚みの研究史を持つ。序章の研究史のまとめにおいてできる限り博く捜したつもりではあるが、それでも見落としがあることは承知している。また、本書執筆に着手したのは二〇〇四年のことであり、最近の研究については対応しきれていないということを恐れるばかりである。

序章で自ら設定した課題の全てに対して私見を提示できていない点には忸怩たる思いを抱かざるを得ない。本書執筆当初の構想では、第三章と第四章の間に「諡号と尊号」、第七章の後に「日本国号の成立と画期」「年号の成立と時間的支配」の各章を配置する予定であった。しかし、私の能力不足と紙幅の都合により、八木書店編集の畏友・恋塚嘉君との協議の結果、割愛することとなった(ただし、その一部はコラムに反映している)。

課題設定と本書の内容にいささかなりとも齟齬があるとすればこれが理由の一つである。これらについては改めて捲土重来を期したい。

本書の個別の論点については、いわゆる通説とは異なる見解を提示したところがいくつかある。無論自分なりに根拠をもって論じたつもりであるが、それらのなかには日本古代史研究において共有される見解とはなりにくいものがあるかもしれない。ただ、通説が固定観念となり研究が停滞するようになった時に、その喉元に突き刺さる一片の小骨たらんことを願うのみである。

二〇一五年一月

河内春人

【著　者】
河内 春人（こうち はるひと）
1970 年　東京都生まれ
1993 年　明治大学文学部卒業
2000 年　明治大学大学院博士後期課程中退
2002 年　日本学術振興会特別研究員（PD）
現　在　明治大学文学部・立教大学文学部兼任講師
〔著書〕
『東アジア交流史のなかの遣唐使』（汲古書院，2013 年）
〔訳書〕
『モノが語る日本対外交易史　7-16 世紀』（藤原書店，2011 年）
〔主な論文〕
「中国における倭人情報—「梁職貢図」の前後—」（『梁職貢図と東部ユーラシア世界』勉誠出版，2014 年）
「東アジア史上の日本と後百済」（『日本古代の国家と王権・社会』塙書房，2014 年）
「変動の予兆—藤原仲麻呂政権官号改易の国際的比較—」（『藤原仲麻呂政権とその時代』岩田書院，2013 年）
「遣隋使の「致書」国書と仏教」（『遣隋使がみた風景—東アジアからの新視点—』八木書店，2012 年）

日本古代君主号《にほんこだいくんしゅごう》の研究《けんきゅう》 —倭国王《わこくおう》・天子《てんし》・天皇《てんのう》—

2015 年 2 月 25 日　初版第一刷発行　　定価（本体 9,000 円＋税）

著　者　河　内　春　人
発行所　株式会社　八　木　書　店　古書出版部
代表　八　木　乾　二
〒101-0052 東京都千代田区神田小川町 3-8
電話 03-3291-2969（編集）-6300（FAX）
発売元　株式会社　八　木　書　店
〒101-0052 東京都千代田区神田小川町 3-8
電話 03-3291-2961（営業）-6300（FAX）
http://www.books-yagi.co.jp/pub/
E-mail pub@books-yagi.co.jp

印　刷　上毛印刷
製　本　牧製本印刷
用　紙　中性紙使用

ISBN978-4-8406-2602-6

索　引

一，本索引は，称号，人名，研究者名，史料名，事項からなる。
一，配列は、訓読の50音順とした。

称　号

【な－わ】

人　名

【あ】

【か】

【さ】

【た】

研究者名

【さ】

【た】

【な】

【は】

史料名

【さ】

【た】

【な】

【は】

【ま】

【や】

【ら】

事　項

【あ】

【か】

初出一覧

既発表論文については、全て本書の主旨に合わせて改稿を施している。

序　新稿
第一章「倭王武の上表文と文字表記」（『國史学』一八一、二〇〇三）
第二章「倭の五王と中国外交」（荒野泰典・石井正敏・村井章介編『日本の対外関係1　東アジア世界の成立』吉川弘文館、二〇一〇）
第三章　Ⅰ・Ⅲ　新稿
　Ⅱ「「天下」論」一・二節（『歴史学研究』七九四、二〇〇四）
第四章　新稿
第五章　Ⅰ～Ⅲ「天智「称制」考」（あたらしい古代史の会編『王権と信仰の古代史』吉川弘文館、二〇〇五）
　Ⅳ　新稿
第六章「日本古代における「天子」」（『歴史学研究』七四五、二〇〇一）
第七章「日本古代における礼的秩序の成立─華夷秩序の構造と方位認識─」（『明治大学人文科学研究所紀要』四二、一九九七）
終　章「大宝律令の成立と遣唐使派遣」（『続日本紀研究』三〇五、一九九六）